TRAITÉ

DES

ASSURANCES MARITIMES

PAR

Émile CAUVET

PRÉSIDENT DU TRIBUNAL DE PREMIÈRE INSTANCE
DE NARBONNE

TOME SECOND

PARIS

L. LAROSE, LIBRAIRE-ÉDITEUR

22, RUE SOUFFLOT, 22

—

1881

TRAITÉ

DES

ASSURANCES MARITIMES

Narbonne. — Imprimerie CAILLARD.

TRAITÉ

DES

ASSURANCES MARITIMES

PAR

Émile CAUVET

PRÉSIDENT DU TRIBUNAL DE PREMIÈRE INSTANCE
DE NARBONNE

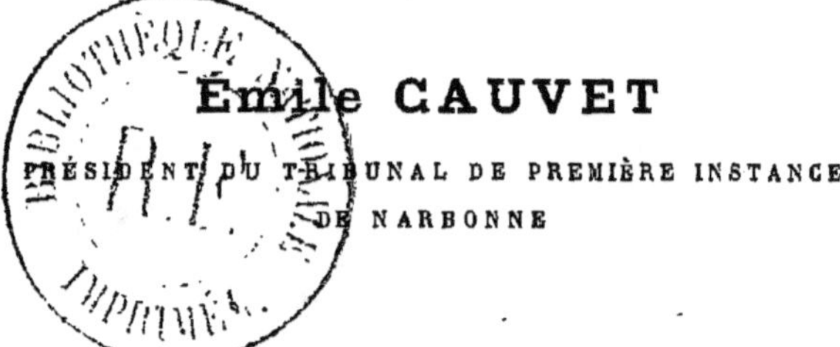

TOME SECOND

PARIS

L. LAROSE, LIBRAIRE-ÉDITEUR

22, RUE SOUFFLOT, 22

1881

TRAITE

DES

ASSURANCES MARITIMES

LIVRE TROISIÈME.

1. — Il sera question dans ce livre du lieu et de la durée des risques. Les risques doivent être nécessairement limités ou par le temps ou par les lieux où la navigation doit s'accomplir. Une assurance peut avoir un terme inconnu ou incertain, mais d'une manière ou d'une autre, il faut lui en donner un.

Cependant, il est impossible de le lui donner : — 1° lorsqu'elle a été consentie, ou sans limitation de temps, ou sans indication de lieux ; — 2° lorsque l'assuré, ayant le droit de faire échelle, d'aller à droite, à gauche, en avant, en arrière, partout où il voudra, use de cette clause de manière à retarder indéfiniment son arrivée au lieu de destination ; — 3° lorsque dans un voyage d'aller et retour, à prime liée, le terme *ad quem* n'est pas indiqué (v. *infra,* n. 31).

Pothier cite l'exemple d'une assurance qui durait depuis onze ans, lorsque les assureurs en furent déchargés. Emérigon en cite un autre dans lequel l'assurance fut maintenue, malgré les réclamations de l'assureur, bien qu'elle durât depuis cinq ans (1). Certains auteurs pensent que les assureurs ont le droit de faire assigner par les tribunaux un terme à une assurance dans laquelle il n'en a pas été stipulé (2). D'autre admettent que dans ce cas le terme doit être limité à cinq ans à partir du jour de la date de la police, parce que tel est le délai de la prescription (3).

Sans doute, on doit tout prévoir lorsqu'on expose une théorie. Mais il faut reconnaître que les assureurs ont en général le soin d'assigner un terme à leurs engagements. Aussi n'insisterons-nous pas.

---

(1) Pothier, n. 63 ; Emérigon, ch. 13 ; sect. 2, § 4.

(2) Estrangin, p. 102; Boulay-Paty, 4, 276.

(3) Lemonnier, n. 92 ; Haghe et Cruismans, n. 197 ; Dageville, t. 3, p. 154; Bédarride, 3, n. 1146

CHAPITRE I.

DU VOYAGE.

2. — Le voyage ne peut être changé.
3. — Définition du voyage. — En quoi il se distingue de la route.
4. — La volonté nue de changer le voyage n'annule pas l'assurance. Il en est autrement lorsqu'elle se manifeste par des faits.
5. — L'assurance s'applique, sauf convention contraire, au premier voyage.
6. — L'assuré peut en rompant le voyage avant le commencement des risques ristourner l'assurance.
7. — En quoi ces deux principes se rattachent à celui qui interdit à l'assuré le changement de voyage.
8. — L'idée de voyage est en matière d'assurance purement juridique. — Conséquences qui dérivent de ce principe.
9. — Les principes qui régissent les cas où le voyage est changé s'appliquent aux navires comme aux facultés. — Examen de la loi allemande sur ce point.
10. — Le changement de voyage décharge l'assureur, même dans le cas où la perte a lieu sur la route du voyage assuré.
11. — Lorsque plusieurs lieux de destination sont indiqués, l'assuré peut choisir celui qui lui plaît.
12. — Analyse de l'art. 364.
13. — Du cas où le voyage est allongé.
14. — Du cas où il est raccourci.

2. — Le lieu où le sinistre se produit est une partie intégrante du risque. Il est en effet des parages qui offrent à la navigation des dangers qui n'existent pas au même degré en d'autres points. Aussi, il est de règle que l'assureur n'est pas tenu des risques qui se produisent dans un lieu autre que celui qui a été spécifié par la convention : *Quia actus agentium non debent operari ultra eorum intentionem* (1). D'où la conséquence que le changement de voyage annule l'assurance. En vain l'assuré prétendrait que le voyage qu'il a substitué à celui qui a été convenu, loin d'augmenter les risques, les a au contraire diminués, il lui serait répondu, qu'en matière d'assurance, les changements de risques émanant d'une seule des parties ne sont pas admis, même alors qu'il est constant que l'assureur n'a pas à en souffrir ; que la comparaison entre le risque convenu et celui qui lui a été substitué est souvent fort incertaine, et que d'ailleurs les parties sont seules juges des limites qu'elles ont voulu assigner à leur engagement (2).

3. — On distingue en matière d'assurance le voyage de la route (3).

Le voyage se caractérise par la détermination du terme *a quo,* qui est le lieu de départ, et du terme *ad quem,* qui est le lieu d'arrivée.

Les points par lesquels le navire doit passer pour aller de l'un à l'autre de ces deux termes forment la route.

Cette distinction est importante, parce que les règles par application desquelles il y a lieu de prononcer la nullité résultant du changement de voyage, ne sont pas identiques à celles qui s'appliquent à *la déviation,* ou changement de route.

Le voyage peut être changé, sans que la route le

---

(1) Roccus, note 18 et 53.

(2) Pohls, t. 4, p. 402.

(3) V. Casaregis, tout le discours 67.

soit, et à l'inverse celle-ci peut-être changée, alors que le voyage ne l'est pas (1).

« Une déviation, dit Kent (2), n'est pas un change- « ment de voyage. Celui-ci est changé lorsque le « terme *a quo* ou le terme *ad quem* le sont. Lorqu'ils « sont maintenus, et que la route n'est pas suivie « comme elle doit l'être, il n'y a qu'une simple « déviation. »

Ainsi, si l'assurance a été consentie pour un voyage de Marseille à Constantinople, et si le capitaine a pris les expéditions pour Malte, le voyage est changé bien que Malte soit sur la route que le navire aurait dû parcourir pour se rendre à Constantinople (3).

Etant donnée cette espèce, si le voyage est resté le même, et si le capitaine, au lieu de se rendre *recta via* à Constantinople, s'y est rendu en longeant les côtes d'Espagne, d'Afrique et d'Asie, on n'a qu'un simple cas de déviation.

4. — La volonté de changer le voyage, manifestée par un ensemble de faits suffisants pour la prouver, entraîne la nullité de l'assurance, tandis que la volonté de changer la route ne suffit pas si elle n'est point suivie d'une exécution conforme.

Cette proposition doit être expliquée.

La pensée ou la simple intention de changer le voyage tant qu'elle n'est pas sortie du domaine de la conscience ne peut exercer aucune influence sur le

---

(1) V. New-York Fire. Ins. Co. v[s] Lawrence, in Johnson's Rep. 46. — V. aussi Arnould, t. 1, p. 347.

(2) Kent, t. 3, p. 317.

(3) Mutari viaggium tunc dicitur quando primam, principalem destinationem magister non sequitur, etiam si intra limites itineris destinati navis se contineat. Casaregis, Disc. 67, n. 24.

contrat, et bien qu'elle soit connue, l'assureur n'en reste pas moins responsable (1).

Mais dès qu'elle s'est affirmée par des faits, qu'il résulte des conventions entre le freteur et l'affreteur, des expéditions, des factures ou des connaissements que l'un des deux termes ou tous les deux ont été changés, par cela même la nullité du contrat doit être prononcée (2).

Parlons d'abord du cas où la preuve est bornée à l'intention.

Il a été décidé en Angleterre qu'il n'y avait pas lieu de déclarer l'assurance nulle dans une espèce où le capitaine s'était borné à exprimer l'intention de se rendre dans un autre port que celui de destination, et où il s'était rendu cependant dans ce dernier port, après avoir appris que l'autre était bloqué (3).

L'assurance a été déclarée valable dans une espèce, où le capitaine qui s'était nolisé pour un autre lieu que celui de destination, rompit son engagement sur l'ordre de l'armateur, et accomplit le voyage assuré (4).

Il faut, pour que l'assurance soit déclarée nulle que l'intention de changer le voyage soit certaine.

Ainsi, elle fut validée dans une espèce, où le capitaine prit des expéditions pour un autre port que celui de destination, alors qu'il avait reçu des instructions se-

---

(1) Arnould, t. 1, p. 347.

(2) 3 février 1829. — Bordeaux (J. M. 10. 2.200). — *Sic* Estrangin, p. 475. — V. cependant Dageville, t. 3, p. 251. — Ainsi jugé en Angleterre. Henckle v^s Roy. Ass. Co. 1, Vas. 317 — Planche v^s Pletcher, Dougl. 251.

(3) Hobart v^s Norton, 8 Picker Mass. Rep. 159. — Klingston v^s Phelps, 7 Term. Rep. 165. — V. Parck, 214; Marshall, 2,406; Benecke, 2,390.

(4) 27 déc. 1832. — Mars. (J. M. 14. 1. 6.) — *Sic* Emerigon, ch. 13, sect. 14. — Contra Roccus, note 20.

crètes pour se rendre dans ce dernier port, où il se rendit (1).

Dans une autre espèce, où l'assurance portait sur des marchandises à transporter de Liverpool à Londres, où le navire était porteur de celles qui avaient été assurées, celles-là livrables dans ce dernier port, mais mêlées à d'autres marchandises qui devaient être rendues à Southampton, et où les premières furent avariées, alors que le navire était encore sur la route de l'un et l'autre port, on déclara l'assureur responsable, parce que rien n'établissait, le capitaine étant tenu de se rendre à Londres, qu'il ne s'y serait pas rendu s'il n'en avait pas été empêché par l'avarie qui était survenue (2).

5. — Nous arrivons maintenant à l'examen du cas où en fait le voyage a été changé.

Avant d'aborder ce point, il est indispensable de poser deux principes qui dominent la matière.

D'après l'un, l'assurance s'applique au premier voyage : *Qui assecurat pro viaggio navis intelligitur de primo* (3). — Si le navire est en route, l'assurance s'applique au voyage commencé, et non à celui qui doit le suivre (4). L'assurance est nulle si l'assuré n'entreprend pas d'abord le voyage assuré : *Si navis ceperit secundum viaggium, assecuratores pro primo viaggio non tenentur* (5).

(1) V. L'espèce plaidée devant la Cour du Banc du Roi, dans Emerigon, ch. 13, sect. 16.

(2) Hare v[s] Travis, 7 B et Cr. 14. — V. aussi Dageville, t. 3, p. 251.

(3) Emerigon, ch. 13, sect. 9 ; Dageville, t. 3, p. 158. — Cette règle est suivie en Angleterre (V. Veskett, v° Deviation), et en Allemagne (v. Nolte, 1,702.)

(4) Emerigon, *loc. cit.*

(5) Roccus, note 20.

Les règles sur ce point peuvent être modifiées par la volonté des parties. Ainsi une police d'assurance portait : « Permis au capitaine, avant son départ d'Alexan-« drie, de faire un ou plusieurs voyages intermédiaires, « sans interruption du risque dans toute la Méditer-« ranée, y compris Constantinople. » — Il fut décidé dans cette espèce que les voyages intermédiaires pouvaient être plus longs que le voyage principal (1).

6. — D'après un autre principe, l'assuré peut rompre par sa seule volonté le voyage ; dans ce cas l'assurance est ristournée et l'assureur reçoit à titre d'indemnité demi pour cent de la valeur assurée (C. c. art. 349).

Nous avons déjà parlé de l'art. 349 lorsque nous nous sommes occupé de la prime (v. t. I, n. 123), et nous avons alors exposé que lorsque le voyage est rompu avant que les risques n'aient commencé, l'assuré doit demi pour cent de la somme assurée à l'assureur *pour la peine,* dit le Guidon de la mer, ch. 2, art. 16, *d'avoir couché et signé la partie sur leur livre.*

C'est le cas, puisque nous parlons du voyage, de compléter l'explication du principe posé par l'art. 349.

Disons tout d'abord que ce principe a été et est encore généralement admis par tous les peuples maritimes (2).

---

(1) 24 novembre 1830. — Mars. (J. M. 12. 1. 48.)

(2) Guidon de la mer, ch. 9, art. 16 ; Ord. 1681, art. 27 ; Burgos, art. 7 ; Bilbao, art 23 ; Recopil. art. 12 et 13 ; Ord. d'Anvers, art. 16 ; Cout. d'Amsterdam, art. 22 ; Statut de Gènes, ch. 17, arg. § si factæ fuerint ; Ed. du roi de Sardaigne, 1770, ch. 5. art. 12, arg. ; Ord. Midlebourg, art. 24 ; Rotterdam, art. 56 ; Amsterdam, 1714, art. 23 ; Prusse, p. 7, § 101 ; Code prussien, § 2324 ; Hambourg, Ord. tit. 5. art. 16 ; Code all. art. 889 ; Suède, Ord. 1667, ch. 15, 1750, art. 7, § 2 et s. ; C. esp, art. 889 ; Code Holl., art. 635. — Pour l'Angleterre. Tyrie vs Fletcher, Cowp. 568 ; Marshall., 1, 564 ; Parck, ch. 19 ; Benecke, 2, 274. — V. encore Casaregis, Disc. 1, n. 52 et 53 ; Straccha, Gl. 6 ; Sauterna, P. 3, n. 25 ; Havia, L. 3, c. 14, n. 21 ; Baldasseroni, t. 3, p. 8, tit. 5, § § 2 et 8.

Le voyage est rompu lorsque l'assuré dénonce à l'assureur qu'il le rompt, ou bien si la rupture résulte de faits positifs, ainsi qu'il arrive lorsque le navire est désarmé ou l'équipage congédié (1). Il n'est pas alors nécessaire que la rupture soit dénoncée, car l'exiger, ce serait ajouter à la loi (2).

Les mots de l'art. 349 *avant le départ du vaisseau* signifient que cet article n'est applicable qu'autant que la rupture a précédé le risque. Ce principe est expressément reconnu par la législation d'un grand nombre de peuples maritimes (3). Il doit être appliqué, quelle que soit la minime importance du risque et son peu de durée (4). Ainsi la rupture qui suit immédiatement le chargement des marchandises n'exonère pas l'assuré de ses obligations, et si une partie de celles qui sont assurées a été seulement chargée, la ristourne n'a lieu que pour celle qui ne l'a pas été (v. art. 358, arg.) (5).

Ces principes sont les mêmes que la rupture soit volontaire ou forcée, car dans l'un et l'autre cas l'assureur *a couché et signé la partie sur ses livres* (6). Il faut donc écarter l'opinion de Pothier qui ne l'applique qu'au seul cas où elle est volontaire (7), et celle

(1) 24 déc. 1813. — Mars. — Août 1817. — Aix (J. M. 5. 1. 17). — 2 janvier 1824. — Mars. (J. M. 5. 1. 21). — V. Dageville, t. 3, p. 370.

(2) *Sic* Bedarride, n. 1,226. — Contra Boulay-Paty, t 4, p. 5.

(3) Ord. de Burgos, art. 23 ; Recop. art. 39 et 40 ; Bilbao, art. 22 ; Cont. d'Amsterdam, art. 7, Ord. d'Anvers, art. 67 ; Guidon de la mer, ch. 9 art. 12 ; Ord. Midlebourg, art. 14 ; Rotterdam, art. 51 ; Preuil. Sceredit, art. 30 ; Ord. 1,766, § 77 — 92. — V. encore jug. Trib. comm. Paris (J. M. 31. 2. 58.)

(4) V. cependant C. holl. art. 686.

(5) Similiter pro portione quia ejusdem juris est, Straccha. Gl. 6, n. 9.

(6) Emerigon, ch. 16, sect. 6 ; Lemonnier, n. 97 ; Alauzet, n. 1,441.

(7) Pothier, n. 181.

d'un auteur moderne qui pense que la ristourne ne doit avoir lieu qu'au cas d'interdiction de commerce (1).

Enfin, celui qui assure un navire n'a pas de privilège pour le demi pour cent, car ce privilège n'est dû qu'à la prime ; or, celle-ci est supprimée par la ristourne du contrat (2).

7. — Il est facile de concevoir en quoi le principe qui veut que l'assurance s'applique au premier voyage, et celui qui permet à l'assuré de rompre le voyage et de ristourner par ce moyen l'assurance, se rattachent l'un et l'autre à cet autre principe d'après lequel l'assuré ne peut pas changer le voyage. Au fond l'assuré qui lie un premier voyage à celui qui est assuré change le voyage, car il crée deux termes *ad quem* qui se succèdent, et dont le dernier est celui de l'assurance. De plus, la rupture du voyage assuré résulte nécessairement du changement de voyage.

Quelques exemples empruntés à la jurisprudence anglaise rendront cela plus clair.

Assurance d'un navire pour un voyage de Newsoutland à Plimouth, le risque devant commencer le vingt octobre. Le capitaine part le 1er octobre, se dirige vers un port autre que celui qu'indiquait l'assurance, rentre avant le 20 octobre dans la route du voyage assuré, pour se rendre au port de destination compris dans ce voyage. Le navire périt dans cette dernière traversée, et l'assureur qui soutint n'être pas responsable de la perte obtint gain de cause (3).

---

(1) Bedaride, n. 1224.

(2) Bedaride, n. 1230 ; Alauzet, n. 1442.

(3) Way vs Modigliani, 2. Term. Rep. 30.

Dans une autre espèce, on décida que l'assureur n'était pas responsable de la perte, parce que le voyage du navire assuré étant de Maryland à Cadix, le capitaine avait pris à Maryland des expéditions pour Falmouth, afin de se rendre de ce dernier port à Cadix (1).

Il est clair que dans ces deux espèces l'assurance fut déclarée nulle parce que l'assuré avait fait précéder d'un premier voyage celui qui était l'objet du contrat, et que par là il avait changé le terme *a quo*.

8. — L'idée de voyage est essentiellement juridique ; elle porte, pour parler le langage de nos anciens jurisconsultes, sur un *nomen juris*, une raison de droit. Cela est si vrai qu'il peut être tout autre que le voyage réel. Ainsi lorsque le voyage réel doit se faire de Marseille à Cadix, le voyage assuré peut commencer lorsque le navire sera en vue de Cette et finir lorsqu'il sera en vue de Barcelone (2).

C'est en perdant de vue ce principe qu'un éminent jurisconsulte a admis que le terme *a quo* importe peu, qu'il peut être changé pourvu que le risque reste le même, à la différence du terme *ad quem* qui ne peut l'être (3), sans voir, comme on le lui a fait remarquer, qu'il faut que quelqu'un apprécie si le risque est ou non aggravé, et qu'en entrant dans cette voie on viole le principe d'après lequel les changements des risques ne sont pas permis, et cela encore que le risque qui a remplacé celui qui a été stipulé laisse supposer un péril moindre (4).

---

(1) Woolrige v[s] Boydell, 1 Dougl. Rep. 16.

(2) Estrangin, p. 478.

(3) Baldasseroni, P. 1, tit. 4, § 3.

(4) Benecke, t. 2, p. 328 et s.

C'est parce que le voyage est en matière d'assurance une *raison de droit*, que si le terme *ad quem* a été changé, et que cependant, par une raison quelconque, par exemple par suite d'une force majeure, le navire termine son voyage au lieu de destination porté dans la police, l'assurance n'en est pas moins nulle (1).

9. — Les principes que nous venons de poser sont aussi bien applicables à l'assurance sur corps qu'à l'assurance sur facultés. Le nouveau C. allemand, art. 817, s'est placé à un autre point de vue. Il distingue entre le corps et les facultés, et pose les principes suivants :

Dans l'assurance sur navire le changement de voyage effectué, avant que le risque n'ait commencé, libère l'assureur, tandis que dans l'assurance sur facultés il n'est libéré que si l'assuré a participé à ce changement. — Lorsque le risque a commencé, le changement de voyage ne le libère pas, quelle que soit l'assurance, qu'elle porte sur le navire, le fret ou les facultés, à moins que l'assuré n'y ait consenti.

Cette disposition se rattache, ainsi que le démontrent d'ailleurs les discussions qui ont précédé la loi, aux principes qui régissent la baraterie de patron (2). L'assureur, a-t-on dit, en répond. Dès-lors, on doit présumer qu'avant le commencement des risques, le capitaine n'a pu changer le voyage qu'avec le consentement de l'armateur avec lequel il peut être en relation. Cette présomption ne doit pas être admise à l'égard de l'affrêteur, car il n'a pas le droit d'imposer sa volonté

(1) *Sic* Arnould, t. 1, p. 352. — Mais *contra* Phillips, t. 1, p. 564.
(2) V. sur ce point Lewis, t. 2, p. 262.

au capitaine. Mais après que le risque a commencé, on doit présumer que l'armateur a ordonné au capitaine d'effectuer le voyage assuré, et dès-lors cet armateur doit être traité comme l'affrêteur.

10. — Dans notre droit, à la différence du droit allemand, le changement de voyage annule toute assurance. Cela ne fait aucun doute.

Mais on s'est posé la question de savoir si l'assureur cesse d'être responsable, lorsque, le voyage ayant été changé, la perte a lieu sur la route du voyage assuré.

Cette question n'aurait pas dû être posée, car si le changement de voyage annule l'assurance, il importe peu que le navire se trouve sur tel ou tel point au moment où il subit, lui ou les facultés dont il est porteur, une perte.

Cependant elle l'a été dans l'espèce suivante :

Un navire étant assuré pour un voyage de Constantinople à Livourne, le capitaine chargea du blé pour Gênes (port plus éloigné). — Le navire périt pendant la traversée en vue de l'île Ste-Théodore, alors qu'il était encore sur la route du voyage assuré.

Cette perte donna lieu à un procès dans lequel les assureurs soutinrent que le voyage avait été changé, à quoi les assurés répondirent qu'il n'y avait pas à tenir compte de ce changement, vu que la perte s'était produite alors que le navire se trouvait encore sur la route du voyage assuré.

Les assureurs gagnèrent leur procès (1), contrairement aux principes. Et en effet :

Pourquoi n'est-il pas permis à l'assuré de changer

---

(1) 23 juillet 1823. — Mars. (J. M. 4. 1. 228). — V. aussi 27 sept. 1832. — Mars. (J. M. 14. 1. 1.).

le voyage? — C'est parce qu'on ne peut savoir ce qui serait advenu s'il n'avait pas été changé. Peut-être le chargement eût-il été autre, le navire confié à un autre capitaine, le départ avancé ou retardé. Peut-être aussi que l'assureur aurait refusé l'assurance. Le doute, il est vrai, est au bout de toutes ces questions, mais c'est précisément à cause de cela qu'on doit s'en tenir strictement aux indications de la police.

Ce principe, du reste, est universellement admis (1).

Dans une autre espèce, le tribunal de Marseille a encore persisté dans sa jurisprudence (2). Mais son jugement a été réformé par la Cour d'Aix (3) contre l'arrêt de laquelle on s'est vainement pourvu en Cassation (4).

La même question a été aussi discutée en Angleterre et aux États-Unis.

On a décidé en Angleterre que le changement de voyage rompt l'assurance et exonère l'assureur, bien que la perte ait eu lieu alors qu'aucun fait attestant la mise à exécution de ce changement ne s'est pas encore produit (5). Dans une espèce où la question était ainsi posée, lord Eldon tint le langage suivant :

« Il résulte de la correspondance que le capitaine et « les agents du chargeur, qui en cela exécutaient les

---

(1) 3 février. — Bordeaux (J. M. 10. 2. 200). — 16 août 1837. — Paris (S. V. 37. 2. 470). — 17 décembre 1838. — Rouen (J. M. 18. 2. 35). — 18 avril 1849. — Paris (S. V. 49. 2. 336). — *Sic* Estrangin, p. 472 ; Lemonnier, t. 1, n. 101 ; Alauzet, t. 2, n. 263 et s.; Dageville, t. 3, p. 248; Boulay-Paty, t. 4, p. 57 ; Pardessus, t. 3, n. 807. — V. aussi dans ce sens, Marshall, 1, 230.

(2) 29 octobre 1872. — Mars. (J. M. 51. 1. 27).

(3) 1er juillet 1873. — Aix (J. M. 52. 1. 58).

(4) 25 août 1874. — C. Rej. (S. V. 74. 1. 481. — J. M. 53. 2. 56).

(5) Tasher v^s Cunninghom, 4 Brigh's Parl. Cases, 8 et 99.

« ordres de ce dernier, ont changé le voyage par une « convention. S'il en était autrement, si la pensée de ce « changement ne s'était point traduite en fait, ce serait « le cas de maintenir l'assurance. Mais il n'en est pas « ainsi. La convention, qui est absolument prouvée, « atteste que le voyage n'est plus celui que les parties « avaient indiqué dans la police, et dès-lors l'assureur « est affranchi de tous les risques, et cela bien que la « perte ait eu lieu alors que le navire n'avait pas encore « quitté la route que comportait le voyage assuré. Il « faudrait même le décider ainsi dans le cas où, les « risques ayant commencé, la perte aurait lieu dans « le port de départ. »

Arnould atteste que ces principes sont unaninement acceptés en Angleterre (1).

Aux États-Unis, la question a été tranchée dans un sens opposé. Une cour de justice ayant décidé que l'assureur était responsable dans une espèce où le navire avait souffert une perte en un point qui était sur la route du voyage assuré, alors que ce voyage avait été changé, l'affaire fut portée devant la *Court of error;* sur les juges qui la composaient quatorze opinèrent pour le maintien du jugement et huit pour sa réformation. Parmi ces derniers figurait le chancelier Kent, qui resta fidèle aux principes qu'il a proclamés dans le savant traité que nous avons si souvent cité (2).

11. — Lorsque l'assurance est faite pour plusieurs destinations, l'assureur peut choisir celle qui lui convient (3).

---

(1) Arnould, t. 1, p. 352.

(2) Philipps, 1, 564.

(3) Marsden v[s] Reid, 6 East 571. — Conforme Code comm. allemand, art. 836 et les conditions de Brême, § 7.

12. — Après ces observations préliminaires, nous arrivons à l'explication de l'art. 364 du C. comm. qui est ainsi conçu :

« L'assureur est déchargé des risques, et la prime « lui est acquise, si l'assuré envoie le vaisseau en un « lieu plus éloigné que celui qui est désigné par le con- « trat, quoique sur la même route.

« L'assurance a son entier effet lorsque le voyage « est raccourci. »

Cet article suppose que le navire ne doit pas s'écarter de la route que comporte le voyage assuré, mais que le terme *a quo* ou le terme *ad quem* étant changés, le voyage est plus long ou plus court.

Ainsi lorsqu'une assurance s'applique à un voyage de Marseille à Barcelone, et que le navire est envoyé à Naples, le cas est régi, non par l'art. 364, mais par les principes généraux que nous avons déjà exposés. Mais si, dans cette espèce, le navire est envoyé de Toulon à Barcelone on a un voyage allongé, puisque à la route que le navire doit parcourir on ajoute la traversée de Toulon en vue de Marseille, et s'il est envoyé de Cette à Barcelone, on a un voyage raccourci, puisque le navire parcourt la route du voyage assuré, moins la traversée de Marseille en vue de Cette.

L'art. 364 suppose un principe général dont le code de commerce ne parle pas ; à la place de ce principe, il pose deux espèces, ce qui est toujours un vice dans la rédaction des lois. Et en effet, si les rédacteurs de ce code avaient proclamé la nullité de l'assurance dans tous les cas où le voyage a été changé, les deux espèces prévues dans l'art. 364 auraient été facilement résolues par la simple application de ce principe.

Ceci dit en passant, nous reprenons notre rôle de commentateur.

13. — Parlons d'abord du voyage allongé. Il peut l'être de trois manières, ou par le changement du terme *a quo* et *ad quem*, ou par le changement de l'un ou de l'autre. Ainsi, le voyage étant de Marseille à Barcelone, le navire peut faire le voyage de Toulon à Cadix (termes *a quo* et *ad quem* changés), ou celui de Toulon à Barcelone (terme *a quo* changé), ou enfin celui de Marseille à Cadix (terme *ad quem* changé).

De quelque manière que le voyage soit allongé, l'assurance doit être ristournée, ou, pour parler comme l'art. 364, l'*assureur est déchargé des risques.*

14. — L'art. 364 prévoit le cas où le voyage a été raccourci ; il déclare que dans ce cas l'assurance a *son entier effet.*

En posant cette règle, le législateur est parti de l'idée que s'il n'est pas permis à l'assuré d'aggraver les risques, il peut sans inconvénient les rendre moindres. Mais il ne le peut qu'à une condition, celle de ne pas changer le voyage. Ce principe fondamental restant sauf, voyons dans quels cas le voyage peut être raccourci.

Ici revient l'observation déjà faite. Pour que le voyage soit raccourci, il faut que le terme *a quo* et le terme *ad quem* soient changés, ou bien que tout au moins l'un ou l'autre de ces deux termes le soient. Ainsi dans le cas où un navire a été assuré pour un voyage de Marseille à Barcelone, il faut pour que ce voyage soit raccourci, que le navire soit parti par exemple de Cette pour Port-Vendres, ou de Cette pour Barcelone, ou de Marseille pour Cette. — Or, dans ces différents cas, on a un changement de voyage, c'est-à-dire un fait qui implique la ristourne de l'assurance. En effet, ainsi que le dit Emérigon, dans l'explication qu'il donne des art. 35 et 36 de l'ordonnance reproduits par l'art 364, « tout cela est vrai pourvu que dans le principe, le « voyage assuré n'ait pas été rompu par un change- « ment de destination (1). »

Il est donc constant que l'art. 364 n'a rien à faire lorsque le voyage assuré a été changé, et cela bien que celui qui lui a été substitué soit plus court.

Exemple. — Un navire est assuré pour un voyage de Bristol à Bordeaux. — Le navire part de Bristol pour se rendre à Nantes et périt dans la traversée. — Bien que le voyage fût plus court, ainsi que le faisait observer l'assuré, les assureurs furent déchargés des risques parce que le voyage avait été changé (2).

Même solution dans une espèce ou le navire était parti d'un port plus rapproché du lieu de reste que celui qui était indiqué dans la police (3). Il a même été décidé, dans une assurance sur facultés pour un voyage de Marseille au Hâvre, que le fait par l'assuré de les avoir fait partir par chemin de fer de Marseille à Cette, là de les avoir embarquées pour le Hâvre constituait une rupture du voyage et déchargeait l'assureur des risques (4).

Vu l'impossibilité d'appliquer l'art. 364 dans les espèces qui viennent d'être posées, on a conclu à son

---

(1) Emérigon, ch. XII, sect. 13.

(2) 3 févier 1820. — Bordeaux (S. V. 29. 2. 180. — J. M. 10. 2. 192).

(3) V. Paris (Lehir 1858, p. 106). — Cependant 29 janvier 1833. — Bordeaux (S. V. 33. 2. 197).

(4) 3 août 1866 — Hâvre (J. Hav. 1866. 1. 198).

application dans le cas où le navire entre dans un port intermédiaire sans que le voyage ait été changé au moment du départ. Mais cette solution est inacceptable, car toute entrée dans un port intermédiaire étant une déviation qui n'est pas permise, on en arrive à ne pallier la violation d'un principe qu'en en violant un autre (1). Cependant cette objection n'est plus possible lorsque l'entrée dans un port intermédiaire est autorisée par la police, et dès lors l'art. 364 peut être appliqué à ce cas. C'est du reste dans ce sens que la jurisprudence a prononcé (2).

On a soutenu en Allemagne que dans le cas où le voyage est raccourci par suite de l'entrée du navire dans un port intermédiaire, alors que l'assuré n'est pas autorisé à faire échelle, l'assurance peut être validée lorsque le risque n'est pas aggravé (3). Un autre auteur regrette que cette opinion n'est pas trouvé place dans le code de commerce (4). — « Légalement parlant, dit- « il, si le port où se termine le voyage n'a pas été « autorisé comme lieu d'escale, l'assurance est rom- « pue, quoique les risques soient moindres. Il suffit « qu'ils soient différents pour affranchir l'assureur de « toute responsabilité. Mais conscieusement parlant, « nous avons peine à comprendre cette doctrine... La « seule exception admissible en pareil cas, c'est lorsque

---

(1) V. cependant Alauzet, sur l'art. 364.

(2) 10 août 1837. — Paris (J. M. 16. 2. 155). — 17 décembre 1838. — C. Rej. (J. M. 17. 2. 25). — 15 novembre 1847. — Paris (J. M. 27. 2. 540). — 18 avril 1849. — Paris (S. V. 49. 2. 336). — *Sic* Lemonnier, 1, n. 103 ; Bédaride, t. 4, n. 1335.

(3) Benècke, t. 2, p. 388 et s. — Magens, p. 55, va plus loin ; à ses yeux, l'assureur est obligé, quoique le risque soit aggravé.

(4) Morel, Manuel de l'assuré, p. 572.

« le port de destination offre des dangers extraordi-
« naires... tels qu'aucune prime ne saurait déterminer
« à en assumer la responsabilité. »

Cette manière de voir nous touche peu. Les règles les plus simples sont toujours les meilleures, surtout en matière d'assurance. Or, il n'est pas simple de laisser croire à l'assuré qu'il peut abréger le voyage en entrant dans un port intermédiaire, et, en même temps, lorsqu'il l'aura fait, de le soumettre à de longues discussions sur le point de savoir si l'entrée dans ce port ne comporte pas plus de risques que n'en aurait comporté l'entrée dans le port de destination.

CHAPITRE II.

LA ROUTE.

15. — Définition de la route.
16. — Le navire doit suivre la route la plus directe.
17. — La déviation rend l'assurance nulle. — Explication de ce principe.
18. — Des cas où la déviation est permise.
19. — Du droit de faire échelle.
20. — Donne-t-il le droit de prendre les expéditions pour un port intermédiaire ?
21. — Comment faut-il entendre le droit de faire échelle, lorsque le voyage d'aller est couvert par un assureur et le voyage de retour par un autre ?
22. — Dans le cas où une partie de la marchandise a été débarquée au lieu d'échelle, le risque se consolide-t-il à l'égard de l'assureur sur ce qui reste ?
23. — Les marchandises chargées au lieu d'échelle à la place de celles qui ont été déchargées, sont-elles aux risques des assureurs ?
24. — Le lieu de destination ne peut pas être considéré comme un port intermédiaire.
25. — Du cas où le droit de faire échelle est limité à certains ports.
56. — Du droit d'aller à droite ou à gauche.
27. — Du droit de rétrograder.
28. — Du droit de toucher partout, avant, arrière, à droite et à gauche.
29. — De la clause *quitte au lieu de décharge.*
30. — Ces clauses dérogatoires doivent être expresses.
31. — Application de ces diverses clauses aux voyages d'aller et retour.

15. — Le voyage étant déterminé par ses deux points extrêmes, le trajet à parcourir entre ces deux points forme la route. C'est dans ce sens qu'on la distingue du voyage : *distinguitur iter a viaggio* (1). — L'assuré qui dévie de la route y ajoute un trajet qu'elle ne comporte pas ; il en rompt l'unité. Or, comme le dit Straccha, la navigation est une (2).

16. — Le navire doit suivre la route la plus directe : *recta navigatione* (3). Lorsqu'il y a plusieurs routes directes, l'assuré peut choisir celle qu'il veut (4). Ainsi, il peut, pour se rendre de Londres à la Jamaïque, passer à droite ou à gauche des Iles. Il peut dans certains cas suivre une route moins directe lorsqu'elle est généralement suivie par les navigateurs (5).

17. — La déviation rend l'assurance nulle (6), et lorsqu'il en est ainsi l'assureur garde la prime et ne court pas les risques. — « Le plus ou moins de durée « d'une déviation, dit Lord Mansfield, le plus ou moins « de parcours qu'elle comporte, ne la légitiment pas « et exonèrent l'assureur des risques (7). » Ce principe doit être appliqué bien qu'il soit démontré que le risque n'a pas été aggravé (8), ou lorsque la déviation est due à l'ignorance ou à la négligence du capitaine (9).

---

(1) Casaregis, Disc. 67.

(2) Straccha de Navig., n. 15. — V. aussi les observations de lord Mansfield dans Emérigon, ch. 13, sect. 116.

(3) L. 7 C. de navig. — Larrabis v[s] Wilson, Doug. Rep. 284.

(4) Mislewood v[r] Blaker, Term. Rep. 7, 158.

(5) Wallace v[s] Dever. Compl. Rep. 1, 503.— Ougier v[s] Jemings, Ibid. 505. — Pohls, t. 6, p. 402 et s.

(6) Si navis mutaverit iter, vel a recta via illius itineris deverterit non tenetur assecurator. Roccus, n. 52. — 16 août 1837. — Paris (S. V. 37. 2. 470). — 9 janvier 1872. — Cass. (S. V. 72. 1. 243). — Emérigon, ch. 13, sect. 16.

(7) Harlay v[s] Buggin, 3 Doug. Rep. 29. — Batombey, v[s] Bowil, 5 R. et Cr. 200 ; Hamilton, v[s] Shedran 3 M. et V. 49. — Marshall, 2, 334 ; Benecke, 2, 384 et s. ; Pohls, t. 6, p. 404.

(8) Elliot vs Wilson, 7 Br. Pal. Cases, 459.

(9) Phyn. v[s] Roy. ass. Co, 9 Term. Rep. 505.

Les principes déjà posés pour le cas où le voyage est changé ne sont pas toujours applicables à la route. Ainsi, tandis que l'intention de changer le voyage suffit, lorsqu'elle est constante, pour annuler l'assurance, l'intention de dévier ne l'annule pas lorsque la perte se produit en avant du point où la déviation se serait faite, le navire étant encore dans la route du voyage assuré (1).

18.— L'obligation de ne pas changer la route souffre exception dans deux cas : 1° lorsque telle est la convention ; 2° lorsqu'il y a force majeure.

La nécessité où est le capitaine de suivre la route directe pouvant être contraire à l'opération commerciale, on a adopté, pour s'y soustraire, diverses combinaisons donnant des droits plus étendus. Ainsi l'assuré peut stipuler la faculté : — 1° de faire échelle ; — 2° d'aller à droite ou à gauche ; — 3° de rétrograder ; — 4° d'user de ces diverses facultés en les combinant.

19. — *Du droit de faire échelle.* — En principe, le capitaine doit parcourir la route, directement, sans s'arrêter dans les lieux intermédiaires. La clause de faire échelle, stipulée pour prévenir les litiges, *ad dirimendas lites assecurantium* (2), lui donne le droit de s'y arrêter. Cette convention est l'objet de l'art. 362 du C. comm., qui est ainsi conçu :

« Si le capitaine a la liberté d'entrer dans différents « ports pour compléter et échanger son chargement, « l'assureur ne court les risques des objets assurés « que lorsqu'ils sont à bord, s'il n'y a convention con- « traire. »

---

(1) Benecke, t. 2, p. 409.
(2) Straccha, Gl. 14.

Cet article, qui a été emprunté à l'art. 33 de l'ordonnance, ne touche qu'à un seul point de la clause qui nous occupe. — Comme le voyage est un, que l'assureur court tous les risques à partir de tel moment pris au lieu de départ jusqu'à tel autre pris au lieu d'arrivée, on aurait pu induire de là qu'il répond des pertes que subit le chargement même après qu'il a été retiré du navire, et c'est pour écarter cette prétention qu'il l'exonère de tous les risques survenus soit au chargement qui doit être débarqué, soit à celui qui doit prendre sa place, tant que ni l'un ni l'autre ne sont pas à bord du navire (1).

Cet article suppose que l'assuré peut, lorsqu'il a le droit de faire échelle, décharger la cargaison dans les lieux où il s'arrête, ainsi que cela est du reste généralement admis (2).

Par cela qu'il a ce droit, il a aussi celui de séjourner dans les ports intermédiaires. Mais si ce séjour est trop long et de nature à aggraver les risques bien au-delà des prévisions ordinaires, le retard peut être assimilé à une déviation (3).

Le droit de faire échelle ne donne pas celui de s'écarter de la route, par exemple d'entrer dans un port intermédiaire qui est en dehors d'elle (4), ni de remon-

---

(1) V. Valin sur l'art. 33.

(2) 10 juillet 1821. — Mars. (J. M. 2. 1. 184). — Estrangin, p. 374; Dageville, t. 3, p. 65; Lemonnier, t. 1, n. 87; Boulay-Paty, sur Émérigon, t. 2, p. 70; Haghe et Cruismans, n. 143. — Même principe en Angleterre. Benecke, t. 2, p. 374; Parck, 438 et s.

(3) Ainsi décidé en Angleterre, Arnould, t. 1, p. 386, et aux États-Unis, Philipps, t. 1, p. 527.

(4) 12 mai 1858. — Bordeaux. (J. M. 36. 2. 82). — 9 janvier 1872. — Cass. (S. V. 72. 1. 263).

ter une rivière (1). — L'assuré ne doit pas non plus entrer dans un port où règne la peste. C'est ce que soutint avec juste raison un assureur dans une espèce où le navire était entré dans le port de Marseille au moment où la peste désolait la ville dont il dépend (2).

L'assuré peut incontestablement stipuler le droit de faire échelle, bien qu'il ne soit pas fixé sur le point de savoir s'il usera de cette faculté, ou qu'il ignore le port dans lequel il entrera (3). L'assureur ne peut se prévaloir contre lui de ce qu'il ne lui a pas déclaré ce qu'il veut faire, car il est averti par la stipulation elle-même (4). Cependant, il ne faut pas pousser trop loin l'application de cette règle, ainsi que le démontre l'exemple suivant :

Assurance consentie pour un voyage de Livourne à Gigelly avec la clause de faire échelle. — En fait, une partie des marchandises fut chargée pour Gigelly, l'autre pour Bougie. — Le navire se rendit d'abord à Bougie, où le chargement destiné à cette place fût débarqué. — De là il partit pour Gigelly et périt dans la traversée.

L'assuré actionna l'assureur en paiement de la perte, mais celui-ci opposa que Bougie était bien moins un lieu d'échelle qu'un lieu de destination, et que cette circonstance ne lui ayant pas été déclarée, il était déchargé des risques. Il gagna son procès par ce motif (5).

---

(1) Casaregis, Disc. 134; Emérigon, ch. 13, sect. 6, § 4; Pardessus, 3, n. 779. — V. aussi conforme, 9 mars 1841. — Paris. (S. V. 41. 2. 496).

(2) Casaregis, Disc. 122, n. 15; Emérigon, *Ibid.*

(3) 22 septembre 1823. — Sent. arb. (J. M. 4. 2. 164). — Dageville, 3, 66.

(4) 24 août 1841 — Mars. (J. M. 20. 1. 309).

(5) 14 sept. 4841. — Mars. (J. M. 20. 1. 317). — Dans ce sens, Morel, p. 629.

Les assurés se prémunissent contre ces difficultés en stipulant le droit de faire échelle *partout où bon leur semblera* (1).

Le droit de charger et de décharger dans les ports d'échelle a toujours été interprété en ce sens que le navire peut partir sur lest du port de départ et recevoir son chargement dans un port intermédiaire (2). Mais il ne faut pas qu'il parte d'un lieu autre que celui qui constitue le terme *a quo*, pour se rendre de là dans le port intermédiaire où l'embarquement doit s'opérer.

20. — Le droit de faire échelle implique-t-il celui de prendre des expéditions du lieu de départ à un port intermédiaire? — Non, répondrons-nous, car en procédant ainsi l'assuré change le voyage (3). — Oui, cependant, lorsqu'il s'agit de la navigation au cabotage, parce que, d'après les règlements, le capitaine est tenu de prendre les expéditions de port à port, de sorte que annuler l'assurance par le motif que la loi a été observée, ce serait déclarer que le droit de faire échelle ne peut pas être stipulé pour cette sorte de navigation, ce qui est inadmissible (4).

21. — Le droit de charger et de décharger dans les lieux d'échelle peut présenter certaines difficultés, lorsque le voyage d'aller est assuré par une personne et le voyage de retour par une autre.

Exemple. — Un capitaine débarque son chargement

(1) Dageville, t. 3, p. 63.

(2) Emérigon, ch. 13, sect. 8, § 1 ; Boulay-Paty, t. 4, d. 145 ; Bedarrides, t. 4, n. 1476. — V. aussi Pohls, t. 6, p. 412 et Benecke, t. 2. p. 369.

(3) Estrangin, p. 477. — *Contra* Alauzet, 2, 264 ; Lemonnier, 1, n. 103 et 104 ; Dageville, 3, 246.

(4) V. 23 décembre 1819. — Aix.

dans un port intermédiaire, et y charge cent barils de sucre à destination du lieu de départ du voyage d'aller, soit le terme *ad quem* du voyage de retour, plus cent sacs de café livrables au lieu de destination du voyage d'aller. — Telle étant l'espèce, les cent barils de sucre ne sont pas aux risques de l'assureur du voyage d'aller, et ne doivent être aux risques de l'assureur du voyage de retour que lorsque ce voyage aura commencé. Au contraire, les cent sacs de café sont, dès leur mise à bord, aux risques de l'assureur qui a garanti le voyage d'aller. — Les cent sacs de café furent avariés, et l'assureur soutint qu'en chargeant avec la marchandise par lui assurée une marchandise couverte par une assurance qui n'avait pas encore commencé, on avait modifié le risque et qu'en conséquence il n'était pas responsable. Cette étrange prétention fut repoussée (1).

22. — Le droit de faire échelle donne à l'assuré, avons-nous dit, le droit de charger et de décharger. Cela posé, supposons une assurance pour 10,000 fr. sur une marchandise qui en vaut 30,000, dans laquelle par suite l'assuré est son propre assureur pour les deux tiers de l'objet mis en risque. Cet assuré, qui a le droit de faire échelle, décharge les deux tiers de cette marchandise. On demande si le tiers restant est en entier à la charge de l'assureur, ou bien s'il n'en répond que dans le proportion du tiers, soit 3333 ?

Valin et Emérigon le considèrent comme responsable de l'entière valeur, soit 10,000 fr., et cela parce

---

(1) 18 février 1828. — Aix (J. M. 9. 1. 64). — 17 novembre 1850. — Bordeaux (J. M. 30. 2. 86).

que l'assuré n'est pas tenu de charger plus que cette valeur, et que dès lors il a pu faire en cours de voyage ce qu'il aurait pu faire au moment du départ (1). — Pothier distingue : — « Si, dit-il, l'assuré avait fait dé-« charger partie de sa marchandise dans la vue uni-« quement de la soustraire au danger des avaries qu'il « y avait lieu de craindre, et de faire tomber ces avaries « sur la partie assurée, en ce cas on pourrait dire que « l'assureur ne doit supporter dans l'avarie que la « même part qu'il eût supportée, si la partie qu'il a « retirée fût restée dans le navire. »

Cette distinction n'a aucune valeur juridique. En effet, ou la marchandise a été indiquée dans la police, ce qui est la règle, et dans ce cas l'assureur ne répond pas d'une autre ; — ou la marchandise est indéterminée, et dans ce cas peu importe celle qui a été chargée.

23. — On s'est demandé encore si les marchandises chargées au lieu d'échelle à la place de celles qui ont été déchargées sont aux risques des assureurs.

Emerigon, Valin et Pothier tiennent pour l'affirmative (2), et telle est aussi l'opinion de la majorité des auteurs qui ont commenté le code de commerce (3). Cependant cette opinion a été contredite (4), même en Angleterre (5). Enfin, on distingue entre le cas où les marchandises sont de même nature et celui où elles sont de nature différente, pour en conclure que l'assureur n'est responsable que lorsqu'elles sont de

(1) Emerigon, ch. 13, sect. 8, § 3 ; Valin, sur l'art. 36.
(2) Emerigon, ch. 13, sect. 8, § 2 ; sur l'art. 27 ; Pothier, n. 63.
(3) Boulay-Paty, t. 4, p. 145 ; Dalloz, n. 1976.
(4) Lemonnier, t. 1, n. 230.
(5) Parck, p. 64.

même nature (1). On soutient encore que la question doit être résolue d'après l'usage (2).

La solution se déduit, selon nous, de trois propositions :

1° Il est contradictoire d'admettre que l'assuré a le droit de décharger et de charger dans le port intermédiaire, mais que s'il charge l'assurance prend fin.

2° Lorsqu'il charge des marchandises non spécifiées dans la police, il aggrave les risques, et dès lors d'après la rigueur des principes l'assurance doit être déclarée nulle.

Mais lorsqu'il n'en a pas été spécifié, il est admis, parce que tel est l'usage, que l'assureur répond des marchandises chargées, bien qu'elles ne soient pas de même nature que celles qui ont été déchargées.

Par là, tous les principes sont conciliés.

24. — Le voyage étant terminé par l'arrivée au lieu de destination, il importe peu que la marchandise n'y soit pas déchargée ; l'assuré ne saurait s'en prévaloir pour faire considérer ce lieu comme un port intermédiaire (3). Mais il en est autrement lorsque le débarquement est impossible par un fait de force majeure, comme si, par crainte de l'ennemi justifiée en fait, le capitaine a dû quitter le port avant d'avoir débarqué (4).

25. — Quelquefois le droit de faire échelle est limité à certains ports déterminés. Dans ce cas l'assuré doit

(1) Pardessus, t. 3, n. 779.

(2) Pohls, t. 4, p. 412 ; Benecke, t. 2, p. 380.

(3) 14 novembre 1860. — Mars. (J. M. 31. 1. 10). — 23 mai 1878. — Mars. (J. M. 56. 1. 175).

(4) 28 novembre 1871. — Hâvre (J. M. 50. 2. 53 et 174). — 1er mai 1872 — Rouen (J. M. 50. 2. 174 et J. Hâvre 1872. 2. 129).

suivre l'ordre indiqué dans la police, à moins d'indication contraire (1). Plusieurs décisions rendues aux États-Unis portent qu'il ne doit pas y avoir sur ce point de règles précises, et que tout dépend des circonstances (2).

26. — L'assuré qui n'a que la faculté de faire échelle doit suivre la ligne droite, *recta via*. La faculté d'aller à droite et à gauche augmente ses droits. En vertu de cette clanse, il peut s'écarter de la ligne de la route, mais en marchant toujours droit devant lui : Verba vero *de poder navigare à dextra et à sinistra et à piacimento del padrone* hanc habent expositionem et conceptum, ut tantum diverti possit iter, quantum inserviat faciliori et tutiori navigationi pro deveniendo ad portum destinatum, non autem ut in totum divertatur ad incepto et destinato itinere (3). — Dans le Discours 134, Casaregis expose que la faculté d'aller à droite et à gauche est limitée aux ports qui sont à portée de la route, et non à ceux qui en sont éloignés. Emérigon soutient que la clause n'a jamais été ainsi entendue en France (4). Cependant, il ne faut pas oublier que l'abus du droit en est la violation, et qu'on pourrait considérer l'entrée dans un port trop éloigné comme une déviation.

27.— Pour exonérer l'assuré de l'obligation de suivre la ligne droite et directe, bien qu'il ait le droit de faire échelle ou d'aller à droite ou à gauche, on a introduit

(1) Elliot v^s Wilson, 7 Brown's Parl. cases 159 ; Gardner v^s Sonhouse, 3 Taunt, 16.

(2) Philipps, 1, 496, 502.

(3) Casaregis, Disc. 1, n. 131 et s.

(4) Emerigon, ch. 13, sect. 6, § 4.

dans les polices une clause par laquelle il peut rétrograder, ce qui lui permet de revenir en arrière et même de commencer par l'échelle la plus éloignée du lieu de départ pour revenir à celle qui est la plus rapprochée (1).

28. — Enfin, les contractants peuvent réunir toutes ces facultés en stipulant que l'assuré aura le droit de *toucher partout, avant, arrière, à droite et à gauche.*

Quelquefois, ainsi que cela a lieu pour les navigations relatives à la pêche, cette clause figure dans une police qui n'indique pas le lieu d'arrivée. Dans ce cas l'assurance prend fin lorsque l'opération est terminée. Ainsi à l'égard d'un navire destiné à la pêche de la baleine qui est ainsi assuré, l'assurance est terminée lorsque ce navire rentre dans le port d'armement, chargé d'huile et de fanons. C'est pour cela que le capitaine ne peut transborder ce produit, car il pourrait, par ce moyen, perpétuer indéfiniment l'assurance (2).

29. — Une autre clause en usage est celle qui est conçue *quitte au lieu de décharge.* Elle donne le droit de décharger partiellement la marchandise dans les divers ports de telle ou telle côte, ce qui fait que le voyage n'est terminé que lorsque le déchargement est complet (3).

30. — Les clauses qui dérogent au principe qui veut que le voyage soit fait *recta via,* sans divertir, doivent être formellement stipulées (4). On admet en Angleterre

(1) 18 février 1828. — Aix (S. V. 28. 2. 248). — 14 août 1838. — Bordeaux (J. M. 18. 2. 46). — Bedarride, n. 1207, 1208.

(2) 27 juillet 1853. — Rouen (J. M. 32. 2. 22).

(3) V. Dageville, t. 3, p. 325; Pardessus, 3, 779.

(4) 18 juin 1806 — Rouen (S. 6. 2. 490). — 2 août 1807. — C. Res. (Dalloz, n. 1881). — 25 nov. 1841. — Mars. (J. M. 21. 1. 64). — Emérigon, ch. 13, sect. 6, § 3; Dageville, 3, 64; Estrangin, 377; Lemonnier, 1, 197.

qu'elles peuvent être sous-entendues, lorsqu'elles sont conformes à l'usage (1). Nous ne suivons pas cette règle. On ne peut non plus étendre les facultés ci-dessus indiquées. Ainsi la clause de faire échelle ne comporte pas celle d'aller à droite et à gauche ; celle-ci ne donne pas le droit de rétrograder. La réciproque est également vraie (2).

31. — Les règles qui viennent d'être posées s'appliquent sous certaines modifications au voyage d'aller et retour.

Ces assurances sont ou *à prime liée*, ou *à prime déliée*. Elles sont *à prime liée* lorsque l'aller et le retour ne forment qu'un seul voyage, qui est, suivant le langage des anciens auteurs, indivisible ; *à prime déliée* lorsqu'une première assurance porte sur le voyage d'aller, une seconde sur le voyage de retour, ou en d'autres termes, lorsque l'une est *d'entrée*, l'autre *de sortie*, et qu'ainsi on a deux voyages distincts.

L'assurance faite au moment du départ, dans laquelle il n'est pas dit qu'elle comprend l'aller et le retour ne s'applique qu'au voyage d'aller.

Mais si l'assurance porte à la fois sur l'aller et le retour, et si elle est consentie par le même assureur, on doit présumer qu'on n'a entendu ne l'appliquer qu'à un seul voyage (3).

Lorsque le voyage d'aller et retour est *à prime déliée*, le terme *a quo* du voyage d'aller est le terme *ad quem* du voyage de retour, et réciproquement le terme *ad*

(1) Lavabre v[s] Wilson, Dongl. Rep. 284.

(2) V. 12 mai 1858. — Bordeaux (J. M. 36. 2. 82) et Bedarride, n. 1300.

(3) *Sic* Dalloz, n. 1625. — *Contra* Haghe et Cruismans, n. 198.

quem du voyage d'aller est le terme *a quo* du voyage de retour. De là vient que lorsque le navire est arrivé au lieu de destination dans le voyage d'aller, et que le voyage de retour n'est pas encore commencé, il s'écoule entre la fin du premier et le commencement du second, ou, si l'on aime mieux, entre l'*entrée* et la *sortie,* un temps quelconque pendant lequel l'objet mis en risque n'est pas garanti par une assurance. Ce point est quelquefois prévu dans les polices, qui portent des conditions par lesquelles, lorsque l'assurance d'*entrée* a pris fin, l'assurance de *sortie* commence immédiatement, de manière à ce que les risques ne cessent pas d'être couverts.

Lorsque l'assurance est à prime déliée, que les assureurs pour chaque voyage sont différents, et que par suite des avaries souffertes pendant le voyage d'aller le navire séjourne dans le port de destination lié à ce voyage, les risques pendant ce séjour sont à la charge de l'assureur d'entrée (1).

Le lieu de départ est en même temps le lieu de destination dans les assurances à prime liée. Cependant un lieu de destination est toujours indiqué dans ces sortes d'assurances. Ainsi une assurance étant consentie pour un voyage de Marseille à Cadix, aller et retour à prime liée, on a un lieu de départ qui est Marseille, un lieu de destination qui est aussi Marseille, et un autre lieu, Cadix, qui est une sorte de port intermédiaire, obligatoire en ce sens que, faute par le capitaine d'y conduire le navire, le voyage sera rompu, et partant l'assureur affranchi des risques.

(1) 18 février 1860. — Cass. (S. V. 62. 1. 59).

Lorsque ce port intermédiaire n'est pas désigné dans la police, comme si on dit départ de Marseille et retour dans ce port, sans autre indication, cette police contient une lacune telle que le voyage pourrait être prolongé indéfiniment. Pour remédier à cet inconvénient on limite le risque par le temps en assignant à l'assurance une durée quelconque (1).

(1) V. 18 novembre 1853. — Aix (S. V. 55. 2. 267).

CHAPITRE III.

DU CHANGEMENT FORCÉ DE ROUTE.

La déviation n'annule pas l'assurance lorsqu'elle est forcée.

Elle peut l'être, lorsque le temps contraire, la nécessité de réparer le navire, la présence de l'ennemi et bien d'autres causes qui peuvent mettre le navire ou la cargaison en péril obligent le capitaine à s'éloigner de la route ; elle peut l'être encore lorsque le navire navigue sous convoi.

D'où la division de ce chapitre en deux sections, savoir :

Section 1. — Du changement forcé de route.

Section 2. — De la navigation sous escorte dans ses rapports avec l'assurance.

SECTION 1.

Du changement forcé de route.

32. — La force majeure autorise la déviation.

33. — Exemples relatifs à l'application de cette règle.

34. — La déviation est permise lorsqu'elle a pour but de procurer des renseignements nécessaires au salut de l'objet assuré.

35. — *Quid* du cas où la déviation est causée par une sédition de l'équipage ?

36. — *Quid* du cas où elle a lieu pour sauver des personnes ou un navire en péril ?

37. — L'assureur n'est pas responsable lorsque la déviation a lieu pour éviter un risque dont il n'est pas tenu.

38. — Il ne l'est pas non plus lorsqu'elle est faite pour éviter la perception d'une taxe, même injuste.

39. — Le changement de route n'est pas présumé fatal.

40. — Lorsque la déviation est légitime il est permis de diriger le navire vers le lieu de destination en partant du point où il se trouve.

41. — Responsabilité de l'assureur à raison des pertes qui surviennent après la déviation forcée.

42. — Le voyage n'est pas changé lorsque le capitaine s'étant réfugié par nécessité dans un port intermédiaire, termine là son voyage.

43. — La perte du voyage ne donne pas ouverture au délaissement, à moins de sinistre majeur.

32. — Les règles posées dans les chapitres précédents cessent d'être applicables lorsque la déviation est nécessitée par un cas de force majeure : *Si ex aliqua rationabili causa processerit* (1). Dans ce cas, il est généralement admis que l'assureur continue à courir les risques (2). Il ne peut en être autrement. Le cas fortuit étant un risque, la déviation qui en procède a le même caractère.

Si ce principe est certain, il n'en est pas toujours ainsi de son application. Une déviation n'étant légitime qu'autant qu'elle est nécessaire, ou plutôt, afin que la formule ne soit pas trop absolue, qu'autant que la cause qui l'a engendrée est raisonnable et de nature à la justifier, il est à peu près impossible, en restant dans les généralités de faire connaître dans quels cas cette cause est suffisamment justificative. C'est par des exemples qu'on en aura une idée exacte.

33. — Ainsi on considère le déroutement comme légitime dans les cas suivants :

(1) Casaregis, Disc. 1, n. 69.

(2) Robinson, v^s Marine Ins. Co., 2 Johnson's Rep. 89.

1° Lorsque le mauvais temps oblige le navire à abandonner la route qu'il doit parcourir (1) ;

2° S'il est nécessaire de le réparer, et si, en suivant la ligne de la route qui correspond au voyage assuré, la réparation est impossible (2) ;

3° Lorsque le navire est entré dans un port pour y être réparé, et que la réparation y étant impossible, ou bien trop longue, même trop dispendieuse, on doit le conduire dans un autre port (3) ;

4° Au cas de manque de provisions ou d'eau (4) ;

5° Ou bien d'insuffisance de matelots ou d'autres gens de l'équipage résultant de décès ou de maladies survenus en cours de voyage (5) ;

6° Suivant les cas, par manque de pilote (6) ;

7° Au cas d'existence de la peste dans le port de destination ;

8° Lorsqu'il y a nécessité de faire des recherches afin de retrouver la marchandise qui a été perdue ou volée (7) ;

9° Au cas de blocus au lieu de reste ;

10° S'il est impossible d'entrer dans une mer ou dans un port qui sont pris par la glace (8) ;

---

(1) Delancy v^s Stoddart, 1 Term. Rep. 22 ; Thomas v^s Roy. Esch. Co., 1 Price 195. — Ainsi jugé aux Etats-Unis. Graham v^s Ins. Comp. 11 John's Rep. 352.

(2) Nolte, t. 1, 775.

(3) Hall v^s Frank, Ins. Co., 9, Pick Rep. 466. — V. Philipps, 1, 518.

(4) Wolf v^s Clagget, 3 Esp. 257. — Et aux Etats-Unis, Winthrop v^s Union Ins. Co. 2 Wash C. E. Rep. 7.

(5) Philipps, 1, 522-524.

(6) Roccus, note 98.

(7) Philipps, 1, 199.

(8) Ainsi jugé aux Etats-Unis. — Gonthram v^s Comp. Ins, 11 Johns Rep. 352.

11° S'il y a juste crainte de subir une prise (1).

34. — On considère aussi comme légitime la déviation opérée dans le but de recueillir des renseignements qui intéressent la sécurité de l'objet assuré, par exemple pour savoir si la guerre a éclaté, si la paix est conclue, si le port de destination est bloqué, ou pris par la glace, et ainsi de suite (2).

35.— On admet en Angleterre, aux Etats-Unis et en Allemagne (3), que le déroutement causé par une sédition de l'équipage n'affranchit pas l'assureur des risques. Cette solution n'est admissible dans notre droit que si l'assureur a garanti la baraterie de patron.

36. — L'assureur peut-il repousser la demande en paiement de la perte en se fondant sur ce que le navire a dévié de la route, lorsqu'il est établi en fait que la déviation n'a eu lieu que pour porter secours à un navire en péril ?

Cette question ne s'est jamais présentée en France, du moins que nous sachions ; elle n'a pas été non plus examinée par les auteurs qui y ont traité du droit maritime. Mais elle a été l'objet de décisions en Angleterre et aux Etats-Unis, et a été examinée par les auteurs anglais, américains et allemands (4).

Les assureurs n'ont pu exciper de la déviation dans

---

(1) Roccus, note 52; Emérigon, ch. 13, sect. 14; Pothier, n. 51; Valin sur l'art. 26. — Ainsi jugé en Angleterre, O' Reilly v[s] Goune, 4 Camp. 249. — Marshall, sect. 3, n. 2; Parck, ch. 17; Benecke, 2, 361. — Ainsi jugé aux Etats-Unis. Reade v[s] Comm. Ins Co., 3 Johns, 352. — Philipps, 1, 518.

(2) Pohls, t. 7, 422.

(3) Benecke, t. 2, p. 362; Marshall, 2, 413. Pohls, 7, 424.

(4) Angleterre : — Lawrence v[s] Sydebotham, East, Rep. 6, 54. — Marshall, liv. 5, § 3, n. 4 ; Parck, ch. 17. — Etats-Unis : — Philipps, 530 et 531. — Allemagne : — Benecke, 2, 364 ; Pohls, 7, 405.

ce cas, qu'en soutenant que les assurés ne peuvent être humains et secourables à leurs dépends ; que la déviation n'étant pas légitime, il suffit qu'elle ait modifié le risque, pour qu'ils soient exonérés de la perte.

Cette opinion a été rejetée comme trop absolue. On a distingué entre le cas où la déviation a lieu pour sauver les personnes et celui où elle n'a d'autre fin que de sauver le navire ou la cargaison.

Enfin, on a soutenu que toute déviation, qu'elle tende au salut du navire ou des personnes qui y ont été embarquées, est légitime et que par suite elle n'exonère pas l'assureur de la perte.

La majorité des auteurs que nous venons de citer n'admet la légitimité de la déviation que lorsqu'elle a pour but de sauver les personnes. Ils disent dans ce sens :

Sauver des malheureux est une obligation naturelle. Or, lorsqu'ils sont sur le point d'être engloutis par les flots, ils ne peuvent être sauvés qu'au moyen du navire ; dès lors tous ceux qui ont un intérêt direct ou indirect sur ce navire, et par suite l'assureur, participent à cette obligation. Pourrait-on insérer dans la police d'assurance une clause portant qu'il ne sera pas permis à l'assuré de dévier de la route pour sauver des gens en péril ? Cette clause ne serait-elle pas nulle ? Si oui, le principe qu'elle méconnaîtrait est vrai.

« Je ne fais aucun doute, disait le juge Story, dans « l'affaire du navire le *Magnolia*, que le capitaine « devait dévier de sa route pour recueillir à son bord « les gens de mer et les passagers du navire le *Boston* « et leur sauver la vie par ce moyen. En agissant « ainsi, il a accompli un devoir que lui imposent les

« principes les plus élémentaires de la loi naturelle ; « il s'est conformé aux divins enseignements de la foi « chrétienne. Non il n'est pas dans toute la chrétienté « un seul pays, pas un seul, qui en présence du fait « qu'invoque l'assureur, voulût l'exonérer des risques.»

La question que nous essayons de résoudre a été posée en Amérique dans une circonstance tout exceptionnelle. — Un navire anglais en détresse fut secouru par un navire américain, pendant la guerre entre l'Angleterre et les Etats-Unis. Les deux navires étaient accostés, lorsque le capitaine anglais, dont le navire qu'il s'agissait de sauver était armé en course, eut l'infamie de profiter du voisinage du navire américain pour le capturer. Comme les assureurs de ce navire répondaient des risques de guerre, son propriétaire leur demanda le paiement de la somme assurée. Ceux-ci répondirent que le capitaine avait dévié, moins pour sauver un navire en détresse que pour se perdre lui-même. Mais ce système ne fut pas admis, et ils furent condamnés (1).

Si la question qui a été agitée en Angleterre et aux Etats-Unis se présentait en France nous la résoudrions comme il suit :

L'art. 2, du L. 4, tit. 9 de l'ordonnance de 1681 est ainsi conçu : — *Enjoignons à nos sujets de faire tout devoir pour secourir les personnes qu'ils verront dans le danger du naufrage.*

L'obligation de secourir les malheureux qui sont en danger est donc imposée, non-seulement par la loi naturelle, mais encore par la loi positive, et par suite

(1) Jacobsen, Seerecht, 1, 533.

on doit la considérer comme sous-entendue dans les contrats d'assurance. Nous dirons volontiers, en nous appropriant les paroles du juge Story, il n'est pas en France un tribunal qui voulût juger le contraire.

Lorsqu'il s'agit du sauvetage des biens, la question est tout autre.

En effet, ou les personnes qu'il s'agit de sauver sont encore dans le navire ou elles l'ont abandonné.

Dans le premier cas, il faut pour les sauver, les recueillir à bord du navire sauveteur, dans le second, on les sauve encore en les faisant passer *des embarcations* dans ce navire. Dans l'un et l'autre cas, il n'est pas nécessaire de sauver le navire en péril pour sauver les personnes qui s'y trouvent.

Lorsqu'il s'agit du sauvetage des navires, la loi met surtout en mouvement les autorités publiques.

Ainsi, elle confie le soin de les sauver :

1° Aux agents municipaux (Arr. du 27 therm. an 7, art. 1);

2° Aux commissaires et administrateurs de la marine, aux syndics des gens de mer, aux officiers maîtres de port, aux gardes maritimes (Arr. 1er flor. an 9, art. 1 et 2; Rej. 17 juillet 1816, art. 24 et 7 août 1866, art. 12, 23 et 33; déc. 15 juillet 1854, art. 14; Cir. min., 19 août 1822 et 19 déc. 1844);

3° Aux préposés de la douane.

Quant aux simples particuliers, l'art. 27 du L. 4, tit. 9 de l'ordonnance de 1681 leur accorde le tiers des effets naufragés trouvés en pleine mer. Mais il faut, pour que cet article soit applicable, que le navire ait été abandonné par l'équipage, qu'il ne soit pas à proximité de la côte, qu'en un mot il ne s'agisse pas d'une simple opération de remorquage (1).

Il nous semble que ces indications donnent le moyen de résoudre la difficulté. — L'assuré qui dévie de la route pour se procurer le bénéfice que lui donne le tiers du sauvetage, ne peut le faire aux dépens de l'assureur. Mais si le navire est sur la ligne de la route, à une faible distance d'un port, et que mu par ce sentiment de solidarité, qui fait *que les marins s'entr'aident dans les pays lointains, se recueillent, se secourent après le naufrage, s'assistent dans les dangers de mer, et semblent comprendre qu'ils forment, eux, une population à part, à qui la communauté de vie et de dangers impose le devoir de résserer les liens de la fraternité* (2), le capitaine remorque le navire, le met en sûreté dans le port, et reprend sa route sans ajouter aux risques et sans divertir, je ne crois pas que les assureurs pussent soutenir qu'il était de devoir pour ce capitaine de s'abstenir sous peine de perdre le bénéfice de l'assurance.

En un mot, étant admis qu'il n'a pas voulu se procurer un bénéfice, il suffit de rechercher s'il n'a pas sensiblement ajouté aux risques, ce que les tribunaux pourront facilement apprécier.

37. — L'assureur est-il encore responsable lorsque l'assuré a dévié de la route pour se soustraire à un risque dont cet assureur n'est pas tenu ?

---

(1) V. sur ce point, 20 janvier 1855. — Mars. (J. M. 55. 1. 11). — 9 février 1857. — Hâvre (J. Hâv. 57. 1. 23). — 26 juillet 1866. — Aix (S. V. 67. 2. 227). — 22 mai 1867. — Rennes (S. V. 68. 2. 114). — 4 juillet 1871. — Rouen (S. V. 71. 2. 134).

(2) Paroles de M. Beaussant, Code maritme.

Exemple. — Une assurance a été consentie *franc de risques de guerre*. Le capitaine, voyant qu'il va être capturé, s'éloigne de la route, et lorsqu'il en est loin, son navire, assailli par une tempête, périt. On demande si l'assureur est responsable de cette perte.

On tient pour la négative en Angleterre et aux Etats-Unis (1), et nous croyons que cela est juste. L'assureur qui est responsable du risque qui a causé la déviation, ne saurait s'en plaindre, car c'est dans son intérêt qu'elle a lieu; mais lorsqu'elle n'a d'autre cause que l'intérêt de l'assuré, la règle générale doit reprendre son empire.

38. — Emérigon est d'avis que l'assuré a le droit de se rendre dans un autre port que celui de destination pour éviter la perception d'une taxe injuste (2). Sur quoi Pohls fait observer qu'une taxe peut être exagérée, qu'elle peut l'être à ce point de constituer l'assuré en perte, et n'être cependant de la part de l'état qui l'a établie que l'exercice légitime du droit de souveraineté (3). Ajoutons encore que la question ne saurait être posée si on admet que la taxe était déjà en vigueur au moment où l'assurance a été consentie. En admettant qu'elle lui soit postérieure, nous ne saurions nous ranger à l'avis d'Emérigon, et cela par le motif que les droits qui pèsent sur la marchandise constituent un risque de terre, peut-être affectant l'opération commerciale, au point de la rendre très-onéreuse, mais non un risque de mer. Ajoutons que si le contraire était

(1) O. Regelly v[e] Roy. Exch. Co. 4 Campbell, 246. — Kent, 3, 316. — V. cependant *contra* Pohls, 6, 426.

(2) Emérigon, ch. 13, sect. 15, § 14.

(3) Pohls, t. 7, p. 424.

vrai, l'assuré aurait une action contre l'assureur pour se faire indemniser de la perte causée par la perception des droits.

La question fut ainsi posée dans l'espèce suivante : Un navire porteur de marchandises espagnoles avait pour lieu de destination le port d'Arica dans le Pérou. — En ce moment, cette colonie s'était séparée de la métropole, et son nouveau gouvernement avait absolument prohibé l'entrée des marchandises de provenance espagnole. — Le capitaine connut cette mesure pendant la traversée et prit le parti de se rendre à Coquimbo, où se trouvait un port dépendant du Chili, et il y débarqua la marchandise. — Les assurés ayant souffert une perte par suite de ce changement de voyage, en demandèrent la réparation aux assureurs, mais le Tribunal de Marseille, saisi de la contestation, décida que la prohibition d'entrée dont l'assuré excipait constituait un risque de terre dont les assureurs n'étaient pas responsables (1).

39. — Le changement de route n'est pas présumé fatal. L'assuré doit prouver qu'il a été absolument nécessaire (2).

De plus, il doit être conforme à ce qui est indispensable. D'où il résulte que l'assuré ne peut s'éloigner de la route plus qu'il ne faut (3).

40. — Lorsque la déviation est forcée et que le navire doit parcourir un certain espace pour s'éloigner de la ligne du voyage assuré, l'assuré n'est pas tenu d'aller

---

(1) 7 août 1827. — Mars. (J. M. 9. 1. 192).

(2) Boulay-Paty, t. 3, p. 18 ; Haghe et Cruismans, n. 144.

(3) Pohls, t. 7, p. 426.

du point où il se trouve au point où a commencé la déviation, pour se rendre de là au port de destination; il peut suivre une ligne plus courte pour se rendre à ce port, s'il en existe une (1). — « Lorsque, dit lord « Mansfield, le navire a été forcé par le mauvais temps « de se réfugier dans un port qui est en dehors de la « ligne de la route, le capitaine n'est pas tenu de se « rendre au point où la déviation a commencé. Il peut « suivre la ligne directe du point où il se trouve au « lieu de destination (2). »

41. — L'assureur répond, au cas de déviation forcée, des avaries souffertes par le navire au moment où il est en dehors de la route du voyage assuré. Il doit de plus indemniser l'assuré des frais nécessités par la déviation. Il répond aussi des avaries que souffre le navire pendant la traversée qui a lieu du point extrême de déviation au port de destination (3). A cause de cette responsabilité, le capitaine peut prendre des marchandises moyennant un fret dans le port de relâche pour les transporter au lieu de destination, car en le faisant il diminue l'indemnité que lui doit l'assureur (4). Ce dernier répond encore des frais de débarquement s'ils sont nécessaires dans le port de relâche (5).

Lorsque le navire a besoin d'être réparé au port de destination par suite des avaries qu'il a souffertes, et si, la réparation y étant impossible, il est

---

(1) Parck, p. 303; Marshall, 2, 311; Benecke, 1, 359; Phillips, 1, 480.

(2) Delancy v[s] Stoddart, 1 Term., 22.

(3) 3 août 1830. — Aix (S. V. 31. 2. 67). — *Sic* Sauterna, p. 2, n. 52; Émérigon, ch. 13, sect. 12, § 2; Lemonnier, t. 1, n. 99.

(4) 3 août 1830. — Aix (S. V. 31. 2. 67).

(5) Pohls, t. 7, 437. — Scott v[s] Thompson, 1 New. Rep. 181.

dirigé vers un port voisin, où elle est faite, si après cela il retourne au port de destination, l'assureur ne cesse pas d'être responsable jusqu'au retour dans ce port, ce qui a pour conséquence le maintien de toutes les conditions portées dans la police.

Exemple. — D'après les conditions d'une police, le risque devait prendre fin cinq jours après l'arrivée au port de destination. — Le navire assuré, qui était avarié, entre dans ce port, où il séjourne quatre jours ; ne pouvant y être réparé, il est conduit dans un port voisin où la réparation est faite, après quoi il revient au port de destination et souffre des avaries pendant la traversée. Les assureurs refusent de payer la perte ; ils se fondent sur ce qu'il s'est écoulé plus de cinq jours depuis que le navire est entré pour la première fois dans le port de destination, et ils en infèrent que le risque ayant pris fin au moment où le navire a souffert les dernières avaries, il n'en sont pas responsables. — Cette singulière prétention fut repoussée (1).

42. — Souvent le capitaine qui a dû se réfugier dans un port éloigné de la route termine là son voyage. Aucune difficulté s'il y est contraint. Mais on a soutenu qu'il change le terme *ad quem* lorsqu'il le termine volontairement (2). — Nous ne pensons pas que cette opinion soit fondée, car il ne fait que raccourcir le voyage.

43. — La perte du voyage causée par un évènement qui ne constitue pas par lui-même un sinistre majeur ne donne pas ouverture au délaissement.

---

(1) 6 déc. 1830. — Bordeaux (S. V. 31. 2. 262).

(2) Pohls, 7, 444.

Telle est la règle suivie en Angleterre et aux Etats-Unis, soit à l'égard du navire (1), soit à l'égard des marchandises (2).

Au contraire, d'après le Guidon de la mer, *le délais pour tout destourbier dans la navigation* est admis (ch. 7, art. 1). — Tel était aussi le sentiment des docteurs italiens : *Assecuratores tenentur ad solvendum pretium quando merces non fuerint transportatæ ad locum destinatum* (3).

Les commentateurs de l'ordonnance (4), opinent contre le délaissement. Il en est de même de nos auteurs qui ne font en cela qu'appliquer les art. 369 et 371 du C. de commerce (5), sauf le cas où à la perte du voyage se joint la perte totale ou présumé telle de l'objet assuré (6).

Section II.

De la navigation sous convoi.

44. — Observations sur la navigation sous convoi.

45. — La navigation sous convoi imposée à l'assuré modifie les règles relatives à l'unité de voyage et de route.

46. — L'assuré ne remplit l'obligation de naviguer sous convoi que s'il est escorté de bâtiments de guerre chargés de protéger l'objet assuré.

47. — L'assurance est nulle lorsque le capitaine du navire assuré ou

(1) Naylor v[s] Taylar. Danson Lloydts Rep., 248, 254. — *Sic* Phillipps, 2, 257. — V. aussi Pohls, 6, 651.

(2) Arnould, 2, 1119, 1120.

(3) Casaregis, Disc. 1, n. 49, et Deluca, Disc. 106.

(4) Emérigon, ch. 17, sect. 3.

(5) Boulay-Paty, sur Emerigon, t. 2, p. 220; Lemonnier, t. 2, n. 286; — *Contra* Vincens, t. 3, p. 268.

(6) 15 décembre 1828. — Bordeaux (J. M. 10. 2. 45). — Alauzet, t. 3, n. 1497. — V. aussi Pohls, t. 6, 627.

44. — Les puissances belligérantes ou neutres placent pendant la guerre les navires marchands sous la protection des navires de guerre chargés de les protéger, durant leur navigation. Lorsqu'il en est ainsi, on dit que ces navires voyagent sous convoi ou sous escorte. La protection d'un convoi a une certaine utilité pour les neutres parce qu'ils sont exposés, ainsi que nous l'avons déjà dit, à certaines molestations (1). Ajoutons que l'escorte est encore utile aux navires marchands lorsqu'ils traversent les mers qu'infectent les pirates.

Autrefois, les escortes étaient fournies en France par l'amiral, moyennant un droit qu'on appelait *indult*. En 1699, le droit de faire escorter les navires marchands passa au pouvoir royal. La taxe perçue sur le navire escorté était de 3 livres par tonneau, et pouvait être portée à l'égard de la cargaison à 8 p. cent (arrêt de conseil du 2 janvier 1677 ; ord. 1748). La perception de ces droits fut ensuite abandonnée.

---

(1) Kaltenborn, t. 2, p. 461 et s.

La navigation sous escorte est en général facultative, mais elle peut être rendue obligatoire par le gouvernement (1).

Les navires qui doivent être escortés se réunissent au point indiqué. Ils sont inspectés, et ceux qui pourraient être par leur mauvais état une cause d'embaras sont laissés. Un recensement est fait de tous les autres ; les signaux, les instructions indiquant les points de rendez-vous et les attérages définitifs sont transmis aux capitaines. Le commandant de l'escorte fixe l'ordre dans lequel les navires doivent naviguer, ainsi que celui qui se rapporte aux mouillages. Comme commandant, il a le droit de punir les capitaines, et même suivant la gravité des cas de les traduire devant les tribunaux maritimes.

45. — Nous n'avons à nous occuper ici de la navigation sous convoi qu'au point de vue de l'assurance maritime.

A ce point de vue, la stipulation qui s'y rapporte a principalement pour effet de modifier les règles relatives au voyage et à la route. En effet l'assuré peut être dans l'obligation, soit de changer le terme *a quo* lorsque le chef de l'escorte a fixé le rendez-vous de départ en un lieu autre que celui qui est porté dans la police, soit le terme *ad quem* lorsque le lieu d'attérage subit un changement semblable. Il peut aussi entrer dans un port intermédiaire, bien qu'il n'en ait pas le droit d'après la police, lorsque le chef de l'escorte donne l'ordre d'y mouiller (2).

---

(1) Consulter sur cette matière, l'ordonnance du 31 octobre 1827.

(2) Bond vs Gonsales, 2 Salk, 665 ; Gordon vs Morley, 2 Str. 1265 ; Campbell vs Bordieu, Ibid.

Ce droit est si bien constant qu'en général tous les auteurs anglais et allemands considèrent comme frais d'avaries communes les dépenses qui sont faites pour rallier un convoi (1).

46. — L'obligation de naviguer sous convoi pendant la guerre a été toujours imposée aux assurés en Angleterre. Quoique moins fréquente en France, elle y a été cependant usitée, et il est indubitable que si les circonstances le comportaient, elle aurait une place dans les polices. Il importe donc d'exposer les principes qui régissent cette clause spéciale.

Il ne suffit pas, lorsqu'un assuré s'est obligé à naviguer sous convoi, que le navire assuré ou porteur des facultés assurées navigue avec un bâtiment de guerre; il faut encore que le commandant militaire soit spécialement chargé de l'accompagner et de le protéger (2). La même règle a prévalu en Angleterre. — « Un con« voi, dit Marshall, s'entend d'une force militaire placée « sous le commandemant d'un officier préposé par le « gouvernement pour protéger les navires de commerce « pendant tout ou partie du voyage. C'est sous la pro« tection de ce convoi, tel qu'il a été organisé par le « gouvernement, que le navire doit partir. Il a été décidé « que le capitaine d'un navire marchand, qui, au lieu « de partir avec le convoi, est parti après lui, mais sous « la protection d'un navire de guerre qui allait le ral« lier, a violé la convention au point de rendre l'assu« rance nulle (3). »

(1) Parck, 464; Marshall, 1, 201; Pohls, 6, 448; Benecke, 2, 359.

(2) Emérigon, ch. 6, sect. 4, § 2; Dalloz, n. 1903; Bernard, p. 240.

(3) Marshall, 2, 272. — V. aussi Parck, p 510; Benecke, t. 3, p. 426; Weskett, v° Convoy.

Le convoi doit être composé de bâtiments de guerre appartenant à la nation à laquelle appartient le navire convoyé (1). Toutefois, il suffit que le convoi appartienne à une nation qui a formé avec celle dont dépend ce navire une alliance offensive et défensive (2).

47. — La navigation sous convoi serait presque toujours inefficace si les capitaines des navires convoyés ne recevaient pas des instructions sur la manière de faire les signaux, le sens qu'ont les ordres donnés, les points de ralliement, etc. (3). En Angleterre l'absence de ce document vicie l'assurance. A Hambourg, il affranchit l'assureur des risques de guerre (4). Ce point n'est pas réglé dans notre droit, mais le bon sens indique que la clause en vertu de laquelle le navire doit voyager sous convoi implique l'emploi des moyens sans lesquels on n'obtiendrait pas les avantages que procure ce mode de navigation.

48. — En règle générale le navire doit être convoyé au moment où il part (5); mais si, entre le lieu où il se trouve et celui où il doit rejoindre le convoi, il n'y a aucun risque de guerre à courir, cette règle cesse d'être applicable. Ainsi, dans une espèce où la police portait: *condition de partir avec escorte, à défaut assurance nulle,* et où le navire partit de Constantinople sans l'escorte qu'il rallia aux Dardanelles, on décida que l'assurance était valable, attendu que la mer de Mar-

(1) Weskett, v. Couvoy, n. 15. — *Sic* Plau révisé d'Hambourg, § 68.
(2) Emérigon, ch. 6, sect. 4, § 2.
(3) En Anglais, Sailing Instructions. — En Allemand, Seinbrief.
(4) Benecke, t. 3, p. 427 et s. — Plan revisé d'Hambourg, § 68.
(5) Benecke, t. 3, p. 431.

mara n'est pas ouverte aux corsaires (1). Telle est aussi la jurisprudence suivie en Angleterre (2).

49. — Certaines législations imposent à l'assuré l'obligation de déclarer à l'assureur le lieu où se trouve le convoi, à peine de nullité de l'assurance (3). En France, ce point doit être réglé par les principes déjà exposés au sujet de la réticence.

50. — Il est de règle à Hambourg (4) et en Angleterre (5), que la condition de naviguer sous convoi n'est remplie que si le navire accomplit tout le voyage avec l'escorte. La nature des choses indique qu'il doit en être ainsi en France.

Le navire convoyé ne peut s'éloigner volontairement de l'escorte (6). Il a été décidé en Angleterre que lorsque cette règle est enfreinte par le capitaine sans l'autorisation de l'assuré, l'assurance n'en est pas moins valable (7). Cette solution ne serait exacte dans notre droit qu'autant que l'assureur répondrait de la baraterie de patron. Dans tous les cas, l'assurance reste valable lorsque le navire est séparé du convoi par la tempête (8).

La condition de naviguer sous convoi est remplie lorsque, au lieu de naviguer avec la même escorte, le

---

(1) Emérigon, ch. 6, sect. 4, § 2.

(2) Benecke, t. 3, p. 433; Marshall, t. 1, p. 264.

(3) Suède, 1750, art. 5, § 14; Prusse, § 2043-2044.

(4) Plan révisé d'Hambourg, § 69.

(5) Marshall, t. 1, p. 266; Benecke, t. 3, p. 434.

(6) Hambourg, tit. 4, art. 4 et 5; Suède, 1750, art. 5, § 17. — V. Emérigon, ch. 12, sect. 18; § 3.

(7) Vale v[s] Amy, 4 Taunt, 493.

(8) Plan révisé d'Hambourg, § 71. — Telle est la règle suivie en Angleterre. — Parck, 349; Marshall, 1, 279; Benecke, 3, 438.

navire en rallie plusieurs en divers points (1). Il est quelquefois stipulé que le navire pourra naviguer de tel point à tel point sans escorte et de tel autre à tel autre avec escorte. Lorsque la police désigne l'escorte, il n'est pas permis à l'assuré de naviguer avec une autre. Lorsque aucune désignation n'est faite, il peut partir avec le premier convoi (2). Si la composition de l'escorte est déterminée dans la police, elle doit, à peine de nullité de l'assurance, être composée ainsi qu'il a été convenu (3).

Le capitaine dont le navire a été séparé de l'escorte par force majeure doit la rejoindre aussitôt que possible (4). Mais l'assureur ne peut se plaindre si la jonction n'a pu avoir lieu (5).

51. — En principe l'assuré est présumé avoir navigué avec l'escorte, car les fautes ne se présument pas. C'est à l'assureur à prouver qu'il n'a pas rempli la condition (6).

52. — Le statut 38 de Guillaume III, confirmé par un autre statut (43, 57), défend aux navigateurs anglais de partir sans convoi à peine d'une amende de 1000 à 1500 liv. st. Ils ne peuvent se soustraire à cette obligation qu'en obtenant du gouvernement une licence qui les en affranchit (7). En France, au contraire l'obli-

---

(1) Benecke, 3, 436.

(2) Plan révisé d'Hambourg, § 72.

(3) Pohls, t. 6, 269.

(4) Emérigon, ch. 12, sect. 18, § 3.

(5) Woskett. v° Couvoy; Pohls, 6, 265.

(6) Thoruton v[s] Auce, 4 Campl. 231.

(7) Wainhousse v[s] Cosvie, 4 Taunt, 178; Ingban v[s] Aguen, 15 East, 517. Darby v° Newton, 6 Taunt, 544.

gation de naviguer sous convoi ne se présume pas, et doit être expressement stipulée (1).

53. — Lorsque la condition de naviguer sous convoi n'est pas exécutée, l'assurance est nulle. — Emérigon s'est exprimé sur ce point en des termes qui peuvent être ainsi résumés :

Lorsque au mépris de la convention le navire part sans escorte, l'assurance s'évanouit *defectu conditionis ;* au regard de l'assureur le voyage est rompu, et la prime doit être restituée.

Lorsque la police porte que le convoi doit être rallié en tel point, l'assurance reste valable lorsque le capitaine n'a pu le rejoindre, et s'il l'a pu et qu'il ne l'ait pas fait, l'assurance est nulle. Mais comme dans ce cas le voyage a commencé, la prime est acquise à l'assureur (2).

Cette manière d'apprécier la convention n'a pas été comprise dans ce sens. On distingue entre le cas où l'obligation de naviguer sous convoi a été stipulée sous une forme absolue, comme si la police porte, *ou l'escorte ou point d'assurance,* et dans ce cas on admet que l'assurance est nulle, même alors qu'il n'y a pas d'escorte au moment du départ. — Lorsqu'au contraire, il résulte des termes de la convention, que l'assureur a voulu que le voyage se fit avec le convoi dans la mesure du possible, l'assurance est valable, bien qu'il n'y eut pas d'escorte en ce moment (3).

On a soutenu que l'assurance n'est pas absolument

---

(1) Emérigon, ch. 12, sect. 18, § 3.

(2) Emérigon, ch. 12, sect. 18, § 3 et ch. 6 section 4, § 2.

(3) Benecke, t. 3, p. 420 et s.; Pohls, t. 6, p. 265 et s.

nulle lorsque au mépris de la convention le navire voyage sans convoi ; que le seul effet de cette infraction est d'exonérer l'assureur des risques de guerre (1). — Nous ne saurions nous rallier à cette opinion, par le motif déjà déduit, que dans l'assurance tous les risques s'enchaînent, que ceux de guerre réagissent sur ceux de mer (2).

D'après le plan révisé de Hambourg, § 69, l'assureur court tous les risques, même ceux de guerre, lorsqu'ils surviennent pendant que le navire voyage sous convoi, bien qu'au lieu de partir avec ce convoi, ainsi que cela était convenu, il l'ait simplement rallié (Plan révisé, § 69). Sauf convention, cette distinction n'est pas admissible parce que l'assurance est une et que le voyage est un. — Mais si le navire doit rallier le convoi en tel point, et s'il périt avant d'y être parvenu, l'assureur répond de la perte, offrit-il de prouver que le convoi ne se serait pas trouvé au lieu indiqué.

54. — Bien qu'il soit admis que les navires de guerre ne sont pas soumis à la visite (3) et que par là les navires marchands qu'ils escortent en soient affranchis ces derniers n'en sont pas moins tenus d'avoir tous les documents nécessaires. En effet, le navire assuré peut être séparé du convoi, et si dans ce cas il est capturé, faute de documents, l'assureur est affranchi de la perte.

---

(1) Pohls, t. 6, p. 269.

(2) *Sic* Piantanida, t. 4 p. 420.

(3) V. Massé, t. 1, n. 317; Ortolan, t. 2, p. 271; Desjardins, n. 28. — V. aussi Kaltemborn, t. 2 p. 462 et s.

CHAPITRE IV.

COMMENCEMENT ET FIN DU RISQUE DANS L'ASSURANCE SUR MARCHANDISES.

55. — Le risque commence dès que la marchandise est chargée.
56. — Règles relatives au transport de la marchandise qui se fait par gabare du quai au navire.
57. — Règles relatives à la détermination du port d'embarquement.
58. — Le chargement peut se faire en pleine mer, au sortir du port, lorsque tel est l'usage.
59. — Une fois la marchandise chargée, il n'est pas permis de la décharger pour lui en substituer une autre.
60. — Nulle autre marchandise que celle indiquée dans la police ne peut être chargée.
61. — Le risque court jusqu'au moment où les marchandises sont délivrées à terre. — Règles à suivre lorsque le débarquement est retardé.
62 — La nature de l'opération peut comporter un séjour plus ou moins prolongé du chargement à bord du navire, sans qu'il soit débarqué. — Exemples.
63. — Cas où, avant d'être débarquée, la marchandise est transbordée dans un navire servant de magasin.
64. — Cas où elle est déposée dans un lazaret.
65. — Règles à suivre lorsque plusieurs ports de débarquement sont indiqués.
66. — Cas où le débarquement se fait au moyen d'allèges.

55. — On distingue, lorsqu'il s'agit de déterminer le commencement des risques, entre les facultés et le navire.

Facultés. — L'art. 328, § 2, du code de commerce est ainsi conçue:

« A l'égard des marchandises, le temps du risque

« court du jour où elles ont été chargées dans le navire, « ou dans les gabares pour les y porter jusqu'au jour « où elles sont délivrées à terre. »

Art. 341. — « Si le contrat d'assurance ne règle « point le temps des risques, les risques commencent « et finissent dans le temps réglé par l'art. 328 pour les « contrats à la grosse. »

Ainsi les risques commencent dès que la marchandise a été chargée. L'art. 328 dit *du jour où elle a été chargée ;* il fallait, au lieu de parler *de jour,* parler *de moment.* Cette faute de rédaction a été corrigée dans un grand nombre de polices.

Lorsque les marchandises ne sont pas portées directement du quai au navire, qu'elles y sont portées au moyen de gabares, les risques courent du moment où les gabares les ont reçues. — On entend par gabare, tout bâtiment, chaloupe ou canot qui sert à transporter la cargaison du quai à bord.

Les marchandises sont disposées pour le voyage dès qu'elles sont à quai, et à partir de ce moment elles sont exposées à certains risques. De là la diversité des législations sur le moment où commence le risque. — Les unes le mettent à la charge de l'assureur dès que les marchandises sont à quai. (C. holl. art. 627 ; Cod. portugais, art. 1739). — D'autres ne l'y mettent qu'à partir du moment où elles sont enlevées de terre (Ord. d'Hambourg, tit. 5, art. 11 ; Code de comm. all., art. 628). — Enfin, d'autres, et telle est la règle que nous suivons, laissent les risques à la charge de l'assuré pendant qu'elles sont à quai, ou alors qu'étant enlevées du quai, il y a un certain trajet à faire pour les déposer dans le navire, et ce n'est que lorsqu'elles y sont déposées que le risque commence (1).

Ainsi lorsque la police se réfère à l'art. 328, l'assureur ne répond pas des vols, des pillages, des incendies auxquels la marchandise est exposée pendant qu'elle est à quai, pas plus que des accidents qui peuvent survenir pendant qu'on la transporte du quai à bord. De plus, il y a des ports où les navires ne peuvent accoster le quai. Lorsqu'ils n'en sont distants que de quelques mètres, on met des planches qui forment un pont pour relier le navire au quai, de manière à ce que les portefaix puissent, en passant sur ces planches, transporter la marchandise à bord. Si un accident arrive pendant cette opération et qu'il en résulte une avarie, l'assureur n'en répond pas.

Le risque ne commence que lorsque *les marchandises ont été chargées.* — L'exemple suivant aidera à comprendre le sens de ces expressions. — On embarqua dans un port de la Méditerranée deux chevaux à destination d'Alger, qu'il s'agissait d'introduire dans le navire au moyen d'un palan. L'un des deux chevaux fut d'abord hissé et ensuite descendu à bord du navire; mais lorsqu'on en fit autant pour l'autre, une fausse manœuvre fut cause qu'il fut très grièvement blessé, à ce point qu'il fallut l'abattre. Ces deux chevaux étaient assurés. Consulté par l'assuré sur le point de savoir si l'assureur était responsable de la perte, je répondis que

---

(1) V. Guidon de la mer, ch. 7, art. 5; Ord. de 1681, tit. 5, art. 13 et titre 6, art. 5 ; Ord. Bilbao, art. 19; Cont. d'Amsterdam, art. 4 ; Ord. Midlebourg, art. 11; Ord. d'Hamsterdam, 1744, art. 5; de Rotterdam, art 46; Preuss. Seer. cap. 6. art. 18; Preuss. A. O. art. 5; Suède, art. 5, § 19; Code Sarde, art 378; Code pruss., 2184-2185 ; Code Espagnol, art. 835 et 872.

non, par le motif que l'objet assuré avait péri pendant qu'on le chargeait, et non alors qu'il était déjà chargé.

56. — Il est de principe en Angleterre que, sauf convention contraire, les risques ne commencent pour l'assureur que du moment où les marchandises sont chargées (1). Lorsqu'elles le sont au moyen de gabares, l'assureur ne *répond pas* de la perte tant qu'elles y sont. Il faut pour qu'il en soit autrement une clause spéciale qui est habituellement ainsi conçue : *The Risk of craft included*. — Dans une espèce où cette clause figurait dans la police, pour un voyage de St-Pétersbourg à Londres, on décida que les risques étaient à la charge de l'assureur à partir du moment où les gabares avaient pris les marchandises dans cette ville pour les conduire de là à Cronstadt, où se trouvait le navire qui devait les transporter à Londres (2).

D'après les principes suivis en Angleterre, le transport par gabare, doit lorsqu'il est aux risques de l'assureur, s'effectuer conformément à l'usage du lieu, et l'assuré n'a aucune action lorsqu'il a trangressé cette règle (3). Par application de ce principe, qui est aussi admis en France, le tribunal de Marseille a décidé que l'assureur cesse d'être responsable lorsque la marchandise a séjourné dans les gabares plus longtemps que ne le comporte l'usage (4).

Il est de règle aussi que l'emploi des gabares ne doit

(1) Arnould, t. 1, p. 356-377.

(2) Hurcy v[s] Roy Esch. Comp. 2 Bos et Pull, 430.

(3) Strong v[s] Natally, 1 New, Rep. 16. — V. Marsall, 2 252 et s. ; Benecke, 2, 211.

(4) 22 octobre 1867. — Mars. (J. M. 46. 1. 25.)

avoir lieu que lorsque le navire ne peut pas accoster le quai (1).

On a décidé en Angleterre que le transport du quai à bord doit être fait avec les canots du navire assuré (2), et le tribunal de Marseille a aussi statué dans ce sens (3), peut-être même sous l'influence de la jurisprudence anglaise, qui est loin, d'avoir rallié tous les suffrages (4), et qui d'ailleurs n'a aucune raison d'être.

D'après Emérigon, le transport par gabares ne doit avoir lieu que dans les ports d'embarquement, et s'il faut remonter ou descendre une rivière, l'assuré ne peut user de ce mode de transport qu'en vertu d'un pacte spécial (5). Les jurisconsultes étrangers trouvent cette opinion trop absolue, et pensent qu'il faut consulter l'usage (6). C'est ainsi que le port de Paimbœuf est considéré comme faisant partie du port de Nantes, quoiqu'il en soit distant de neuf à dix lieues (7). Aux Etats-Unis, où un certain nombre de ports sont dans ce cas, le point d'embarquement dans les rivières est en général fixé par la police (8). Conformément au principe posé par la généralité des jurisconsultes étrangers, on a décidé en Allemagne que les embarquements qui ont lieu à Hambourg peuvent être faits sur tous les points qui dépendent du district de cette ville (9). De ces

(1) Haghe et Cruismans; n. 189; Lemonnier, 2, 228.

(2) Sparon v[s] Carruthers, 2 Str. 1326.

(3) 5 décembre 1837. — Mars. (J. M. 17. 1. 301.)

(4) Marshall, 1, 166; et Benecke, 2, 210 et 213.

(5) Marquardus, Lib. 2, cap. 13, n. 62; Emérigon, liv. 13, sect. 17, § 2; Dageville, 2, 351.

(6) Benecke, 2, 215; Mageus, 63, Pohls, 7, 383.

(7) Boulay-Paty, t. 3. 419. — V. aussi Nolte, 1, 654.

(8) Philipps, 1, 440 et s.

(9) Kiesecker, Hamb. Gesetze, Theil, 7, § 491.

précédents il résulte que tout dépend de l'usage dans les cas ci-dessus visés et autres semblables.

57. — Il est de jurisprudence en Angleterre que lorsqu'il y a plusieurs ports dans une rade, et que l'un d'eux a été désigné dans la police comme port d'embarquement, l'assuré ne peut en choisir un autre sous peine de voir prononcer la rupture de l'assurance (1). Une décision semblable a été rendue en Allemagne (2). Ces décisions sont conformes aux principes des assurances où tout est de droit étroit, et si ce cas se présentait en France, nos tribunaux n'hésiteraient pas à suivre cette règle.

Il est encore admis en Angleterre que le chargement doit avoir lieu dans le port indiqué par la police. Ainsi dans une espèce où l'assurance avait été consentie pour un voyage de Gothemburg, à destination d'un port quelconque de la mer du Sud, et où l'assuré avait fait le chargement à Londres, d'où il l'avait dirigé sur Gothemburg, et de ce port dans les mers du Sud, on décida que l'assureur n'était pas responsable (3). — On n'admet d'exception à cette règle que pour les voyages à longue portée, lorsque l'assuré est libre de charger et de décharger où il lui plait (4).

Emérigon ne partage pas cette manière de voir (5). « Quoique, dans l'ordre ordinaire des choses, dit-il, « le risque sur les marchandises coure depuis qu'elles

(1) Balandau v' Marine Jus. Comp., 8 Serg et Ran, 98; Murray v' Col. Ins, Comp. John's Rep. 443. — Philipps, 1, 441.

(2) Glashoff c. Rasper, Archid. des Handelrechts, 2, 78.

(3) Spita vs Woodam, 2 Taunt, 416 et 16 East, 188.

(4) Hunter v. Leathly. 10, Br. et Cr, 858.

(5) Emérigon, ch. 13, sect. 7.

« ont été chargées, il peut cependant arriver qu'il ne « commence à courir qu'à une époque postérieure. En « voici un exemple : — Figuière et Barthez, négociants « à Bordeaux, se firent assurer 20,000 livres, *de sortie « de Curaçao jusqu'à Amsterdam, sur les marchan- « dises qui se trouveront chargées dans le navire la « dame Ursule, capitaine Christian Hastmann, hol- « landais, prenant lesdits assureurs le risque du « jour et heure que lesdites facultés ont été ou seront « chargées dans ledit navire.* — Le vaisseau reçut « son chargement à la Martinique. De là il fut à Cura- « çao, d'où étant parti pour Amsterdam, il fut pris par « un corsaire anglais, conduit à la nouvelle Angle- « terre, et déclaré de bonne prise. — Les assureurs « refusaient de payer la perte sur le fondement que le « chargement avait été fait à la Martinique, lieu qui « n'était ni désigné dans la police, ni compris dans les « limites du voyage assuré. On répondait que le sinis- « tre était arrivé dans la *route désignée,* et dans le « *voyage assuré ;* qu'ainsi peu importait que les mar- « chandises eussent été chargées en un lieu ou en un « autre. — Sentence de notre amirauté du 26 juin 1760, « qui condamne les assureurs à payer la perte. Arrêt « du 1er juin 1761, au rapport de M. de Gras, qui con- « firma cette sentence. »

Emérigon approuve cette décision par le motif que ni le voyage, ni la route n'ont été changés.

Cet éminent jurisconsulte n'a pas vu que le principe général qui interdit à l'assuré de changer le risque ne s'applique pas seulement à la route et au voyage, mais encore à tous les cas, et à toutes les situations. Cela posé, il s'agissait de savoir dans l'espèce qu'il rapporte si le chargement fait à la Martinique équivalait, au point de vue du risque à celui qui aurait dû être fait à Curaçao. C'est ainsi que la question devait être posée, et c'est dans ces termes que nous allons l'examiner.

Qu'on puisse assurer des marchandises déjà chargées ou qui sont en cours de voyage, cela ne fait aucun doute; qu'on puisse même stipuler dans une assurance que la marchandise sera chargée dans tel port, de là dirigée dans un second pour être expédiée à destination d'un troisième, et convenir que le risque ne sera à la charge de l'assureur que pendant le voyage effectué entre le second et le troisième port, cela est certain encore, et le raisonnement d'Emérigon est fort juste dans ce cas.

Mais autre était l'espèce qu'il a examinée. Il s'agissait dans celle-là de savoir si une assurance étant faite pour un voyage de tel port à tel autre, le chargement pouvait être fait dans un port plus ou moins éloigné de celui qui constituait le terme *a quo* sauf à faire parvenir le navire dans ce dernier, puisque là devait commencer le voyage.

La question étant ainsi posée, je réponds avec la jurisprudence anglaise, non cela n'était pas permis, et je me fonde sur les motifs suivants :

D'abord, l'art. 332 du C. de commerce veut que la police énonce le lieu où les marchandises ont été ou doivent être chargées, et l'art. 328 dispose que le risque commence lorsqu'elles sont chargées, ce qui suppose qu'en règle générale le terme *a quo* est celui où se fait le chargement. Non pas, comme nous l'avons dit, qu'il ne puisse se faire ailleurs, mais alors il faut que ce soit déclaré et convenu.

Ces textes sont en parfaite harmonie avec les principes qui régissent le risque, car si l'assuré a le droit de faire le chargement dans un port autre que celui de départ, il n'y a pas de motif pour qu'il ne le fasse pas dans un port très éloigné, ce qui aura pour effet de retarder indéfiniment le moment où le risque commencera.

De plus, si on reconnaît ce droit à l'assuré, que devient le principe qui veut que l'assurance s'applique au premier voyage, car on ne saurait nier que la traversée pour aller du port d'embarquement au port qui représente le terme *a quo* ne constitue un voyage.

58. — En règle générale le chargement doit se faire au port de départ. Mais il existe certains ports dans lesquels se forme une barre de sable qui obstrue le musoir ou l'entrée du chenal, ce qui fait que les navires trop chargés sont exposés à talonner. On est dans l'usage dans ce cas de ne charger dans le port qu'une partie de la cargaison, de faire franchir au navire la barre, et de compléter ce chargement au moyen d'embarcations lorsque ce navire est en dehors du chenal, par conséquent en pleine mer. On a décidé en Angleterre que l'assureur ne peut se plaindre que le chargement ait été ainsi effectué, d'une part parce que cela est nécessaire, et de l'autre parce qu'il est censé y avoir consenti (1). Cette raison de décider est bonne et le serait partout.

59. — Il est encore de règle en Angleterre que dès que la marchandise est chargée, et que par suite elle est soumise au risque, il n'est pas permis à l'assuré

(1) Kingston v[s] Kuowles, Campbell. Rep. 1, 508.

de la débarquer et de lui en substituer une autre (1).

60. — Il y est aussi admis que si la marchandise couverte par l'assurance a été indiquée, nulle autre que celle-là ne peut être chargée (2). Kent qui considère ce principe comme incontestable, fait à ce sujet les observations suivantes : — « Lorsqu'une assurance est faite « pour l'aller et le retour, et qu'il est dit dans la police « que l'assurance ne couvrira pendant le voyage de « retour que la marchandise qui aura été échangée « avec celle qui a été transportée dans le voyage d'al- « ler, s'il arrive que, l'échange ayant été impossible, et « cette dernière marchandise n'ayant pas été débar- « quée, le capitaine a pris le parti de la faire revenir au « port de départ du voyage d'aller, cette assurance ne « porte pas sur le voyage de retour, et cela parce que, « d'après la police, elle doit s'appliquer à une mar- « chandise échangée, par conséquent, différente de « celle qui formait l'aliment du risque dans le voyage « d'aller. — Sans doute, ajoute-t-il, on admet que, si « la marchandise au lieu d'être échangée a été vendue, « l'assurance s'applique soit au transport des espèces « provenant de la vente, soit à la marchandise achetée « et payée avec ces mêmes espèces ; mais comme « cette interprétation est déjà, à l'égard des espèces, « contraire à la lettre du contrat, on doit y puiser un « juste motif de ne pas l'étendre (3). »

61. — Nous passons maintenant aux règles qui concernent le débarquement.

---

(1) Richemann v[s] Carstairs, 5 B et Ad. 651. — Nonnen v[s] Reid, 16 East, 176. — V. aussi Philipps, 1, 451.

(2) Graut v[s] Paxton, Taunt Rep. 474. — Col. Ins. Comp. v[s] Catlett, 12 Weaht Rep. 383. — Coggshall v[s] Am. Ins. Comp. 3 Wend, 283.

(3) Kent, 3, 309 et 310.

Aux termes de l'art. 328 le risque court à l'égard des marchandises jusqu'au moment où elles sont délivrées à terre.

Cette règle, qui est généralement admise (1), présente l'inconvénient d'exposer l'assureur à une prolongation de risque plus ou moins grande lorsque l'assuré retarde le débarquement. Aussi, et pour obvier à cet inconvénient, les lois hollandaise, portugaise et suédoise fixent à 15 jours le délai dans lequel le débarquement doit être fait. Ajoutons que ce délai est stipulé en France dans la plupart des polices, qu'il a été aussi adopté par les compagnies danoises et par celle de Brême.

Le nouveau C. de com. allemand n'est pas entré dans cette voie. Il déclare que si le déchargement est indûment *(ungebuhrlich)* retardé, le risque cesse à partir du moment où il aurait dû être fait. Cette disposition est très sage, car au lieu de poser un délai fixe, elle permet au juge de le fixer suivant les circonstances. Ainsi supposez un navire à destination de Trieste où le débarquement est impossible, quelquefois même pendant plus d'un mois, lorsque règne le vent qui est connu dans le pays sous le nom de *Bora,* avec les lois hollandaise, portugaise, etc., l'assurance ne couvrira plus les risques, alors qu'ils durent encore, tandis que avec la loi allemande elle les couvre, tant que le débarquement est impossible.

L'art. 328 ne prévoit pas le cas où le déchargement est retardé ; mais comme il le sera presque toujours par le fait de l'assuré ou de ceux qui le représentent et

(1) Ord. d'Hambourg de 1731, art. 11 et 13 ; Code holl. art. 627 ; Code port. art. 1739 ; Loi suédoise, art. 5, § 19 ; Code esp. art. 871 et 872 ; Loi pr., § § 2184, 2185 ; Code allemand, art. 828.

que l'assureur ne répond pas de leur faute, on doit l'exonérer après l'expiration des délais nécessaires pour opérer le déchargement.

62. — Dans certains cas la nature de l'opération comporte un séjour plus ou moins prolongé de la marchandise à bord du navire. C'est ce qui a lieu par exemple dans les voyages pour les côtes d'Afrique, où il est d'usage de garder la marchandise à bord pour la livrer successivement et par parties à moins de frais (1). Pendant longtemps on en a usé de même à San Francisco, à cause de la rareté des magasins.

Le débarquement est encore exceptionnellement retardé dans les expéditions pour le Newsoundland et le Labrador qui s'appliquent à la pêche. Dans ce cas la cargaison se compose principalement de sel pour saler le poisson et de vivres pour les besoins de l'équipage, accessoirement de quelques pacotilles, et le sel comme les pacotilles ne sont débarqués qu'au fur et à mesure des besoins qui naissent de la pêche (2).

63. — Il existe dans certains ports des navires qui servent de magasin. La question de savoir quelle est la responsabilité de l'assureur dans ce cas s'est présentée dans l'espèce suivante.

Assurance sur marchandise chargée à bord d'un navire hollandais pour être transportée de Malaga à Gibraltar, et de là en Hollande et en Angleterre, le risque devant commencer du moment où elle aura été chargée et durer jusqu'à sa mise à terre au lieu de des-

(1) V. 5 déc. 1837. — Mars. (J. M. 17. 1. 30). — V. aussi Parck, 470; Marshall, L. 1, ch. 7; Nolte, 1, 659.

(2) Parkisson v° Callier, dans Parck, 653.

tination. — Il était dit dans la police que la cargaison pourrait être déchargée à Gibraltar pour être transbordée à bord d'un ou plusieurs navires anglais. — Mais aucun navire ne s'étant trouvé dans ce port, elle fut placée dans un navire servant de magasin (Store ship), où elle périt. — L'assureur assigné, refusa l'indemnité en se fondant sur ce que le transbordement devait être fait dans un navire propre à la navigation, et non dans un magasin flottant. — Mais le juge Lée prononça en faveur de l'assuré. « On ne doit pas, dit-il, interprêter « la police dans un sens trop étroit. L'opération était « indiquée à l'assureur. Il savait que la cargaison « serait transbordée à Gibraltar, et il devait prévoir « que si au moment de son arrivée dans ce port, il n'y « avait pas de navire disponible, la mise en magasin « était nécessaire, et que, à Gibraltar, on use de ma- « gasins flottants (1). »

Dans une autre espèce où les marchandises qui avaient été transferées à bord d'un navire servant de magasin, furent incendiées, Lord Mansfield s'exprima en ces termes : — « L'assureur est responsable, car il « répond de l'incendie. S'il avait éclaté à bord, pendant « le voyage, le risque aurait été à sa charge ; il n'y a « aucun motif pour décider autrement dans le cas « actuel. En vain l'assureur soutient qu'il s'agit d'un « risque de terre. Il n'en est pas ainsi, parce que « l'assureur savait ou devait savoir que la mise en « magasin de la marchandise incendiée devait néces- « sairement précéder son débarquement (2). »

(1) Thiernay vs Etherington, 1 Burr, 348, 349. — V. Benecke, 2, 436.
(2) Felly vs Royal Exc. ass. Comp., 1 Burr, 349.

Dans ces deux espèces le motif de décider est toujours fondé sur ce que la mise en magasin était nécessaire et connue de l'assureur, ou du moins qu'il devait la connaître. Il est certain que sans ces deux circonstances, le risque n'aurait pas dû être mis à sa charge.

64. — Les risques continuent à courir pour l'assureur pendant le séjour de la cargaison dans un lazaret, car ce n'est pas la faute de l'assuré si le déchargement est retardé par suite de cette circonstance (1). Cela ne veut pas dire que les frais de lazaret soient à la charge de l'assureur, puisque, comme les frais d'hivernage, ils sont la conséquence directe de l'entreprise ou de l'opération, et qu'à ce titre ils incombent à l'assuré.

65. — L'obligation de débarquer existe au lieu de destination. Mais le point de savoir où est ce lieu n'est pas toujours certain, ainsi qu'il arrive lorsque la convention porte qu'il est permis au navire de se rendre dans plusieurs ports.

Lorsqu'il en est ainsi, les lieux de destination peuvent être indiqués comme conjoints ou comme alternatifs. — Comme conjoints, si la police porte de Marseille à Bordeaux et au Hâvre ; — comme alternatifs, si elle porte de Marseille au Hâvre ou à Bordeaux.

Lorsque le navire est autorisé à entrer dans plusieurs ports, il peut choisir celui qui lui plaît, et n'est pas tenu de les aborder tous, attendu qu'il lui est permis de raccourcir le voyage (2).

Dans certains cas, l'assurance est faite pour un voyage de tel point à tous les ports de telle partie du monde,

(1) 12 décembre 1837. — Mars. (J. M. 17. 1. 97). — Emérigon, t. 2, p. 107; Lemonnier, 1, 240. — V. cependant Nolte, 1. 671.

(2) Parck, ch. 17.

à tous les ports de telle contrée ou de tel royaume, par exemple de tel point à tous les ports de l'Europe (1), ou bien à tous les ports du Portugal, ou à tous ceux de la Jamaïque (2) quelquefois de tel point en un lieu quelconque (3).

Dans ces différents cas, on admet en Angleterre que le risque prend fin lorsque la presque totalité de la cargaison a été débarquée, quels que soient les points où s'opèrent les débarquements partiels. — Cette appréciation, qui n'a d'autre fondement que la coutume, ne saurait être admise en France où il est de règle que le risque continue à courir jusqu'au moment où le débarquement est complet.

Pour déterminer de quelle manière doit être fait le débarquement lorsque plusieurs ports sont indiqués comme lieu de destination, on doit consulter l'usage (4). S'il n'en existe pas et que la police soit muette, l'assuré doit suivre l'ordre géographique (5).

L'ordre indiqué dans la police doit être suivi lorsque la stipulation sur ce point est formelle, par exemple si elle porte *pour un voyage de Marseille au Hâvre et à Bordeaux, en commençant par le Hâvre.* — Alors même que ces derniers mots n'y figureraient pas on doit en règle générale suivre l'ordre indiqué. Ce principe a été consacré en Angleterre dans l'espèce suivante : — Une cargaison fut assurée pour un voyage de

(1) Coodlige v[s] Gray, 8 Mass. Rep. 527. — Philipps, 1, 462.

(2) Leig v[s] Martin, dans Marshall, 266.

(3) Classon v[s] Simonds, 6 Term. Rep. 553. — Moore v[s] Taylor, 1 Ad et Ell, 25.

(4) Park, ch. 17.

(5) Benecke, 2, 407 ; Pohls, 7, 393.

Fischgroov à Guthemburg, et retour par Leith et Cockensie. Après avoir accompli le voyage d'aller, le navire chargea des marchandises pour les deux ports de destination et appareilla d'abord pour Cockensie. Avant d'arriver en ce dernier port, ces marchandises furent avariées, et les assureurs actionnés en paiement de la perte, répondirent que l'ordre porté dans la police n'avait pas été observé, que Leith et Cockensie étaient éloignés de dix milles, et que la route pour se rendre dans le premier de ces deux ports était la plus sûre. — L'assuré répondit que le port de Cockensie était le plus rapproché du lieu de départ, que la route pour se rendre à ce port n'était moins sûre qu'à un demi mille seulement avant d'y arriver, et qu'en allant à Cockensie, il avait simplement raccourci le voyage. — L'un des juges opina en faveur de l'assuré par le motif qu'il avait pris la route la plus rapprochée ; mais la Cour décida que l'ordre fixé par la police n'ayant pas été suivi, ce qui avait changé le voyage, l'assureur était affranchi de la perte (1).

Un cas semblable s'est présenté en France. — Un navire fut assuré pour un voyage de Stockolm à Mahon, avec faculté de toucher à Tunis. Le navire fut d'abord dirigé sur Mahon, et de là sur Tunis, et périt dans cette dernière traversée. Un arrêt du Parlement d'Aix du 26 juin 1773 déchargea les assureurs de la perte, parce que l'ordre indiqué dans la police n'avait pas été suivi (2).

Lorsque la police indique plusieurs ports de destina-

---

(1) Leazon v[s] Haworh. 6 T. R. 531. — Benecke, 2, 401; Marshall, 2, 396.

(2) Emérigon, ch. 13, sect. 12, § 4.

tion dans un sens alternatif, l'assuré a le droit de choisir celui qu'il veut (1).

Mais il faut que l'alternative soit indiquée très clairement. Ainsi une assurance ayant été consentie pour un voyage de Livourne à Brême, Hambourg ou Stettin, et le navire ayant été dirigé de Livourne à Stettin, la Rote de Florence déclara l'assurance nulle, parce que l'alternative n'existait que pour une traversée commençant à Brême pour finir à Hambourg ou à Stettin (2).

Lorsque la police porte comme lieu de destination tel port *ou tout autre marché,* l'assuré peut aller où il veut (3).

Lorsque le lieu de destination comprend plusieurs ports désignés alternativement, l'assurance prend fin lorsque le navire est entré dans un des ports indiqués (4).

Quelquefois différents ports sont considérés comme n'en formant qu'un. Ainsi, d'après l'usage de la place de Bordeaux les différentes rades foraines de l'île de la Réunion sont considérées comme n'étant qu'un même lieu de destination, de sorte que l'assuré qui les aborde successivement est toujours couvert par l'assurance (5).

Lorsque la police indique comme lieu de destination tous les ports d'Asie ou de toute autre partie du monde,

---

(1) Benecke, 2, 426 ; Pohls, 7, 394.

(2) Baldasseroni, t. 1, p. 4, tit. 6, § 16. — V. cependant Benecke, 2, 404.

(3) Philipps, 1, 496 et 502.

(4) 12 décembre 1840. — Paris (J. M. 19. 2. 203). — 14 novembre 1860. — Mars. (J. M. 39. 1. 10). — Emérigon, ch. 13, sect. 18, § 3 ; Boulay-Paty, t. 3, p. 421 ; Lemonnier, 2, 237. — Conforme Marshall, 2, 265 ; Parck, 64 ; Benecke, 2, 407 ; Pohls, 7. 431. — V. aussi Plan révisé d'Hambourg, § 48.

(5) 14 mars 1853. — Bordeaux (J. M. 32. 2. 36). — 24 avril 1854. — Cass. (S. V. 56. 1. 339).

tous les ports d'Espagne ou de toute autre nation, il est facile de savoir jusqu'où le voyage s'étend, mais tous les cas ne sont pas aussi simples. Ainsi il a été jugé qu'un voyage de sortie de Marseille jusqu'à un ou plusieurs ports de la côte occidentale d'Afrique jusque et y compris Sierra Leona donne à l'assuré le droit de toucher au Sénégal parce que l'usage a admis cette faculté et que l'assureur qui veut l'enlever à l'assuré, stipule dans la police *qu'il ne peut franchir deux fois la barre* du Sénégal (1).

Il a été jugé encore dans un cas d'assurance consentie pour la pêche de la baleine à la côte du Brésil et dans *les baies*, qu'il fallait entendre par ces derniers mots, non seulement les baies du Brésil, mais encore toutes celles des mers du Sud que fréquentent ceux qui font cette pêche (2).

66. — De ce que l'assureur répond des facultés jusqu'au moment où elles sont à terre, il s'ensuit nécessairement que les risques d'allège sont à sa charge. En Angleterre, où il en est affranchi dans les opérations de chargement, il en répond lorsque la marchandise est débarquée (3).

Les principes que nous avons déjà posés s'appliquent à cette sorte de risque.

---

(1) 2 avril 1852. — Mars. (J. M. 31. 1. 111).

(2) 19 mai 1824. — Cass.

(3) V. Rucker vs Lond. Assur. Comp. 2 Bos et Pull, 432 ; Harry vs Roy. Exch. Ass. Comp. Ibid. 430 ; Strong vs Natally, 1 Bos et Pull N. R. 16.

CHAPITRE V.

COMMENCEMENT ET FIN DU RISQUE DANS LES ASSURANCES SUR NAVIRE.

67. — Le risque court à l'égard du navire du moment où il a fait voile.
68. — De la clause *at and from* usitée en Angleterre.
69. — Règles à suivre lorsque le départ est retardé.
70. — Première exception au cas de force majeure. — Mais la nécessité de mettre le navire en état de naviguer ne rentre pas dans ce cas.
71. — Seconde, lorsque le retard a été convenu.
72. — Le départ qui a précédé l'assurance doit-il être déclaré par l'assuré ?
73. — L'assuré qui n'est pas de bonne foi, répond du retard quoiqu'il ne soit pas excessif.
74. — Du cas où le jour du départ est fixé par la convention.
75. — Le voyage prend fin du moment où le navire est ancré et amarré au lieu de destination.
76. — Il n'est pas permis après l'arrivée en ce lieu de remonter un fleuve.

67. — Le risque court à l'égard du navire du moment où il a fait voile (art. 328). Ainsi, sauf convention contraire, le chargement des facultés, de même que les dispositions prises pour le départ ne constituent pas le commencement du voyage. Cette règle qui est suivie en Angleterre et aux Etats-Unis (1), en Espagne (art. 835), et qui figure aussi dans la loi Sarde (art. 371), n'a pas été consacrée par le code hollandais, aux termes duquel le risque court du moment où le navire a com-

(1) Philipps, 1, 440 et s.

mencé à prendre charge, ou s'il part sur lest, du moment où il a commencé à prendre son lest (art. 624), en quoi il est suivi par l'ordonnance d'Hambourg de 1731, tit. 5, art. 12, par l'ordonnance prussienne sur les assurances, § 2179 et par le nouveau code allemand, art. 827, qui cependant admet la règle que nous suivons dans le cas où le navire part à vide sans chargement ou sans lest.

68. — Il existe en Angleterre une sorte d'assurance qu'on exprime par les mots dans et de tel port *(at and from),* qui s'écarte de la règle suivie, en ce sens que si l'on assure *de* (from) tel port à tel autre, le risque ne commence que lorsque le navire a mis à la voile, tandis que si on emploie les mots *at and from,* le navire est assuré pendant qu'il est dans le port jusqu'au moment où il met à la voile, et à partir de ce moment jusqu'à celui où l'assurance prend fin. L'utilité de cette sorte d'assurance n'est pas douteuse puisque lorsque le navire subit des avaries dans le port ou en rade, l'assurance ordinaire ne couvre pas la perte.

69. — Le navire peut tarder à mettre à la voile, et ce retard peut avoir pour effet de faire courir le risque à un moment où la navigation est devenue plus périlleuse.

L'art. 875 du code de commerce espagnol annule l'assurance s'il s'est écoulé un an depuis la signature du voyage. Il est clair, que cette disposition ne donne aucune garantie à l'assureur. Notre code de commerce étant muet sur ce point, il faut pour le traiter recourir aux principes généraux. Roccus, note 38, admet que l'assurance peut être déclarée nulle lorsque le capitaine retarde le départ et aggrave par là le risque : *non tenetur assecurator.* Emérigon est de cet avis, sauf le cas où, l'assureur ayant garanti la baraterie de patron, le retard est imputable au capitaine (1). Cette manière de voir est parfaitement juste. Tout contrat, et particulièrement l'assurance, doit être interprété de bonne foi. Or, l'assuré qui retarde le voyage à son gré modifie ou peut modifier les risques, ce qui n'est jamais permis.

Mais il reste à savoir dans quel cas le retard existe. On a soutenu qu'il fallait s'en tenir au délai fixé pour les staries (2). Cette solution est-elle acceptable? Supposez que le fréteur n'ait accordé que huit ou dix jours de planche, faudra-t-il, après ce délai, annuler l'assurance? — Il est inutile de chercher une règle, il n'y en a pas; et dès lors l'examen du fait doit être abandonné à l'appréciation des tribunaux.

On a soutenu qu'il est permis de maintenir l'assurance au cas de retard en imposant à l'assuré l'obligation de payer une surprime (3). Cette opinion ne supporte pas l'examen.

70. — L'assurance doit sortir dans tous les cas à effet lorsque le retard est dû à la force majeure. Mais la nécessité de faire des réparations au navire ne rentre pas dans ce cas. En effet l'assuré qui s'est fait consentir une assurance pour un voyage est censé avoir un navire en état de le faire, ou suivant l'expression de la loi anglaise : *state of perfect equipment and readiness for her voyage.* — Seulement, on s'est demandé

---

(1) Emérigon, ch. XII, sect. 11, § 3.

(2) Pohls, 6, 304.

(3) Benecke, 2, 273.

en Angleterre si ce principe est applicable dans le cas où l'assurance est consentie *at and from,* c'est-à-dire *dans* et *de* tel port. On a soutenu que lorsqu'elle est consentie *de (from)* tel port, il ne s'agit que du voyage et par suite d'un départ immédiat, ce qui exclut la faculté donnée à l'assuré de faire des réparations au navire. Mais que si elle comporte un séjour suffisant dans le port, l'assuré peut faire réparer le navire. Lord Ellemborough exprima d'abord cette opinion (1), mais elle fut ensuite abandonnée, et l'on tint pour constant, suivant l'expression de Parck, *que même dans l'assurance* AT AND FROM, *l'assuré doit être prêt aussitôt que possible à prendre la mer, et ne doit pas rester plus d'un mois dans le port avant de commencer le voyage* (2).

71. — Les règles ci-dessus posées touchant l'obligation où est l'assuré de ne pas retarder le voyage reçoivent exception dans le cas où il est convenu que le navire ne partira qu'après avoir recueilli un chargement déterminé, si, par exemple, il s'agit du voyage d'un navire baleinier qui ne doit commencer qu'après que tout le produit de la pêche aura été chargé (3).

72. — Lorsque l'assurance a lieu après le départ du navire, auquel cas le risque commence pour l'assureur dès la souscription de la police, il n'est pas absolument nécessaire de mentionner le moment du départ (4).

---

(1) V. 2 Campb. Rep. 237.

(2) Palmer vs Fenning, 9 Bingh. 462. — V. Pohls, 7, 419.

(3) Wallance vs Dewar, 1 Campb. 503.

(4) Avril 1819. — Aix (J. M. 18. 1. 33). — *Sic* Boulay-Paty, 3, 328. — V. conf. Amsterdam, 1744, art. 1; Rotterdam, art. 72; Midlebourg, art. 9; Preuss. Seer., 1727, ch. 6, art. 3, 1766, § 6.

Mais il en est autrement lorsque, à raison des circonstances, le fait de l'avoir dissimulé peut être considéré comme une réticence.

73. — Il est de règle en Angleterre que le retard ne met fin à l'assurance qu'autant qu'il est excessif (1). De plus, il faut que l'assuré qui en est l'auteur soit de bonne foi, qu'il ne l'ait pas volontairement retardé afin de se procurer un bénéfice. Ainsi, il a été maintes fois décidé aux Etats-Unis que l'assurance d'un bateau à vapeur est nulle, lorsque l'assuré en retarde le départ pour pouvoir remorquer les navires qui en ont besoin (2).

74. — Certaines législations ont fixé le temps après lequel le navire doit partir (3). En Angleterre, il n'en est point ainsi. Mais lorsqu'il y a convention, si, par exemple, il est dit dans la police que le départ du navire est fixé à vingt jours, l'assurance est nulle lorsque le navire ne part qu'après que ce délai s'est écoulé (4).

75. — Nous allons exposer maintenant les règles relatives à la fin du voyage.

Aux termes de l'art. 328, l'assurance finit à l'égard du navire du moment (au lieu *du jour*) où il est ancré et amarré au port ou au lieu de sa destination.

---

(1) Grant v[s] King, 4 Esp. 185; Schroder v[s] Thompson, 7, Taunt 46; Philipps v[s] Irwing, 7 Mann et Gr. app. 328. — V. aussi dans ce sens Arnould, 1, 386; Parck, 468; Marshall, 2, 405; Benecke, 2, 269. — Il en est de même aux Etats-Unis. V. Bain v[s] Case, 3 Carr et Payne, 49; Seydam v[s] Marine Ins. Comp. 2 Johnson's Rep. 143. — V. aussi dans ce sens, Philipps, 1, 526 et s.

(2) Hermann v[s] Western Marine and Fire Ins. Comp. 15 Louis Rep. 516; Natchez Ins. Comp. v[s] Stanton, 2 Sinedes Marshall, MM. 340; Stewert v[s] Tenessee, M et F Ins. Comp. 1 Humph, 212.

(3) Prusse, 1727, cap. 6, art. 18; Amsterdam, art. 5; Rotterdam, art. 49.

(4) Doyle v[s] Powel, 4 R et Ad. 267.

Le mot *port* est de trop dans cette rédaction ; il aurait suffi de mettre *au lieu de sa destination*. En effet, en matière d'assurance, il n'est pas nécessaire que le lieu de destination soit un port fait de main d'homme, fermé avec des murailles et des quais. Ce lieu, que l'assureur est censé connaître, peut être une rade ouverte ; il suffit que tous les navires qui y sont dirigés, s'y arrêtent, y chargent et y déchargent. Tels sont du reste les principes suivis en Angleterre et aux Etats-Unis (1).

L'assurance prenant fin, aux termes de l'art. 328, dès que le navire est ancré et amarré, et le navire devant prendre cette position pour pouvoir décharger, il s'ensuit que pendant qu'on procède au déchargement de la marchandise, et lorsque celle-ci est encore assurée, le navire ne l'est plus. Cependant, il peut subir des avaries au moment où l'on débarque, et par ce motif certaines législations étrangères admettent que l'assurance ne prend fin qu'après que le débarquement est terminé. Seulement, pour qu'il ne soit pas trop longtemps différé, ce qui aurait pour effet de prolonger le risque, la plupart de ces législations ont fixé un délai, qui varie entre 15 et 21 jours, après lequel l'assurance prend fin, que le débarquement soit ou ne soit pas terminé. Le code allemand ne fixe pas de délai, et veut que l'assurance prenne fin lorsque le débarquement est indûment retardé, ou, en d'autres termes, lorsque le temps voulu pour pouvoir le faire s'est écoulé (art. 827) (2).

(1) Nolte, t. 2, p. 678.

(2) Code hollandais 20 jours (art. 625). — Code portugais, 20 jours (art. 1787). — Prusse, 15 jours, 21 jours au cas de force majeure (§ 2189-2190). — Suède, 20 jours (1750, art. 5, § 19). — L'ordonnance d'Hambourg est muette sur ce point.

En Angleterre et aux États-Unis, le risque prend fin à l'égard du navire après son arrivée au lieu de destination, et lorsqu'il est en sûreté — (good safety) — dans ce lieu. — « On doit le considérer comme étant en sû-« reté, dit Arnould, 1° lorsqu'il a atteint le lieu de « destination dans un tel état de sûreté physique qu'il « flotte dans le port, dans les conditions où il serait, si « le débarquement avait eu lieu ; 2° dans un tel état de « sûreté politique, qu'il n'a à craindre ni confiscation, « ni embargo, ni arrêt, soit de la part du gouverne-« ment du pays, soit de la part de tout autre gouver-« nement ; 3° enfin, lorsqu'il est dans une situation « telle que la marchandise peut être débarquée dans « les vingt-quatre heures, si les circonstances le per-« mettent (1). »

Ainsi un navire qui par une circonstance quelconque ne peut être ni ancré ni amarré, n'est pas en sûreté (2), ni celui qui peut être capturé et condamné (3), ni celui qui étant en quarantaine ne peut débarquer (4).

La clause *at and from* a une grande importance en Angleterre, lorsque l'assurance porte sur un voyage de retour. — Sous l'empire de notre législation, il y a toujours une lacune pour la garantie des risques lorsque

---

(1) 1. In such a state of physical safety that she con Keep afloat while her cargo is baing unloaded. — 2. In such a state of political sufety as not to have been subjected during that time to any embargo, seizure or capture on the port of the government, of the port or of strangers. — 3. And under such circumstances as tho have had an opportunity of unloading and discharging. Arnould, 1, 452.

(2) Shawe v• Felton, 2 East, 110 ; Zacharie v• Orléans Ins. Comp. 5 Martin Rep. N, § 637.

(3) Homeyer v• Lushington, East Rep. 46.

(4) Waples v• Eames, 2 Str. 1243.

le voyage d'aller et le voyage de retour sont l'objet de deux assurances distinctes, car dans ce cas l'assureur du voyage d'aller cesse d'être responsable du moment où le navire est ancré et amarré, et l'assureur du voyage de retour ne commence à l'être que du moment où il a mis à la voile, de sorte que pendant le temps qui s'écoule entre ces deux moments, les risques ne sont pas couverts. — Il n'en est pas ainsi en Angleterre, lorsque l'assurance est faite *at and from,* parce que dans ce cas l'assurance de retour commence dès que celle d'aller a pris fin.

L'exécution du contrat d'après le droit anglais est très simple lorsqu'un seul port de destination a été indiqué dans la police, ou même, s'ils sont plusieurs, lorsque le déchargement se fait complètement dans l'un d'eux (1). Mais les choses ne se passent pas toujours avec cette simplicité. Par exemple, dans le cas d'une assurance pour un voyage de Londres à la Jamaïque, et d'une seconde assurance pour un voyage de retour de la Jamaïque à Londres, où l'assuré a le droit, une fois arrivé, d'entrer dans tous les ports de la Jamaïque pour y décharger la marchandise transportée de Londres, il est nécessaire de savoir à quel moment le navire est dans les conditions de sûreté ci-dessus indiquées, ce qui met fin à la première assurance. On a décidé dans cette espèce que les risques sont à la charge de l'assureur de retour *at and from* par cela seul que le déchargement a commencé dans un port quelconque de la

(1) Brow v^s Tayleur, 4 Ad. et Ell., 241 ; Lambert v^s Liddart, 1 Marsh. Rep. 149 S. C. 5 Taunt, 479; Cruitshanck v^s Jansen, 2 Taunt, Rep. 301 ; Brown v^s Tayleur 4 Ad. et Eli. 248.

Jamaïque (1). Toutefois, cette règle n'est pas absolue, en ce sens que, d'après les principes posés par la jurisprudence anglaise, le voyage d'aller n'est terminé que lorsque tout le chargement, ou du moins sa majeure partie, a été débarqué, de sorte que si la partie débarquée est très faible, les risques continuent pour l'assureur du voyage d'aller (2).

Les règles qui précèdent font exception lorsque le lieu de destination est indiqué en ces termes : port de décharge *(port of discharge)*, ou pour plusieurs ports de décharge, parce que, dans ce cas, l'assurance d'aller ne prend fin que lorsque le déchargement est complet (3).

Ces règles sont fort compliquées et prêtent singulièrement à l'arbitraire du juge. Il est probable qu'elles ne seront jamais suivies par nos assureurs, qui d'ailleurs ont imaginé de mettre les risques à la charge de l'assureur de retour dès que le voyage d'aller a pris fin, ce qui remplace suffisamment la clause *at and from*.

76. — En principe l'assuré ne peut pas, lorsqu'il est arrivé au lieu de destination, remonter un fleuve. Mais il en est autrement, sauf la mesure, lorsque ce fleuve, ainsi que cela a lieu pour la Tamise, la Gironde ou la Plata, est lui-même le port. On a décidé aux Etats-Unis que l'assuré, a le droit, lorsque par suite du mauvais temps le navire ne peut pas entrer dans le port de destination, d'entrer dans un fleuve voisin qui sert lui-même de port (4). Cette solution ne ferait aucun doute si le même cas se présentait en France.

---

(1) Cambdon v[s] Cowley, 1 W. Bl. 417, 418.

(2) Crowley v[s] Cohen, 1 W. Bl. 417, 418; Leicht vs Mather, Marsh. 266; Manwell v[s] Robinson, Johnson's Rep. 333. — V. aussi Parck, 74; Philipps, 1, 184 et 462; Kent, 3, 309.

(3) Mollad v[s] Ward, 4 Dougl. 29.

(4) Shipley v[s] Tapan, 9 Mass. Rep. 29. — Philipps 1, 469.

CHAPITRE VI.

DE L'ASSURANCE A TEMPS LIMITÉ.

77. — Observations générales sur l'assurance à temps limité.
78. — Point de départ du risque dans cette assurance.
79. — Sa durée lorsqu'elle est faite au mois.
80. — Du cas où le point de départ du risque n'a pas été convenu.
81. — Dans l'assurance à temps limité, le navire peut aller partout. — Modifications que reçoit cette règle.
82. — Voyage désigné avec limitation de temps.
83. — Interdiction de naviguer dans certaines mers. — *Quid* du cas où le navire étant affreté pour un port situé dans une mer interdite périt lorsqu'il est encore dans une mer permise ?
84. — Du cas où, l'assurance étant à temps limité, il est stipulé que si le voyage en cours n'est pas terminé au moment où se termine l'assurance, celle-ci sera prorogée jusqu'à ce que ce voyage ait pris fin.
85. — Du cas où une assurance à temps limité porte sur un navire qui est en cours de voyage au moment où elle est souscrite.
86. — *Quid* du cas où un sinistre a commencé à produire ses effets pendant la durée d'une assurance à temps limité, et où ils n'acquièrent leur entier développement qu'après qu'elle a pris fin.
87. — Du cas où l'assurance à temps limité est *in quovis*.
88. — Dans l'assurance à temps limité, les parties n'ont pas en vue le voyage. — Conséquences.

77. — L'assurance à temps limité est éminemment utile, et souvent nécessaire, dans les voyages indéterminés, par exemple lorsque le navire est armé en pêche ou en course, dans les voyages de caravane, en un mot dans tous les cas où il est impossible que l'assuré puisse connaître au moment où il traite, le lieu ou les lieux de destination (1).

On a douté de la validité de cette assurance, ainsi que l'atteste le guidon de la mer, ch. 1, art. 5. Mais les docteurs les plus autorisés l'ont considérée comme valable (2), et elle a été généralement admise par les lois maritimes de tous les peuples (3).

L'assurance à temps limité peut être faite pour une ou plusieurs années, pour un ou plusieurs mois, pour plusieurs jours. Dans certains cas, elle est faite avec indication de plusieurs termes, par exemple pour trois ou six mois, ce qui donne à l'assuré le droit de faire cesser l'assurance au bout de trois mois.

78. — Le point de départ du risque est habituellement déterminé dans la police. Ainsi l'on stipule que l'assurance est faite pour un an qui commencera le premier avril à midi pour finir à pareille heure le premier avril de l'année suivante.

Notre code de commerce est muet sur le point de

---

(1) When the ship ie to be omployed in cruizing, coasting or fishing voyages, or in other adventures wich from their nature, it would be inconvenient or even impossible to designate by local termini, it is very usual to limit the risk to a certain fixed term or period of time, specified in the policy, wich is then called a time policy. Arnould, 1, 349.

(2) Hæc praxis introducta fuit ex eo quod sicuti sœpe contigebat, ut per imperitiam vel moram in navigando, commissam per capitaneum vel illius nauclareum, sive per aliquid aliud impedimentum, navis iter suum vel viaggium intra debitum tempus explere non valeret, ideo assecuratores ad effectum non subjecendi majori periculo, quod ex nimia dilatione itineris vis resultabat, invenerunt hunc modum assecurandi per limitatum tempus, qui quidem modus videtur de jure justus ac rationabilis, cum in substantia differt ab aliis assecurationibus factis pro certo viaggio. Casaregis, Disc. 1, n. 178.

(3) Ord. de Bilbao, art. 19 ; Rotterdam, art. 18 ; Preuss. Seerecht, 1727, cap. 6, art. 18 ; L. pr. art. 2172-2176 ; Hambourg, tit. 5, art. 15 ; C. esp., art. 870.

savoir à quel moment précis commence et finit l'assurance. Cependant ces deux moments doivent être fixés lorsqu'ils ne l'ont pas été par le contrat. D'après le nouveau code allemand (art. 834), on doit faire partir les deux termes *a quo* et *ad quem*, de minuit à minuit, d'après le calendrier (1). Ainsi, la durée d'une assurance consentie pour un an le premier avril, commence le 31 mars à minuit et finit entre le 1er et le 2 avril aussi à minuit (2)

Cette disposition ne peut faire loi en France. Cependant il est utile de poser une règle sur le point auquel elle s'applique, car une perte peut se produire d'heure à heure. Il nous semble qu'en adoptant la première heure du jour indiqué dans la police, on aura la solution la plus conforme aux vrais principes, et cela parce que dans le doute on doit décider pour l'assureur.

79. — Lorsque l'assurance est faite au mois, certaines législations admettent que le mois doit être de trente jours (3). En France, les mois sont comptés d'après le calendrier grégorien. (V. C. comm. art. 132).

Dans la législation allemande, le temps se règle d'après l'heure du lieu où se trouve le navire, et non d'après celle du lieu où l'assurance est conclue (art. 834). Il n'y a point de motif pour suivre cette règle, qui d'ailleurs n'est pas de nature à exprimer la volonté des parties.

80. — Lorsque le point de départ du risque a été réservé dans une assurance à temps limité pour être

(1) V. aussi plan revisé de Hambourg, § 52.

(2) V. Lewis, Das deutsche Seerecht, 2, 301.

(3) Ord. Hambourg, tit. 6, art. 15 ; Ord. Suède, art. 6, § 15.

fixé ultérieurement, l'assureur n'est pas responsable tant qu'il n'a pas été satisfait à cette condition, et jusque-là la perte est à la charge de l'assuré (1).

81. — Lorsque l'assurance à temps limité est pure et simple sans aucune modification, l'assuré peut aller où il veut ; il peut même retourner au lieu de départ pour y prendre un nouveau voyage, car c'est pour avoir sur ce point une entière liberté qu'il a limité la durée du risque par le temps et non par le voyage (2).

Mais cette liberté peut être diminuée ou étendue par la convention. Les principales clauses modificatives qui se rapportent à ce point sont les suivantes :

1° Voyage désigné avec limitation de temps ;

2° Interdiction de naviguer dans certaines mers ou dans certaines parties d'une mer ;

3° Prolongation de l'assurance après le terme fixé jusqu'au jour où le voyage alors commencé a pris fin.

82.—Nous allons examiner successivement ces trois points. — Nous avons déjà parlé du premier (v. t. I, n. 140), qui était réglé par l'art. 35 de l'ordonnance aux termes duquel l'*assureur courra les risques du voyage entier, à condition toutefois que si sa durée excède le temps limité, la prime sera augmentée en proportion, sans que l'assureur soit tenu d'en rien restituer si le voyage dure moins.*

Nous avons déjà dit que cet article ne figure pas dans le code de commerce, mais que tout fait penser que le principe qu'il proclame serait appliqué si l'espèce qui y est prévue venait à se présenter.

---

(1) 16 février 1841. — Paris (S. V. 42. 2. 52). — Bedarride, n. 1135.

(2) Casaregis, Disc. 1, n. 127 et 128 ; Emérigon, ch. 13, section 6, § 5.

En Angleterre, au contraire, où une telle assurance est considérée comme mixte (mixed policies), on tient pour constant que le risque cesse pour l'assureur à l'expiration du terme, bien que le voyage ne soit point terminé (1). Cette solution est plus conforme aux principes, mais elle aurait contre elle devant nos tribunaux l'influence de la tradition.

Dans tous les cas la désignation du voyage est une loi de l'assurance dans une telle espèce, et tout changement qui y serait apporté déchargerait l'assureur des risques (2).

83. — Nous arrivons au second point.

La faculté de naviguer partout constitue une notable aggravation des risques. Aussi les assureurs ont limité cette faculté, en stipulant que lorsque le navire sera dans certains parages, les assureurs ne supporteront pas la perte. C'est ainsi que l'ancienne police de Bordeaux les déclarait exempts de tous risques du Sénégal en toute saison et de ceux de la mer Noire, de la Baltique, et des mers du Nord, au-delà de Dunkerque, du 1er octobre au 1er avril. — Ces sortes de conventions varient à l'infini.

Elles ont donné lieu à la question suivante : Les assureurs cessent-ils d'être responsables des risques qui se sont produits dans un lieu non interdit, lorsque le navire a pour destination un port situé dans une mer interdite ?

Exemple. — Assurance devant durer une année pour les voyages à entreprendre dans la Méditerranée et

---

(1) Benecke, t. 2, p. 435 ; Pohls, t. 7, p. 297.

(2) Nolte, t. 1, p. 328 ; Philipps, t. 1, p. 439 et s.

l'Océan Atlantique. — Le navire est affrété pour un voyage à destination d'Aden, situé dans une mer interdite, et pendant le cours de ce voyage, un sinistre a lieu dans une mer où la navigation est permise. — L'assureur est-il responsable ?

Oui, répondent le Tribunal de Marseille et la Cour d'Aix, parce que, dans l'assurance à terme, qui comprend plusieurs voyages, plusieurs lieux de destination, au gré de l'assuré, on ne doit considérer que le temps, et non le voyage, d'où il résulte que les articles 361 et 364, qui ne s'appliquent qu'au voyage, ne peuvent pas être invoqués (1).

Non, répond la Cour de Cassation, car l'art. 364 porte que l'*assureur est déchargé des risques si l'assuré envoie le vaisseau en un lieu plus éloigné que celui qui est désigné par le contrat quoique sur la même route ;* or cet article est général, et s'applique à l'assurance à terme comme à l'assurance au voyage, et dès lors il doit être appliqué lorsque le lieu de destination est situé en un point ou l'assureur, quoique signataire d'une assurance à terme, est affranchi des risques (2).

Nous sommes fermement convaincu que la décision rendue par la Cour suprême est contraire aux principes. C'est ce que nous allons essayer de démontrer.

D'après la doctrine établie, l'assurance est, ou au voyage, ou à terme, ou mixte, en ce sens que, quoique à terme, elle est faite pour un voyage déterminé.

Lorsque l'assurance a un caractère tranché, qu'elle

---

(1) 18 mai 1875. — Mars. (J. M. 53. 1. 238). — 24 janvier 1876. — Aix (J. M. 54. 1. 88).

(2) 8 août 1876. — Cass. (S. V. 77. 1. 261. — J. M. 56. 2. 3).

est faite pour un voyage, ou qu'elle est à terme, il n'est pas permis d'appliquer à l'une des principes qui ont été établis pour l'autre ; on ne peut combiner les principes qui s'appliquent à chacune d'elles que dans le cas où elles se combinent elles-mêmes.

Cela posé, il est clair que la Cour suprême, avait à résoudre deux questions distinctes :

1° L'art. 364 s'applique-t-il exclusivement à l'assurance au voyage, et point à l'assurance à terme ?

2° L'assurance qu'il s'agit d'interpréter est-elle exclusivement une assurance à terme ?

Premier point. — Ce qui distingue l'assurance à terme de l'assurance au voyage, c'est que dans la première, il n'y a pas à prendre en considération le voyage, tandis que la seconde n'existe que par lui. C'est ce qu'exprime très bien Casaregis, lorsqu'il dit, en parlant de l'assurance à terme : *Indepedenter se habet assecuratio a viaggio* (1). — L'art. 34 de l'ordonnance reconnaît ce principe lorsqu'il dit : *Si l'assurance est faite pour un temps limité,* SANS DESIGNATION DU VOYAGE, *l'assureur sera libre après l'expiration du temps....,* et bien que l'art. 363 qui correspond à l'art. 34 ne porte pas les mots *sans désignation de voyage,* qui furent jugés inutiles, au fond il a été conçu dans le même esprit.

Ce qui distingue encore l'assurance à terme de l'assurance au voyage, c'est que dans la première il n'y a ni terme *a quo* ni terme *ad quem,* ou, en d'autres termes, ni indication du lieu d'où le navire doit partir, ni indication de celui où il doit arriver, tandis que dans l'assu-

(1) Casaregis, Disc. 67, n. 31.

rance au voyage, les deux termes, qu'ils soient explicites ou implicites, existent toujours. Ainsi, lorsque l'assurance est faite pour une année, peu importe d'où part le navire et où il va pendant cette année, tandis que si l'assurance est faite pour un voyage de Marseille à Cadix, il faut que le navire parte de Marseille pour se rendre à Cadix, de sorte que s'il en part pour se rendre à Lisbonne, l'assurance doit être ristournée. Tel est le principe posé par l'art. 364, sur lequel s'est fondé la Cour de Cassation, où il est dit : *Si l'assuré envoie le vaisseau en un lieu plus éloigné que celui* QUI EST DÉSIGNÉ *par le contrat....,* ce qui suppose un lieu désigné, soit Londres, Naples, Constantinople, c'est-à-dire un terme *ad quem.*

Ainsi tenons pour certain, car sur ce point la tradition est constante, que l'art. 364 ne s'applique qu'au voyage.

Second point. — Etant donnée une assurance à terme, le fait que l'assuré est libre, pendant le temps fixé, d'aller partout, sauf en tel lieu, ou en tels lieux, change-t-il la nature de l'assurance, en ce sens que la limite assignée à la faculté de naviguer constitue un terme *ad quem ?* — La question se posait nécessairement en ces termes devant la Cour de Cassation, puisque, ainsi que nous l'avons démontré, le terme *ad quem* étant supprimé, l'art. 364 ne peut pas être invoqué. Or ce terme une fois admis, il faut par une conséquence nécessaire admettre l'existence d'un terme *a quo.* — Etant donnée l'espèce, et le terme *a quo* étant le lieu ou les lieux d'où le navire doit partir, et le terme *ad quem* celui ou ceux où il doit arriver, il est clair que tous les ports de la Méditerranée et de l'Océan Atlantique, constituaient à la fois le terme *a quo* et le terme *ad quem* dans l'assurance discutée, puisque le navire pouvait partir de tous et arriver à tous, que de plus, il fallait considérer tous ces ports comme étant *désignés*, car il faut cette désignation pour que l'art. 364 soit applicable.

Si on trouve que cette argumentation est outrée et excessive, nous le reconnaîtrons volontiers, mais à qui la faute ?

Sans doute, il peut y avoir, quoique très rarement, des assurances dans lesquelles le terme *a quo* étant désigné, le terme *ad quem* ne l'est pas, ce qui permet à l'assuré de conduire le navire dans un port quelconque, mais on n'a jamais vu, du moins je n'en ai jamais trouvé nulle trace, une assurance au voyage dans laquelle il est dit que l'assuré est libre de partir d'où il voudra et d'aller où il voudra, sauf certains points. Cette observation suffit, selon nous, pour démontrer que la Cour de Cassation a méconnu le véritable sens de l'art. 364.

Le principe vrai, sur lequel il fallait s'appuyer, est celui-ci : Puisque dans l'assurance à terme, le voyage n'est pas un facteur juridique, on ne doit s'attacher qu'à la navigation. Si donc, telle mer est permise, telle autre interdite, l'assureur est ou non responsable suivant que la navigation se fait dans l'une ou dans l'autre. Peu importe dès lors quel est le voyage, puisqu'il n'y a pas à en tenir compte. Alors même qu'il doit amener le passage du navire de la mer permise dans la mer interdite, l'assureur est responsable tant que la navigation se fait dans la première.

En décidant le contraire, la Cour de Cassation, a

méconnu selon nous, le véritable sens de l'art 364 qui ne tient compte que du voyage à accomplir. C'est parce que tel est le véritable esprit de cet article que l'assureur est déchargé de ses obligations lorsque le voyage est raccourci, bien que dans ce cas les risques puissent être moindres, attendu que lorsqu'il est raccourci il est changé. Bref, le voyage ne pouvant être changé, le terme *a quo* et le terme *ad quem* ne peuvent l'être. Si donc le navire dépasse ce dernier terme ou n'y arrive pas. l'assureur est déchargé des risques. Mais puisque dans l'assurance à terme, il n'y a pas de voyage, peut-on reprocher à l'assuré d'avoir violé des règles faites pour le cas où il y a voyage?

Deux exemples rendront cette démonstration plus saisissante. Le premier est proposé pour démontrer qu'il ne peut s'agir d'un voyage allongé dans l'assurance à terme. — Ainsi soit une assurance pour un an, avec faculté de naviguer partout, sauf dans la mer noire. — Le navire part de Smyrne à destination d'Odessa, et il périt lorsqu'il est encore dans la Méditerranée.

L'assureur n'est pas responsable de la perte dans cette espèce, si on se tient à la jurisprudence de la Cour de Cassation et à la manière dont elle interprète l'art. 364.

Mais de deux choses l'une, ou cet article n'est applicable que dans l'assurance au voyage, et alors il ne saurait être appliqué à l'assurance à terme ; — ou il pose une règle qui n'a trait qu'à la distance, aux lieues aux milles, aux kilomètres à parcourir, et alors il est clair qu'un voyage de Smyrne à destination de tous les ports de Chine, d'Amérique, des Indes, étant permis, on ne saurait soutenir qu'un voyage à destination d'Odessa se fasse dans un lieu plus éloigné.

Conséquence. — Puisque à tous les points de vue, l'art. 364 n'est pas applicable, il ne faut s'attacher qu'à l'application du contrat, et dès lors tant que la navigation se fait dans les mers permises, l'assureur est responsable ; il ne cesse de l'être que dès qu'elle commence dans les mers interdites, et cela encore que l'assuré ait eu la volonté, lorsqu'il naviguait dans celles qui étaient permises, de pénétrer dans celles qui ne l'étaient pas.

Deuxième exemple. — Supposons une assurance à temps limité dans laquelle il est stipulé que les risques des mers du Nord au-delà de Dunkerque ne seront pas à la charge de l'assureur du 1er octobre au 1er avril, c'est-à-dire une clause souvent usitée. — L'assuré envoie un navire de Bordeaux à Hambourg, à une époque où il peut compter qu'il arrivera dans ce dernier port avant le 1er octobre. Le navire part, et lorsqu'il est en vue de Brest il subit des avaries, pas assez graves toutefois pour l'empêcher de naviguer. Cependant les vents contraires retardent sa marche, et il n'arrive à Hambourg que le 5 octobre. — Tels étant les faits, l'assureur est-il responsable des avaries ? — Non, dirons-nous, si la jurisprudence de la Cour de Cassation est fondée, car le port d'Hambourg est au-delà de Dunkerque et comme ce point ne pouvait être dépassé à partir du 1er octobre, il s'ensuit que le voyage a été allongé, d'où l'application de l'art. 364. — Oui, répondrons-nous, en invoquant les principes déjà posés, auxquels l'application donne dans cette espèce une évidence qu'on ne saurait méconnaître.

84. — Nous arrivons enfin au troisième point.

Les assurances à terme créent à l'assuré une position défavorable, lorsque le navire est en cours de voyage au moment où le terme expire, car le plus souvent il ne sera pas assuré depuis le moment où l'assurance a pris fin jusqu'à celui où il pourra arriver au lieu de destination (1). Aussi le nouveau code allemand (art. 835) dispose que, sauf convention contraire, l'assurance est prorogée jusqu'à la fin du voyage, moyennant une augmentation de prime (2).

Ce principe ne figure pas dans notre code, mais il est souvent mis en vigueur par une convention spéciale.

De cette convention résulte une double difficulté qui consiste à savoir dans quels cas le voyage est censé avoir commencé ou être terminé. Il est clair que ces difficultés ne se présentent point, lorsque le navire est en pleine mer au moment où le terme expire, mais elles se présentent lorsque le navire est alors dans un port et que l'assureur prétend que le voyage n'a pas commencé ou a été terminé. Ainsi, dans une espèce où la police portait que l'assurance à temps limité sur corps commencerait du jour du chargement, on décida que le navire était censé en cours de voyage à l'expiration du terme, quoiqu'il fût chargé et muni de ses expéditions, vu qu'en fait, il était encore ancré dans le port (3).

Dans une assurance sur corps, on a décidé, par application des articles 328 et 341, qu'un navire est censé en voyage par cela qu'il a levé l'ancre et qu'il a mis à la voile (4).

---

(1) L'ord. de Suède, art. 6, § 15, et le Code espagnol le disent en termes exprès. — V. aussi 1er août 1859. — C. R. (S. V. 61. 1. 182).

(2) Cette disposition a été empruntée au plan révisé de Hambourg, § 81.

(3) 13 novembre 1856. — Paris (S. V. 57. 2. 25. — J. M. 35. 2. 30).

(4) 3 mars 1852. — Bordeaux (S. V. 55. 2. 326. — J. M. 31. 2. 101).

Dans une autre espèce il a été jugé qu'un navire qui a commencé un voyage de circumnavigation autour d'une île, en allant de rade en rade prendre son chargement, ne fait qu'un seul et même voyage, et que quoiqu'il se trouve dans une des rades de l'ile au terme fixé, il n'a pas pour cela fini le voyage, alors qu'il doit entrer dans d'autres rades où il n'a pas encore abordé (1).

Sans doute que dans ces espèces les circonstances de fait ont dicté la décision. Mais, abstraction faite de cet élément d'appréciation, il faut, lorsqu'il y a lieu d'examiner si le voyage est ou non terminé, ne pas perdre de vue le but que les parties se sont proposées lorsqu'elles ont prorogé le terme jusqu'à la terminaison de voyage. Or, elles ont voulu que l'assuré ne fût pas à découvert à un moment où il pouvait être dans l'impossibilité de se faire consentir une nouvelle assurance. Dès lors lorsque le navire est dans un port, que l'assurance est possible, il importe peu qu'il ait reçu son chargement, qu'il soit muni de ses expéditions, qu'il ait mis à la voile. C'est là un point qu'il ne faut pas perdre de vue lorsqu'il s'agit d'interpréter la convention qui vient d'être analysée.

85. — Rien n'empêche de stipuler que le terme *a quo* partira d'une date antérieure à celle du contrat, ou bien d'assurer tel navire pour un an à partir du jour où il a commencé tel voyage, fût-il déjà parti au moment où la police est souscrite. Cette combinaison est même indispensable lorsque les parties veulent assurer à temps limité sur bonnes ou mauvaises nouvelles. En Angleterre, on use de ce moyen pour assurer

(1) 22 mars 1856. — Bordeaux (J. M. 36. 2. 76).

perdu on non perdu (*lost or not lost*), ainsi que le démontre l'espèce suivante :

Le 1er janvier 1862, Huchs assure le navire Le Tarquin, *perdu ou non perdu*, les risques ayant commencé du jour où le navire a mis à la voile pour aller à la pêche de la baleine, et devant finir le 1er janvier 1863, sous la condition que si le navire a mis à la voile le 1er juillet 1861 et s'il s'est perdu dans l'intervalle de temps écoulé entre cette dernière date et le 1er novembre suivant, la perte sera supportée par l'assureur. En fait, le navire fit naufrage entre le 1er juillet et le 1er novembre 1861, et les assureurs furent déclarés responsables de la perte (1).

86. — Que faut-il décider lorsque le navire assuré à temps limité a souffert un sinistre, qui ayant commencé pendant la durée de l'assurance, a eu pour effet d'entraîner sa perte totale, mais avec cette circonstance qu'elle a eu lieu alors que l'assurance avait pris fin ?

La question s'est présentée en Angleterre. — Un navire assuré pour six mois fut fortement avarié par une voie d'eau trois jours avant la fin de l'assurance. On le soutint sur l'eau pendant ces trois jours au moyen de pompes, mais en vain. Le quatrième jour, alors que l'assurance avait pris fin, il sombra.

On décida dans cette espèce que l'assureur n'était pas responsable de la perte, parce que, ainsi que le faisait observer le juge Villes, on doit assimiler ce cas à celui qui se préseute dans une assurance sur la vie, lorsque l'assuré, atteint au moment où cette assurance

---

(1) Huchs vs Thornton, Rolt's. N. V. Rep. 527. — Philipps, t. 1, p. 438.

est encore en vigueur, d'une maladie mortelle, ne meurt cependant qu'après que cette assurance a pris fin. Les jurisconsultes allemands, anglais et américains se sont élevés contre cette assimilation. Ils ont fait observer que la perte matérielle d'un navire a des degrés ; qu'entre la vie et la mort il n'y en a pas ; que l'assurance tend en définitive à la conservation d'une valeur, et qu'un navire qui doit nécessairement sombrer n'a plus aucune valeur (1).

La même question s'est encore présentée dans l'espèce suivante (2) :

Un navire fut assnré à Brême pour un an finissant le 1er avril 1802 à une heure du matin. Le 31 mars, il fut poussé par la violence du vent sur les côtes de la Norwège, où il s'échoua. Le lendemain, 1er avril, il fut brisé sur les rochers. Les assureurs actionnés en paiement de la perte, soutenaient que l'échouement et le bris étaient deux faits consécutifs, entre lesquels il n'existait point de rapport nécessaire. Ils gagnèrent leur procès (3).

Cette décision indique à l'aide de quelle distinction la difficulté doit être résolue.

Ou bien la perte est fatale, inévitable, lorsque l'assurance dure encore, et dans ce cas l'assureur est responsable, bien que la perte ne se soit définitivement consommée qu'après l'expiration du terme ; ou bien elle peut être conjurée, mais un fait nouveau qui se pro-

(1) Benecke, t. 2 p. 448 ; Arnould, t. 1, p. 409-515. — Kent. t. 3, p. 308. — Nolte, t. 1, p. 322 ; Pohls, t. 4, p. 299.

(2) Engelbrecht, t. 3, p. 67.

(3) Benecke, t. 2, p. 450.

duit alors que le contrat a pris fin en est la cause, et dans ce cas l'assureur, responsable de l'avarie primitive, ne doit rien en raison de la perte totale qui l'a suivie. La jurisprudence qui a prévalu en Angleterre ou aux Etats-Unis est fixée en ce sens (1).

Elle est fondée en raison, et il est impossible de ne pas l'admettre. Il suffira de quelques exemples pour mettre ce point en pleine lumière.

Supposons qu'un navire s'échoue la veille du jour où l'assurance prend fin, et que le lendemain alors qu'il peut être relevé, il soit capturé par les forces d'une puissance ennemie sur la côte de laquelle l'échouemant s'est produit, on devra décider que si l'échouement a facilité la capture, néanmoins il n'y a pas entre l'un et l'autre sinistre un rapport nécessaire, car le navire aurait pu n'être pas capturé. Dès lors l'assureur devra réparer l'échouement mais non la perte totale causée par la prise.

Mais si le navire a été soumis pendant la durée de l'assurance aux effets d'une voie d'eau qu'aucune force humaine n'aurait pu maîtriser, il importe peu qu'il se soit englouti alors que cette assurance a pris fin, car pendant sa durée, il avait cessé d'être un navire, il n'était plus qu'un assemblage de bois, de fer et d'autres matériaux, il était voué à une perte certaine, et par suite de nulle valeur.

C'est ainsi que lorsque le navire a souffert pendant la durée de l'assurance de graves avaries qui l'ont rendu innavigable, il importe peu que les effets en soient constatés au moment où l'assurance a pris fin, et que

(1) Peter v[s] Phœnix Ins. Comp. 3, Serp et Rowle, 25.

ce soit alors que la déclaration d'innavigabilité ait lieu. En pareil cas l'assureur est responsable, parce que la relation est nécessaire entre l'avarie et l'innavigabibilité (1).

Observons à ce sujet que si cette thèse est dans certains cas défavorable aux assureurs, dans d'autres elle leur profite.

En effet, supposons l'espèce suivante :

Voie d'eau qui se déclare le 31 mars, assez grave pour faire sombrer nécessairemeut le navire. — L'assurance est souscrite le 1er avril. Point de réticence. — Le 2 avril, le navire sombre. — L'assureur n'est pas responsable, car la perte est en réalité antérieure à l'assurance (2).

87. — L'assurance *in quo vis* est souvent consentie à temps limité et dans ce cas elle s'applique à toutes les marchandises chargées sur n'importe quel navire entre les deux termes qui déterminent la durée de cette assurance (3).

88. — Comme nous l'avons déjà dit, l'idée de voyage n'entre pas dans l'assurance à temps limité, et de là résultent plusieurs conséquences.

1° L'article 349 du C. comm. qui annule l'assurance lorsque le voyage est rompu, n'étant pas applicable à l'assurance à temps limité, il en résulte que l'assuré doit la prime, bien que le navire n'ait pas navigué pendant la durée d'une telle assurance (4).

2° En vertu du même principe, il a été jugé en An-

(1) 1er février 1822. — Mars (J. M. 3. 1. 310).

(2) V. Bedarride. n. 1136 et s.; Pardessus, n. 883.

(3) 3 déc. 1823. Mars. (J. M. 4. 1. 332).

(4) Benecke, t. 2, p. 451.

gleterre, dans une espèce où le navire avait été assuré *franc de risques de guerre*, que l'assuré doit toute la prime, bien que le navire ait été capturé avant l'expiration du terme (1) ;

Il est admis encore que dans l'assurance à temps limité le terme n'est pas prorogé par le fait que le navire est entré dans un port de relâche pour y réparer des avaries dont l'assureur répond, et cela parce que comme dans ces sortes d'assurances il n'y a pas de voyage par rapport à cet assureur, on ne saurait exciper contre lui de ce qu'il est prolongé par rapport à l'assuré (2). De là il suit que la partie de la prime correspondante à la durée de la relâche est due à l'assureur (3), et qu'il doit en être ainsi *a fortiori* lorsqu'il est assuré *franc d'avaries* (4).

(1) Tyrie v° Fletcher, Cowp., 666.

(2) 2 avril 1861. — Mars. (J. M. 40. 1. 179). — *Sic* Dageville, t. 2, p. 657. — Ainsi jugé en Angleterre. Spars v° Bridge. Doug. 527.

(3) 11 janvier 1859. — Bordeaux (S. V. 59. 2. 353. — J. M. 37. 2. 54.)

(4) 4 décembre 1860. — Rennes (S. V. 61. 2. 340. — J. M. 39. 2. 52). — 20 janvier 1862. — Cass. (J. M. 41. 2. 111). — 16 janvier 1867. — Nantes (J. M. 46. 2. 11).

LIVRE QUATRIÈME

CHAPITRE I.

DU PÉRIL. — CONSIDÉRATIONS GÉNÉRALES.

89. — Sens des mots risque, péril, fortune de mer.
90. — Des pertes. — Leur nature. — En quoi elles diffèrent.
91. — Distinction entre la perte réellement totale et celle qui est présumée telle.
92. — La perte du navire fait présumer celle de la marchandise.
93. — Clauses qui dérogent à cette règle.
94. — De la distinction des avaries en particulières et communes.
95. — Des frais qui sont une charge de la navigation.
96. — De la tempête.
97. — Des pertes qui sont consécutives.
98. — De la règle *causa proxima non remota spectatur,* telle qu'elle est pratiquée en Angleterre. — Elle n'est pas admise en France.

89. — En principe, l'assureur répond de tous les périls auxquels les objets assurés sont exposés. — La possibilité du péril constitue le risque pris dans un certain sens. — Le péril réalisé, c'est encore le risque, mais pris dans un autre sens.

Tous les risques sont compris sous la dénomination générale de *fortune de mer* (1).

Ces risques proviennent ou des éléments ou de l'action de l'homme — Dans ce dernier cas ils sont attri-

(1) V. Aubin, Dict. de marine, v° Fortune de mer.

bués tantôt au fait du prince, tantôt à un ou plusieurs individus considérés comme personnes privées.

Il n'est pas nécessaire que la mer soit la cause exclusive et directe du péril réalisé. Il est des cas où cette cause est indépendante d'elle, où elle est le théâtre ou l'occasion d'un péril sur lequel elle n'a eu aucune action. Ainsi la prise, le vol, l'abordage, etc., peuvent se produire par les temps les plus calmes. C'est ce qui fait dire à Targa que l'assureur répond de tout sinistre qui survient sur mer ou par la mer : *in mare o da mare.*

« Divers auteurs, dit Valus, ont prétendu que les « assureurs ne sont pas tenus dans les cas tout-à-fait « extraordinaires, à moins que la police ne soit géné- « rale pour tous les cas exprimés ou non exprimés. « Mais cette exception qui ne pourrait que donner ma- « tière à des discussions fréquentes n'est pas admis- « sible parmi nous, à la vue de notre article qui com- « prend absolument *toutes fortunes de mer,* s'il n'y a « quelque restriction par une convention expresse. » — Même manière de voir dans Emérigon.

Les anciennes formules de police parlent *de tous risques, périls et fortunes, tant divins qu'humains, connus ou inconnus, que l'on peut imaginer, pensés ou non pensés, usitatis vel inusitatis, nullis exceptis.*

On lit dans la formule de Trieste que les assureurs garantissent *sinistri ed accidenti di mare,* — dans celle de Barcelone, *y generalimente per totos los accidentes ò riesgos de mar,* — dans celle de Lisbonne, *todos os riscos, et damnos que accontecerem eos objectos segurados.* — Les expressions sont semblables dans celles de Londres, de Hambourg, de Gênes, de Copenhague, de Naples, etc.

En France, presque tous les assureurs copient en tête de leur police l'article 350, qui est ainsi conçu :

« Sont aux risques des assureurs toutes pertes et « dommages qui arrivent aux objets assurés par tem- « pête, naufrage, échouement, abordage fortuit, chan- « gement forcé de route, de voyage ou de vaisseau, « par jet, feu, prise, pillage, arrêt par ordre de puis- « sance, déclaration de guerre, représailles et géné- « ralement par toutes fortunes de mer. »

L'ensemble des chapitres qui composent tout le IVe livre sont le commentaire de cet article.

90. — Les pertes ou les dommages sont divisés en deux grandes catégories, savoir, les sinistres majeurs et les avaries.

On entend par sinistres majeurs les pertes qui à raison de leur nature spéciale donnent lieu au délaissement. Mais elles peuvent aussi donner lieu à l'action d'avarie, puisque l'assuré a toujours, quelle que soit l'étendue de la perte, le droit d'y recourir. C'est pour cela que nous avons réuni dans ce quatrième livre les pertes qui donnent lieu au délaissement et celles qui ne permettent pas de suivre cette voie.

91. — La perte totale de la chose assurée est, tantôt telle en fait, tantôt admise comme telle. Dans ce dernier cas, on considère l'objet comme perdu en vertu d'une fiction légale, de sorte qu'il existe deux genres de perte totale, l'une réelle, l'autre fictive et conventionnelle. On exprime cette distinction en France, en opposant *à la perte totale*, *la perte légale*. On dit aussi en Angleterre pour exprimer cette distinction : *absolute total loss, constructive total loss* (1), et en Allema-

(1) Arnould, 2, 912 et s.

gne : *absoluter verlust, constructiver verlust* (1).

Dans le Code de commerce, la perte totale ou présumée telle est appelée tout simplement la perte (Comp. art. 302, 329, 330, 383).

La perte du navire peut concourir avec celle de la marchandise. C'est ce qui a lieu lorsque, en même temps que le navire fait naufrage ou s'échoue avec bris, la cargaison subit une perte qui dépasse les trois-quarts. Dans cette hypothèse, le délaissement est fondé en fait à l'égard de l'un et de l'autre.

92. — Mais il peut arriver que le navire soit totalement perdu ou présumé tel, alors que la marchandise est totalement sauvée ou n'est pas assez détériorée pour ne pas pouvoir être livrée au destinataire.

Il est admis dans cette hypothèse que l'assuré de cette marchandise a le droit d'en faire le délaissement. — Valin trouvait cette règle injuste. Mais Emérigon la justifiait en déclarant que le commerce a besoin de règles simples (2). Certes, l'opinion de Valin est éminemment raisonnable, et elle a prévalu en Angleterre. — « Il n'est personne, disait lord Mansfield, qui « puisse en un tel cas désirer d'être admis au délais- « sement, à moins que l'évaluation de l'objet assuré « n'ait été exagérée ou que le cours du marché ne soit « tombé au-dessous du cours primitif (3). »

Mais la loi est la loi. L'art. 381 C. comm., qui suppose qu'en cas de naufrage le sauvetage des marchandises s'opère pour le compte des assureurs, n'est que

(1) Lewis, sur l'art. 853 du nouveau C. allemand. t. 2, 334 et s.
(2) Valin, sur l'art. 46; Pothier, n. 120; Emérigon, ch. 17, sect. 2, § 5 et s.
(3) Benecke, Trad. franç., t. 2, 349 et s.

l'expression du principe général que la tradition nous a transmis (1).

93. — Les assureurs ont essayé de se soustraire à l'application de ce principe au moyen de la clause suivante : — « En aucun cas, sauf celui prévu par l'ar-« ticle 394 (certaines polices y ajoutaient l'art. 375), « le délaissement des facultés ne pourra être fait qu'au-« tant qu'il y aura perte ou détérioration au moins des « trois quarts. »

Cette clause était mal rédigée. Aussi, tandis que les uns disaient : il faut, même au cas de naufrage ou d'échouement avec bris, que la perte de la marchandise se porte au moins aux trois quarts pour que le délaissement soit admissible (2), les autres répondaient que ce n'est pas nécessaire, vu qu'au cas de naufrage la perte est présumée totale (3).

Depuis, les compagnies d'assurances ont mis fin à ces controverses en ajoutant à la clause les mots : *quand même il y aurait naufrage ou échouement avec bris* (4).

94. — Tous dommages autres que ceux qui sont spécifiés dans l'art. 369 sont réputés *avaries* (C. comm., art. 371).

---

(1) Pardessus, t. 3, n. 840; Lemonnier, 2, n. 289; Alauzet, t. 2, n. 357; Dageville. t. 3, p. 369; Estrangin, p. 181; Dalloz, n. 2000; Boulay-Paty, t. 4, p. 229; Bedarride, t. 4. p. 1415; Haghe et Cruismans, n. 228. — V. aussi 1er avril 1844. — Bordeaux (S. V. 44. 1. 529). — 14 janvier et 5 août 1856. — Havre (J. Havre 1856. 1. 17 et 183).

(2) 27 juin 1855. — Bordeaux (S. V. 55. 2. 686). — 22 décembre 1857 — Bordeaux (J. M. 32. 6. 19).

(3) 29 déc. 1840. — C. Rej. (S. V. 41. 1. 211). — 30 déc. 1850. — C. Rej. (S. V. 51. 1. 17). — 20 novembre 1856. — Aix (S. V. 57. 2. 368).

(4) V. 5 juillet 1858. — Rouen (J. M. 37. 2. 12).

Les avaries se divisent en deux grandes classes, savoir les avaries grosses et les avaries particulières (C. comm., art. 399).

Sont avaries grosses ou communes les dommages soufferts volontairement et les dépenses faites, après délibérations motivées, pour le bien et salut commun du navire et des marchandises, après leur chargement et départ jusqu'à leur retour et déchargement (art. 401).

Sont avaries particulières les dépenses faites et le dommage souffert par le navire seul et par la marchandise seule, depuis leur chargement et départ jusqu'à leur retour et déchargement (art. 403).

Le même dommage peut être, suivant le cas, ou avarie grosse ou avarie commune Ainsi une voile peut être déchirée, un mat rompu par la violence du vent, ou bien ils peuvent l'être volontairement à la suite d'une délibération prise pour le bien et salut commun. Ainsi encore le jet peut être causé par une fortune de mer, ou bien simplement être fait pour alléger le navire qui a été trop chargé (1).

La théorie des deux natures d'avarie se rattache intimement à la matière de l'assurance; elle s'y rattache comme s'y rattachent la théorie du fret, celle du contrat à la grosse, etc. Mais ce n'est pas un motif pour tout confondre, ou plutôt pour tout fondre en un seul tout. Un grand jurisconsulte, Proudhon, a ainsi procédé dans son traité de l'usufruit, et il a fallu l'immense talent qu'il a déployé dans cet ouvrage, pour faire accepter un mode de composition blamé par les meilleurs esprits. Instruit par cet exemple, nous supposerons

(1) 21 novembre 1857. — Caen (J. Havre 1858. 2. 88).

que la théorie des avaries est connue, et nous nous bornerons à poser les principes qui président à leur règlement.

95. — Tout n'est pas avarie dans les charges de la navigation, et c'est pour cela que l'art. 408 du C. de commerce contient la disposition suivante :

« Les lamanages, touages, pilotages pour entrer « dans les hâvres ou rivières, ou pour en sortir, les « droits de congé, visites, rapports, tonnes, balises, « ancrages et autres droits de navigation, ne sont pas « avaries; mais ils sont de simples frais à la charge « du navire. »

L'article 406 n'énumère que les frais ordinaires de navigation; mais il en est de moins habituels qui cependant sont régis par la règle qu'exprime cet article. Certains frais de quarantaine, d'hivernage, les droits qui doivent être acquittés au passage de certains détroits, ceux que paient les navires lorsqu'ils veulent obtenir le firman d'entrée dans la mer Noire (1), rentrent dans le cas prévu par l'article 406.

Mais il en est autrement lorsque ces frais sont payés par suite d'une fortune de mer et qu'il est constant que sans elle ils ne l'auraient pas été.

Ainsi l'assureur d'un navire qui, soumis à une voie d'eau par suite d'une tempête, est entré forcément dans un port de relâche, doit rembourser à l'assuré les frais énumérés dans l'art. 406, qu'il a acquittés, attendu que sans l'avarie il ne les aurait pas payés. Il en est de même des frais de pilotage qui sont la conséquence de

(1) 4 mars 1830. — Sent. arb. (3. dl. 12. 2. 53).

l'état d'avarie dans lequel se trouve le navire (1), ou bien des frais de quarantaine, lorsqu'il est certain que sans la relâche forcée, le navire ou la marchandise n'auraient pas eu à les subir dans le port de destina-nation.

La question de savoir si dans ce dernier cas ces frais incombent à l'assureur du navire ou à celui de la cargaison, dépend des circonstances. Lorsque les frais sont occasionnés par la nature de la marchandise, l'assureur de celle-ci doit les supporter (2) ; lorsqu'au contraire ils sont faits pour assainir le navire, on doit les mettre à la charge de l'assureur de ce navire (3).

96. — La nature de la perte est déterminée, tantôt d'après le sinistre qui a causé la perte, tantôt d'après le caractère qu'a ce sinistre. Ainsi l'article 350 porte comme risques distincts *la tempête et le naufrage, la tempête et l'échouement,* bien que le premier ait pu causer le second.

La tempête s'entend de l'agitation violente des vents qui bouleversent l'eau de la mer (définition d'Emérigon). — L'ouragan n'est qu'une tempête plus violente. — Le même auteur le définit : un vent impétueux qui tourne rapidement en tous sens, et semble balayer tout autour de lui.

97. — Un sinistre est rarement isolé dans son

---

(1) 28 août 1828. — Mars. (J. M. 10. 1. 51). — 20 nov. 1828. — Caen (S. V. 31. 2. 47). — 23 février 1829. — Bordeaux (D. P. 29. 2. 295). — V. Pothier.

(2) V. 18 juillet 1827. — Mars (J. M. 8. 1. 221). — 25 juin 1835. — Mars. J. M. 15. 1. 216). — 1er février 1837. — Mars. (J. M. 16. 1. 271). — 26 juillet 1837. — Mars. (J. M. 17. 1. 257). — 20 mars 1878). — Mars. (J. M. 56. 1. 136).

(3) 7 novembre 1862. — Mars. (J. M. 40. 1. 298). — 3 novembre 1865. — Mars. (J. M. 40. 1. 336). — 11 mars 1878. — Hâvre (J. Hâvre. 78. 1. 116).

action. Il prend d'abord une certaine forme, et puis il se transforme en se développant. Pour rendre cette pensée plus claire, prenons comme exemple une voie d'eau. Un navire est assailli par la tempête, poussé en tous sens par l'impétuosité du vent et le soulèvement des flots, il fatigue, et bientôt une voie d'eau se déclare. Il faut faire jouer les pompes ; de là des frais plus ou moins considérables (1). Peu à peu les pompes s'engorgent ; il faut les réparer (2). En les soulevant on a causé certains dommages à la cargaison (3). La cruelle extrémité à laquelle le navire est réduit force le capitaine à entrer dans un port de relâche et à y décharger la marchandise afin que le navire puisse être visité (4). La nécessité de le réparer exige qu'il soit remorqué et conduit dans un dock (5), là il est établi qu'il ne suffit pas de boucher les ouvertures par lesquelles l'eau s'introduit, mais qu'il faut encore refaire le carénage du navire (6).

On voit par cet exemple que successivement la perte acquiert de nouvelles forces, de sorte que l'assureur est tenu de payer un ensemble de dépenses différentes entre elles, mais qui toutes dérivent d'une même cause.

Il en est ainsi du forcement de voiles nécessité par une tempête ou un ouragan, dont l'effet peut, en fatiguant le navire, en lui imprimant de violentes se-

(1) 9 avril 1862. — Mars. (J. M. 40. 1. 133).

(2) 29 novembre 1860. — Mars. (J. M. 39. 1 10). — 14 avril 1863. — Mars. (J. M. 41. 1. 114).

(3) 19 juin 1855. — Hâvre (J. Hâvre. 1855. 1. 131).

(4) 4 décembre 1857. — Hâvre (J. Hâvre 1858. 2. 56).

(5) 27 décembre 1871. — Hâvre (J. Hâvre 1871. 1. 143).

(6) 29 juillet 1868. — Mars. (J. M. 46. 1. 283).

cousses, amener la rupture des mâts, la déchirure plus ou moins intense des voiles, la rupture des cordages, etc. (1).

98. — Les anglais ont posé comme règle qu'il faut, en matière de risque, ne s'attacher qu'aux faits qui en sont la cause directe et prochaine, et non à ceux qui en sont la cause éloignée : *causa proxima, non remota spectatur.* — Ainsi, dit-on, lorsqu'une perte partielle devient ensuite totale, il ne faut pas s'attacher à la circonstance qu'elle a été d'abord partielle. — « Lors« qu'un navire, dit Kent, s'échoue par fortune de mer, « et si, étant dans cet état, il est capturé, il faut, par « application de la maxime *causa proxima,* attribuer « exclusivement la perte, non à l'échouement, mais à « la prise. » (2).

Cette théorie ne saurait prévaloir dans notre droit. Ainsi, par exemple, un navire éprouve d'abord une avarie particulière dont l'assureur répond ; plus tard il s'échoue alors que l'assurance a été consentie *franc d'échouement ;* l'assureur doit, dans cette espèce, réparer l'avarie particulière, sauf à être déclaré indemne pour la partie de la perte qui correspond à l'échouement.

Mais lorsque l'objet assuré a été soumis à un ensemble de pertes dérivant du même sinistre, alors, il n'y a pas à distinguer. Ainsi, lorsqu'une voie d'eau exige l'entrée du navire dans un port de relâche et cause

(1) V. sur le forcement de voiles. — 18 mars 1862. — Mars. (J. M. 40. 1. 132). — 30 avril 1862. — Mars. (J. M. 40 1. 154). — 23 septembre 1863. — Mars. (J. M. 41. 1. 276). — 27 février 1865. — Aix (J. M. 43. 1. 85). — 17 janvier 1866. — Mars. (J. M. 44. 1. 131).

(2) Kent, t. 3, p. 302; Marshal, t. 2, p. 619; Benecke, t. 3, p. 227.

la rupture du voyage, on doit considérer cet ensemble de pertes comme ne faisant qu'une perte.

L'exemple suivant démontre que, même en Angleterre, le principe qui veut qu'on ne s'attache qu'à la cause prochaine, n'est pas toujours strictement appliqué. — Une assurance avait été consentie sur marchandises pour un voyage de Londres à Maraycabo, *franc de prise et de confiscation.* — Le navire s'échoua sur un banc de sable, à quelques milles du lieu de destination. — Par suite de ce sinistre, la marchandise fut entièrement perdue, et les Espagnols s'emparèrent du navire et le confisquèrent. — L'assuré ayant traduit l'assureur en justice, il s'agissait de savoir si par rapport à la cargaison la perte devait être attribuée à l'échouement ou à la confiscation. — Malgré la règle *causa proxima* qu'invoquait l'assureur, les juges de la Cour du *common pleas* décidèrent que la perte devait être attribuée à l'échouement, vu qu'au moment de la prise cette perte était déjà certaine (1).

(1) Halm v' Cobbett, 2 Bingh. 265.

CHAPITRE II.

INCENDIE. — VOL. — ABORDAGE.

Ce chapitre sera divisé en trois paragraphes.

§ 1er.

De l'incendie.

99. — L'incendie d'un navire et de la cargaison dont il est porteur ne peut provenir que des cinq causes suivantes :

1° Il est causé par l'ennemi, et dans ce cas la perte provient d'un risque de guerre et doit être réglée à ce titre ;

2° Il est causé par le vice propre, par exemple si les marchandises sont susceptibles de combustion spontanée, et dans ce cas tout dépend de savoir si l'assureur répond du risque dû à cette cause ;

3° Il résulte de la baraterie de patron, et dans ce cas la solution est la même ;

4° Ou bien de la faute des passagers, auquel cas l'assureur en répond;

5° Ou bien encore du feu du ciel, ce qui est le cas fortuit par excellence.

Quelle que soit la cause de l'incendie, il est difficile de la dégager, et le plus souvent elle reste inconnue.

100. — L'assureur est responsable de l'incendie causé par le feu du ciel. Ce point ne fait aucun doute.

Il l'est aussi lorsqu'il est causé à un bateau à vapeur par l'explosion d'une machine (1), à moins que la police n'ait dérogé à cette règle par une clause spéciale (2). Kent, appliquant la maxime *causa proxima non remota spectatur*, admet que bien que l'assuré soit *franc du risque d'explosion*, il n'en est pas moins responsable de l'incendie qui en est la suite (3).

101. — L'assureur ne répond de l'incendie causé par la faute du capitaine ou de l'équipage que lorsqu'il répond de la baraterie de patron. Il est vrai que l'art. 350 ne distingue pas entre les diverses causes d'incendie. Mais il est suivi de l'art. 352 qui le modifie (4).

En Angleterre, cette question a été pendant un certain temps controversée. Elle fut jugée dans les deux sens dans une même affaire (5). Mais aujourd'hui, on tient pour constant que l'assureur est responsable, même dans le cas où l'incendie est dû à une faute du capitaine (6).

---

(1) Administration of Perrin v^s Protection Ins. Comp. 11 Ohio Rep. 147.

(2) Ainsi l'art. 3 de la police de Barcelone porte : La compania es libre de los perjuicios que sobrevengan por explosion de machinas en los vapores.

(3) Kent, t. 3, p. 307.

(4) Emérigon, ch. 12, sect. 17.

(5) Grim v^s Phœnix Ins. Comp. 13 John Rep. 451.

(6) Marshall, 138; Philipps, 1, 631.

102. — Il importe peu que l'incendie ait eu lieu en rade ou en pleine mer, pourvu qu'il ait éclaté pendant la durée des risques. Ainsi, dans une espèce où le navire fut incendié en rade après sa mise à l'eau, alors que la police portait que à partir de ce moment l'assurance commencerait, l'assureur fut déclaré responsable et soumis au délaissement. Il a été aussi jugé dans ce cas, que la partie du gréement qui n'est pas encore à bord du navire au moment du sinistre, doit être considérée comme un sauvetage faisant partie du délaissement (1).

Jugé aussi que si la police porte que les marchandises pourront être mises à terre dans un port intermédiaire pour être transbordées dans un autre navire, l'incendie qui les détruit lorsqu'elles sont à terre est à la charge des assureurs (2). Mais il en est autrement, si au lieu de les déposer à terre, on les dépose dans les docks du port (3).

103. — La question de savoir si l'incendie est présumé fatal, ou bien si l'assuré doit prouver qu'il a ce caractère, est depuis longtemps controversée.

Ceux qui soutiennent qu'il n'est pas présumé fatal, et qu'au contraire il doit être attribué à une faute, se bornent à invoquer les principes des lois romaines, d'après lesquelles, *incendium sine culpa fieri non potest* (4). Les tendances de notre jurisprudence ont

(1) 11 mai 1870. — Bordeaux (J. M. 48. 2. 176).

(2) 19 novembre 1856. — Trib. Paris (J. Hâvre 1857. 2. 29). — 13 avril 1858. — Hâvre (J. Hâvre 1858. 1. 101).

(3) 30 octobre 1856. — Trib. Paris (J. Hâvre 1858. 2. 123).

(4) L. 11, D. De peric. et comm. rei venditæ. L. 3, D. De off præf. vigil. — Targa n. 65 dit aussi : Quando non consti dell'origine si attribuisce a qualche culpa.

été longtemps dans ce sens (1). On est revenu depuis à d'autres principes.

La majorité de nos auteurs pensent que l'incendie est présumé fatal. Ils se fondent pour soutenir cette opinion sur un raisonnement qui nous paraît décisif. L'art. 46 de l'ordonnance, disent-ils, ainsi que l'art. 350 du code de comm. mettent le feu au rang des sinistres dont l'assureur répond. Or, en matière d'assurance, tout sinistre est présumé fatal ; la loi ne fait pas d'exception à cette règle au cas d'incendie, et dès lors la règle doit lui être appliquée (2). On raisonne de la même manière en Angleterre, où cette solution a prévalu (3). Un grand nombre d'auteurs étrangers l'ont aussi adoptée (4).

L'opinion contraire se fonde sur un principe général tiré du droit commun. Or, là est déjà une erreur.

Les lois romaines contiennent une foule de textes desquels il résulte que l'incendie doit être considéré comme fatal (5). Si on combine les art. 624, 1348, 1949 du C. civ., si on les rapproche de l'art. 1302 qui pose

---

(1) 10 décembre 1821. — Aix (J. M. 2. 1. 85). — 4 avril 1829. — Aix (S. V. 29. 2. 304. — J. M. 10. 1. 136). — 4 janvier 1832. — Cass. (S. V. 32. 1. 259). — 8 novembre 1851. — Mars. (J. M. 37. 1. 329).

(2) Frignet, t. 1, n. 107 ; Lemonnier, t. 1, p. 169 et s. ; Dalloz, n. 1839 ; Haghe et Cruismans, n. 152 ; Alauzet, t. 3, n. 1450 et s — 28 mars 1866. — Trib. Bordeaux (J. M. 44. 2. 163).

(3) Boyd v[s] Dubois, 3 Campb. 133.

(4) V. Pohls, 4, 274.

(5) Ita ut tantùm eos casus non præstat, quibus resisti non possit. Veluti mortes servorum quæ sine dolo et culpa ejus accidunt : latronum hostium ve incursus ; piratorum insidias, naufragium, *incendium,* fugas servorum qui custodiri non solent. L. 18, D. commodati. — Id. L. 23 in fine, D. De reg. jur. — V. aussi L. 11, D. De per. et commod. rei vend. — L. 9, § 3, D. Locati. — L. 11, D. De inc. et ruina. — La loi 3, § 1, D., de off præf. vigilum, invoquée dans un sens contraire, est favorable à notre thèse, car elle porte : quia *plerumque* incendia culpa fiunt inhabitantium.

une règle générale et de l'art. 1733 qui contient une exception à cette règle, on sera convaincu que, d'après les principes de notre droit civil, l'incendie est par lui-même réputé fatal ; qu'il ne cesse de l'être que lorsqu'il a été volontaire, ce qui doit être prouvé.

Et que deviendraient les assurances terrestres contre l'incendie sans ce principe ? Les compagnies encaisseraient les primes et seraient dispensées de payer les indemnités.

Cependant l'opinion de ceux qui refusent de considérer l'incendie comme fatal a, en matière d'assurance, sa raison d'être lorsqu'on se dirige, non d'après les principes, mais par les impressions reçues. Voici à quoi cela tient.

Lorsqu'un sinistre est dû à un agent extérieur dont l'action est certaine, par exemple lorsqu'un vent impétueux brise les mâts, met les voiles en lambeaux, les assureurs, certains d'ailleurs que l'assuré n'est pour rien dans ce dommage, ne le contestent pas. Mais lorsque le navire s'est échoué, que l'eau en a rempli les cavités, qu'il a été la proie des flammes, ils peuvent être amenés à rechercher si le capitaine ne l'a pas jeté à la côte, n'y a pas pratiqué une voie d'eau, ou n'y a pas mis le feu.

C'est surtout dans ce dernier cas que cette préoccupation semble légitime. Voilà un navire, pas un nuage dans le ciel, point de matières inflammables à bord, il est incendié, et on ne sait pourquoi. Le crime d'incendie mis à part, il ne reste que les faits d'imprudence pour expliquer le sinistre. Or, si ces faits existent, si telle est la cause de ce sinistre, l'assureur n'est pas responsable. Cette pensée domine l'assureur, il parcourt toutes les hypothèses qui se rapportent à l'existence d'un événement fatal; il les élimine toutes, et il ne lui reste qu'une explication, celle qui est fondée sur la négligence ou l'imprudence. Il s'y arrête, et pour mettre le fait en harmonie avec le droit, il proclame que l'incendie n'est pas présumé fatal, et que, sauf la preuve contraire, on doit supposer la faute. Telle est l'explication de la jurisprudence qui s'est d'abord établie. Les juges, entraînés par les plaintes des assureurs, ont fait du droit au rebours. Au lieu de dominer le fait par les principes, ils ont créé les principes par le fait. J'ai entendu raisonner assez d'assureurs sur ce point, pour être certain de ce que j'avance. — Ces derniers ont-ils raison? On en jugera par le fait suivant:

Un navire avait pris feu, et après de longues recherches, il fut à peu près prouvé qu'un portefaix, qui travaillait à l'arrimage, avait laissé tomber une boîte d'allumettes, et que par suite du frottement qui eut lieu à un moment donné, ces allumettes furent la cause directe de l'incendie. L'événement n'était-il pas fatal dans ce cas par rapport à l'assuré?

Depuis quelque temps, la jurisprudence est revenue aux vrais principes, mais, chose singulière, elle y est revenue par des voies détournées. Dans une espèce, où le navire avait péri corps et biens, et où l'on savait d'une manière générale que sa perte était due à un incendie, on fut obligé de reconnaître que si l'accident n'était pas considéré comme fatal, l'assuré, mis dans l'impossibilité de faire connaître la cause du sinistre, perdait son droit, et qu'on ne pouvait le lui conserver qu'en ne présumant pas la faute (1).

(1) 1er février 1841. — Douai (D. P. 41. 2. 249. — J. M. 20. 2. 123). — V. Émérigon, *loc. cit.;* Dageville, t. 3, p. 262 et s.; Bedarride, t. 4, n. 1246.

Conduite ainsi dans la véritable voie, la jurisprudence s'y maintint sous l'influence des débats auxquels donna lieu la possibilité d'une combustion spontanée. Les grains, le charbon peuvent s'enflammer d'eux-mêmes et causer l'incendie du navire (1). Dans une foule de cas où les tribunaux furent appelés à s'expliquer sur ce point, ils virent bien que si la faute est présumée au cas d'incendie, il est inutile de rechercher la cause de ce sinistre. En la recherchant, ils reconnurent qu'il est réputé fatal. Cette situation se dessina encore mieux dans une espèce où l'assureur était *franc d'incendie et répondait du vice propre,* vu que l'assuré, pour se soustraire à cette stipulation, soutenait que le vice propre, c'est-à-dire la combustion spontanée, était la cause du sinistre. Cette fois les rôles étant renversés, l'assureur soutint que l'incendie est présumé fatal.

Ce principe, proclamé dans une foule de circonstances, devait être définitivement reconnu. Le Tribunal de Marseille et la Cour d'Aix en ont fait la base d'une décision (2), et il faut espérer qu'on ne retombera plus dans l'erreur commise autrefois.

§ II.

Du vol.

104. — Le *latrocinium* est à la charge de l'assureur, non le *furtum.*

105. — L'assureur qui répond de la baraterie de patron ne répond pas pour cela du *furtum.*

---

(1) V. 24 janvier 1861. — Mars. (J. M. 39. 1. 69). — 8 mars 1875. — Mars. (J. M. 53. 1. 163). — 18 novembre 1875. — Mars. (J. M. 54. 1. 24). — 12 décembre 1877. — Mars. (J. M. 56. 1. 57).

(2) 2 juin 1871. — Aix (J. M. 49. 1. 261).

106. — Le *furtum* peut être mis à la charge de l'assureur, par une convention qui peut être expresse ou tacite.

107. — L'assureur répond du pillage à main armée.

108. — Il n'en répond pas lorsque le risque a pris fin au moment où il a lieu.

109. — Il répond du pillage des marchandises mises à terre par suite d'une fortune de mer.

110. — Il répond aussi des déprédations des pirates.

104. — On distingue deux espèces de vols. Le vol simple appelé *furtum* et le vol avec violence appelé *latrocinium*. Ce dernier seul est à la charge des assureurs. On présume que le premier est dû à la négligence du capitaine (1). Cette distinction est admise en Angleterre et aux Etats-Unis (2). Dans ces deux pays, le *latrocinium* est considéré comme fatal, et par suite mis à la charge des assureurs. On le considère comme tel lorsqu'il a été commis par les gens de l'équipage (3) Cette règle n'est pas suivie en France, à moins que l'assureur n'ait garanti la baraterie de patron (4).

105. — On admet en Angleterre que l'assureur répond du simple *furtum* lorsqu'il a garanti la baraterie de patron (5), et un de nos auteurs se rallie à cette opinion, parce que, dit-il, ce n'est pas le *furtum* qui constitue le risque dans ce cas, mais la baraterie (6). Cette opinion nous paraît contraire aux principes. Ainsi que nous l'avons déjà dit, *la clause par*

---

(1) Emérigon, ch. 12, sect. 29. — Tous nos auteurs sont conformes.

(2) Is accompagnied by violence, and not simple theft. Arnould, 2, 672, 704. — *Sic* Kent, t. 3, p. 302.

(3) Atlantic Ins. C. v[s] Storow, 5 Paige, 293.

(4) 16 juin 1846. — Mars. — 2 janvier 1847. — Aix (J. M. 26. 1. 35).

(5) Amer. Ins. Comp. v[s] Bryan J. Hill, N. Y. Rep.

(6) Haghe et Cruismans, n. 153.

laquelle la baraterie de patron est garantie... doit être limitée à ce qui fait l'objet de ce contrat et aux pertes dont l'assureur répond. (v. t. 1, n. 467 et s). Ainsi, comme il répond en règle générale du *latrocinium*, mais qu'il n'en répond pas lorsque le capitaine en est l'auteur, il ne peut invoquer cette exception lorsqu'il est responsable de sa baraterie. Mais comme il ne répond pas du simple *furtum*, le fait qu'il a garanti la baraterie de patron ne peut pas faire qu'il en soit responsable.

106. — Rien n'empêche les parties de convenir que l'assureur répondra des soustractions faites sans violence, ou du simple *furtum*. On a jugé, ce qui nous paraît excessif, qu'il en est tenu lorsqu'il a pris à sa charge *tous risques généralement quelconques de terre, d'escale et de transbordement* (1). Lors que telle est la convention, il répond du *furtum* commis par le capitaine, s'il a garanti sa baraterie.

107. — L'assureur répond du pillage à main armée, soit qu'il porte sur le navire, soit qu'il s'applique aux marchandises (2).

Ainsi, lorsque le navire est assuré, le dommage résultant de ce que des voleurs s'en sont emparés, ou qu'ils en ont pris une partie, par exemple le canot, des cordages, des voiles, des chaînes, est à la charge des assureurs, comme il est à leur charge lorsqu'ils ont assuré les facultés, et que le vol avec violence porte sur tout ou partie de celles-ci.

108. — Les assureurs ne répondent point du vol

(1) 6 août 1848. — Paris (J. Havre. 1858. 2. 249).

(2) Ainsi jugé en Angleterre Brown vSmith, 1 Dow. part. Cases, 349.

avec violence lorsque le risque a pris fin, par exemple lorsque la marchandise a été déchargée et mise à terre (1). Mais il en est autrement lorsqu'elle est pillée le long de la côte ou dans un port pendant la durée des risques (2).

109. — Le pillage des marchandises qui ont été déposées à terre afin de pouvoir réparer les avaries souffertes par le navire, est à la charge des assureurs, parce que le risque ne prend pas fin dans ce cas (3). Cette règle a été appliquée dans une espèce où le port de destination étant bloqué, le capitaine fut obligé d'entrer dans un port de relâche, d'y débarquer les marchandises et de les déposer dans un magasin, où elles furent pillées (4).

110. — Les pirates sont des malfaiteurs qui ne sont commissionnés par aucune puissance (*sine patentibus alicujus principis),* qui volent ou pillent tout ce qu'ils croient pouvoir ou devoir prendre, quelle que soit la nation à laquelle appartienne le navire ou le propriétaire des facultés. Ils se distinguent des corsaires en ce que ceux-ci sont commissionnés, et ne s'adressent qu'aux ennemis du gouvernement qui leur a délivré la commission Les déprédations que commettent les pirates constituent une fortune de mer, présumée fatale, dont les assureurs répondent (5).

---

(1) 12 décembre 1837. — Mars. (J. M. 17. 1. 96).

(2) V. Nolte, t. 1, p. 347.

(3) 6 décembre 1838. — Bordeaux (J. M. 6. 1. 216). — 9 septembre 1857. — Trib. Paris (J. Havre 1857. 2. 241). — 6 septembre 1862. Havre (J. Havre 1862. 1. 265). — *Sic* Emérigon, *loc. cit.;* Pothier, n. 55; Boulay-Paty, 4, 55; Lemonnier, 1, 174; Bedarride, n. 1253.

(4) 7 décembre 1841. — Mars. (J. M. 20. 1. 352).

(5) Emérigon, ch. 12, sect. 18, § 3.

§ III.

De l'abordage.

111. — L'art. 350 porte que l'assureur répond des dommages qui arrivent *par abordage fortuit.*

Cette disposition doit être complétée par l'art. 407 du C. comm., qui est ainsi conçu :

« En cas d'abordage du navire, si l'événement a été « purement fortuit, le dommage est supporté, sans « répétition, par celui du navire qui l'a éprouvé ;

« Si l'abordage a été fait par la faute de l'un des « capitaines, le dommage est payé par celui qui l'a « causé ;

« S'il y a doute dans les causes de l'abordage, le « dommage est reparé à frais communs, et par égales « portions, par les navires qui l'ont fait et souffert. »

112. — Cet article ne s'explique pas sur le cas où l'abordage résulte de la faute des deux capitaines ; on a décidé par application des principes du droit commun que chaque capitaine est responsable à proportion de la part qui peut lui être attribuée dans la perpétration du dommage (1). Ainsi lorsqu'un navire a causé à un autre navire un dommage évalué 15,000, et qu'il en a souffert un par le fait de ce dernier qui se porte à 5,000, le capitaine du premier paie, après compensation, au propriétaire de l'autre 10,000 fr.

113. — Lord Towel, grand juge de l'amirauté en Angleterre, s'est exprimé sur l'abordage en ces termes :

« Les pertes qui résultent de l'abordage peuvent se « produire dans quatre cas distincts :

« 1° Lorsque, sans aucune faute de part et d'autre, « l'abordage est le résultat de la violence, de la tempête « ou de tout autre *vis major*, le dommage est à la « charge de celui qui le souffre, et les deux intéressés « n'ont aucune action l'un contre l'autre.

« 2° L'abordage peut résulter de la faute des deux « capitaines, l'un et l'autre ayant manqué de prudence « et de diligence; dans ce cas la perte doit être ré- « partie par portion égale, attendu que l'on doit consi- « dérer la faute comme commune.

« 3° Il peut résulter de la faute commise par le « capitaine du navire qui a souffert le dommage, et, « dans ce cas, il doit le supporter.

« Il peut résulter de la faute du capitaine dont le « navire en a abordé un autre auquel il a causé un « dommage, et, dans ce cas, le propriétaire du navire « abordeur doit le réparer (2). »

---

(1) 15 novembre 1871. — Cass. (S. V. 71. 1. 182) — V. aussi les décisions mentionnées en note de cet arrêt.

(2) V. le cas du navire the Woodrop, 2 Vod Ad. Rep. 85.

114. — Nul doute que la perte causée par l'abordage, losqu'elle est due à un cas fortuit, comme si la violence du vent pousse les deux navires l'un contre l'autre, ne soit à la charge de l'assureur, par application de l'article 350.

Le cas est plus délicat lorsque le navire assuré a été abordé par la faute du capitaine du navire abordeur. Cependant la responsabilité de l'assureur ne fait aucun doute pour Emérigon (1), et elle est admise par la jurisprudence anglaise (2). Il est vrai qu'on peut objecter qu'aux termes de l'article 350, il faut pour obliger l'assureur que le dommage soit fortuit, et qu'il ne l'est pas lorsqu'il provient du fait de l'homme. Mais il est facile de répondre que le dommage est fortuit lorsque l'assuré n'a pu le prévoir et par suite s'y soustraire.

A Hambourg, en Suède et en Danemark, l'assuré ne peut agir contre l'assureur dans le cas qui vient d'être posé que lorsqu'il a poursuivi l'auteur de l'abordage, et qu'il n'a pu se faire indemniser par lui (3). En France, nous suivons une autre règle. L'assuré peut agir immédiatement. Il suffit qu'il subroge l'assureur à tous ses droits contre l'auteur de l'abordage.

Nous nous sommes déjà expliqué (t. 1, n. 471) sur le cas où le navire assuré a abordé un autre navire et lui a causé un dommage.

115. — Lorsque deux navires se sont abordés, et que la cause du dommage étant inconnue, la perte est

---

(1) Emérigon, ch. 12, sect. 14, § 2.

(2) Smith. v[s] Scott, 4 Taunt, Rep. 125.

(3) Hambourg, Ord. 1731, tit. 8, art. 2, 3, 4; Loi de Suède, art. 8, § 15; Conditions de la Compagnie d'assurance de Copenhague du 2 avril 1850, § 77.

répartie par portions égales entre les deux navires, le règlement des droits de l'assuré ne laisse pas que de présenter certaines difficultés.

L'une d'elles consiste à savoir si le risque doit être réputé fortuit dans ce cas, ou être mis sur le compte de la baraterie de patron, question qui est digne d'intérêt puisque l'assureur ne répond pas en principe de ce dernier risque.

D'après Emérigon, le risque est fortuit. Il dit : « Dans « le cas où on ne sait qui est en faute, les assureurs « répondent de la part qui compète au navire par eux « assuré. Le doute qui occasionne un pareil partage « ne suffit pas pour les décharger de l'accident, s'ils ne « rapportent pas une preuve capable de détruire la « présomption légale établie contre eux » (1).

Il est admis en Angleterre que le risque n'a rien de maritime dans ce cas et que dès lors il ne saurait atteindre l'assureur (2). Mais cette doctrine n'a pas prévalu aux Etats-Unis, grâce aux efforts du juge Story (3).

Nous croyons qu'il faut se décider pour le cas fortuit, parce que, en matière d'assurance, toute fortune de mer est présumée fatale, à moins qu'il ne soit prouvé qu'elle n'est pas telle; or le partage de la perte, *judicio rusticorum*, a prévalu à cause du doute, et le doute n'est pas une preuve.

116. — On s'est encore demandé dans le cas ci-dessus si l'assureur est tenu de payer l'indemnité d'après le dommage souffert par le navire assuré, ou bien

(1) Emérigon, ch. XII, sect. 14, § 6.
(2) Devaux, vᵒ Salvador, 4 Ad. et Ell. 420.
(3) Philipps, 1, 181.

d'après la contribution à laquelle ce navire est soumis. La Cour de Paris s'est prononcée pour le paiement du dommage (1), la Cour de cassation pour le paiement de la contribution (2).

A notre avis, la décision rendue par la Cour de Paris est plus conforme aux principes.

Et d'abord, un exemple pour faire comprendre l'intérêt de la question.

Le dommage souffert par le navire assuré se porte à 1,500 fr., tandis que celui qui a été souffert par l'autre navire se porte à 2,500; la contribution étant dans ce cas 2,000 fr., l'assureur est intéressé à ne payer que le dommage. — Le cas inverse peut se présenter, et cela a lieu lorsque le navire assuré a souffert un dommage qui se porte à 2,500 fr., tandis qu'il se porte pour l'autre à 1,500. Dans cette hypothèse, il y a plus de profit pour l'assureur à payer la contribution.

Cela posé, l'assurance ayant pour objet de garantir l'assuré contre les pertes résultant des dommages qui frappent l'objet assuré, il en résulte que le montant du dommage et non la contribution, doit être payé par l'assureur, et comme un même principe ne peut pas comporter des conséquences différentes, il y a lieu d'adopter la même solution lorsque le montant du dommage est inférieur à la contribution.

117. — Dans le cas où le navire assuré a été seul endommagé dans un abordage, et qu'il est prouvé que l'accident a été causé par la faute du capitaine qui a

---

(1) 23 juin 1855. — Paris (S. V. 55. 2. 476). — Boulay-Paty, 4, 504; Dalloz, n. 1830; Bédarride, n. 1779.

(2) 12 février et 4 mars 1861. — Cass. (S. V. 61. 1. 230 et 426). — Fresquet, 56; Sebille, n. 447.

le commandement de ce navire, l'assureur est ou non responsable suivant qu'il a garanti ou non la baraterie de patron.

118. — Reste le cas où l'abordage a eu lieu par la faute des deux capitaines commandant les deux navires qui se sont abordés.

L'assureur n'est responsable dans ce cas que s'il a garanti la baraterie de patron. Lorsqu'il l'a garantie, sa responsabilité doit être limitée aux dommages qu'a soufferts le navire assuré. Si donc, à raison de la gravité de la faute du capitaine qui le commande, la contribution excède ce dommage, l'excédant doit être mis à la charge de l'assuré.

CHAPITRE III.

DÉFAUT DE NOUVELLES.

119. — Le défaut de nouvelles équivaut à une perte totale. — Ce principe a toujours été admis.
120. — Règles suivies à Hambourg dans le cas de défaut de nouvelles.
121. — Disposition du C. de commerce sur ce point.
122. — Terme initial du temps à courir pour faire présumer la perte.
123. — La présomption cesse lorsqu'on a des nouvelles du navire.
124. — Temps qui doit s'écouler depuis le départ.
125. — Règles suivies en Angleterre sur ce point.
126. — Du cas où l'assurance est à temps limité.
127. — La perte résultant du défaut de nouvelles remonte au jour du départ.
128. — Lorsque l'assurance est faite après le départ, la perte remonte au jour des dernières nouvelles.
129. — Lorsqu'il existe deux assurances l'une antérieure, l'autre postérieure au départ, la présomption de perte prévaut à l'égard de la première.
130. — Lorsque l'assurance est consentie après l'expiration du délai qui fait présumer la perte, il faut que ce même délai s'écoule après l'assurance.
131. — L'assureur ne peut demander la restitution de l'indemnité lorsqu'on a des nouvelles après le paiement.
132. — L'assuré du navire qui ne rapporte pas le certificat de visite peut invoquer la présomption.
133. — Le délai étant expiré, l'action peut être intentée, bien qu'on ait eu des nouvelles avant qu'elle le soit.
134. — Délai pour intenter l'action.

119. — Un navire périt en pleine mer, corps et biens, et nul ne peut en témoigner. L'assuré serait désarmé, si le défaut de nouvelles n'équivalait pas à une perte totale.

Aussi loin que l'on remonte, on voit que ce genre de perte a été toujours ainsi considéré. C'est ce que démontre l'art. 15 de l'ordonnance de Barcelone de 1435, qui est conçu en ces termes :

« Dans le cas où on n'aurait aucune nouvelle du na-
« vire ou bâtiment assuré, comme il arrive quelquefois
« que les navires se perdent sans qu'on puisse en rien
« savoir, lorsque six mois se seront passés..... le
« paiement pourra être exigé (1). »

Les plus anciennes formules d'assurance supposent l'existence de ce principe (2), qui a été et qui est encore admis par toutes les législations maritimes (3).

120. — La présomption de perte résultant de défaut de nouvelles est réglée en ces termes par le plan révisé de Hambourg, § 53 (4) :

« Un navire duquel on n'a reçu aucune nouvelle
« depuis son départ, et pendant un temps déterminé,
« est présumé perdu.

« L'assuré doit dénoncer le fait à l'assureur.

---

(1) E si sera cas que del navili...... ne s'sapia nova alguna... .. o serran passats sis meses que nova alguna no s'en sab en Barcelona ; que en tel cas... possen esser demanades e' executades la seguretats.

(2) Straccha, Glosse, 30.

(3) Burgos, 1537, art. 18 ; Séville, 1556, ch. 34 ; Bilbao, art. 37 ; Recopilacio, tit. 39, ch. 7 ; Ord. d'Anvers, art. 5 ; Ord. 1582, id., art. 7 ; Ord. d'Amsterdam, 1598, art. 5, 1744, art. 29 ; Coutumier d'Amsterdam art. 5 ; Ord. Rotterdam, 1604, art. 14 ; Ord. Midlebourg, art. 12 ; Prusse, 1727, ch. 6, art. 27, et Ord. sur les assur. § 151 ; Laudrecht, § 2311-2318 ; Code Holl., art. 667 ; C. Esp., art. 908, 909, 910 ; Suède, art. 11, § 2 ; Hambourg, tout le titre 11 ; C. allemand, art. 865-867. — V. aussi Guidon de la mer, ch. 7, art. 12.

(4) Comparez avec le dernier plan révisé de Brême, § 64.

« Il doit lui fournir les attestations émanant des au-« torités compétentes, pour prouver le départ du na-« vire et sa non arrivée au lieu de destination. Il doit « aussi affirmer sous serment qu'il n'en a aucune « nouvelle.

« Deux mois après la dénonciation l'assuré fait le « délaissement, et l'assureur doit payer sans délai « l'indemnité.

« Si plus tard tout ou partie de l'objet assuré est « sauvé, l'assuré doit le réclamer pour compte de « l'assureur. »

Suit l'indication du temps qui doit s'écouler, soit, 3, 4, 6, 8, 9 et 14 mois, d'après la distance.

121. — L'ordonnance considérait aussi le défaut de nouvelles comme une présomption de perte (art. 58 et 59).

Ce point a été réglé par les art. 375, 376 et 377 du Code de commerce, qui sont ainsi conçus :

Art. 375. — « Si après un an expiré à compter du « jour du départ du navire, ou du jour auquel se rap-« portent les dernières nouvelles reçues, pour les voya-« ges ordinaires, après deux ans pour les voyages de « long cours, l'assuré déclare n'avoir aucune nouvelle « de son navire, il peut faire le délaissement à l'assu-« reur et demander le paiement de l'indemnité sans « qu'il soit besoin de l'attestation de la perte.

« Après l'expiration de l'an ou de deux ans, l'assuré « a pour agir les délais établis par l'art. 373. »

Art. 376. — « Dans le cas d'une assurance pour « temps limité, après l'expiration des délais établis « comme ci-dessus pour les voyages ordinaires et pour « ceux de long cours, la perte du navire est présumée « arrivée dans le temps de l'assurance. »

Art. 377. — « Sont réputés voyages de long cours « ceux qui se font au-delà des limites ci-après déter- « minées, — au sud, le 30e degré de latitude nord ; — « au nord, le 72e degré de latitude nord ; — à l'ouest, « le 15e degré de longitude du méridien de Paris ; — « à l'est, le 44e degré de longitude du méridien de « Paris (1). »

Les explications qui suivent sont le commentaire de ces articles.

DIVISION.

1° Terme initial du temps à courir.
2° Durée de ce temps.
3° Présomption de perte, son caractère.
4° Délai pour intenter l'action.

122. — *Terme initial du temps à courir.* — Le temps exigé pour faire présumer la perte au cas de défaut de nouvelles court du jour du départ. Il en est ainsi parce que le navire peut avoir subi le sinistre en vue du port de sortie. Certaines législations portent le jour de l'assurance comme terme initial (2), sans voir que le navire pouvant être alors dans le port, prêt à prendre charge, on le supposerait perdu dans ce cas lorsqu'il n'aurait encore couru aucun risque (3).

---

(1) L'art. 377 était primitivement ainsi conçu : — Sont réputés voyages de long cours ceux qui se font aux Indes Orientales et Occidentales, à la mer pacifique, au Groenland et aux autres côtes et îles de l'Amérique méridionale et septentrionale, aux Açores, Canaries, à Madère et dans toutes les côtes et pays situés sur l'Océan au-delà du détroit de Gibraltar et du Sund. — Cet article a été remplacé par celui qui est ci-dessus transcrit par une loi du 20 juin 1854. — V. le rapport fait par M. Conseil.

(2) Ord. d'Anvers, art. 5 ; Ord de Midlebourg, art. 12.

(3) V. Pohls, t. 4, p. 614.

L'assuré doit prouver le départ, car sans lui il est impossible de présumer la perte. Cette preuve est faite le plus souvent par le connaissement et les expéditions. Lorsque ces documents font défaut, il est permis d'y suppléer par tous autres. Ainsi, il a été jugé, dans une espèce où le navire avait été chargé en vue d'une expédition de contrebande, et où par ce motif on avait supprimé les documents habituels, que le juge pouvait, sans violer la loi, admettre toutes sortes de preuves (1). Dans un autre cas, où il s'agissait d'un navire armé en pêche, *qui était chargé et prêt à appareiller,* on décida que cette dernière circonstance jointe au temps écoulé, qui était deux ans, prouvait le départ (2).

123. — La présomption de perte cesse lorsqu'on a des nouvelles du navire. Mais après qu'on les a eues, il est possible qu'on n'en ait plus dans la suite; voilà pourquoi cette présomption reprend lorsque le temps voulu par la loi s'est écoulé depuis les dernières nouvelles.

Peu importe d'où viennent ces nouvelles et comment elles viennent, pourvu qu'elles soient certaines : *justificatæ,* comme le disent les formules de Gênes et d'Ancône.

C'est à l'assureur à prouver qu'il en existe. Aussi, l'art. 375 se borne à imposer à l'assuré l'obligation *de déclarer qu'il n'a eu aucune nouvelle de son navire.*

D'après Casaregis, l'assuré doit prouver qu'aucune nouvelle n'est parvenue au lieu de destination : *in loco*

---

(1) 30 août 1833. — Aix (S. V. 34. 2. 161. — J. M. 13. 1. 322). — *Sic* Bedarride, n. 1488. — V. aussi Cass. 25 mars 1835.

(2) 20 mai 1848. — Paris (S. V. 48. 2. 630. — J. M. 27. 2. 117).

ad quem merces erant vehendæ (1). — Le plan révisé d'Hambourg veut qu'il prouve la non arrivée de la marchandise en ce lieu. — Cela est certainement raisonnable, mais notre code de commerce ne l'a pas exigé.

124. — *Temps qui doit s'écouler depuis le départ.* — Pour que la perte soit présumée, il faut qu'il se soit écoulé un certain temps depuis le départ.

La durée que doit avoir ce temps est nécessairement arbitraire, de plus, elle dépend de la longueur du voyage. Elle est abrégée par les polices d'assurance lorsque le voyage s'effectue par navire à vapeur. Le nouveau code allemand a suivi cet exemple. Il est à regretter qu'on n'y ait pas songé lorsqu'on a remanié l'art. 377.

En France, le temps qui doit s'écouler depuis le départ est d'un an pour les voyages au petit cabotage, de deux ans pour les voyages au long cours. Cette disposition peut être critiquée à deux points de vue.

1° On aurait dû multiplier les délais ; 2° les abréger. En Hollande, on admet trois catégories de voyages qui comportent six mois, un an, dix-huit mois de délai. Le plan révisé d'Hambourg, admet six catégories de voyages, qui comportent les délais de 3, 4, 6, 8, 9 et 14 mois. D'après le nouveau C. de commerce allemand, les délais sont de six mois, neuf mois et un an pour les navires à voile ; le délai de six mois est réduit à quatre pour les navires à vapeur.

Les assureurs reconnaissent si bien que les délais fixés par l'art. 375 sont trop longs, qu'en général il les abrègent (2).

(1) Casaregis, Disc. 1, n. 61 et 62.

(2) V. sur ce point 22 septembre 1859 et 24 octobre 1859. — Mars. (J. M. 37. 1. 308).

125. — En Angleterre, le délai est apprécié par le juge dans chaque cas particulier (1). Celui-ci examine si le temps écoulé depuis que le navire aurait dû arriver au lieu de destination est assez long pour faire présumer la perte totale (2), sauf le droit qu'a l'assureur de contraindre l'assuré à affirmer par serment s'il ne sait pas que le navire existe encore (3).

Dans une espèce où un navire avait été assuré *franc de prise et d'arrêt,* pour un voyage du Nord de la Caroline à Londres, il s'était écoulé quatre ans depuis son départ sans qu'on en eût aucune nouvelle. L'assuré ayant intenté une action contre l'assureur, celui-ci ne soutint pas, on le comprend sans peine, que le temps écoulé n'était pas suffisant ; mais il prétendit qu'étant *franc de prise et d'arrêt,* l'assuré devait prouver que la perte n'était pas due à l'un de ces deux sinistres. Le juge Lée qui présidait le jury, déclara qu'à ses yeux la perte était certaine, et que les droits de l'assuré ne pouvaient être infirmés par la demande d'une preuve qu'il lui était impossible de faire (4).

Dans un autre cas, où il s'agissait d'un voyage de la Havane à un port situé sur les côtes de Flandre, voyage qui pouvait être fait en sept semaines, on décida que la perte devait être présumée, parce qu'il s'était écoulé neuf mois depuis le départ du navire (5).

Dans une troisième espèce, où il s'agissait d'un na-

---

(1) Parck, p. 106 ; Marshall, t. 2, p. 418; Benecke, t. 3, p. 334 et 337; Arnould, t. 2, p. 794.

(2) Koster vs Jones Ry et Mood, 333. — Koster vs Reed, B. et Cr. 19.

(3) Twentlow vs Oswin, 2, Campb. 84.

(4) Green vs Browne, 2 Strange, 1199 N. P.

(5) Houstmann vs Thornton, Holt's N. P. Rep. 242.

vire assuré *franc d'avarie*, pour un voyage de Londres à Copenhague, qu'on aurait pu faire en dix jours, navire qui fut capturé, racheté, après quoi, ayant repris la mer, on cessa d'avoir de ses nouvelles, Lord Mansfield déclara qu'il ne s'était pas écoulé assez de temps pour qu'on pût le considérer comme perdu (1).

126. — La présomption de perte résultant du défaut de nouvelles parut dans le principe difficilement conciliable avec l'assurance à temps limité. On se fondait sur ce que le plus souvent cette assurance prend fin lorsque le temps voulu pour que la présomption existe ne s'est pas encore écoulé. De là naquirent plusieurs systèmes.

Les uns soutinrent que l'assureur n'étant responsable que dans le cas où la perte est survenue pendant que l'assurance est encore en vigueur, l'assuré doit prouver qu'elle n'a pas cessé d'y être. Cette opinion, qu'avait embrassée Casaregis (2) fut aussi consacrée par deux arrêts du parlement d'Aix des 10 et 20 juin 1747, qui furent cassés par deux arrêts du Conseil de 1749.

D'après d'autres, c'est à l'assureur à prouver que la perte est survenue après que l'assurance a pris fin. Ceux-là s'appuyaient sur le Guidon de la mer, ch. 3, n. 2, qui n'oblige l'assuré à faire connaître le lieu et l'heure de la perte *que si faire se peut* (3).

Enfin, d'après Targa, ch. 52, n. 21, la perte doit être répartie par moitié entre l'assureur et l'assuré, lorsqu'aucun d'eux ne rapporte aucune preuve.

---

(1) Newby v^s Reid, Marshall, 490.

(2) Quando tempus est de substantia vel fondamentum intentionis, tunc debet prœcise et determinate probari. Casaregis, Disc. 2, n. 8.

(3) Emérigon, ch. 14, sect. 4, § 7; Valin sur l'art. 58; Pothier, n. 124.

L'art. 376 a mis fin à cette controverse, en disposant que dans une assurance à temps limité, on doit présumer que la perte du navire est arrivée dans le temps de l'assurance.

127. — *Caractère de la présomption de perte fondée sur le défaut de nouvelles.* — Après l'expiration d'un ou de deux ans, la perte est considérée comme remontant au jour du départ (1). Il suffit que l'assuré déclare faire le délaissement, *sans qu'il soit besoin d'attestations de la perte,* dit l'art. 375. De son côté l'assureur ne peut invoquer l'art. 384, pour s'opposer à ce que le délaissement soit retardé ; il ne peut le faire qu'en prouvant, par les nouvelles reçues, l'existence du navire avant l'expiration du délai (2).

Le délaissement fondé sur le défaut de nouvelles ne change pas les conditions de l'assurance. Ce principe a été posé dans l'espèce suivante :

Une assurance sur navire est consentie pour un an, du 10 novembre 1855 au 10 novembre 1856, moyennant une prime convenue. — L'action en délaissement fondée sur le défaut de nouvelle s'ouvrit le 19 janvier 1857. Elle fut intentée par l'assuré, et l'assureur la reconnut fondée; seulement il soutint que puisqu'il était responsable de la perte survenue après l'expiration de l'année, la prime devait être augmentée, au prorata, du 10 novembre 1856 au 19 janvier 1857. — Il fut décidé que cette prétention n'était pas fondée vu que la perte était censée remonter au jour du départ (3).

(1) Emérigon et Valin, *loc. cit.*; Pothier, n. 123.

(2) 4 mai 1825. — Aix (J. M. 6. 1. 129). — 22 janvier 1850. — Aix (J. M. 39. 1. 1).

(3) 22 janv. 1857. — Trib. Bordeaux (J. M. 36. 2. 52).

128. — Lorsque l'assurance est faite après que le navire est parti, l'assuré ne peut pas invoquer une présomption qui fait remonter la perte au jour du départ. En effet, ce jour-là, le risque n'est pas encore à la charge de l'assureur. Comme les présomptions légales ne s'étendent pas d'un cas à un autre, on ne saurait substituer à celle qu'a établie la loi, celle qui ferait remonter la perte au jour de l'assurance. Mais comme il y en a une autre, celle qui la fait remonter au jour des dernières nouvelles, il suffit que l'assuré prouve qu'au moment de l'assurance, il a eu des nouvelles du navire ou qu'il en a eu après, pour qu'il puisse se prévaloir d'une présomption établie par la loi, et par suite faire remonter la perte au jour des dernières nouvelles (1).

129. — Lorsqu'il existe deux assurances, l'une antérieure au départ, l'autre postérieure, c'est au premier assureur que doit être fait le délaissement pour défaut de nouvelles (2).

130. — Casaregis suppose qu'une assurance est faite alors qu'un ou deux ans se sont écoulés depuis le départ, et il la déclare valable (3). Cette solution nous semble juste, mais à une condition, c'est que l'assuré fasse connaître à l'assureur le délai qui s'est écoulé depuis le départ. Les auteurs admettent avec raison, étant donnée cette hypothèse, qui probablement ne se présentera jamais, que l'assuré ne peut faire le délaisse-

---

(1) Estrangin, p. 191; Dageville, t. 3, p. 466; Dalloz, n. 2053; Haghe et Cruismans, n. 264. — *Contra* Bedarride. n. 1497.

(2) Emérigon, ch. 14, sect. 4, § 7; Lemonnier, t. 2, n. 261; Dalloz, n. 2051; Dageville, *loc. cit.*, Bedarride, n. 1482; Estrangin, p. 191; Alauzet, t. 3, n. 1536; Pardessus, t. 3, n. 844; Haghe et Cruismans, n. 262.

(3) Casaregis, Disc. 1, n. 153.

ment que lorsqu'il s'est écoulé un nouveau délai de un ou de deux ans depuis l'assurance (1).

131. — Dans le principe, ainsi que cela est établi par l'ancienne formule d'Ancône, et par le commentaire qu'en a donné Straccha, l'assuré, qui avait reçu l'indemnité en vertu de la présomption de perte fondée sur le défaut de nouvelles, devait la restituer à l'assureur, lorsque celui-ci rapportait la preuve que cet assuré avait eu des nouvelles depuis le paiement.

Cette manière d'entendre la présomption de perte, outre qu'elle pourrait causer de grands embarras à l'assuré et peut-être précipiter sa ruine, est contraire à la fin de l'assurance. Elle n'aurait pas prévalu si on avait considéré que le principe de la présomption, c'est la privation de l'objet assuré. L'assuré qui aurait pu utiliser cet objet après quinze ou vingt jours de traversée, et qui n'en entend pas parler pendant un an, ne peut plus le mettre à son actif, le faire entrer en ligne de compte dans le mouvement de ses opérations, et par suite doit le considérer comme perdu. La perte a donc dans notre cas un caractère spécial que le recouvrement de l'objet assuré n'efface pas.

C'est ce que méconnaissait cet assureur anglais, qui, dans l'affaire Green v[s] Browne, disait : *puisque je suis franc de prise, l'assuré ne peut faire le délaissement pour défaut de nouvelles, qu'après avoir prouvé que le navire n'a pas été capturé*. Il ne voyait pas que le défaut de nouvelles ne fait pas présumer telle ou telle perte déterminée, par exemple, un naufrage, un

---

(1) Emérigon, *loc. cit.*, § 8; Dageville, t. 4, p. 464; Dalloz, n. 2050; Bedarride, n. 1,500 et s.

échouement, une capture, qu'il est en soi la perte, car il exprime la privation longtemps prolongée de l'objet assuré. Or, comme le recouvrement de cet objet n'en efface pas la privation antérieure, l'assuré doit garder l'indemnité que lui a payée l'assureur.

132. — Cette manière d'apprécier le caractère spécial de la perte permet de résoudre la question de savoir si l'assureur peut se soustraire au paiement de l'indemnité lorsque l'assuré ne rapporte pas le certificat de visite. Certains auteurs soutiennent l'affirmative, en se fondant sur ce que le défaut de nouvelles fait présumer un sinistre quelconque qui a matériellement détruit le navire. Or, disent-ils, on ignore si la perte est due au vice propre ou à une fortune de mer, et puisque le certificat de visite n'est pas rapporté, on doit présumer le vice propre. — On a victorieusement répondu que l'absence de nouvelles constitue en soi la perte, et que dès lors le certificat de visite ne peut exercer aucune influence sur le fait qui est le principe de l'action (1).

133. — Ce point de vue a prévalu encore dans la question suivante : la présomption de perte fondée sur le défaut de nouvelles étant acquise, l'assuré peut-il intenter l'action en délaissement lorsqu'elle n'est pas encore intentée au moment où l'objet assuré est retrouvé ?

La négative fut soutenue dans une consultation délibérée par cinq avocats du barreau de Marseille le 17

(1) *Sic* 28 février 1821. — Mars. (J. M. 2. 1. 65). — 12 mars 1855. — Bordeaux (J. M. 34. 2. 85). — Dageville, t. 3, p. 465; Bedarride, t. 4, n. 1502.

juillet 1830 (1) et cela parce que le délaissement étant fondé sur une présomption de perte, il suffit pour l'écarter, de prouver que l'objet assuré n'est pas perdu.

Sans doute cette preuve serait relevante si l'assureur prouvait que la chose n'avait pas péri avant l'expiration du délai d'un an ou de deux ans. Mais tel n'était pas le cas sur lequel portait la consultation. Il était établi que pendant le temps fixé par la loi on n'avait eu aucune nouvelle du navire, qu'il n'en était parvenu que plus tard, après l'expiration du délai légal. Or, telle étant l'espèce, le droit était acquis, et dès lors peu importait que l'action n'eût pas été intentée (2).

134. — 4° *Délai pour intenter l'action.* — Aux termes de l'art. 373 du C. de commerce, l'action en délaissement doit être intentée à peine de déchéance dans le délai de un an ou de deux ans, à partir du jour de la perte. Comme la perte fondée sur le défaut de nouvelles remonte au jour du départ, et qu'à partir de ce jour il faut attendre un an ou deux ans pour pouvoir intenter l'action, l'application de l'article 373 à notre cas aurait rendu le délaissement impossible. Aussi l'art. 375 dispose, dans son dernier alinéa, *qu'après l'expiration de un an ou de deux ans l'assuré a, pour agir, les délais établis par l'art. 373.*

---

(1) V. J. M. 11. 2 52.

(2) Emérigon, ch. 14, sect. 4, § 12; Alauzet, Ass., t. 2; n. 334 et Comm., t. 3, n. 1536; Pardessus, t. 3, n. 854; Boulay-Paty, t. 4, p. 379; Haghès et Cruismans, p. 260 et s.; Lemonnier, t. 2, n. 259 et s.— V. cependant Dageville, t. 3, p. 467.

CHAPITRE IV.

PERTE DES TROIS QUARTS

Ce chapitre sera divisé en trois paragraphes, savoir :

§ 1.

Principes généraux.

135. — L'ordonnance de 1681 exigeait la perte totale. — Le Code de comm. l'a réduite aux trois quarts. — Sens des mots *perte* et *détérioration.*

136. — En Angleterre et aux Etats-Unis la perte doit être entière.

137. — On considère la perte comme entière lorsque ce qui reste ne représente qu'un sauvetage.

138. — On ne doit tenir compte de la perte que lorsque l'assureur en répond. — Cas où elle est due au vice propre, à la baraterie, où elle survient après la cessation des risques.

139. — Lorsque plusieurs objets sont assurés, il faut examiner si l'assurance est conjointe ou distincte.

140. — Il importe peu que le dommage soit causé par un ou plusieurs sinistres.

141. — La perte doit être matérielle. — La contribution à raison d'une avarie commune ne doit pas y être comprise.

142. — Le jet pour le salut commun compte comme perte.

143. — Cas où le navire et la mise hors sont assurés conjointement.

135. — L'art. 46 de l'ordonnance n'autorisait le délaissement qu'au cas *de perte entière des effets as-*

surés. Bien que ces derniers mots eussent un sens absolu, les commentateurs se divisèrent sur la manière dont ils doivent être interprêtés. Valin disait : lorsqu'une partie de la marchandise est totalement perdue, une autre totalement sauvée, il n'y a pas de perte entière, quelque minime que soit la partie sauvée, mais on doit considérer l'objet comme perdu lorsqu'il souffre dans toutes ses parties une détérioration qui lui fait perdre la presque totalité de sa valeur (1). — Emérigon, loin de partager cet avis, soutenait que le texte ne se prête à aucune distinction, et qu'en conséquence c'est violer la loi que d'en admettre une (2).

L'opinion d'Emérigon était fondée en droit, mais, par son excès de rigueur, elle choquait le bon sens. Il est clair, en effet, qu'un assuré qui ne sauve qu'un ou deux hectolitres de blé sur mille a tout perdu, et, qu'en allant encore plus loin, il a aussi tout perdu, lorsque la perte a assez d'importance pour réduire à néant son opération.

L'art. 369 du C. de commerce exprime cette pensée en ces termes : Le délaissement a lieu... *en cas de perte ou de détérioration des effets assurés, si la détérioration ou la perte va au moins aux trois quarts.*

Cette manière d'envisager la perte est plus conforme à la fin que comporte toute opération commerciale. Seulement, il fallait, pour donner le moins possible à l'arbitraire du juge, fixer la proportion de la

(1) V. Pothier, nos 119 et 120.

(2) Emérigon, ch. 17, art. 2, § 6. — Avant la promulgation du Code de commerce, la jurisprudence suivait l'opinion d'Emérigon. V. Aix, 20 mai 1808.

perte. En la portant aux trois quarts, on a adopté une règle raisonnable, jugée telle par les Compagnies d'assurance, qui l'ont en général maintenue.

L'article 369 parle à la fois de la *perte*, c'est-à-dire de toute diminution de quantité, et de la *détérioration*, pour exprimer la perte de la valeur. Ainsi il y a perte des trois quarts, lorsque sur 600 sacs de café, 450 sont entièrement perdus, 150 entièrement sauvés, ou bien lorsque ces 600 sacs ayant été mouillés, et par là endommagés, ils ne valent plus que le quart de la valeur qu'ils auraient eue à l'état sain.

136. — Le principe d'après lequel la perte des trois quarts équivaut à une perte totale n'est pas admis par toutes les législations étrangères. En Angleterre, la perte doit être entière. Ainsi, dans une espèce où un chargement de riz avait été complètement avarié, à ce point qu'ayant été vendu, il n'avait produit que 972 L., alors que le fret en coûtait 1726, on décida que, quelque importante que fût la détérioration, la marchandise ne pouvait pas être considérée comme perdue, car, suivant l'expression de lord Ellenboroug, elle avait été remise *in natura* au consignataire (1). Le même principe a été proclamé aux Etats-Unis dans une espèce où un chargement de blé était avarié au point qu'il fut vendu pour une somme inférieure à celle qu'il fallut débourser pour le décharger et le faire sécher (2).

137. — On considère la perte comme entière lorsque ce qui reste ne représente qu'un sauvetage.

---

(1) Gdenic v[s] London Ass. Com., 2 Maul et Sal 376 et 3 Bingh. N. C. 280.

(2) Moreau v[s] Vuiter St. Inst. Comp. en 3 Washington Circ Ct. 250. — Philipps, 2, 484.

Ainsi, il a été décidé que lorsque par l'introduction de l'eau dans un navire, un chargement de sucre a été converti en sirop, on doit considérer ce sauvetage, formé par un mélange de sucre et d'eau salée, comme étant de nulle valeur, et admettre par suite que la perte se porte aux trois quarts et plus (1).

Même décision dans l'espèce suivante. Par suite d'une fortune de mer, un chargement d'huile fut endommagé à ce point que chaque futaille, qui contenait au moment du départ 985 litres, n'en contenait plus que 95. L'assureur proposait de soustraire de la quotité de la perte, la valeur de l'huile de sentine qui avait été recueillie : on décida que sa prétention n'était pas fondée, attendu que cette huile représentait un *sauvetage* (2).

Autre exemple. — Assurance sur un chargement de vin. Par l'effet d'une tempête et du choc des fûts, presque tout le vin fut perdu, mais les fûts furent sauvés. L'assureur reconnut que le délaissement était fondé, bien que le vin ne représentât qu'une valeur de quinze francs par hectolitre tandis que les fûts étaient évalués par chaque hectolitre à 6 francs, et cela parce que le vin, qui était le principal objet de l'assurance, était entièrement perdu, et que les fûts, qui en étaient l'accessoire, devaient être considérés comme un sauvetage.

De ces solutions il résulte que la marchandise est totalement perdue lorsqu'elle n'a plus sa nature pri-

---

(1) 19 décembre 1844. — Nimes (S. V. 45. 2. 529).

(2) 22 octobre 1851. — Mars. (J. M. 30. 1. 262), et sent. arbitrale (J. M. 4. 2. 281).

mitive, et que ce qui a été sauvé est tout autre chose que l'objet assuré (1). Ainsi, l'eau salée qui est en même temps sucrée n'est pas du sucre ; des futailles ne contenant pas du vin, représentent tout autre chose que le vin assuré ; si on a sauvé les harnais de chevaux dont la mort est due à la tempête, le sauvetage de ces harnais n'empêche pas que ces chevaux, objet de l'assurance, ne soient totalement perdus. Mais l'huile de sentine est toujours de l'huile, quelque détériorée qu'elle soit, et on aurait dû, dans l'espèce ci-dessus citée, la porter comme valeur active au compte de la partie avariée.

138. — Pour que le délaissement fondé sur la perte des trois quarts soit recevable il faut que la perte soit due à une fortune de mer. Elle ne l'est pas lorsqu'elle est due au vice propre, et elle reste pour le compte de l'assuré lorsque l'assureur n'a pas pris ce risque à sa charge (2). Même solution lorsqu'elle est due à la baraterie de patron et que l'assureur n'en répond pas. Il faut aussi qu'elle ait été causée par une fortune de mer survenue pendant le cours du voyage assuré. Ainsi, il a été décidé, dans une espèce où des instruments de musique étaient avariés par suite de l'introduction de l'eau dans le navire, à ce point qu'ils avaient perdu les trois quarts de leur valeur, mais où il était établi que le fait dommageable n'avait pas eu lieu pendant la durée du risque, que l'action en délaissement n'était pas recevable (3). Mais l'arrivée du navire au lieu de

(1) V. Nolte, t. 2, p. 481 et s.
(2) 10 janvier 1842. — Bordeaux (S. V. 42. 2. 250).
(3) 8 juin 1848. — Paris (J. M. 27. 2. 176).

reste ne fait pas obstacle au délaissement pour perte des trois quarts, lorsque les évènements qui y ont donné lieu se sont produits pendant le cours du voyage assuré (1).

139. — C'est surtout lorsque le délaissement est fait pour perte des trois quarts qu'il est important de déterminer si l'assurance a été consentie conjointement ou divisement. Ainsi, lorsque l'on assure du sucre pour 10,000 fr., et du café pour pareille somme, si le sucre est totalement fondu et le café totalement sauvé, le délaissement sera recevable à l'égard du sucre s'il a été assuré séparément et il ne le sera pas si l'assurance est conjointe (2).

Dans une espèce un navire était assuré par une police, dans laquelle la coque et les agrès de ce navire avaient été évalués séparément de la machine, l'assureur soutenait, se fondant sur ce que le navire seul avait été endommagé, tandis que la machine était intacte, qu'il y avait lieu au délaissement de ce navire et non de la machine. Contrairement à cette prétention, il fut décidé que la valeur donnée distinctement à ces deux objets ne portait aucune atteinte à l'unité du contrat, et comme le dommage se portait aux trois quarts du tout, l'action de l'assuré fut admise (3).

140. — Il importe peu, lorsque le dommage se porte aux trois quarts, qu'il ait été causé par un sinistre ou par plusieurs (4).

---

(1) 18 février 1821. — Mars. (J. M. 2. 1. 65). — 11 juillet 1834. — Mars. (J. M. 15. 1. 122).

(2) V. Bedarride, t. 4. n. 1443.

(3) 30 novembre 1875. — Paris (J. M. 54. 2. 96).

(4) Dageville, t. 3, n. 488; Lemonnier, t. 2, n. 288.

141. — La perte ou la détérioration des trois quarts ne légitiment le délaissement que si elles sont matérielles. L'art. 369 ne comporte pas un autre sens. Il parle de la perte *des effets assurés*, surtout de leur *détérioration*, ce qui ne peut s'entendre que d'un dommage matériel.

Ainsi un navire qui vaut 80,000 fr., sera détérioré aux trois quarts, lorsque toutes ses parties, la coque, les agrès, les apparaux, auront subi un dommage mariel, coque enfoncée, voiles emportées, ancres perdues, et que ce dommage aura occasionné à son propriétaire une perte qui est évaluée 60,000 fr.

De là il résulte que si ce navire contribue à une avarie commune pour 30,000 fr., et s'il souffre une avarie particulière se portant à la même somme, le délaissement ne sera pas recevable, car la contribution, qui se résout en un paiement à faire, n'est pas une perte matérielle. Dans ce cas, les parties auront à régler deux avaries, l'une commune, l'autre particulière (1).

142. — Mais si les trois quarts de la marchandise ont été jetés à la mer pour le salut commun, le délaissement n'en sera pas moins recevable, bien que l'assuré soit indemnisé d'une partie de la perte au moyen de la contribution que lui doivent ses co-chargeurs et le propriétaire du navire, car la contribution n'empêche pas la marchandise jetée d'être entièrement perdue.

---

(1) *Sic* 20 février 1817. — Mars. (J. M. 1. 1. 301). — 5 avril 1832. — Bordeaux (S. V. 33. 2. 12). — 19 février 1844. — Cass. (S. V. 44. 1. 193). — *Sic* Pardessus, n. 845; Dubernad sur Benecke, t. 2, p. 444; Boulay-Paty, t. 4, p. 252; Estrangin, p. 428; Alauzet, Ass., t. 2, n. 356 et Comm., n. 1495; Bédarride, t. 4, n. 1439. — Contra 13 juin 1823. — Aix (J. M. 4. 1. 136). — 5 décembre 1827. — Aix (J. M. 9. 1. 289). — 1er mars 1831. — Aix (J. M. 20. 1. 153). — Lemonnier, t. 2, n. 284; Dageville, t. 3, p. 416.

Emérigon est très-explicite sur ce point. « Si tous « les effets assurés (il dit *tous* parce que, sous l'or- « donnance, la perte devait être totale) avaient été « jetés à la mer, l'assuré pourrait en faire abandon « aux assureurs, qui seraient obligés de payer la « somme assurée, sauf à eux d'exercer les actions de « l'assuré contre ceux qui sont tenus de la contribu- « tion » (1).

143. — Lorsque le navire est assuré en même temps que la mise hors, on a deux objets, dont l'un, le navire, est susceptible d'une perte matérielle, et l'autre, la mise hors, qui n'en comporte pas. Dans ce cas la perte peut être des trois quarts par rapport au navire, et ne pas arriver à ce chiffre par rapport au tout. Il s'agit de savoir si, dans cette espèce, le délaissement est admissible. — Exemple. — Assurance sur un navire estimé 40,000 fr. et sur la mise hors estimée 10,000.

La détérioration que subit le navire se porte à 30,000 fr. — On a admis le délaissement dans ce cas, par le motif que le navire étant seul susceptible d'une détérioration matérielle, c'est à lui seul que doit être rapportée la proportion de la perte (2).

Cette solution va contre le caractère du contrat et en rompt l'unité. Avec le raisonnement ci-dessus, on pourrait tout aussi bien soutenir que si on assure en même temps du café une partie de bois, l'avarie que souffre le café par la mouillure doit lui être rapportée exclusivement pour fixer la proportion de la perte, parce que la mouillure qui l'endommage ne détériore pas le bois.

---

(1) Bedarride, t. 4, n. 1437; De Courcy, t. 2, p. 360 et s.

(2) 1er octobre 1864. — Mars. (J. M. 23. 1. 4).

Dans une autre espèce, on proposait d'apprécier séparément la coque du navire de ses agrès et apparaux, sous prétexte que les dommages qu'ils sont susceptibles de souffrir ne sont pas de même nature. Il va sans dire que cette singulière prétention fut écartée (1).

§ II.

Perte des trois quarts par rapport au navire.

144. — Considérations générales sur l'évaluation de la perte à l'égard des navires. — Trois systèmes ont été proposés pour comparer la valeur à l'état sain et la valeur à l'état d'avarie.

145. — La valeur à l'état sain doit être celle qui a été agréée dans la police.

146. — Le coût des réparations détermine l'étendue de la perte.

147. — Le change maritime, les frais de hallage et de déhallage, ceux de visite, de consulat, de dock, doivent entrer dans le coût des réparations.

148. — La différence du vieux au neuf ne doit pas être déduite de ce coût.

149. — Mais il faut en déduire la valeur des vieux matétiaux.

144. — Le moyen de déterminer la perte des trois quarts doit nécessairement différer, suivant qu'il s'agit du navire ou de la marchandise. Parlons d'abord du navire.

Sous le régime de l'ordonnance, lorsque le délaissement n'était admis qu'au cas de perte totale, tout allait de soi. Mais depuis que le Code de commerce a admis que la perte peut être considérée comme totale lorsqu'elle se porte aux trois quarts, l'application de ce

---

(1) 8 avril 1854. — Paris (S. V. 55. 2. 252).

principe aux navires a été la source de graves difficultés (1).

On s'est naturellement demandé de quelle nature doit être la perte. Un navire n'est pas comme la marchandise destiné à être vendu. Pour lui pas de prix courant. Lorsqu'il a été disloqué par le mauvais temps, qu'il est presque désemparé, que vaut-il ? J'ai vu vendre un navire suédois, qui s'était échoué ; l'acheteur le dépéça et en vendit les débris comme bois de chauffage. J'ai vu d'autres navires partagés entre plusieurs constructeurs. Chacun en prenait une partie selon ses besoins ; l'un des pièces de bois, l'autre les ancres, les chaînes, le canot ; celui-ci se munissait des aussières, celui-là du seul mât qui était resté intact. Après ce partage, le reste était vendu au hasard, le fer comme vieux fer, le bois rebuté pour n'importe quel usage, les fragments de voile comme toile d'emballage. Un navire ainsi vendu était-il encore un navire? N'était-il pas une chose sans nom, dont les membres dispersés étaient soumis à un trafic auquel le fait de la navigation n'avait aucune part ? Il est vrai que les infortunes de mer ne sont pas toujours aussi extrêmes, et qu'il est des cas où il est possible de rendre le navire navigable au moyen de certaines réparations. S'il en est ainsi, la dépense que celles-ci exigent ne doit-elle pas être considérée comme l'équivalent de la perte ? — Si oui, il reste à savoir dans quelle mesure la disposition de l'art. 369 qui s'occupe de la perte des trois quarts peut se concilier avec cette réponse affirmative.

Avant d'aborder ce point, il est utile d'exposer les

(1) V. sur ce point De Courcy, t. 2, p. 362 et s.

divers systèmes qui ont été proposés sur la manière d'évaluer la perte des trois quarts.

Ces systèmes sont au nombre de trois :

1° D'après le premier, on compare l'évaluation conventionnelle portée dans la police avec le coût des réparations nécessitées par l'avarie (1).

Ajoutons que le coût de la réparation doit être estimé dans ce système, d'après ce qu'il doit être dans le lieu où se trouve le navire, et non, ainsi que l'a jugé le tribunal de Marseille, d'après ce qu'il serait dans le lieu où l'assurance a été consentie (2).

2° D'après le second, on écarte l'évaluation conventionnelle du navire à l'état sain parce qu'elle peut être erronée, et on lui substitue une estimation directe et actuelle de ce qu'il vaut dans le lieu où elle se fait. — On écarte le coût des réparations, car, dit-on, il n'y a pas lieu de les faire lorsque le délaissement est admis, et on forme le second terme de comparaison au moyen de l'évaluation par experts de la valeur du navire avarié (3).

3° Le troisième système emprunte à chacun des deux autres un terme de comparaison. – Il prend au premier, l'évaluation conventionnelle ; — au second, l'expertise limitée à l'évaluation de la valeur vénale du

(1) 4 décembre 1839. — Paris (S. V. 40. 2. 157). — 25 février 1856. — Bordeaux (S. V. 56. 2. 684). — 5 avril 1860. — Rennes (S. V. 61. 2. 158). — 19 juillet 1864. — Cass. (S. V. 64. 1. 383). — 20 juin 1866. — Rouen (S. V. 67. 2. 18). — 19 août 1869. — Rennes (S. V. 69. 2. 258). — 8 mai 1872. — Cass. (S. V. 72. 1. 182). — 28 août 1875. — Bordeaux (S. V. 76. 2. 270. — J. M. 54. 2 .113). — On cite aussi dans ce sens un arrêt de Cassation du 14 juin 1832 (S. V. 32. 1. 157)., qui n'a aucun rapport avec la question.

(2) 21 février 1870. — Aix (S. V. 71. 2. 152).

(3) Haghe et Cruismans, n. 256 et 565.

navire avarié, de sorte qu'il n'est tenu aucun compte du coût des réparations (1).

La jurisprudence s'est ralliée au premier système; elle l'a fait avec une unanimité et une persistance qui rend toute dissidence impossible.

Au fond, nous croyons que ce système est vrai, et les justes critiques qu'il mérite doivent être uniquement imputées à l'imperfection de la loi.

145. — Pour élucider ce point examinons séparément les deux termes de comparaison.

L'évaluation conventionnelle forme le premier. D'après une fiction légale, cette évaluation représente la véritable valeur, non seulement au lieu de départ, mais encore pendant toute la durée du voyage, et si l'assureur a le droit de la faire réduire lorsqu'elle est excessive, il n'a pas celui de la faire augmenter lorsqu'elle est inférieure à la valeur réelle. Or, dans ce dernier cas, on peut arriver aux conséquences les plus absurdes. En effet, un navire évalué 80,000 fr., qui, à raison d'une avarie, doit être l'objet d'une dépense de 20,000 soit le quart de sa valeur, peut être délaissé lorsqu'il a été assuré pour 20,000.

Ce résultat offense la raison. Mais qu'on se rassure, la théorie seule en fait les frais. Et la preuve, c'est qu'on lit dans toutes les polices d'assurance que le *quantum* de la perte doit être toujours rapporté *à la valeur agréée*. Les assureurs qui ont posé ce principe savent qu'il ne peut pas leur nuire. Voici pourquoi :

1° Le *Veritas* leur fournit le moyen de contrôler

(1) 1er février 1822. — Mars. (J. M. 11. 1. 4). — 1er octobre 1844. — Mars. (J. M. 24. 1. 4). — 5 avril 1832. — Bordeaux (S. V. 33. 2. 13). — Bedarride, t. 4, n. 1435 et 1436; Alauzet, t. 3, n. 1501.

l'exactitude d'une évaluation, ce qui leur permet de stipuler que l'assuré sera son propre assureur pour le découvert, ce qu'ils ne font du reste jamais.

2° Il n'est pas rare qu'un navire soit assuré pour plus que sa valeur ; il l'est très rarement pour moins.

3° Prenant l'exemple ci-dessus, y aura-t-il un assuré assez insensé pour faire le délaissement d'un navire qui vaut encore 60,000 fr., pour n'en recevoir que 20,000 ?

146. — Arrivons au second terme.

L'art. 369 porte : — Le délaissement des objets assurés peut être fait en cas de 1° ..... 4° d'innavigabilité par fortune de mer, ... 6° en cas de perte ou détérioration des effets assurés, si la détérioration ou la perte va au moins aux trois quarts.

Il résulte de ce rapprochement que le législateur a entendu distinguer l'innavigabilité de la perte des trois quarts.

Le navire est innavigable lorsqu'il ne peut être réparé (C. comm. art. 389 et s.). Si l'impossibilité de le réparer prouve l'innavigabilité, elle ne peut être le principe de la perte des trois quarts, puisque sans cela, ces deux causes de délaissement n'en feraient qu'une. Or l'art. 369 les déclare distinctes. Dès lors, pour déterminer la perte des trois quarts, il ne faut pas recourir au coût de la réparation, mais à la valeur vénale. Telle est l'explication du premier état de la jurisprudence; il faut bien le reconnaître, elle s'appuyait sur un raisonnement irréfutable.

Mais on ne change pas la nature d'une chose. Le navire n'est pas comme la marchandise destiné à être vendu et finalement à être consommé. La navigation est sa fonction nécessaire. Lorsque par suite d'une avarie il ne peut plus naviguer, de deux choses l'une, ou bien cette impossibilité est absolue, irrémédiable, et dans ce cas il est perdu en tant que navire ; ou bien elle peut être levée à l'aide d'une réparation, et alors le sacrifice que cette réparation exige détermine l'étendue de la perte. On ne peut pas échapper à cette alternative car elle exprime un rapport nécessaire. C'est sur ce rapport qu'est fondé le règlement des avaries particulières sur corps.

On n'en tint aucun compte d'abord au cas de délaissement. On crut qu'on pourrait apprécier la perte des trois quarts à l'aide de la valeur vénale. Mais lorsqu'on enjoignit aux experts de la prendre pour base de leur estimation, on vit bien qu'on leur demandait une chose impossible. L'estimation étant très différente dans le cas où le navire peut être réparé, de ce qu'elle est lorsqu'il ne peut l'être, les experts furent obligés de déterminer dans lequel de ces deux cas se trouvait le navire. Lorsque la réparation leur parut impossible, ils ne purent qu'évaluer, non un navire, mais des matériaux tels quels, du bois, du fer, de la toile, des cordages, etc. Lorsqu'elle leur parut possible, ils ne purent évaluer le dommage qu'en établissant la différence entre la valeur du navire avant la perte et le coût de la réparation. Ils virent que la valeur vénale du navire avarié s'élève ou s'abaisse suivant que ce coût est plus ou moins élevé, que si, par exemple, un navire vaut 60,000 fr. à l'état sain, il n'en vaut que 50,000 lorsque la réparation coûte 10,000 fr., 40,000 lorsqu'elle coûte 20,000, ce qui revient à dire que toujours, et dans tous les cas, c'est le coût de la réparation qui détermine l'importance de la perte. Et de là vint que lorsque les tribunaux enjoignirent aux experts d'évaluer tel ou tel navire avarié, la réponse de ceux-ci ne se démentit jamais. Ils dirent : *Tout navire avarié vaut la différence entre la valeur agréée et le coût des réparations.*

Il est clair que cette manière de préciser le fait dictait aux tribunaux qui ordonnaient l'expertise la formule des injonctions qu'ils adressaient aux experts. Cette formule, sans cesse renouvelée, exprima à son tour la règle, et fixa la jurisprudence.

Ce n'est pas tout. Il fut unanimement reconnu, soit qu'il s'agit d'innavigabilité, soit qu'il s'agit de la perte des trois quarts, qu'un navire ne comporte pas de réparation lorsque la dépense égale les trois quarts de sa valeur. Par suite de cette assimilation, on confondit dans la pratique la perte des trois quarts avec l'innavigabilité, et bien que la loi y eût vu deux causes distinctes de délaissement, on finit par reconnaître qu'ils n'en faisaient qu'une.

147. — Ces observations serviront à déterminer les éléments qui doivent entrer dans la perte des trois quarts.

Ainsi on a décidé qu'il fallait ajouter au coût de la réparation le change maritime d'un emprunt à la grosse contracté pour pouvoir la faire, et cela par le motif que comme sans cet emprunt elle aurait été impossible, on doit considérer les charges qu'il impose comme une partie de la dépense (1).

On a encore admis, par le même motif que les frais

(1) 3 avril 1849. — Cass. (S. V. 49. 1. 707). — 19 décembre 1849. — Cass. (S. V. 50. 1. 108). — 8 mai 1854. — Paris (S. V. 55. 2. 252). — 25 février 1856. — Bordeaux (S. V. 56. 2. 684).

de hallage et de déhallage, jugés nécessaires pour vérifier la détérioration et pour la réparer, doivent être ajoutés au coût de la réparation (1).

Mais il a été en même temps décidé qu'il n'y avait pas lieu d'y ajouter les frais de visite et de consulat (2), les frais d'expertise (3), les dépenses pour la nourriture et l'entretien de l'équipage pendant la relâche (4), ni les frais de dock, de pilotage et de commission (5).

On s'est fondé, pour le décider ainsi sur ce que toutes ces dépenses ne correspondent pas à une perte matérielle, et qu'il faut qu'elle ait ce caractère pour que le délaissement soit recevable.

Nous avons déjà reconnu ce principe, et nous l'avons appliqué à la contribution que doit le navire, comme nous l'appliquerions au cas où le navire assuré en ayant abordé un autre, lui aurait causé des détériorations dont il n'aurait pas lui-même souffert. Dans ces deux cas, la perte n'est pas matérielle, et la preuve, c'est qu'elle ne comporte aucune réparation.

Dans le cas où la perte est matérielle, on est en présence de deux faits indépendants l'un de l'autre, quoique intimement unis, d'une part cette perte, c'est-à-dire la carène endommagée, le doublage enlevé, les mâts rompus, les voiles déchirées, etc., et de l'autre le coût des réparations, qui exprime l'étendue de la perte,

---

(1) 8 avril 1854. — Paris (S. V. 55. 2. 252).

(2) 3 mars 1852. — Bordeaux (S. V. 52. 2. 326).

(3) 29 novembre 1859. — Aix (J. M. 38. 1. 224).

(4) 18 janvier 1859. — Cass. (S. V. 37. 1. 39). — 29 novembre 1859. — Aix (J. M. 38. 1. 224). — 5 avril 1860. — Rennes (S. V 61. 2. 558). — 13 avril 1869. — Rennes (J. M 50. 2. 195). — V. cependant 5 décembre 1827. — Aix (J. M. 9. 1. 289).

(5) 25 mars 1872. — Rouen (S. V. 72. 2. 303). — 8 mai 1872. — Cass. (S. V. 1872. 1. 182). — 23 août 1875. — Bordeaux (J. M. 54. 2. 113).

mais qui n'est pas elle. Or, de ce que la perte doit être matérielle, il ne s'ensuit pas que la réparation doive toujours avoir ce caractère, car à ce compte on devrait porter uniquement en dépense le bois, le fer, les cordages, la toile, mais en exclure le change maritime, etc.

Il suit de ces observations que toute dépense doit être portée au compte de la réparation lorsque celle-ci l'a rendue nécessaire. Nous conformant à cette règle, nous admettons très-bien que les frais de pilotage, de remorquage, les sommes nécessaires pour payer la nourriture et le salaire des gens de mer doivent être écartés du coût de la réparation, parce qu'ils représentent un ensemble de dépenses qui n'ont pas pour objet de remédier à l'état dans lequel se trouve le navire, et que quoique l'avarie les ait occasionnées, elles se rapportent cependant à la navigation, aux besoins ordinaires ou extraordinaires qu'elle impose. Mais les frais de visite et d'expertise qui servent à déterminer le dommage et la réparation qu'il nécessite, les frais de consulat sans lesquels le capitaine ne pourrait ni contracter les emprunts ni traiter avec l'entrepreneur chargé de la réparation, les frais de dock permettant au navire de stationner là où il doit être réparé, toutes ces dépenses doivent entrer dans le coût des réparations au même titre que le change maritime.

148. — Il a été décidé qu'on ne doit pas déduire du coût de la réparation la somme qui représente la différence du vieux au neuf (1). Cette opinion nous paraît excellente.

(1) 6 décembre 1843. — Rouen (S. V. 43. 2. 529). — 25 février 1856. — Bordeaux (S. V. 56. 2. 684). — 5 avril 1861. — Rennes (S. V. 61. 2. 558).

En effet, l'action en délaissement étant intentée, deux hypothèses sont possibles. — Ou cette action sera déclarée non recevable, et alors le navire devant être réparé, ce sera le cas de déduire du coût de la réparation la différence du vieux au neuf. — Ou bien elle sera déclarée recevable, et dans ce cas il n'y aura pas lieu de faire cette déduction, puisque la réparation ne se fera pas.

Lors donc qu'on se place dans l'hypothèse du délaissement et qu'on déduit la différence du vieux au neuf du coût de la réparation, on le fait, non pas parce que l'assuré doit profiter de cette différence, mais uniquement pour déterminer, au point de vue du calcul, le chiffre réel de la dépense. Cette opération ainsi comprise est contraire au véritable esprit de l'art. 369, tel qu'il a été justement interprêté par la jurisprudence.

En effet, il faut, d'après celle-ci, pour savoir si un navire détérioré doit être ou non réparé, examiner si le coût de la réparation est ou n'est pas trop disproportionné avec la valeur actuelle de ce navire. Si par exemple, il est évalué dans la police 60,000 fr., et s'il lui faut après l'avarie une réparation dont le coût se porte à 55,000, il n'y a pas lieu de dépenser cette somme, car elle ne le serait que pour sauver celle de 5,000 fr., qui représente sa valeur actuelle. — Si ce navire exige une réparation de 5,000 fr, il y a lieu de la faire, car elle sert à sauver une valeur de 55,000. — Entre ces deux hypothèses, qui sont extrêmes, on a posé une limite, on a admis que toute réparation doit être rejetée lorsque la dépense qu'elle comporte est représentée par une somme égale aux trois quarts de la valeur agréée. Cela posé, il est clair qu'il n'y a pas à déduire la différence du vieux au neuf puisque, déduite ou non, le coût de la réparation est ce qu'il est, reste le même. A un autre point de vue, la déduction n'aurait de raison d'être que si on faisait entrer en ligne de compte dans la comparaison des deux valeurs, celle qu'acquiert le navire après qu'il a été réparé; or, cela n'a pas lieu, puisque c'est la valeur agréée qui figure dans le calcul.

149. — Mais nous croyons qu'il faut déduire du coût de la réparation la valeur des vieux matériaux (1). On a soutenu le contraire, en se fondant sur ce que « il « s'agit d'obtenir aussi exactement que possible, le « degré de détérioration du navire comme un instru- « ment de navigation et de commerce; que sa valeur, « à ce point de vue, ne devient pas plus grande par « cela seul qu'il aura été possible de tirer quelque parti « d'objets qui ont pu en être détachés et qui ne lui « appartiennent plus (2). »

Ce raisonnement ne nous touche pas. Le coût des réparations représente ce que l'avarie a enlevé au navire, ce qui lui manque. Or, les vieux matériaux qu'il procure ne lui manquent pas. Il faut donc, d'une manière ou d'une autre les distraire du coût. Et en effet, le coût c'est la dépense; or, les pièces de bois qui, empruntées au navire, entrent dans la réparation, ne sont pas achetées; si le constructeur réduit le devis par suite de la remise des vieux matériaux, la somme à payer est moindre; si ces matériaux sont vendus et si le prix en provenant paye une partie de la dépense, celle-ci

---

(1) 22 juin 1869. — Rennes (S. V. 69. 2. 301).

(2) 3 avril 1861. — Rennes (S. V. 61. 2. 558).

diminue d'autant. Il est donc contraire à la réalité de soutenir que le sauvetage des vieux matériaux, même non employés, n'est pour rien dans le degré de détérioration du navire, et surtout qu'il est étranger au chiffre de la dépense (1).

Ces observations suffisent pour expliquer pourquoi, ayant refusé de déduire la différence du vieux au neuf, nous admettons que la valeur des vieux matériaux provenant du navire doit être déduite du chiffre de la dépense. Dans le premier cas, le coût de la réparation ne change pas ; il est ce qu'il est ; dans le second, il diminue réellement et effectivement à proportion des ressources qui proviennent du navire. Dans l'un, il ne s'agit que d'un simple calcul, particulier au règlement qui se fait entre l'assureur et l'assuré ; dans l'autre, il s'agit de l'emploi d'une somme que le navire procure et de l'imputation qui en est faite sur le montant de la dépense.

§ 3.

Perte des trois quarts par rapport aux facultés.

150. — La perte doit être calculée sur l'ensemble des marchandises assurées, à moins qu'elles ne soient divisées par séries.

151. — Enumération des divers cas dans lesquels la perte peut se produire.

152. — Examen du cas où la marchandise est simplement détériorée.

150. — La perte des trois quarts dans l'assurance sur facultés doit être calculée sur l'ensemble des marchandises comprises dans l'assurance. Lorsqu'elles ont

---

(1) 21 juin 1869. — Rennes (S. V. 60. 2. 301)

été divisées par séries avec convention que chaque série formera un capital distinct et séparé, on doit établir le calcul sur chaque série en particulier, voir si par rapport à chacune d'elles, la perte se porte ou non aux trois quarts (1). On procède ainsi aux Etats-Unis (2). En Angleterre la règle est plus large. Il y est admis que lorsque les marchandises sont séparées par colis, on doit prendre en considération la perte que subit chaque colis, et cela est important, car ainsi que nous l'avons déjà dit, le délaissement n'y est admis que si la perte est totale. Cette manière de calculer la perte a prévalu dans l'espèce suivante :

Un chargement de lin avait été expédié de Londres à l'île de Crète dans vingt-un colis, formés avec de la tresse de paille. Le navire qui en était porteur ayant fait naufrage, toute la marchandise fut précipitée dans la mer. Cependant le cinquième des colis fut recueilli sur le rivage, le reste définitivement perdu. — Tels étant les faits, on décida, bien que la perte, au lieu d'être totale, ne portât que sur une partie de l'entier chargement, que le délaissement des colis restés au fond de la mer était recevable (3).

151. — Lorqu'il s'agit de savoir si la perte s'élève ou non aux trois quarts, quatre hypothèses sont possibles.

1° Les trois quarts du chargement sont perdus, ainsi qu'il arrive lorsque sur 80 boucauts de sucre, 60 sont entièrement fondus par l'eau de mer. Dans ce cas, aucune difficulté; le délaissement doit être admis.

(1) 15 décembre 1828. — Bordeaux (S. V. 29. 2. 152).

(2) Philipps, t. 2, p. 492.

(3) Davy v[s] Mailford, 15 East, 129.

2° Il doit l'être encore lorsqu'une marchandise est vendue par suite d'une fortune de mer jusqu'à concurrence des trois quarts (1), car son propriétaire subit une dépossession matérielle, qui reste telle même alors qu'il récupère tout ou partie de la valeur de cette marchandise au moyen de la restitution du prix (V. infra, ch. 8).

3° La marchandise existe substantiellement, mais elle est profondément détériorée. Il s'agit de savoir si elle a perdu les trois quarts de sa valeur. Nous aurons à poser les règles qui s'appliquent à ce cas.

4° La marchandise est en partie substantiellement perdue, en partie détériorée. Dans ce cas, on évalue d'une part la partie perdue, de l'autre la diminution qu'a subie la partie détériorée, et l'on examine si le tout constitue la perte des trois quarts.

152. — Cela dit, posons les règles à suivre dans le troisième cas.

Lorsque la marchandise est considérablement détériorée, on doit comparer sa valeur à l'état sain au jour et au lieu du chargement avec ce qu'elle aurait valu à la même époque et au même lieu à l'état d'avarie (2).

On procède ainsi parce que la valeur de la marchandise au lieu d'arrivée est modifiée par le fret, les droits de douane, les frais de débarquement, la hausse ou la baisse, toutes choses qui sont étrangères à l'assurance, ce qui fait que le premier terme de compa-

---

(1) 3 novembre 1839. — Cass (S. V. 39. 1. 524). — 18 janvier 1869. — Rennes (J. M. 47. 2. 127).

(2) Pardessus, t. 3, n. 845; Alauzet, Comm., n. 1,500, Bédarride, t. 4, n. 1433; Boulay-Paty, t. 4, n. 251.

raison ne peut être que la valeur à l'état sain au lieu de départ. — Tel étant le premier terme, le second ne peut être formé par la valeur de la marchandise à l'état d'avarie au lieu d'arrivée, ou bien dans tout autre port où se trouve le navire, car en le fixant ainsi on comparerait entre elles des valeurs dans lesquelles ne figureraient pas les mêmes éléments (1).

Lorsque le règlement s'applique à une avarie particulière, on compare la valeur à l'état sain au lieu d'arrivée avec la valeur à l'état d'avarie dans ce même lieu, on détermine par cette comparaison la quotité de la perte, et on rapporte cette quotité à la somme assurée pour déterminer ce que doit l'assureur. Ce mode de règlement qui a pour but de dégager un inconnu, qui est la somme due par l'assureur, n'a aucune raison d'être lorsqu'il s'agit de délaissement, puisque, dans ce cas, l'indemnité porte sur toute la somme assurée.

La perte des trois quarts est évaluée d'après la valeur au lieu de départ, parce qu'il peut arriver qu'elle n'atteigne cette quotité que sous l'influence des éléments complexes qui s'ajoutent à cette valeur. Ainsi, étant admis que la marchandise avariée peut être facilement vendue au lieu de départ, tandis que la vente en est très difficile au lieu d'arrivée, que, par ce motif, la perte est de 50 p. cent dans le premier lieu et de 80 dans le second, il serait injuste de porter la perte aux 4/5mes, car cette quotité résulte moins de la détérioration matérielle de la marchandise, que de l'état du marché au

(1) *Contra* 19 mai 1840. — Paris (Dalloz, n. 2036), qui admet la comparaison entre la valeur de la marchandise à l'état sain et à l'état d'avarie au lieu d'arrivée, ce qui est une erreur évidente. — V. aussi Lemonnier, t, 2, n. 287.

lieu d'arrivée, c'est-à-dire d'un fait qui est étranger à l'assurance.

Deux exemples feront mieux comprendre le mérite de cette observation.

Premier exemple.

ÉTAT SAIN. — Valeur de la marchandise au lieu de départ........................ 20,000 fr.

A ajouter :

Fret................	7,000	20,000 fr.
Droits de douane......	12,000	
Frais de débarquement.	1,000	

ÉTAT D'AVARIE. — Valeur de la marchandise au lieu de départ..................... 2,000 fr.

A ajouter :

Fret................	7,000	9,200 fr.
Droits de douane......	1,200	
Frais de débarquement.	1,000	

Comparaison faite entre les deux valeurs dégagées des éléments qui s'y sont ajoutés depuis le départ, la marchandise représente à l'état d'avarie (2,000 par rapport à 20,000) le 1/10me de ce qu'elle aurait valu à l'état sain. — Mais si on compare ces deux valeurs, augmentées des frais faits depuis le départ, on aura 40,000 à l'état sain et 11,200 à l'état d'avarie, ce qui rendra le délaissement non recevable.

Deuxième exemple.

ÉTAT SAIN. — La marchandise vaut au lieu de départ........................... 30,000 fr.

A ajouter :

Fret..................	3,000	30,000 fr.
Droits de douane......	18,000	
Frais de débarquement.	2,000	
Bénéfice..............	7,000	

ÉTAT D'AVARIE. — Valeur au lieu de départ. 8,000 fr.

A ajouter :

Fret..................	3,000	6,000 fr.
Droits de douane réduits	1,000	
Frais de débarquement.	2,000	

Comparaison faite entre les deux valeurs, dégagées des éléments qui s'y sont ajoutés depuis le départ, il s'en faut de 500 fr. que la perte atteigne les trois quarts puisque le quart de 30,000 est 7,500, et que le rapport s'établit entre 30.000 et 8,000. — Mais si on prend les deux valeurs sans en rien distraire, on a, à l'état sain, 60,000 fr., à l'état d'avarie 14,000, ce qui porte la perte à 46,000, soit plus des trois quarts.

Lorsqu'on compare les deux valeurs au lieu de départ, on doit fixer le premier terme d'après le prix coûtant ou à défaut d'après le prix courant. Si l'évaluation contenue dans la police ne lui est pas conforme, on a un découvert pour lequel l'assuré est son propre assureur. Si on suit une règle différente à l'égard du navire, qui est présumé avoir la valeur agréée, cela tient à ce que, pour lui, il n'existe pas une base légale d'évaluation, tandis qu'il en est autrement de la marchandise.

Si donc une marchandise qui vaut 100,000 fr. au lieu de départ n'a été assurée que pour 20,000, on l'évaluera 100,000, pour obtenir sa valeur à l'état sain, et on examinera si son état d'avarie l'a réduite au point de ne valoir, toujours au lieu de départ, que 25,000.

Il est clair que la détermination hypothétique de ce qu'aurait valu la marchandise avariée au lieu de départ doit être faite en général au moyen d'une expertise. Mais il est permis de se servir du prix moyennant lequel elle a été vendue au lieu d'arrivée, pour apprécier ce qu'elle aurait valu au lieu de départ (1).

(1) 12 avril 1859. — Mars. (J. M. 37. 1. 164). — 14 décembre 1860. — Aix (J. M. 39 1. 84). — 20 mars 1860. — Cass. (J. M. 39. 1. 84, en note).

CHAPITRE V.

LE NAUFRAGE.

153. — Définition du naufrage.
154. — Naufrage résultant du bris.
155. — Submersion du navire.
156. — Abandon du navire par le capitaine et les gens de l'équipage.
157. — Le naufrage du navire fait présumer la perte totale du chargement.
158. — Résumé.

153. — De tout temps le mot naufrage a servi à exprimer l'idée d'une perte totale, ainsi que l'atteste Accurse : *Dicitur naufragium quasi navis fractura a nave et frago.*

L'art. 2 de la déclaration du 15 juin 1735 définit le naufrage : *la submersion du navire par l'effet de l'agitation violente des eaux, de l'effort des vents de l'orage ou de la foudre, de manière à ce qu'il s'abime entièrement ou que de simples débris surnagent* (1).

Emérigon reconnaît deux sortes de naufrages, celui qui a lieu lorsque le navire est submergé, sans qu'il en reste aucun vestige permanent sur la surface des eaux ; celui qui a lieu lorsque le navire s'échoue sur la côte et donne ouverture à l'eau de la mer qui remplit sa capacité, sans qu'il disparaisse absolument. — Aussi cet auteur a intitulé le chapitre où il donne sa définition

(1) Emérigon, ch. 12, sect. 12.

bipartite, *Bris et naufrage.* — Au moment où il écrivait, l'échouement simple, sans bris, donnait droit au délaissement ; il s'ensuivait que le bris d'un navire qui s'était échoué était par lui-même un risque spécial, distinct de l'échouement, de sorte que l'assureur franc de ce dernier risque, n'en aurait pas moins répondu du bris. Il n'en serait pas ainsi de nos jours, car pour qu'il y ait lieu à délaissement, il faut qu'à l'échouement se joigne le bris. Mais ainsi que nous le verrons, l'article 369 ne parle que de l'échouement avec bris partiel, de sorte que le bris absolu reste toujours un mode particulier de naufrage.

Un auteur allemand s'exprime ainsi sur le naufrage (1).

« Il y a trois genres de naufrage. — Le premier « existe lorsque le navire est si fortement fracturé que « les fragments des matériaux qui le formaient flottent « dispersés, et que le navire a perdu sa forme primi- « tive ; — le second, lorsque le navire, sans être tota- « lement perdu, est si gravement endommagé, qu'il « est impropre à la navigation et ne peut être réparé. « — Le troisième, lorsque le navire, quoi qu'il ait subi « des dommages considérables, existe cependant, et « moyennant certaines réparations, dont le coût sera « inférieur à sa valeur après qu'il aura été réparé, « peut être remis en état de naviguer. »

Qui ne voit que cette définition comprend les pertes de toute nature et qu'elle ne saurait, par suite, donner l'idée d'un risque spécial.

Il faut donc revenir au sens qu'a eu à l'origine le mot

(1) Nolte, t. 2, p. 221.

naufrage, lequel servait à exprimer une perte à la fois matérielle et totale.

Or, tel étant le sens de ce mot, il aurait mieux valu fondre l'idée qu'il représente dans une définition de la perte totale, ainsi que l'a fait le Code de commerce allemand par son article 858, qui est ainsi conçu :

« La perte totale du navire et des facultés existe « lorsqu'ils ont été engloutis, ou si l'assuré en a été « dépossédé sans espoir de restitution, notamment « si le navire a coulé bas, s'il a été détruit de manière « à ne plus pouvoir remplir sa fonction primitive, ou « s'il a été déclaré, ainsi que la marchandise, de bonne « prise.

« La perte totale du navire n'en existe pas moins, « bien que certaines parties de sa coque ou de ses « agrès aient été sauvés. »

Notre législateur n'a point posé ce principe, et il a introduit dans l'art. 369 le mot *naufrage*, sans se rendre bien compte, tout du moins le fait supposer, de sa véritable signification. Il en est résulté que dans toutes les circonstances où la Cour de cassation a été appelée à définir ce mot, ou du moins à préciser l'idée qu'il exprime, elle l'a fait, par à peu près, laissant voir à quel point elle était incertaine. — Ainsi, elle dit dans un arrêt du 29 décembre 1840, *que le naufrage suppose la perte totale, que l'arrêt a décidé que le navire « le général Foy » a fait naufrage*, et elle n'ajoute rien de plus ; dans un arrêt du 27 juillet 1857, elle dit que *nul texte de loi n'a taxativement fixé le caractère du naufrage, ni déterminé à quel signe il est possible de distinguer le naufrage de l'échouement avec bris ; mais que le sens général que l'usage et la doctrine ont donné au mot naufrage implique la rupture et le bris du navire, de manière que les débris seuls surnagent à la surface des eaux....*

L'idée de naufrage, ainsi comprise, est trop restreinte. Sans doute, ce sinistre existe lorsque le navire est brisé et rompu, mais il existe aussi lorsque, sans bris ni rupture, il sombre et est englouti par les flots.

Que conclure de là, si ce n'est que le sinistre qu'on appelle *naufrage* n'a rien de spécial. Et en effet :

Lorsqu'un navire périt corps et biens, en pleine mer, sans nul témoin, *mit Mann und Maus,* avec l'homme et la souris comme disent les Allemands, il peut y avoir naufrage, et cependant le délaissement est fondé sur le défaut de nouvelles.

Lorsque le navire va à la côte, qu'il s'échoue et qu'il est rompu, brisé, le naufrage existe, mais l'idée d'un échouement avec bris, comme cause de délaissement, se présente d'abord à l'esprit, et si l'on suppose un bris total, cet échouement, quoique plus certain, plus manifeste, plus grave dans ses effets, n'en garde pas moins son caractère.

Si l'on suppose un bris sans échouement, et que ce bris soit assez considérable pour enlever au navire plus des trois quarts de sa valeur, il importe peu que l'on qualifie ce bris de naufrage, puisque avec ou sans cette qualification, le délaissement n'en sera pas moins admissible.

Enfin un navire entièrement brisé qu'il se soit échoué ou qu'il flotte au gré des flots entouré de ses débris, est à coup sûr un navire innavigable.

Mais s'il en est ainsi, pourquoi a-t-on fait du naufrage une cause spéciale de délaissement ?

En voici, je crois, le motif. Tandis que les pertes légales exigent certaines constatations, un sinistre peut se produire dans des conditions telles, avec des signes si extérieurs, si sensibles, qu'il suffit de voir ou de recueillir le témoignage de ceux qui ont vu, pour décider. Ainsi qu'un navire gise sur la côte, brisé en partie, mais ayant conservé sa forme de navire, on devra examiner s'il peut ou non être relevé et réparé, mais si le bris est tel que ce navire ait presque perdu sa forme, et qu'il ne soit plus qu'un amas de matériaux dispersés çà et là, un examen minutieux de son état n'est pas nécessaire ; *prima facie,* on déclarera qu'il n'existe plus.

Cette perte totale, absolue, a été toujours exprimée par le mot naufrage. Les lois romaines soumettent aux mêmes règles l'incendie, la destruction complète et le naufrage (V. D. De incendio, ruina, naufragio, et plus spécialement la loi 3, § 8). Dans le Code, le livre XI, t. 5 est intitulé : *De naufragiis*. On lit dans la constitution 1 : *Si quando naufragio navis expulsa fuerit ad littus;* dans la constitution 3 : *Quotiens obruta vel submersa fluctibus navi, si violentia tempestatis obruerit;* dans la constitution 5 : *De submersis navibus decernimus.....*

Au moyen-âge, tous les documents législatifs, toutes les chartes relatives aux droits seigneuriaux, attachent au mot *naufrage* le sens qu'il a dans les lois romaines (V. Ducange v[s] nauffragium et naufragium).

Il en est ainsi de l'ordonnance de 1681, des déclarations de 1735 et de 1779, et des lois plus modernes qui sont encore en vigueur.

Les rédacteurs du C. de commerce ont donné aussi

à ce mot le même sens, ou, en d'autres termes, ils ont admis que le navire qui, par la violence de la tempête subit une perte totale, doit être considéré comme naufragé.

Mais une simple définition ne permet pas d'embrasser l'immense variété des faits que révèle l'application. Aussi la jurisprudence a dû rechercher à quels signes il est permis de reconnaître l'existence d'un naufrage. Elle en a relevé trois, qui sont :

1° Le bris ; 2° la submersion ; 3° l'abandon par l'équipage.

154. — *Bris.* — Lorsqu'un navire est absolument fracturé, sans pour cela s'être échoué, il importe peu qu'il soit dans cet état en pleine mer, parce qu'il s'est heurté contre un rocher, ou parce qu'il a été abordé. Il suffit pour que sa perte soit totale, qu'il n'existe plus et qu'il n'y ait à sa place que des débris.

Mais les faits ne se présentent pas toujours ainsi, et le navire, au lieu d'être entièrement brisé, peut ne l'être que dans ses parties essentielles et conserver encore quelque chose de sa forme primitive. Jusqu'à quel point, étant donné ce cas, faut-il qu'il soit fracturé pour qu'il puisse être admis qu'il a fait naufrage ? C'est là une pure question de fait qui doit être appréciée par les tribunaux.

155. — *Submersion.* — On dit d'un navire qui a été enseveli par les flots, soit qu'il ait chaviré, soit que, sa cavité étant envahie par les eaux et les pompes ne produisant aucun effet, il se soit lentement et progressivement submergé, qu'il a fait naufrage.

Mais il faut pour cela que la submersion soit complète et ait duré un certain temps ; si au contraire elle est momentanée, il n'y a pas naufrage.

Ainsi, il a été jugé, tantôt que la submersion complète d'un navire pour éteindre un incendie constitue un naufrage (1), tantôt au contraire qu'une submersion momentanée qui n'a causé aucun dommage n'a pas ce caractère (2).

Quelle doit être la durée de la submersion ?

Le tribunal de Nantes a décidé dans une espèce où le navire était resté deux mois sous l'eau, qu'il y avait naufrage (3), tandis que dans une autre espèce où il n'y était resté qu'un mois, le tribunal de Marseille a déclaré que le navire n'était pas naufragé (4).

Cette diversité d'appréciations indique que la question ne peut être résolue qu'en fait. Mais lorsqu'un jugement a décidé que la submersion est suffisante pour qu'il y ait naufrage, il importe peu que le navire ait pu être retiré des flots, car lorsqu'il s'agit d'une perte légale, on ne doit s'attacher qu'à la nature du sinistre, et non à ses effets.

156. — *Abandon.* — On admet, en principe, sous les modifications qui vont être indiquées, qu'un navire abandonné par son équipage par crainte d'une perte totale, doit être considéré comme *res derelicta,* et par suite comme naufragé. Pour l'intelligence de ce point, il convient de rappeler qu'aux termes de l'art. 241 du C. de comm., le capitaine a le droit, lorsque le danger le commande, et après avoir pris avis des officiers et des principaux de l'équipage, d'abandonner le navire. Lorsque cet abandon a lieu, le navire n'est plus ni dirigé

(1) 16 mai 1872. — Aix (J. M. 51. 1. 177).

(2) 29 novembre 1847. — Bordeaux (J. M. 27. 2. 155).

(3) 11 août 1869. — Nantes (J. M. 49. 2. 142).

(4) 16 août 1870. — Marseille (J. M. 49. 1. 258).

ni gouverné, et est par suite exposé à une perte totale, à moins qu'il n'y soit soustrait par un hasard inespéré, dont il n'y a pas à tenir compte. La perte à laquelle le navire est voué dans ce cas a toujours été considérée comme l'équivalent d'un naufrage.

L'abandon n'étant légitime que lorsque l'imminence et la gravité du péril l'ont rendu nécessaire et le capitaine étant tenu, aux termes de l'art. 241, de sauver avec lui l'argent et les marchandises les plus précieuses de son chargement, le fait qu'il a pu emporter ces objets ou que cela lui a été impossible, permettra d'apprécier s'il a eu ou non le droit de faire l'abandon. Supposez qu'il soit critiqué pour n'avoir pas sauvé l'argent, et qu'après examen il soit démontré qu'il n'a pu le faire, attendu que c'est à grand peine qu'il a pu se sauver lui-même (1), on en conclura que le péril était grave, et rendait l'abandon du navire nécessaire.

En effet cet abandon ne doit être assimilé à un naufrage que s'il est justifié par une nécessité absolue. Quelques exemples démontreront la vérité de cette proposition.

Le *Sans Pareil* ayant le grand mât et le mât d'artimon coupés, avec trois pieds d'eau dans la cale que les pompes ne pouvaient pas affranchir, en partie submergé et prêt à sombrer, fut abandonné par le capitaine et l'équipage. Deux jours après cet abandon, il fut rencontré flottant sur l'eau, presque submergé, par des pilotes qui le ramenèrent dans le port. — Action en délaissement. — Les assureurs soutiennent qu'il n'y a pas naufrage, parce que le navire a été sauvé. —

(1) 1er mai 1851. — Mars. (J. M. 30. 1. 295).

Mais la Cour décide que l'abandon du navire, dûment justifié, constitue une dépossession par fortune de mer, que par cet abandon le navire n'est plus qu'une épave, abandonnée aux flots ou à ceux qui pourront la recueillir, ce qui constitue le naufrage, et que dès lors l'action en délaissement est recevable (1).

A la suite d'un abordage, le navire *Charles-Adolphe* eut tout le beaupré, tout l'avant, les plats bords, le mât de misaine et le grand mât de hune brisés, le gaillard d'avant, les parois et la dunette démolis jusqu'au ras du pont, les haubans du grand mât rompus, de plus une voie d'eau. — Vu la gravité du dommage, ce navire fut abandonné. Des pêcheurs le rencontrèrent, l'accostèrent avec de nombreuses embarcations, essayèrent de le remorquer, mais n'y purent parvenir. Cependant un vapeur hollandais parvint à le remorquer. — Il fut décidé dans ce cas qu'il y avait naufrage et que l'action en délaissement était recevable (2).

Le navire l'*Oriental* s'échoue sur la côte du Brésil sur un point désert, absolument inhospitalier, si bien que le capitaine et l'équipage durent abandonner le navire et la cargaison pour assurer leur salut. Il fut décidé dans ce cas que le sinistre constituait un naufrage (3).

La mort de la majeure partie de l'équipage est de toutes les circonstances qui justifient l'abandon du navire et qui donnent le moyen d'établir l'existence du naufrage, la plus décisive (4).

---

(1) 31 janvier 1837. — Bordeaux (J. M. 17. 2. 25).

(2) 25 août 1856. — Bordeaux (J. M. 34. 2. 159).

(3) 29 décembre 1849. — Rouen (J. M. 29. 2. 23). — Le pourvoi contre l'arrêt de Rouen a été rejeté par arrêt du 30 décembre 1850 (J. M. 30. 2. 48).

(4) 18 janvier 1855. — Bordeaux (J. M. 33. 2. 43).

L'abandon du navire ne peut être considéré comme un naufrage que si les circonstances l'ont rendu légitime. Celui qui est la suite de la folle terreur de l'équipage ne doit pas être pris en considération (1).

Ce point a été examiné dans l'espèce suivante :

Le brick-goëlette la *Petite-Emma* s'échoua sur le chancel de Tréport à cent mètres de l'endiguement. — Le capitaine et l'équipage composé de six hommes crurent à une perte certaine, se jetèrent à l'eau pour gagner le rivage ; trois d'entre eux purent se placer dans le canot et se sauvèrent, les trois autres périrent. — Action en délaissement fondée sur ces faits. — Le tribunal de Marseille la déclara recevable (2). — Mais son jugement fut réformé par la Cour d'Aix, qui statua en ces termes (3) :

« Attendu qu'il n'est pas permis de considérer le « Brick-Goëlette comme un navire perdu et naufragé, « devenu avec sa cargaison une espèce d'épave livrée « à la merci des flots ou à la cupidité du premier occu- « pant, parce que au moment de l'échouement, une « terreur funeste l'a fait abandonner par tous les gens « de l'équipage, dont trois ont péri dans les vagues, « en voulant se sauver sur la chaloupe ; — qu'il n'est « permis d'assimiler un navire abandonné à un navire « naufragé, c'est-à-dire submergé ou dispersé en dé- « bris que lorsque son abandon a lieu en pleine mer et « dans les circonstances où il ne peut plus devoir son

(1) 23 février 1869. — Mars. (J. M. 47. 1. 127). — 4 avril 1842. — Rouen (J. M. 40. 2. 148).

(2) 9 mars 1852. — Mars. (J. M. 31. 1. 62).

(3) 6 juillet 1852. — Aix (J. M. 31. 1. 113).

« salut qu'à un évènement fortuit et inespéré, tel que « la rencontre d'un autre navire ou le souffle propice « d'un vent qui le pousse vers le rivage ; mais qu'une « telle assimilation est inadmissible, lorsque, comme « dans l'espèce actuelle, le bâtiment, échoué sans se « briser et sans se remplir d'eau dans la plus grande « partie de sa capacité, n'est abandonné de son équi- « page qu'à une très petite distance de la terre, en vue « d'un secours prochain qui ne saurait lui manquer « pour peu qu'il résiste encore quelque temps à la tour- « mente ; qu'en effet ce secours lui est arrivé bientôt, « l'a relevé et sauvé ; — attendu qu'il suit de cette « exacte appréciation des faits que ce n'est que la sim- « ple action d'avarie qui compète à l'assuré, et non « celle en délaissement mal à propos admise par le « premier juge, etc. »

Cet arrêt en dit à la fois trop et pas assez. Il en dit trop lorsqu'il admet que l'abandon du navire n'équivaut à un naufrage que lorsqu'il a lieu en pleine mer, et que même si un secours est possible l'abandon n'est pas permis, car à ce compte il ne le serait jamais, vu qu'un navire en détresse peut toujours être secouru. Il n'en dit pas assez, parce qu'il fallait établir que la manière dont le navire s'était échoué n'en comportait pas l'abandon ; or, ce point n'est pas examiné.

L'abandon du navire n'est assimilé à un naufrage, que parce qu'il constitue une véritable dépossession ; de là on a tiré la conséquence qu'un navire ne saurait être considéré comme naufragé lorsque son équipage, sans l'abandonner, l'a quitté uniquement pour pourvoir à son renflouement et à son sauvetage (1).

(1) 3 avril 1848. — Trib. de Bordeaux (J. M. 27. 2. 164).

En Angleterre et aux États-Unis, l'abandon du navire par l'équipage constitue un cas de délaissement ou un cas d'avarie, suivant que le navire a été ou non sauvé après cet abandon, et si même il a été sauvé, il y a lieu à délaissement toutes les fois que les frais de sauvetage et de réparation égalent la valeur du navire.

Exemple. — Un navire qui était affrété pour un voyage de Belfast aux possessions britanniques de l'Amérique du Nord, fut assailli pendant le voyage par une tempête si violente que le capitaine et les matelots qui le montaient l'abandonnèrent pour sauver leur vie. Le jour même de son abandon, ce navire fut accosté par un autre navire, et le capitaine de ce dernier permit à quelques hommes de son équipage d'en opérer le sauvetage. Ceux-ci, après avoir bravé de nombreux périls, réussirent dans leur entreprise, et purent conduire le navire naufragé à New-York. Là, le consul anglais en prit possession, et par les soins des agents du Lloyd, une somme fut empruntée pour payer les frais de sauvetage et de réparation. Ces frais s'étant portés à 1,200 liv. st. et ceux de réparation à 850, et ces deux sommes réunies étant égales à la valeur du navire, il fut décidé que l'assuré avait le droit de faire le délaissement (1).

Dans une autre affaire où le navire William fut sauvé, après avoir été abandonné, par les matelots du navire *Hyder Alli,* et conduit par eux au port de destination, et où tous les frais ne se portèrent qu'aux deux tiers de la valeur de ce navire, on décida que l'assuré n'avait qu'une action d'avarie (2).

(1) Holdsworth v[s] Wise, 7 B. et Cr. 794.

(2) Green v[s] Joung, 2. Ld. Reym. 240.

157. — Lorsqu'un navire a fait naufrage, et que par ce fait il est considéré à l'égard de l'assureur comme totalement perdu, la marchandise est censée avoir subi le même sort. — Et dans ce cas, il importe peu qu'elle soit ultérieurement sauvée ; le droit au délaissement n'en est pas moins acquis. — La Cour de Cassation a prononcé sur ce point en ces termes : — « Attendu « que le droit de délaisser la marchandise, acquis « à l'assuré au moment où le navire sur lequel elle est « chargée a fait naufrage, ne peut être rétroactive- « ment affecté par les évènements ultérieurs ; qu'on ne « saurait en effet sans porter le trouble et l'incerti- « tude dans les relations qui naissent du contrat d'as- « surance, obliger l'assuré à attendre indéfiniment le « résultat, toujours incertain, des opérations de sau- « vetage ; — que subordonner le délaissement aux « chances de sauvetage, ce serait placer le capitaine, « mandataire des assurés, et quelquefois assuré lui- « même, dans l'alternative de compromettre le délais- « sement en sauvant la marchandise, ou de compro- « mettre le sauvetage pour conserver aux assurés la « faculté de délaisser ; que c'est précisément en vue de « concilier ces deux obligations qui incombent au ca- « pitaine, que l'art. 381 C. comm. lui impose le devoir « de travailler au sauvetage, sans préjudice du délais- « sement à faire en temps et lieu, disposition parfai- « tement claire, et qui implique que les opérations de « sauvetage ne sauraient, dans aucun cas, créer une « fin de non-recevoir contre l'exercice de la faculté de « délaisser, etc. (1). »

(1) 20 janvier 1869. — Cass. (S. V. 69. 1. 243).

158. — En résumé, le mot naufrage a toujours servi à exprimer une perte totale.

Mais la perte totale absolue se réalise rarement, et comme elle peut avoir ce caractère, bien qu'il reste quelque chose de l'objet perdu, on a dû rechercher à quels signes il est permis d'affirmer qu'un navire a perdu sa nature propre et essentielle, ou, pour parler comme la loi allemande, quand est-ce qu'il n'est plus susceptible de remplir sa fonction. En dehors de la fracture du navire, qui lui substitue d'informes débris, on a vu dans la submersion longtemps prolongée et dans l'abandon dûment justifié, le signe manifeste d'une perte irrémédiable. Ainsi restreint, le naufrage a un caractère propre, et n'exige, à la différence de la perte des trois quarts et de l'innavigabilité, d'autre constatation que celle du fait lui-même.

CHAPITRE VI.

DE L'ÉCHOUEMENT AVEC OU SANS BRIS.

Considérations générales.

159. — L'art. 369 du C. de commerce porte que *l'échouement avec bris donne lieu au délaissement* (1). Il ne dit rien de plus.

L'art. 46 de l'ordonnance porte : *Ne pourra être le délaissement fait qu'en cas de..... d'échouement.* — Il ne parle pas du bris.

On avait conclu de ce silence que l'échouement simple, sans bris, même dans le cas où le navire peut être relevé, donnait lieu au délaissement. Valin s'éleva contre cette manière de voir. — « Les assureurs, dit-il, « n'étant nullement obligés de faire bon à l'assuré de « la moins-valeur du navire à son arrivée à bon port, « ils ne peuvent en être tenus en cas de simple échoue- « ment, et tout ce qu'on peut exiger d'eux, c'est qu'ils « le remettent en état de servir, en réparant le dom- « mage qu'il a reçu par son échouement. » Emérigon pensait comme Valin, et comme il répugnait à ces deux jurisconsultes d'appliquer la loi, ils en vinrent à confondre l'échouement avec le naufrage. *Il est évident,* disait Emérigon, *que dans ces articles, le mot* ÉCHOUEMENT *signifie* NAUFRAGE. — *C'est bien assez,* disait

(1) Conforme C. holl. art. 663; C. esp., art. 901 ; C. port., art. 1789.

Valin, *qu'au cas de naufrage avec bris, les assureurs soient assujettis au paiement de la somme* (1).

Cette interprétation violait la loi. Aussi la jurisprudence continua à considérer l'échouement simple comme un cas de délaissement. C'est pour cela que fut promulgué l'art. 5 de la déclaration du 5 août 1779, qui est ainsi conçu :

« Ne pourront les assurés être admis à faire le délais-
« sement du navire qui aura échoué, si le navire re-
« levé, soit par les forces de l'équipage, soit par des
« secours empruntés, continue sa route jusqu'au lieu
« de destination, sauf à eux à se pourvoir, ainsi qu'il
« appartiendra, tant pour les frais du dit échouement,
« que pour les avaries, soit du navire, soit des mar-
« chandises. »

Ainsi, tandis que l'ordonnance admettait le délaissement au cas d'échouement simple, la déclaration de 1779, sans se préoccuper du point de savoir s'il était simple ou avec bris, ne l'admettait que dans le cas où le navire ne pouvait être relevé, ou si, l'ayant été, il ne pouvait parvenir au lieu de destination ; ainsi encore, tandis que d'après Emérigon et Valin l'échouement ne fait qu'un avec le naufrage, d'après la déclaration de 1779, il ne fait qu'un avec l'innavigabilité.

Les rédacteurs du C. de commerce crurent qu'ils ne faisaient que continuer la tradition, en disposant que l'échouement avec bris donne lieu au délaissement, sans voir qu'ils s'en écartaient ouvertement.

Quoi qu'il en soit, le délaissement n'est autorisé par l'art. 369 que lorsque le bris se joint à l'échouement. — Ainsi un bris sans échouement peut être assez grave

(1) Valin, sur l'art. 46 ; Emérigon, ch. 12, sect. 13, § 2.

pour être assimilé à un naufrage; l'échouement sans bris peut être un cas d'innavigabilité lorsqu'il est impossible de relever le navire; mais il n'y a que l'échouement avec bris qui constitue un cas particulier de délaissement.

C'est pour cela qu'il a été décidé que le délaissement n'est pas recevable lorsque l'assuré rapporte la preuve de l'échouement et non celle du bris (1), et que le fait de l'abandon par l'équipage du navire qui s'est échoué ne prouve pas le bris (2).

Bien que l'échouement et le bris doivent être réunis, il n'est pas exigé qu'ils proviennent d'un même fait. Ainsi, il a été décidé que le délaissement est recevable bien que l'échouement ait eu lieu d'abord sans bris, et lorsque le navire n'y a été soumis que plus tard (3). Mais si le navire qui a été renfloué subit un bris après le renflouement, l'échouement avec bris n'existe pas. Il importe peu aussi que le bris ait précédé l'échouement ou qu'il l'ait suivi. Il suffit que l'un et l'autre coexistent.

Cela posé, nous allons parler séparément de l'échouement et du bris.

De là, la division du sujet en deux paragraphes, savoir :

§ 1er De l'échouement.
§ 2 Du bris.

§ 1er.

De l'échouement.

160. — Deux conditions constituent l'échouement, le heurt et l'immobilité.

---

(1) 5 juillet 1850. — Trib. Bordeaux (J. M. 29. 2. 119).
(2) 6 juillet 1855. — Aix (J. M. 31. 1. 113).
(3) 13 octobre 1843. — Mars. (J. M. 22. 1. 320).

161. — Du heurt. — Son caractère.

162. — De l'immobilité qui suit le heurt. — Conditions qu'elle doit remplir.

163. — Durée que doit avoir l'immobilité du navire.

164. — Principes suivis en Allemagne.

165. — Ils peuvent être suivis en France.

166. — L'assureur doit réparer le dommage qui a précédé l'échouement.

167. — L'échouement doit résulter d'une fortune de mer.

160. — Deux conditions sont nécessaires pour constituer l'échouement : 1° Le heurt du navire contre un corps quelconque; 2° Que ce navire gise sur le point où il a été arrêté, et qu'il ne flotte plus.

Heise et Cropp, dans une dissertation sur l'échouement, ajoutent à ces deux conditions une troisième, le dommage (1), sans voir qu'elle est commune à tous les risques.

161. — Le heurt du navire est toujours la cause première de l'échouement. Peu importe où il heurte, que ce soit sur un bas-fonds, un banc de sable, un rocher, ou même un obstacle artificiel, tel qu'un navire naufragé, des pieux plantés dans la mer (2). Il peut encore y avoir échouement au cas d'abordage. C'est ce que démontre l'espèce suivante :

Un navire nommé *Le Juste* était assuré *franc d'échouement avec bris*. Il fut abordé en sortant du port et s'échoua. Mais après trois jours, il fut renfloué moyennant une faible dépense. — L'assuré soutint que ce navire avait fait naufrage, et intenta contre son assureur une action en délaissement qui fut repoussée

---

(1) Heise et Cropp, Juristiche Abhandlungen, t. 1, p. 75.

(2) Parck, t. 1, 25, 177; Heise et Cropp, t. 1, p. 76.

en première instance par le Tribunal de Nantes, en appel par la Cour de Rennes, par le motif que le sinistre constituait un échouement avec bris dont cet assureur était franc.

L'assuré se pourvut contre l'arrêt et la Cour de cassation statua en ces termes :

« Attendu que la question du procès consiste à sa-« voir si, dans les circonstances de la cause, le navire « *Le Juste* doit être considéré comme ayant éprouvé « un naufrage ou subi seulement un échouement avec « bris ; — attendu que nul texte de loi n'a taxativement « fixé le caractère précis de ces deux accidents, ni dé-« terminé à quel signe il est possible de distinguer le « naufrage de l'échouement avec bris ; mais que le « sens général que l'usage et la doctrine ont donné au « mot naufrage implique la rupture et le bris du na-« vire, de manière que les débris seuls surnagent à la « surface des flots ; que la question de savoir si un « navire renfloué, après être resté pendant trois jours « sous l'eau, peut être considéré comme naufragé ou « seulement échoué avec bris, n'engage aucune doc-« trine de droit, mais dépend d'un ensemble de cir-« constances et de faits qu'il appartient au juge du « fond d'apprécier ; qu'en décidant, dans l'état des « faits constatés devant la Cour, que l'accident de « mer qu'a subi *Le Juste* constituait un échouement « avec bris et non un naufrage, et que par suite, aux « termes de la police d'assurance intervenue entre les « parties, il n'y avait pas lieu au délaissement, l'arrêt « attaqué n'a ni violé, ni faussement appliqué l'art. « 369 du C. de commerce,.... Rejette etc. (1).

(1) 27 juillet 1857. — Cass. (S. V. 57. 1. 749. — J. M. 36. 2. 9).

Pour le moment il suffit de retenir que cet arrêt admet que l'échouement peut résulter du heurt du navire sur un autre navire qui l'a abordé.

162. — Il ne suffit pas pour qu'il y ait échouement que le navire heurte un corps quelconque, il faut encore que, arrêté dans sa marche, il reste immobile sur le fond où il est arrêté. Ainsi lorsqu'il chavire par suite du heurt, il n'y a pas d'échouement (1).

On a décidé en Angleterre qu'on ne doit pas considérer comme s'étant échoué un navire qui, ne pouvant flotter par suite du flux, tombe sur un de ses côtés et est ensuite remis à flot par le reflux (2). En effet, dans ce cas, il n'y a pas à proprement parler d'échouement, mais un accident, un fait se rattachant à la navigation, qui ne peut pas être assimilé à une fortune de mer. Nous avons dit que le navire doit être immobile, adhérent au fond. Ainsi, on ne peut dire d'un navire qui touche un banc de sable, mais qui, n'étant pas arrêté, continue sa marche, qu'il s'est échoué. *Toucher et passer*, dit lord Ellenborough, *n'est pas échouer* (3).

Le navire peut être arrêté pendant quelques minutes et reprendre sa marche ; lorsqu'il en est ainsi, il n'y a pas d'échouement (4). Lord Ellenboroug s'est exprimé sur ce point en ces termes :

« Lorsqu'un navire momentanément échoué est sou-
« levé par les flots et continue à flotter, il n'y a pas
« d'échouement. Il en est ainsi lorsque son adhérence

---

(1) 21 juillet 1853. — Mars. (J. M. 31. 1. 331)

(2) Thomson vs Whitemore, 3 Taunt, 227.

(3) V. Lafont, Manuel de l'assuré, p. 145, qui contient une analyse des principes posés par Marshall en matière d'échouement.

(4) Parck, 1, 178; Heise et Cropp., t. 1, 77; Nolte, 1, 287.

« au fond ne dure que quelques minutes. Plus la durée « de cette adhérence se prolonge, plus la cause qui « empêche qu'il soit remis à flot est importante. On « doit dire d'un navire qui gît immobile sur le fond « (is run a grund) et y reste stationnaire (become sta- « tionnary), qu'il s'est échoué, et dans ce cas il im- « porte peu qu'il ait été arrêté par des pieux, par le « fond marécageux d'un fleuve, par des rochers. Mais « une simple adhérence (striking) qui cesse tout aussi- « tôt n'est pas un échouement » (1).

163. — Pendant quel temps le navire doit-il être immobile? Il appartient aux juges de l'apprécier. Ainsi, il a été décidé en Angleterre qu'il y a échouement lorsqu'il est resté immobile sur un banc de rochers, de 15 à 20 minutes (2).

Ces solutions ont une certaine importance en Angleterre, parce qu'aux termes des polices en usage, l'assureur y est toujours *franc d'échouement*.

164. — A Hambourg cette clause est aussi usitée depuis près d'un siècle, et, comme en Angleterre, le point de savoir dans quels cas l'échouement existe y a été l'objet de vives controverses (3). C'est pour y mettre un terme qu'on a essayé de définir l'échouement et de déterminer son caractère dans les conditions arrêtées par les assureurs (1800, 1847 et 1853). Ainsi, l'art. 93 du plan révisé de Hambourg de 1853 est ainsi conçu : « Il y a échouement lorsque le navire est arrêté « et immobile, qu'il ne peut être remis à flot que par

(1) Dougle vs Roy. Exch. Ass. Comp. 4 Maule et S. 501, — 4 Campb. 283.
(2) Carrutbon vs Sidebotham, 4 Maule et S. 77.
(3) Benecke, 3, 293—305.

« l'emploi de moyens extraordinaires, par exemple en « coupant les mâts, en faisant jet de la marchandise, « fallût-il la perdre, ou bien à l'aide d'une marée « absolument anormale (1).

« Il n'y a pas d'échouement lorsque le navire est re- « mis à flot par les moyens ordinaires, en guindant sur « les ancres, en forçant de voiles. — Dans tous les cas, « il faut que par l'effet de l'échouement, le navire ou « la cargaison aient éprouvé un dommage (2). »

Les art. 855 et suivants du Code de commerce allemand expriment les principes ci-dessus posés, et l'art. 857 les résume en ces termes :

« Il y a échouement dans le sens des articles 855 et « 856, lorsque le navire s'arrête et reste adhérent sur « un bas-fond, en dehors des circonstances ordinaires « de la navigation, et qu'il ne peut être remis à flot « qu'à l'aide de moyens extraordinaires, par exemple « en coupant les mâts, en déchargeant tout ou partie « de la cargaison, ou à l'aide d'une haute marée ex- « traordinaire, et non par un moyen ordinaire, en « guindant sur les ancres ou en forçant de voiles, — « ou bien encore lorsque, par suite de l'échouement, « il a souffert des avaries considérables. »

165. — Ainsi, en Angleterre le temps pendant lequel le navire est resté immobile est surtout pris en considération ; en Allemagne, on se préoccupe davantage des

(1) Nous avons suivi dans la traduction le sens qui a été donné au texte par la jurisprudence allemande. V. Nolte, 2, 225.

(2) V. les conditions actuelles, § 104, partie 2, celles de Brême, § 16. — V. encore, § 76 des conditions de la Compagnie de Copenhague, du 2 avril 1850, arrêtées par Frédéric VII. — V. aussi Schubach, *de jure littoris*, § 32.

moyens à l'aide desquels on peut le faire sortir de son état d'immobilité.

Cela posé, il reste à déterminer les règles qui doivent être suivies dans notre droit au cas d'échouement sans bris, car lorsqu'il y a bris le navire est en général immobile et ne peut dans tous les cas être relevé que par l'emploi de moyens extraordinaires.

Pour meilleure intelligence de la question, supposons que l'assureur soit *franc d'échouement*, et que le navire talonne, reste un moment immobile, et reprenne ensuite sa marche. Il est clair qu'il n'y a point d'échouement dans ce cas. Même solution si le navire cesse de flotter et est immobile pendant un délai trop limité pour qu'on puisse dire que l'assuré en soit privé. Mais si l'immobilité se prolonge pendant un temps suffisant, on pourra, par appréciation du fait, considérer l'échouement comme possible. Une dernière épreuve fournira le moyen de savoir si cette possibilité est devenue une réalité. Si le navire se relève de lui-même ou à l'aide des manœuvres ordinaires, on dira qu'il n'y a pas eu d'échouement, mais seulement un temps d'arrêt passager dans l'état de sa flottaison; mais s'il faut employer des manœuvres extraordinaires, de telle nature qu'on doive les considérer comme un moyen de remédier à l'échouement, il faudra reconnaître que le navire s'est réellement échoué.

166. — On a décidé en Allemagne, dans une espèce où le navire avait souffert une voie d'eau avant l'échouement, que l'assureur, quoique *franc d'échouement*, devait une indemnité à raison du préjudice causé par la voie d'eau (1). On juge de même à l'égard du

(1) 15 juillet 1858. — Tribunal de Hambourg et Cour de Lubeck, dans Ulrich, p. 162.

dommage causé au navire par le talonnement dans le cas où il ne s'est pas échoué.

167. — Il a été jugé en Angleterre : 1° que l'échouement n'est opposable à l'assureur qu'autant qu'il résulte d'une fortune de mer (1) ; 2° qu'il ne lui est pas non plus opposable lorsqu'il a lieu au moment où le navire s'est écarté de la ligne du voyage assuré (2).

§ II.

Du bris.

168. — Caractère du bris qui réuni à l'échouement donne le droit de délaisser.

169. — Ce genre de sinistre doit être apprécié avec sévérité.

170. — Il n'est pas absolument nécessaire que le bris soit suivi d'une voie d'eau.

171. — Ni qu'il en résulte une perte des trois quarts.

172. — Il n'est pas non plus nécessaire qu'il soit absolu.

173. — Différence entre l'échouement avec bris et l'innavigabilité.

174. — Les clauses dérogatoires des polices en matière d'échouement avec bris font revivre l'art. 5 de la déclaration de 1779.

175. — Etant donnée cette dérogation, l'assureur peut écarter le délaissement en s'obligeant à renflouer et à réparer le navire.

176. — Le plus ou moins de facilité du renflouement indique la gravité du bris.

177. — L'échouement avec bris du navire donne le droit de délaisser la marchandise dont il est porteur.

168. — On distingue l'échouement simple de l'échouement avec bris. Le premier ne donne lieu qu'à une action d'avarie; le second donne droit au délaissement.

---

(1) Philipps v° Barber, 5 B et Ald. 161.

(2) Fletcher v° Ingliss, 2 B et Ald. 315. — Dans ce sens Arnould, 2, 797.

Le bris suppose la rupture de tout ou partie du navire. Lorsque le bris est total, il y a naufrage, et dès lors le bris, qui réuni à l'échouement autorise l'assuré à délaisser, doit être partiel.

Le bris partiel a des degrés. Il peut être presque total ou n'avoir aucune importance. Entre ces deux extrêmes, les nuances sont innombrables. Cela dit, où est la limite entre le bris qui n'est pas assez considérable pour donner ouverture au délaissement et celui qui l'est assez. Il est impossible de tracer sur ce point une règle, et il suffit d'admettre qu'il n'y a bris que si le navire est atteint dans une ou plusieurs des parties essentielles sans lesquelles il ne peut naviguer (1). Mais dire avec la Cour de Paris que le bris *doit être absolu et tel qu'il y ait impossibilité de relever le navire* (2), c'est substituer à l'art. 369, l'art. 5 de la déclaration du 17 août 1779, c'est confondre l'échouement avec bris, qui est une cause spéciale de délaissement, avec l'innavigabilité qui en est une autre.

Le bris doit avoir une importance sérieuse, telle est la règle.

Ainsi rien d'étonnant que le Tribunal de Marseille ait admis le délaissement pour échouement avec bris dans une espèce *où la quille avait été brisée à partir de l'étrave, dans une longueur de 2 m. 50, où la fausse étrave avait été dérangée, la quille d'arrière déviée de babord à tribord, la couture de gabord de babord*

(1) 27 août 1842. — Paris (S. V. 43. 2. 167. — J. M. 21. 2. 192) — 6 octobre 1847. — Trib. Paris (Lehir, 48, 2, 107). — *Sic* Lemonnier, t. 1, n. 266; Haghe et Cruismans, n. 226; Bédarride, t. 4, n. 1413 et 1414, Alauzet, Ass., n. 347 et Comm., n. 1492; Friguet, 1, 99; Dalloz, n. 1998.

(2) 27 février 1841. — Paris (J. M. 20. 2. 59).

arrière ouverte sur une longueur de cinq mètres à partir de l'estambot, où le côté de tribord était très-arqué et rentrait en dedans, où les écarts étaient ouverts et l'étoupe sortie des coutures, où à l'intérieur une sarangue, huit genoux, huit ployants et une allonge étaient cassés (1). — Je comprends encore que le délaissement ait été admis dans une espèce où l'assurance portait sur un bateau à vapeur, qui, s'étant échoué, avait eu sa machine entièrement détruite, car par ce bris, il n'existait pour ainsi dire plus en tant que bateau à vapeur (2). Au contraire, lorsque le bris est insignifiant, que la quille est simplement raguée et qu'elle peut être réparée au moyen d'une contrequille, ou bien que quelques bordages sont atteints, il n'y a pas lieu d'admettre le délaissement (3).

169. — Du reste, les tribunaux doivent se montrer très-sévères pour l'admettre lorsqu'il est fondé sur l'échouement et le bris, attendu que ce sinistre peut être volontaire. Il peut l'être surtout lorsqu'il se produit non loin de l'entrée d'un port. Un capitaine n'aura jamais l'idée de faire sombrer son navire en pleine mer, étant trop exposé lui-même à ce jeu; mais il lui est presque toujours possible de le faire échouer dans des conditions où le salut de l'équipage est certain. Je me suis occupé de la conduite d'un capitaine qui fit échouer deux fois le même navire; au premier échouement, il fit le délaissement que les assureurs acceptèrent,

(1) 14 mars 1857. — Mars. (J. M. 35. 1. 229).

(2) 21 décembre 1840. — Paris (J. P. 41. 1. 221). — V. aussi Lemonnier, 2, 260.

(3) 28 septembre 1855. — Mars. (J. M. 35. 1. 229). — 1er avril 1844. — Bordeaux (S. V. 44. 2. 529. — J. M. 23. 2. 123).

acheta le navire au moyen d'un prête-nom, le fit renflouer et réparer à peu de frais, ce qui lui permit de lui faire reprendre le cours de sa navigation. L'ayant fait de nouveau assurer, non plus par le même assureur, il le fit échouer une deuxième fois, ce qui ne lui réussit pas aussi bien. C'est parce que de pareils faits peuvent se produire, qu'en Angleterre et en Allemagne, on n'assure que *franc d'échouement*, et que nos assureurs ont fait de l'échouement avec bris un cas d'innavigabilité.

C'est surtout lorsque les navires sont vieux que les assurés font usage de l'échouement prémédité et volontaire. Il en est des vieux navires comme des vieilles maisons; dès que le bris les a entamés, tout suit, tout se disloque. Les assurés, s'appuyant dans ce cas sur l'étendue de la perte, veulent bon le délaissement, et les assureurs sont souvent victimes de cette inique prétention. Mais une réaction salutaire s'est faite et il a été décidé que dans l'évaluation de la perte résultant du bris, il ne faut pas tenir compte de ce que la vétusté y a ajouté (1), et c'est avec juste raison, car si la vétusté n'est pas un vice propre et n'exonère pas l'assureur des risques, elle n'est pas non plus, ainsi que l'a affirmé la jurisprudence anglaise, une fortune de mer.

170. — On a essayé de formuler les règles à l'aide desquelles il est permis d'apprécier si le bris est suffisant pour autoriser l'assuré à délaisser. Ainsi, on a soutenu qu'il ne l'est que s'il est suivi d'une voie d'eau et que sinon, non (2). Cette opinion a le tort de créer une condition dont l'art. 369 ne parle pas ; de plus elle

(1) 5 août 1870. — Mars. (J. M. 48. 1. 286). — 21 avril 1870. — Aix (J. M. 50. 1. 48).

(2) V. note de Devilleneuve, dans Sirey, 44, 2, 500.

peut contrarier la saine appréciation des faits. — Supposez en effet que le navire se soit brisé contre un banc de rochers délaissé par les flots après la tempête, et qu'ainsi ce navire soit pour ainsi dire hors de l'eau, vous aurez un bris presque total et point de voie d'eau. Supposez que le navire renversé sur son flanc n'ait d'autre dommage qu'une simple ouverture, par laquelle l'eau a pu remplir sa cavité, vous aurez une voie d'eau, mais un bris sans importance.

171. — D'autres soutiennent que le bris ne donne ouverture au délaissement, que lorsque la perte qui en résulte s'élève aux trois quarts. Ils n'ont pas vu que dans cette hypothèse le bris suffit, et que si l'échouement s'y ajoute, l'on a deux causes de délaissement entre lesquelles l'assuré peut choisir (1).

Les assureurs qui stipulent que le bris doit porter la perte aux trois quarts (2) reconnaissent virtuellement que le délaissement pourrait être admis avec une quotité moindre, et cela est conforme aux principes.

172. — On a encore soutenu que le bris doit être absolu, sans voir que lorsqu'il est tel il se confond, ainsi que l'a déclaré le Tribunal de Marseille, avec le naufrage (3).

173. — Dans les observations qui précèdent, nous avons distingué l'échouement avec bris de la perte des trois quarts et du naufrage. Il nous reste à démontrer en quoi il diffère de l'innavigabilité.

Dans ce but, posons deux propositions :

1° Dans le cas d'échouement simple, sans bris ou

---

(1) 22 juin 1819 (Dalloz, n. 1999).

(2) 22 juin 1826. — Rej. (S. V. 27. 1. 42. — D. P. 26. 1. 310). — 3 avril 1848. — Bordeaux (J. M. 27. 2. 164).

(3) 14 août 1857. — Mars. (J. M. 35. 1. 229).

avec un bris qui n'a point l'importance voulue pour justifier le délaissement, le navire doit être considéré comme innavigable toutes les fois qu'il ne peut pas être renfloué.

2° Dans le cas d'échouement avec un bris qui a l'importance voulue, le délaissement doit être admis, même alors qu'il est constant que le navire peut être relevé et réparé.

Si ces deux propositions sont vraies, il en résulte que l'innavigabilité résultant d'un échouement avec bris, peut donner lieu au délaissement, alors que cet échouement, pris en lui-même, n'y donnerait pas lieu, et réciproquement que l'échouement avec bris peut donner à l'assuré le droit de délaisser le navire, alors que le renflouement et la réparation du navire sont possibles, ce qui exclut toute idée d'innavigabilité.

Pour élucider ce point, il faut se demander si l'article 389 du Code de commerce est ou non applicable à l'échouement avec bris. — Cet article est ainsi conçu :

« Le délaissement à titre d'innavigabilité ne peut « être fait *si le navire* ÉCHOUÉ peut être relevé et ré- « paré et mis en état de continuer sa route pour le lieu « de destination. »

Pour soutenir que cet article est applicable au cas d'échouement avec bris, on dit qu'il n'est que la reproduction de l'art. 5 de la déclaration de 1779 ; qu'il pose un principe général, et que par suite il s'applique au cas d'échouement simple comme au cas d'échouement avec bris, et qu'étant d'ailleurs très équitable, il serait injuste d'en restreindre l'application (1).

---

(1) 4 décembre 1820.— Mars (J. M. 2. 1. 21).— 27 février 1841.— Paris (J. M. 20. 2. 59). — *Sic* Estrangin, p. 184 et Dageville, t. 3, p. 364 et 574. — *Adde* 29 février 1848 — Trib. Bordeaux (J. M. 27. 2. 156. — 6 juillet 1852. — Aix (J. M. 31. 1. 113). — 11 avril 1876. — Mars. (J. M. 54. 1. 167).

A cela l'on répond :

1° L'art. 369 du C. de commerce énumère les cas qui donnent lieu au délaissement, il y comprend la perte de trois quarts, le naufrage, l'échouement avec bris, l'innavigabilité. C'est donc le violer que de les confondre. De plus, comme pour mieux marquer la distinction entre l'échouement avec bris et l'innavigabilité, le Code de commerce ne mentionne le premier que dans l'art. 369, tandis qu'il mentionne le second dans six autres articles (389-394).

2° On propose de faire revivre l'art. 5 de la déclaration de 1779. Mais cet article est fait pour l'ordonnance qui considère l'échouement simple comme un cas de délaissement, et ne peut se combiner avec l'art. 369 qui veut qu'à l'échouement s'ajoute le bris, de sorte qu'en combinant cet article avec l'art. 5, il faudrait pour que le délaissement fût admissible la réunion de trois circonstances : 1° l'échouement; 2° le bris ; 3° l'impossibilité de renflouer le navire. Or, comme cette dernière circonstances suffit à elle seule pour motiver le délaissement pour raison d'innavigabilité, il est contre toute logique de l'adjoindre aux deux autres.

3° Mais, dit-on, l'art. 389 parle d'un navire *échoué*. Cela est exact, mais il faut dire aussi qu'il ne parle pas d'un navire *brisé*. Il est fait pour l'échouement simple, qui n'est par lui-même qu'une avarie, mais qui peut devenir un sinistre majeur lorsque le navire ne peut être ni relevé ni réparé.

De ce qui précède il résulte que le Code de commerce reconnaît deux sortes d'échouement : 1° l'échouement simple qui ne devient un sinistre majeur que si le navire ne peut être ni relevé ni réparé ; — 2° l'échouement avec bris, bris grave, sérieux, qui est par lui-même un sinistre majeur, pour lequel il n'y a pas à examiner si le navire peut être relevé ou réparé (1).

174. — A notre avis, la règle que consacrait la déclaration de 1779, d'après laquelle l'échouement avec ou sans bris n'était qu'un cas d'innavigabilité, est préférable à celle que pose l'art. 369. Nous n'en voulons d'autre preuve que le fait suivant :

Un navire s'étant échoué avec bris fut délaissé par l'assuré, à qui son assureur paya 81,000 fr. — Celui-ci mit le navire en vente, et l'assuré le fit acheter par un constructeur, pour 12,000 fr. — En étant devenu acquéreur, il le fit renflouer et réparer, et paya pour cela 23,000 fr. Au moyen de cette opération, cet assuré reçut de son assureur 81,000 fr., en paya 35,000, se procura ainsi un boni de 46,000 fr., et eut le même navire bien réparé et en meilleur état qu'il ne l'était avant l'échouement. L'iniquité de la loi est ici prise sur le fait. C'est ce qu'ont très-bien compris les assureurs. Craignant d'être dupes, ils stipulent par une clause explicite ou implicite, qu'ils seront francs d'échouement, et ne l'acceptent comme sinistre majeur qu'autant que le navire ne peut être renfloué (2). Par cette stipulation, l'échouement n'est qu'un fait, une simple manifestation de la perte, et c'est l'innavigabilité qui lui assigne son caractère. Aussi, tandis que dans les

(1) 7 août 1842. — Douai (D. P. 43. 2. 53). — 13 octobre 1843. — Mars. (J. M. 22. 1. 307). — 9 septembre 1845. — Mars. (J. M. 25. 1. 171). — 9 décembre 1852. — Mars. (J. M. 31. 1. 62). — *Sic* Alauzet, t. 2, n. 347; Lemonnier, t. 2, n. 266; Boulay-Paty, t. 4, p. 232; Vincens, t. 3. p. 365; Haghe et Cruismans, n. 225.

(2) V. 24 mai 1853 — Paris (J. M. 32. 2. 68).

cas où l'on applique l'art. 369 et lorsque l'échouement avec bris est constant, on n'a jamais à rechercher si le navire peut ou non être renfloué, cette recherche est nécessaire lorsqu'elle est imposée par la police.

175. — Dans ce cas, le point de savoir si un navire est innavigable ne pouvant être résolu qu'en fait, il est admis que l'assureur peut, au cas d'échouement avec bris, s'opposer au délaissement, en s'obligeant à faire renflouer et réparer le navire (1). Mais les tribunaux qui peuvent accorder cette faculté, peuvent aussi la refuser lorsque la gravité du bris démontre que l'opération sera à la fois trop longue, trop difficile et trop coûteuse. Ainsi ils l'ont refusée dans une espèce où le navire avait perdu 10 mètres de la quille, avait le bryon et le gabord de l'arrière brisés et une partie des bordages séparés de la membrure (2). Mais, comme en donnant à l'assureur le droit de faire faire le renflouement et les réparations, celui-ci pourrait, par des longueurs calculées, retarder le moment où l'assuré reprendrait la jouissance de son navire, ou, à défaut, recevrait l'indemnité, les Tribunaux imposent toujours un délai, passé lequel toutes les opérations doivent être terminées (3).

176. — Bien que, à défaut de stipulation, et lorsque l'échouement avec bris est constant, on n'ait pas à s'occuper du point de savoir si le navire peut ou non être renfloué, nous admettons cependant que le plus

(1) 24 août 1860. — Mars. (J. M. 38. 1. 288). — 19 mai 1865. — Mars. (J. M. 43. 1. 288).

(2) 13 octobre 1865. — Mars. (J. M. 43. 1. 388).

(3) 14 juillet 1865. — Mars. (J. M. 43. 1. 222). — 24 février 1879. — (Nantes (J. M. 57. 1. 210).

ou moins de facilité du renflouement peut être un moyen d'apprécier l'étendue et la gravité du bris. C'est pour cela, ainsi que le dit Baldasseroni, qu'on n'admet pas en Italie le délaissement, dans le cas où le navire s'est échoué, lorsqu'il peut être facilement renfloué et sans trop de perte de temps (1).

177. — Ajoutons que l'échouement avec bris du navire donne ouverture au délaissement des facultés dont il est porteur (2), de sorte qu'une marchandise peut être délaissée, bien qu'elle ait pu être remise au destinataire, ce qui arrive lorsque le navire s'étant échoué près du port de destination, cette marchandise a été entièrement sauvée. Les assureurs ont le soin de prévenir cette iniquité par des stipulations précises.

(1) Baldasseroni, P. 6, t. 8, § 5.

(2) 28 septembre 1855.— Mars. (J. M. 33. 1. 302). — 14 août 1857. — Mars. (J. M. 35. 1. 229). — 15 janvier 1866. — Hâvre (J. Hâvre 1866. — 1. 27).

CHAPITRE VII.

DE L'INNAVIGABILITÉ.

178. — Considérations générales. — Division du sujet.

178.—L'idée propre attribuée au mot innavigabilité, dit Emérigon, emporte la dégradation absolue, ou le défaut irrémédiable de quelques-unes des parties essentielles du vaisseau, sans lesquelles il ne pourrait subsister comme navire et remplir l'objet de sa destination (1).

L'ordonnance ne parlait pas du cas d'innavigabilité. Mais la déclaration du 17 août 1779 suppléa à cette lacune. Le Code de commerce (art. 369), suivant en cela l'exemple d'un grand nombre de législations, tant anciennes que modernes (2), a mis l'innavigabilité au rang des sinistres majeurs.

L'innavigabilité peut être le résultat d'un fait quelconque; elle ne comporte pas comme l'échouement avec bris ou le naufrage, la réunion de certains faits d'un caractère déterminé. En d'autres termes, elle peut résulter d'un échouement simple ou avec bris, d'une voie d'eau, d'un abordage, bref d'un ensemble de faits qui ne donnent pas, par eux-mêmes, droit au délaissement. Il en est ainsi parce que dans l'innavigabilité on

(1) Emérigon, chap. 12. sect. 38.

(2) V. Rotterdam, art. 62; Amsterdam, art. 26; Midlebourg, art. 15; Recop. ley, art. 20; C. esp. art. 901; C. port., art. 1798 et s.; C. holl. art. 663, 664. C. all. 444, 499, 877 et 878.

regarde surtout au résultat du sinistre et non au sinistre lui-même.

C'est ce que proclame l'art. 389 du Code de commerce en ces termes :

« Le délaissement à titre d'innavigabilité ne peut « être fait, si le navire échoué peut être relevé, réparé « et mis en état de continuer sa route pour le lieu de « sa destination. — Dans ce cas l'assuré conserve son « recours sur les assureurs pour les frais et avaries « occasionnés par l'échouement. »

Le législateur, après avoir déclaré dans l'art. 369 que le délaissement peut être fait pour cause d'innavigabilité, détermine dans l'art. 389 ce qui constitue ce genre de sinistre. — A-t-il réussi ? Je ne le crois pas. — D'abord la formule est négative, ce qui est une manière vicieuse de rédiger les lois. En second lieu, loin de poser une règle générale, le législateur prend une espèce, le cas d'échouement, ce qui est une faute. A notre avis l'art. 389 aurait dû être ainsi rédigé :

« Le navire est innavigable lorsque s'étant échoué, « il ne peut être relevé, ou qu'ayant subi des avaries il « ne peut être réparé et mis en état de continuer sa « route pour le lieu de sa destination. — Lorsqu'il peut « être relevé ou réparé, l'assuré conserve son recours « pour les dommages résultant de l'échouement ou « des avaries. »

Quoiqu'il en soit, que le navire se soit échoué, ou qu'il soit simplement avarié, il est innavigable lorsqu'il ne peut être renfloué s'il s'est échoué, et dans tous les cas, quelle que soit la nature de l'avarie, lorsqu'il ne peut être réparé. On dit dans ce cas que l'innavigabilité est absolue.

Lorsque le navire peut être relevé ou réparé, mais qu'à raison de certaines circonstances extrinsèques, défaut de fonds, manque d'ouvriers, etc., le renflouement ou la réparation sont impossibles, on dit que l'innavigabilité est relative.

Par cela que le navire est innavigable, la marchandise dont il est porteur ne peut être transportée par ce navire au lieu de destination. Ce cas est régi par les art. 391, 392, 393 et 394.

Les observations qui précèdent indiquent les divisions que comporte ce chapitre. Elles sont les suivantes.

§ I. — De l'innavigabilité par rapport au navire.
§ II. — Formes à suivre pour constater l'innavigabilité.
§ III. — De l'innavigabilité par rapport aux facultés.

§ 1er.

De l'innavigabilité par rapport au navire.

DIVISION.

Section I. — De l'innavigabilité absolue.
Section II. — De l'innavigabilité relative.

SECTION I.

De l'innavigabilité absolue.

179. — L'innavigabilité peut être la conséquence d'un sinistre donnant lieu au délaissement.

180. — Le navire qui peut être renfloué, mais qui ne peut être réparé, est innavigable.

181. — Le navire peut être déclaré innavigable lorsque la réparation ne le met pas en état de naviguer dans des conditions normales.

179. — Comme ce n'est pas la nature du sinistre, mais son résultat qui cause l'innavigabilité, il peut arriver qu'elle soit la conséquence d'un des sinistres majeurs qui donnent lieu au délaissement. Lorsqu'il en est ainsi, si par exemple par suite d'un naufrage, d'un échouement avec bris, d'une fortune de mer qui a porté la perte aux trois quarts, le navire est devenu innavigable, on a le concours de deux causes de délaissement qui permettent de l'imposer à l'assureur, même alors qu'il est affranchi de l'une d'elles.

180. — Le navire qui s'est échoué pendant la durée des risques est réputé innavigable, bien qu'il puisse être relevé, s'il ne peut pas être réparé (1), ou bien si ce n'est qu'à l'aide de moyens extraordinaires, qu'on le fait parvenir au lieu de destination (2) ou dans un port de relâche (3), où il ne peut être réparé, et cela encore que cette impossibilité soit constatée après que le risque a pris fin (4).

181. — D'après l'art. 389, la réparation doit mettre le navire *en état de continuer sa route et d'arriver au lieu de destination.* — Par application de cet article, on admet en France que la réparation qui ne met pas le navire en état de naviguer comme auparavant et de

(1) 24 février 1853. — Bordeaux (J. M. 31. 2. 92).

(2) 5 juillet 1848. — Cass. (S. V. 52. 1. 640). — 7 avril 1842. — Douai (J. M. 21. 2. 64).

(3) 4 juin 1847. — Bordeaux (J. M. 26. 2. 126).

(4) 29 juillet 1825. — Mars. (J. M. 7. 1. 269).

transporter les marchandises qu'il transportait avant le sinistre, ne remédie pas à l'innavigabilité, et ne doit pas par suite être considérée comme suffisante (1) ; qu'il en est ainsi, par exemple, lorsque le navire réparé ne peut plus naviguer que sur lest (2) ou à l'aide d'un remorqueur.

Au contraire, il est admis en Angleterre qu'il suffit que le navire soit réparé de manière à pouvoir naviguer sur lest, ou chargé de marchandises moins lourdes que celles dont il était porteur avant le sinistre, mais qu'il n'est pas nécessaire qu'il puisse transporter ces dernières, et cela, ainsi que le disait lord Tenderden, parce que si l'assureur est garant de la perte du navire, il ne l'est pas de la perte du voyage (3).

Cette opinion n'est pas acceptable. Un navire qui, quoique réparé, ne peut plus naviguer dans des conditions normales, doit être considéré comme perdu pour l'assuré.

182. — Lorsqu'il est établi que le navire ne peut être relevé ni réparé, il y a lieu de le vendre. — Ce principe est expressément proclamé par l'art. 877 du nouveaux Code allemand. Il est admis en Angleterre (4) et en France (5).

Lorsqu'il a été légitimement vendu, il importe peu que par suite de circonstances exceptionnelles et au

---

(1) 31 décembre 1840. — Paris (J. M. 20. 2. 50). — 19 août 1862. — Bordeaux (J. M. 40. 2. 130).

(2) 29 mai 1843. — Mars. (J. M. 24. 1. 77). — *Sic* Emérigon, ch. 12, sect. 38, § 7.

(3) V. Reid v[s] Juwing et Doyle v[s] Dallas, 10 East, 143.

(4) Sarah Ann. 2. Summer, 215. — Philipps, 2, 315, 317.

(5) 5 août 1839. — Cass. (J. M. 19. 2. 10).

moyen de dépenses considérables, l'acheteur soit parvenu à le relever ou à le réparer de manière à le rendre navigable, le délaissement n'en doit pas moins être maintenu (1).

La vente peut être provoquée par le capitaine, et même par l'assuré lorsqu'il est présent (2). Lorsque le capitaine a à tort opéré la vente, l'assuré n'est pas recevable à faire le délaissement (3). Il en est autrement lorsque l'assureur répond de la baraterie de patron (4).

L'art. 877 du C. allemand porte qu'au cas de vente le dommage doit être réglé d'après la différence entre la somme assurée et le produit net de cette vente. Ce principe est reconnu par notre jurisprudence (5), qui l'a déclaré applicable au cas où l'assuré choisit l'action d'avarie (6). En Allemagne, le recouvrement du prix incombe à l'assureur, tandis qu'en France, il incombe à l'assuré (art. 381, 388 combinés). C'est pour cela qu'il a été décidé que l'insolvabilité de celui qui a reçu le prix est à la charge de l'assuré et non de l'assureur (7). Il est encore de jurisprudence qu'il n'y a pas lieu de déduire de l'indemnité au cas de vente la différence du vieux au neuf (8). Deux décisions ont été rendues en

---

(1) Robertson v• Carrathers, 2 Starck, 571.

(2) 14 mars 1834. — Mars. (J. M. 7. 1. 260).

(3) 2 mars 1859. — Bordeaux (J. M. 37. 2. 76).

(4) 6 décembre 1848. — Paris (J. M. 14. 2. 167).

(5) 22 mai 1855. — Mars. (J. M. 33. 1. 172). — 11 février 1856. — Bordeaux (J. M. 34. 2. 49).

(6) 6 mai 1859. — Mars. (J. M. 37. 1. 199).

(7) 10 janvier 1862. — Mars. (J. M. 40. 1. 41).

(8) 23 septembre 1856. — Mars. (J. M. 34. 1. 268). — 21 janvier 1857. — Aix (J. M. 35. 1. 25). — 18 mars 1857. — Aix (J. M. 36. 1. 76). — 6 mai 1859. — Mars. (J. M. 37. 1. 199). — 21 janvier 1861. — Bordeaux (J. M. 39. 2. 20). — 17 janvier 1862. — Rouen (J. M. 40. 2. 69).

sens contraire (1), et l'une d'elles émane de la Cour de Bordeaux qui est revenue plus tard sur sa jurisprudence. L'idée de déduire la somme représentative de la différence entre le vieux et le neuf supporte à peine l'examen. En effet, puisqu'il est de principe que l'évalution du navire représente sa valeur pendant toute la durée de l'assurance, quelle que soit l'usure à laquelle il est soumis, il n'y a pas lieu de déduire de cette évaluation la différence du vieux au neuf, car du moment où la réparation n'est pas faite, cette différence ne peut être que la représentation de l'usure.

La Cour de Bordeaux a cependant jugé que lorsque l'assuré demande la somme assurée, au cas de vente du navire, il y a lieu de déduire de cette somme, non-seulement le prix, mais encore dans le cas où l'assuré a touché le fret, la somme représentative de l'usure que le navire a subie depuis l'assurance, et cela parce que étant représentée par une partie de ce fret, l'assuré se la ferait payer deux fois (2).

On est allé encore plus loin. La Cour de Rouen, après avoir refusé de déduire la différence du vieux au neuf, ainsi que l'usure, a décidé que lorsque l'assuré perçoit le fret, il faut déduire de la somme assurée, en sus du prix de vente, la valeur représentative des vivres et des gages de l'équipage, sauf à imputer sur cette valeur les frais de rapatriement (3). Comprenne qui pourra; nous n'avons pu y parvenir.

Quoi qu'il en soit, toutes ces décisions n'ont qu'un

---

(1) 2 décembre 1856. — Mars. (J. M. 36. 1. 10). — 11 janvier 1856. — Bordeaux (J. M. 36. 1. 10).

(2) 21 janvier 1861. — Bordeaux (J. M. 39. 2. 20).

(3) 17 janvier 1862. — Rouen (J. M. 40. 2. 69).

but, celui de réduire le plus possible le bénéfice que le fret procure à l'assuré lorsque ayant opté pour l'action d'avarie, il le touche en même temps que la somme assurée. Cette préoccupation serait louable, si elle ne conduisait pas à la violation des principes. Nous ne pouvons que reproduire sur ce point ce que nous avons déjà dit tant de fois. Le fret n'a rien à faire dans l'assurance du navire, si ce n'est dans le cas prévu par l'art. 382. Le législateur est parti de cette idée que dans certains cas l'armateur touche le fret et gagne, que dans d'autres il ne le touche pas et perd, et que par suite il n'y a point à tenir compte d'un élément aussi variable.

183. — Lorsque le navire est vendu, ce n'est pas la vente, mais l'innavigabilité dont elle est la conséquence, qui rend le délaissement légitime. — « L'assuré, dit Philipps, fait le délaissement, non parce que « la vente lui en donne le droit, mais parce que la « cause qui l'a rendue nécessaire est au nombre des « risques qui sont considérés comme constitutifs « d'une perte totale » (1). Cette observation est éminemment juste.

SECTION II.

De l'innavigabilité relative.

184. — Enumération des cas d'innavigabilité relative. — Elle est une cause de délaissement.

185. — Le navire est innavigable lorsque la réparation équivaut à une reconstruction.

186. — Ou bien lorsque la différence entre le coût de la réparation et la valeur du navire est trop minime.

(1) Philipps, 2. 296.

187. — Points qui doivent être appréciés lorsqu'il s'agit de savoir si le navire est innavigable.

188. — Méthode à suivre lorsqu'il s'agit de fixer la valeur du navire.

189. — Que faut-il comprendre dans le coût des réparations?

190. — Il n'y a pas à en déduire la différence du vieux au neuf.

191. — Quelle doit être la différence entre le coût de la réparation et la valeur du navire après qu'elle est faite?

192. — Après la réparation faite, bien que la dépense ait dépassé les prévisions, le délaissement n'est plus recevable.

193. — *Quid* si pendant le cours des réparations, on voit que la dépense égalera la valeur du navire, après qu'elle sera faite?

194. — Résumé.

195. — Cas où le temps nécessaire pour faire la réparation est trop long.

196. — Cas où elle ne peut être faite par manque d'ouvriers et de matériaux.

197. — ..... ou par manque de fonds.

198. — L'assuré peut-il opposer le manque de fonds, lorsque le navire est arrivé au port de destination?

199. — L'assuré est tenu de faire son possible pour réaliser l'emprunt nécessité par les réparations.

200. — L'emprunt doit être limité aux besoins qu'imposent les dommages dont l'assureur répond.

201. — Pour comparer la valeur du navire après la réparation avec ce qu'elle coûte, il faut y ajouter la commission, les intérêts, etc.

202. — L'assureur ne répond pas, sauf convention contraire, de la faute que commet le capitaine en ne cherchant pas à réaliser l'emprunt.

203. — L'assuré est-il tenu d'avancer le montant de la dépense lorsqu'il ne trouve pas à l'emprunter?

204. — Distinction entre l'innavigabilité absolue et l'innavigabilité relative.

184. — L'innavigabilité relative est généralement considérée comme une cause de délaissement (1).

---

(1) 23 août 1875. — Bordeaux (J. M. 54. 2. 113). — 19 janvier 1876. — Rouen (J. M. 55. 2. 54). — V. encore Lemonnier, t. 1, n. 268; Dalloz, n. 2009; Haghe et Cruismans, n. 234; Pardessus, 3, 842; Alauzet, comm., 3, 1560; Dubernon sur Benecke, 2, 475.

Elle existe dans les cas suivants :

1° Coût excessif de la réparation ;

2° Nécessité d'y employer un temps trop long ;

3° Manque d'ouvriers et de matériaux ;

4° Manque de fonds.

Coût excessif de la réparation.

185. — Lorsque le navire est incapable par suite de ses avaries de tenir la mer, et que la dépense à faire pour le mettre en état de naviguer équivaut à une reconstruction, il n'y a pas lieu de le faire réparer (1). Ce principe que proclame notre jurisprudence (2) est admis par tous les peuples qui ont un droit maritime (3). On l'exprime encore sous un autre forme, en disant qu'un navire ne doit pas être réparé lorsque sa valeur après la réparation est égale au coût de cette réparation (4).

186.— Mais le caractère de la perte n'est pas toujours aussi simple. Dans une foule de cas, il n'y a point d'intérêt à faire la réparation, parce que la différence entre ce qu'elle coûte et la valeur qui sera donnée au navire est trop minime. C'est sur ce point que les opinions sont divergentes.

187. — Il est clair que pour établir la différence entre la valeur du navire réputé sain et le coût des répara-

(1) Guidon de la mer, ch. 7, art. 1 ; Statut de Gênes, lib. 4, cap. 7, § *Casus sinister;* Targa, cap. 54, 139 ; Emérigon, ch. 12, sect. 38, § 6.

(2) 14 juin 1832. — Cass. (S. V. 32. 1. 757). — 5 juillet 1848. — Cass. (S. V. 52. 1. 640).

(3) Philipps, 2, 317 ; Arnould, 2, 879 et s.

(4) 10 mai 1859. — Douai (S. V. 60. 2. 20. — J. M. 38. 2. 27). — 22 mai 1858. — Rouen (J. M. 36. 2. 114). — 7 février 1859. — Caen (J. M. 37. 2. 45).

tions, il faut déterminer ces deux termes. Cela fait, il faut savoir si la différence obtenue comporte ou non la réparation.

Ainsi trois points à examiner : 1° Manière de déterminer la valeur du navire réputé sain. — 2° Que faut-il comprendre dans le coût des réparations ? — 3° Quelle doit être la différence entre la valeur du navire et le coût des réparations ?

188. — Premier point. — Il se rapporte à la manière de fixer la valeur du navire. A cet égard deux systèmes. — Les uns prétendent que l'on doit comparer *la somme assurée* avec le coût des réparations. — Les autres *la valeur du navire après la réparation* avec la dépense qu'il faut exposer pour la faire.

Le nouveau C. allemand (art. 877) veut qu'on s'en tienne à la valeur du navire après la réparation et non à la somme assurée (1). La même opinion a prévalu en Angleterre (2). Le code hollandais au contraire veut qu'on s'en tienne à la somme assurée (art. 664 et 666).

La question s'est présentée en Angleterre dans l'espèce suivante :

Un navire avait été assuré pour la somme de 17,500 liv. st. Il éprouva de graves avaries, et le capitaine se décida à entrer dans le port de Calcutta pour les faire réparer. Dans ce but, il fit nommer des experts qui portèrent le montant des réparations à 10,000 liv. et déclarèrent que le navire vaudrait, après qu'elle aurait été faite, 9,000 liv. — L'assuré, instruit de ce résultat, délaissa le navire à ses assureurs ; ceux-ci

(1) V. Prot. VII, 3362-3364.

(2) Arnould, 2, 939-943 ; Philipps, 2, 317.

contestèrent le délaissement, se fondant sur ce que la réparation devait être comparée à la somme assurée, laquelle lui était sensiblement supérieure. — L'affaire ayant été portée devant le jury, le juge Creswell fit observer qu'il n'y avait qu'un seul point à examiner, celui de savoir si le propriétaire du navire, en supposant qu'il n'eût pas été assuré, et qu'il eût exactement apprécié ce qui était le plus conforme à ses intérêts, aurait ou non fait la réparation. — Le jury, convaincu qu'à coup sûr il ne l'aurait pas faite, décida en faveur de l'assuré. — La Cour de l'Echiquier devant laquelle l'affaire fut portée décida comme le jury. — Les assureurs, espérant mieux, se pourvurent devant la Chambre des lords, qui ordonna avant de statuer, que tous les juges réunis donneraient leur avis. Ceux-ci, après avoir délibéré, chargèrent le juge Paterson de les résumer dans un rapport. — Ce juge exposa qu'il s'agissait de savoir si la perte devait être réglée comme avarie ou si elle autorisait le délaissement ; que pour décider ce point, il fallait examiner si l'armateur aurait fait la réparation dans le cas où il n'aurait pas été assuré. S'il est admis, ajoutait-il, qu'il est contraire à son intérêt de la faire, le navire doit être considéré comme perdu. Etant ainsi considéré, il s'agit de régler l'indemnité. Dans ce règlement l'évaluation conventionnelle doit seule être prise en considération. — Après cet exposé le juge Paterson opina pour le délaissement, et la Chambre des Lords jugea dans ce sens (1).

La règle qui a servi de base à cette décision doit être suivie, et cela par le motif qu'après le sinistre

(1) Irwing v^s Manning. In Dom. Proc., 26 juillet 1847.

l'innavigabilité actuelle donne droit au délaissement, que la réparation du navire n'est qu'un moyen d'écarter l'exercice de ce droit, et que dès lors la somme assurée n'a rien à faire dans l'appréciation du point de savoir si la réparation sera contraire ou favorable à l'assuré.

189. — Deuxième point. — *Que faut-il comprendre dans le coût des réparations ?*

Il est hors de doute que la réparation doit être évaluée d'après la dépense qu'elle nécessite.

Lorsqu'elle se fait dans un lieu où elle coûte plus cher que dans un autre, cette circonstance doit être considérée comme faisant partie du risque (1).

On a décidé aux Etats-Unis dans une espèce où une partie de la réparation avait été faite dans un lieu, et où le navire avait été conduit dans une autre où cette réparation devait être complétée, mais où il fut reconnu qu'il était impossible de la faire, que le délaissement était admissible (2).

190. — On s'est posé la question de savoir si on doit déduire du coût présumé de la réparation la différence du vieux au neuf. Cette question fut agitée aux États-Unis, et le juge Story qui était d'avis de la négative fit partager son opinion par la Haute Cour (Suprème Court of Un. States) (3). — Cette opinion est juste parce qu'il s'agit, non de régler entre l'assureur et l'assuré l'indemnité due à raison de la réparation, mais de savoir ce qu'elle coûte.

---

(1) Philipps, 2, 315 ; Nolte, t. 2, p. 521.

(2) Center v[s] Amer. Insur. Comp., Cowan, 561.

(3) Philipps, 2, n. 1543.

191. — TROISIÈME POINT. — *Quelle doit être la différence entre le coût de la réparation et la valeur du navire après qu'elle a été faite ?*

Il faut en Angleterre, pour que le navire puisse être délaissé, que le montant de la réparation égale sa valeur après qu'il a été réparé (1), tandis qu'aux Etats-Unis, il suffit qu'il en égale la moitié (2), et en Allemagne, les trois quarts.

Cette quotité a été considérée en France comme nécessaire par un certain nombre de décisions (3). S'il n'y a point de motif pour s'élever contre cette manière de voir, il n'y en a pas non plus pour la suivre. La perte des trois quarts est tout à fait indépendante de l'innavigabilité. Celle-ci peut être admise, bien que la perte lui soit inférieure comme elle peut être rejetée bien qu'elle lui soit supérieure (étant constant dans ce cas que l'assureur ne répond que de l'innavigabilité). Tout dépend des circonstances, et du point de savoir s'il est ou non conforme à l'intérêt de l'assuré de faire la réparation.

192. — Lorsque le navire a été réparé et mis en état de naviguer comme auparavant, l'assuré ne peut pas faire le délaissement, et cela encore que les évaluations faites par les experts aient été de beaucoup dépassées, et que la dépense réelle égale la valeur du navire (4).

193. — Mais que faut-il décider lorsque les répara-

(1) V. les paroles de Lord Tindall, dans l'affaire Sommes v[s] Sugure, V. et C., p. 283.

(2) Bredley v[s] Maryland Ins. Comp. 12 Peters Sup. et Rep. 398.

(3) 18 février 1842. — Bordeaux (S. V. 44. 2. 117). — 29 mai 1843. — Mars. (J. M. 24. 1. 77). — 5 novembre 1847. — Mars. (J. M. 27. 1. 312).

(4) 28 avril 1834. — Mars. (J. M. 15. 1. 24).

tions étant commencées, on s'aperçoit que la dépense une fois faite égalera la valeur du navire? — L'assuré a-t-il le droit de les abandonner, et de faire le délaissement?

Il est de règle en Angleterre et aux Etats-Unis que le droit au délaissement est perdu dès que les réparations ont commencé (1). Au contraire, l'art. 878 du C. de comm. allemand dispose en ces termes :

« Lorsque les réparations ont commencé et que l'on « découvre pendant qu'elles se font des avaries consi- « dérables, inconnues de l'assuré sans qu'il y ait faute « de sa part, le navire peut être délaissé.

« Lorsque l'assuré a fait usage de ce droit, et que le « navire est vendu, l'assureur doit lui rembourser « l'augmentation de prix que les frais et déboursés « ont procuré. »

On a aussi décidé en France que le délaissement peut avoir lieu dans le cas prévu par la loi allemande (2).

Nous l'admettons aussi, mais sous certaines restrictions, savoir : 1° il ne faut pas que l'assuré soit en faute, ou, en d'autres termes, que l'ignorance de la gravité des avaries provienne de sa négligence; 2° il ne faut pas non plus que les travaux soient assez avancés, pour que leur abandon devienne la cause d'un préjudice trop considérable ; 3° dans aucun cas, l'assureur ne peut être tenu de payer au-delà de la somme assurée; 4° lorsque le navire est vendu, la partie du prix qui correspond à la valeur qu'il avait avant la répara-

(1) V. Nolte, 2, 527.

(2) 16 juin 1851. — Cass. (D. P. 52. 1. 147). — 16 novembre 1857. — Bordeaux (J. M. 36. 2. 10).

tion doit seule être imputée sur le montant de l'indemnité.

194. — Ainsi en résumé :

L'innavigabilité doit être admise lorsque la réparation, quoique matériellement possible, est si onéreuse qu'il ne peut venir à la pensée d'un homme raisonnable de la faire.

Pour appliquer cette règle, il faut comparer la valeur qu'aura le navire après la réparation avec le montant des dépenses à faire.

Les dépenses doivent être évaluées eu égard à ce qu'elles seront au lieu où elles doivent être faites.

Il n'y a pas à déduire de la dépense présumée la différence du vieux au neuf.

Cas où le temps nécessaire pour faire les réparations est trop long.

195. — Lorsqu'un navire ne peut pas prendre la mer à cause des réparations qui lui sont nécessaires, on doit tenir compte du temps qu'elles exigent. S'il est trop long, la garde du navire, l'entretien de l'équipage, les frais occasionnés par l'emmagasinement des agrès et des apparaux, la privation du capital que représente le navire, la suspension de l'industrie dont il est l'instrument essentiel, peuvent aggraver la perte, et faire que la dépense soit plus nuisible que profitable. C'est surtout au cas d'échouement que ces considérations sont exactes. Aussi, comme nous l'avons déjà dit, lorsque l'assureur offre de renflouer le navire afin de se soustraire au délaissement, les tribunaux peuvent lui fixer un délai passé lequel l'assuré reprendra l'exercice de ses droits.

Aussi, il est de règle que l'assureur ne peut s'opposer au délaissement, bien que les réparations soient possibles, lorsqu'il faut trop de temps pour les faire (1). En vertu de ce principe, la cour d'Aix a décidé, dans une espèce où on avait travaillé pendant six mois au renflouement d'un navire sans réussir à le relever, que l'innavigabilité devait être considérée comme absolue (2), et la Cour de Cassation à qui son arrêt fut déféré rejeta le pourvoi, par le motif que la loi ne dit pas en quoi l'innavigabilité relative diffère de l'innavigabilité absolue (3).

Nous n'insisterons pas davantage sur ce sujet, attendu que le point de savoir dans quels cas la trop longue durée de la réparation peut légitimer le délaissement dépend absolument des faits et des circonstances.

Manque d'ouvriers et de matériaux.

196. — Un navire avarié au point de ne pouvoir tenir la mer, qui est dans un port où, faute d'ouvriers et de matériaux, il ne peut être réparé, qui de plus ne peut être conduit dans une autre port où ils ne manqueraient pas, doit être déclaré innavigable (4). — Il en serait autrement s'il avait pu être conduit dans ce dernier

(1) 27 novembre 1841. — Paris (J. M 21. 2. 5). — V. aussi Preuss. Seerecht, cap. 6, art. 23; Pohls, t. 4, p. 617.

(2) 9 novembre 1865. — Aix (J. M. 44. 1. 30).

(3) 6 mai 1867. — Cass. (J. M. 45. 2. 30).

(4) 5 novembre 1849. — Aix (J. M. 28. 1. 9). — 19 juillet 1855. — Aix (J. M. 34. 1 216). — 20 juin 1860. — Rouen (S. V. 67. 2. 18). — 29 août 1875. — Bordeaux (S. V. 76. 2. 270). — 19 janvier 1876. — Rouen (S. V. 76. 2. 238). — *Sic* Valin sur l'art. 46; Nolte, 2, 516. — Les mêmes principes ont été proclamés en Angleterre par le juge Tindall. sanes v[e] Sugrue, 4 C. et P. 283, Mood et Rol. 54.

port, ou s'il avait été possible de faire arriver, sans trop de frais, les ouvriers et les matériaux dans le port d'où il ne peut sortir.

Manque de fonds.

197. — L'innavigabilité relative existe lorsque le navire pouvant être matériellement relevé et réparé, il est impossible de se procurer des fonds pour fournir aux dépenses qu'exige la réparation. Valin assimile le manque de fonds au manque d'ouvriers et de matériaux, et Emérigon considère comme une partie intégrante du sinistre, le fait que le navire se trouve en un lieu où il est impossible de contracter un emprunt (1).

La jurisprudence est conforme à cette doctrine (2).

198. — En Angleterre l'assuré ne peut faire le délaissement que lorsqu'il ne peut pas se procurer des fonds dans un port de relâche, tandis qu'il n'y est pas reçu lorsque cette impossibilité existe au lieu de reste où le navire est parvenu (3). Cette distinction n'est pas admise en France (4). Il a même été décidé qu'il n'y a pas à en tenir compte dans le cas d'une police portant que les emprunts faits au lieu de reste seront étrangers à l'assureur, attendu que cette clause n'a d'autre effet

(1) Emérigon, ch. 12, sect. 38, § 6; Valin sur l'art. 46; Pothier, n. 120.

(2) 15 novembre 1842. — Bordeaux (S. V. 43. 2. 37). — 17 décembre 1849. — Bordeaux (J. M. 28. 2. 180). — 14 mars 1834. — Mars. (J. M. 14. 1. 178). — 12 juillet 1849. — Trib. Bord. (J. M. 28. 2. 39). — 14 mai 1861. — Rouen (J. M. 41. 2. 129). — 20 juin 1866). — Bordeaux (S. V. 67. 2. 18). — 21 décembre 1869 — Cass. (S. V. 70. 1. 100). — 29 août 1875. — Bordeaux (S. V. 76. 2. 270). 14 août 1876. — Cass. (S. V. 77. 1. 12).

(3) Sames vs Sagrue, 4 C et P. 283, 474.

(4) 14 mars 1834. — Mars. (J. M. 14. 1. 178).

que d'exonérer ce dernier du paiement du change maritime lorsque l'assuré a emprunté à la grosse (1).

Tenons donc pour constant que lorsque l'assuré ne peut se procurer les fonds nécessaires au radoub du navire, en quelque lieu qu'il se trouve, fût-ce au lieu de reste, l'action en délaissement est recevable.

199. — Mais il faut pour cela que l'assuré ait employé tous les moyens voulus pour réaliser l'emprunt; il serait en faute pour ne l'avoir pas fait, et dès lors non recevable à faire le délaissement (2). Par exemple, s'il peut faire l'emprunt dans un port voisin, il doit s'y rendre (3).

200. — Il faut de plus que l'emprunt ait pour unique objet de réparer les dommages dont l'assureur répond, car la nécessité d'en réparer qui ne le concernent pas, ne peut modifier en les aggravant les risques dont il est tenu (4). Il a été même jugé dans une espèce où les avaries qui rendaient la réparation nécessaire étaient en partie à la charge de l'assureur, et en partie à la charge de l'assuré, que le délaissement fondé sur l'impossibilité de se procurer des fonds n'était pas recevable, parce qu'il était impossible de savoir si l'emprunt n'eût pas été réalisé dans le cas où il aurait été limité à la somme qu'exigeait la réparation des avaries dont cet assureur répondait (5).

201. — Il est admis en Angleterre (6) et aux Etats-

(1) 26 mai 1856. — Bordeaux (J. M. 34. 2. 127).

(2) Tanner vs Bannet. Ry et Mood 1182; 1860. 2. 259.

(3) 21 avril 1860. — Nantes (J. Hâvre).

(4) 19 avril 1869. — Rennes (S. V. 69. 2. 258). — 8 mai 1872. — Cass. (S. V. 72. 1. 182). — *Sic* Dewis, 2, 365.

(5) 23 août 1863. — Paris (S. V. 63. 2. 260).

(6) Joyce vs Williamson, in Marshall, p. 760.

Unis (1) qu'on ne doit pas considérer les charges qu'impose l'emprunt et par conséquent la somme qu'il faudra payer après l'avoir fait, qu'il ne faut s'attacher qu'au coût de la réparation, et cela par le motif que l'innavigabilité étant fondée sur ce que la réparation n'est pas faite, la perte est représentée par la somme que cette réparation doit coûter, et non par celle qui représente les conditions variables de l'emprunt.

Ainsi, supposons-nous aux Etats-Unis, où le délaissement est admissible lorsque la réparation dépasse la moitié de la valeur de l'objet assuré. Il s'agit de savoir s'il le sera, étant donné le cas où un dommage causé à un navire valant 20,000 fr. exige une réparation se portant à 9,000, lorsqu'il faut se procurer cette somme au moyen d'un emprunt qui coûtera pour commission 400 fr., pour le change maritime 3 0/0 par mois pendant six mois, ou 1,520, soit en tout 1,920 fr.

Si on ne considère que le capital, l'action en délaissement ne sera pas recevable, car ce capital est inférieur à la moitié de 20,000; mais si on y ajoute l'accessoire, soit 1,920, ce qui porte le tout à 10,920 fr., elle le sera. En vertu de la règle suivie on décide qu'elle ne l'est pas. Il en est autrement en France où on admet que pour savoir si un navire est innavigable, il faut ajouter au coût présumé de la réparation tous les frais accessoires qui se rattachent à l'emprunt (2). Cette solution est éminemment raisonnable, car de l'avarie naît la réparation, et de la réparation l'emprunt, de

(1) Bradley et al. v[s] Maryland Ins. Comp. 12 Pet. 405 et 406. — V. aussi Philipps 2, 294 et Heut, 3, 163.

(2) 27 novembre 1841. — Paris (J. M. 21. 2. 23). — Trib. Paris (Droit, 8 mai 1856).

sorte que l'emprunt est l'expression réelle de l'importance de l'avarie. De plus, la nécessité d'emprunter en un lieu où les conditions d'un emprunt sont plus onéreuses, est le résultat médiat de l'avarie, et par suite une partie intégrante de la fortune de mer.

202. — Comme nous l'avons déjà dit, l'obligation, lorsqu'elle peut être exécutée, de se procurer les fonds nécessaires au radoub incombe à l'assuré, ce qui le rend non recevable à délaisser lorsqu'il ne la remplit pas. Et comme le capitaine est tenu d'agir pour lui lorsqu'il n'est pas présent, l'abstention de ce capitaine engage aussi sa responsabilité, et produit le même effet, à moins que l'assureur n'ait garanti la baraterie de patron (1).

203. — L'assuré qui ne trouve pas à emprunter est-il tenu de fournir les fonds nécessaires à la réparation ?

L'affirmative n'est pas douteuse en Angleterre, où il est admis que le délaissement pour cause d'innavigabilité doit être repoussé lorsque l'assuré ou ses représentants ont refusé de fournir les fonds lorsqu'ils peuvent le faire (2).

En France, cette question est controversée. — Les uns soutiennent que l'assuré n'est pas obligé envers l'assureur, à employer sa fortune de terre à la réparation des avaries résultant de sinistres de mer, que bien qu'il doive faire l'emprunt, il n'est pas pour cela tenu de prêter (3). — Dans le sens contraire, on dit qu'il doit

(1) 23 décembre 1850. — Cass. (S. V. 51. 1. 281).

(2) Tanner v. Benett, Rey et Mood, 1182.

(3) 6 décembre 1848. — Paris (Dalloz, v° Droit maritime, n. 2012).

agir pour diminuer la perte comme s'il n'était pas assuré (1), et dès lors fournir les fonds (2).

Ainsi posées, ces deux solutions nous paraissent trop absolues.

En effet, quelle que soit celle qu'on adopte, il faut admettre que si le fret est suffisant pour parer aux dépenses, il doit être employé à les couvrir, par le double motif qu'il sert à parer aux besoins du navire, dont il est le fruit civil, et qu'il doit aussi profiter dans une certaine mesure à l'assureur, qui a des droits sur lui puisqu'il doit lui être délaissé en même temps que le navire (3).

Le capitaine peut au cas de nécessité vendre les marchandises, et dès lors il ne commet aucune faute s'il les vend au cas d'innavigabilité. Mais si, dans l'intérêt des chargeurs, il se décide à ne pas en disposer, l'assureur sur corps ne peut en faire l'objet d'un grief, alors même qu'il serait constant qu'il ne pouvait se procurer des fonds qu'en usant de ce moyen, et cela par le motif que l'assurance ne porte pas sur les facultés, et que dès lors l'assureur n'a sur elles aucun droit (4).

Dans le cas où l'emprunt est absolument nécessaire, et où il est impossible de le réaliser, l'assuré qui a des fonds disponibles est en faute s'il ne les livre pas, attendu qu'il est tenu d'agir comme il l'aurait fait s'il n'avait

(1) Benecke (Trad. du traité des avaries), t. 2, p. 307.

(2) 30 mars 1830. — Bordeaux (J. M. 11. 2. 100). — 25 juin 1824. — Poitiers (S. 25. 2. 97). — *Sic* Bedarride, n. 1600 et s.

(3) 30 août 1854. — Bordeaux (S. V. 55. 2. 27. — J. M. 32. 2. 141).

(4) 25 mai 1857 et Nantes 23 mai 1857 (J. Hâvre 1857. 2. 146). — 30 juillet 1857. — Rennes (J. Hâvre 1857. 2. 197). — 18 novembre 1857. — Bordeaux (J. Hâvre 1858. 2. 145). — 15 avril 1867. — Rouen (J. Havre. 1868. 2. 1).

pas été assuré. Par application de cette règle, il a été jugé que le navire ne doit pas être déclaré innavigable par suite du manque de fonds, lorsque le capitaine aurait pu s'en procurer en fournissant des traites sur l'armateur (1). Mais il ne suit pas de là que l'assuré soit tenu, pour parer à toutes les éventualités, de munir à l'avance le capitaine des moyens de crédit nécessaires, et l'assureur ne peut se prévaloir de ce qu'il ne l'a pas fait lorsque l'emprunt n'a pu être réalisé (2). Le capitaine n'est pas non plus tenu de consacrer aux réparations les fonds destinés à acheter le chargement de retour (3).

Lorsque l'assuré n'a point de fonds, ou que en ayant il est établi qu'ils lui sont nécessaires, par exemple pour faire honneur à certaines échéances auxquelles il ne pourrait manquer de satisfaire sans compromettre sa position commerciale, l'assureur ne saurait arguer contre lui de ce qu'il ne les a pas mis à la disposition du capitaine afin que la réparation puisse être faite, car le contrat d'assurance ne comporte point que pour être utile à l'assureur il fasse le sacrifice de ses propres intérêts (4).

Ce serait le moment de parler ici du cas où, faute de paiement à l'échéance, le prêteur fait vendre le navire, mais nous renvoyons l'examen de cette question au chapitre suivant.

204. — La distinction entre l'innavigabilité absolue

---

(1) 17 juin 1856. — Bordeaux (J. M. 34. 2. 130). — 23 mai 1859. — Rennes (J. Havre 1860. 2. 1. — J. M. 37. 2. 91).

(2) 13 juillet 1863. — Hâvre (J. Hâvre 1863. 1. 251).

(3) 20 mars 1841. — Paris (S. V. 41. 2. 405).

(4) Haghe et Cruismans, n. 238.

et l'innavigabilité relative a une grande importance parce que la plupart des compagnies d'assurances stipulent qu'elles répondent de la première et non de la seconde.

En général, on admet que l'innavigabilité est relative lorsque l'impossibilité de faire la réparation dépend soit du manque de fonds, soit du long temps que cette réparation exige, soit du manque de matériaux et d'ouvriers, parce que dans ces divers cas la réparation aurait pu être faite sans les circonstances qui l'ont rendue impossible (1).

Lorsque le navire ne peut être relevé, on considère l'innavigabilité comme absolue. Il en est de même lorsqu'il ne peut être réparé. Mais cette impossibilité a des degrés. Le navire peut n'être qu'un amas informe de débris et être réduit par suite à ce point où l'existence de l'innavigabilité absolue ne fait pas un doute. Il peut être gravement endommagé et conserver encore sa forme. Lorsqu'il est dans cet état, il est plus difficile de déterminer quel est le caractère juridique de la perte. Les uns soutiennent que, quel que soit le coût probable de la réparation, il suffit que le navire puisse être réparé pour que l'innavigabilité soit relative (2). Les autres soutiennent que si dans ce cas le coût est égal à la valeur du navire, l'innavigabilité est absolue (3).

Il nous semble qu'il est impossible de poser sur ce point une règle fixe; que, comme l'a très-bien dit la

(1) 5 mars 1849. — Aix (J. M. 28. 1. 9). — 19 juin 1855. (Aix J. M. 33. 1. 213).

(2) 25 novembre 1847. — Mars. (J. M. 27. 1. 312).

(3) 23 août 1842. — Paris (J. M. 21. 1. 195). — 10 mars 1859. — Douai (J. M. 28. 2. 25).

Cour de cassation, la loi n'a pas dit ce qui distingue l'innavigabilité absolue de l'innavigabilité relative ; que c'est donc dans les faits et dans les faits seulement qu'il faut rechercher les moyens de les distinguer. Il suffit d'indiquer que si le navire a cessé d'être une valeur, parce qu'il est dans un état tel qu'il n'y a aucune utilité à le conserver, l'innavigabilité est absolue.

§ II.

Formes suivant lesquelles l'innavigabilité doit être constatée.

205. — La preuve de l'innavigabilité incombe à l'assuré.
206. — Formes à suivre pour l'établir.
207. — Magistrats chargés de les remplir.
208. — Dans les contestations entre l'assureur et l'assuré la juridiction appartient aux tribunaux de commerce.

205. — L'assuré doit prouver que le navire est innavigable, qu'il est devenu tel pendant la durée des risques (1), et lorsque l'innavigabilité est relative, les circonstances qui ont empêché de le relever ou de le réparer (2).

206. — Ce principe admis, il reste à déterminer les formes suivant lesquelles l'innavigabilité doit être établie.

Aux termes de l'article 4 de la déclaration de 1779, l'assuré devait obtenir de l'amirauté un jugement par lequel le navire était condamné comme innavigable,

---

(1) Bedarride, n. 1425. — V. cependant 14 mars 1834. — Mars. (J. M. 14. 1. 178).

(2) 25 novembre 1846. — Rennes (J. M. 26. 2. 144).

et ce n'est qu'après l'avoir obtenu qu'il pouvait suivre la voie du délaissement. Ainsi, la procédure se divisait en deux parties : 1° l'assuré devait d'abord faire condamner le navire, en vertu d'une décision rendue sur requête; 2° agir ensuite contre l'assureur en délaissement, ce à quoi il n'était recevable qu'après la condamnation du navire (1).

On s'est demandé si l'art. 4 de la déclaration de 1779 est encore en vigueur, ou, en d'autres termes, si l'action en délaissement n'est recevable que si le navire a été préalablement condamné ?

On dit dans le sens de l'affirmative que l'art. 390 C. comm. suppose que le navire a été *déclaré* innavigable, par conséquent *condamné* comme tel, ce qui implique la non abrogation de l'article 4 (2).

Mais on répond dans le sens contraire que cet article impose à l'assuré l'obligation de dénoncer l'innavigabilité du navire déclaré innavigable ; qu'en se servant du mot *déclaré* le législateur a voulu dire que la notification ne doit pas être faite à la légère; qu'elle ne doit avoir lieu que lorsque l'innavigabilité, attestée ou *déclarée* par des experts, par des agents de l'autorité publique, peut à juste titre être considérée comme constante. C'est ce que démontrent les art. 374 et 390 combinés. En effet, l'obligation de notifier l'innavigabilité n'est pas imposée par l'art. 390 à l'armateur, parce qu'à son égard la règle générale posée par l'art. 374, aux termes duquel il doit notifier la perte dans les trois

---

(1) Emérigon, ch. 12, sect. 68, § 9.

(2) 20 février 1817. — Mars. (J. M. 1. 1. 236). — 1er février 1822. — Mars. (J. M. 3. 1. 326). — Estrangin, p. 45 et 46.

jours, suffit ; elle est imposée par l'article 390 au chargeur, parce qu'il aurait pu croire que l'art. 374 ne lui est pas applicable lorsque la marchandise est sauvée. Or si le législateur avait voulu que le navire fût préalablement condamné, il aurait parlé dans l'art. 390 de l'armateur qui devait, aux termes de la déclaration, obtenir la condamnation, et non du chargeur qui n'y était pas obligé (1).

Cette démonstration est décisive.

Mais si le navire ne doit pas être condamné, son innavigabilité doit du moins être constatée. La loi du 13 août 1791 en fait une loi au capitaine et l'art. 237 du C. de commerce suppose que cette loi est toujours en vigueur.

207. — La constatation de l'innavigabilité est faite en France par les juges de paix et par les tribunaux de commerce (Loi de 1791. t. 1), non par les commissaires de marine à qui la loi n'a donné aucune juridiction (2). Elle se fait à l'étranger par nos consuls, vice-consuls ou agents consulaires. (Ord. du 29 octobre 1833, art. 32), à défaut par les autorités du lieu.

La constatation de l'innavigabilité du navire par ces divers magistrats n'est soumise à aucune formalité précise ; ils n'ont qu'à constater, par les moyens qui leur semblent les plus convenables, l'état du navire (3). Ils peuvent aussi par mesure provisoire, tous

(1) 3 juillet 1839. — Cass. (S. V. 39. 1. 849). — 14 mars 1834. — Mars. (J. M. 14. 1. 167). — 9 septembre 1825. — Mars. (J. M. 7. 1. 283). — 27 février 1826. — Bordeaux (J. M. 7. 2. 161). — 28 mai 1838. — Paris (J. M. 18. 2. 29) — Lemonnier, t. 2, n. 271 ; Alauzet, n. 349 ; Pardessus, n 842 ; Haghe et Cruismans, n. 257 ; Bedarride, n. 1623.

(2) 3 août 1821. — Cass. (S. 22. 1. 221).

(3) 14 mai 1834. — Cass. (S. V. 35. 1. 637. — 3 juillet et 31 juillet 1839). — Cass. (S. V. 39. 1. 840). — 11 mars 1840. — Aix (J. M. 19. 1. 111).

droits réservés, en ordonner la vente (1). Uniquement chargés de recueillir des faits, des documents, des preuves, ils ne jugent ni ne condamnent, et les contestations qui pourront s'élever entre assureurs et assurés ne ressortissent pas de leur juridiction.

208. — La juridiction appartient aux Tribunaux de commerce qui peuvent déclarer le navire innavigable lorsque les magistrats ou les agents de l'autorité qui ont constaté les faits avant eux ne l'ont pas considéré comme tel, et réciproquement (2). Les tribunaux de commerce, saisis de la demande en délaissement peuvent, au lieu de s'en tenir à leur constatation, la compléter par toutes les preuves en usage, et notamment par une expertise (3). Cependant, sauf certains cas exceptionnels, ils considèrent, sinon en droit du moins en fait, les preuves émanant des magistrats ou agents chargés de constater l'innavigabilité, comme faisant foi jusqu'à preuve contraire (4). Il faut même ajouter que le défaut de constatation préalable ne rend pas l'action en délaissement non recevable, mais à moins qu'elle

---

(1) 5 août 1839. — Cass. (J. M. 19. 2. 10).

(2) 14 mars 1832. — Cass. (S. V. 32. 1. 757). — 1er août 1843. — Cass. (S. V. 44. 1. 117). — 23 décembre 1850 — Cass. (S. V. 51. 1. 281). — 22 mars 1864. — Cass. (S. V. 64. 1. 184). — 7 mars 1854. — Mars. (J. M. 32 1. 102). — 12 mars 1856. — (Rouen J. M. 34. 2. 88). — 17 juin 1856. — Bordeaux (J. M. 34. 2. 130. — 3 décembre 1857. — Rouen (J. M. 36. 2. 38. — 2 mars 1859. — Bordeaux (J. M. 37. 2. 76). — 16 décembre 1854. — Paris (S. V. 55. 2. 64). — 4 décembre 1860. — Rennes (S. V. 61. 2. 340). — 30 avril 1862. — Mars. (J. M. 40. 1. 138). — 14 juillet 1862. — Mars. (J. M. 40. 1. 218). — 16 mars 1863. — Aix (S. V. 63. 2. 126). — 28 mars 1865. — Aix (J. M. 43. 1. 60). — 24 août 1865. — Mars. (J. M. 43. 1. 168). — 23 décembre 1868. — Nantes (J. M. 48. 2. 120). — 21 juin 1869. — Rennes (J. M. 48. 2. 155).

(3) 14 juillet 1865. — Mars. (J. M. 43. 1. 222).

(4). 19 janvier 1876. — Rouen (S. V. 76. 2. 238. — J. M. 54. 2. 54).

ne soit expliquée par certaines circonstances exceptionnelles, il peut faire naître contre l'assuré de graves suspicions.

§ III.

De l'innavigabilité par rapport aux facultés.

209. — Articles du Code de commerce relatifs à la marchandise.

210. — Lorsque le navire peut être radoubé, l'affréteur doit attendre que les réparations soient terminées.

211. — Application de cette règle en Angleterre lorsque le fret est assuré.

312. — Lorsque le navire peut être radoubé, et que l'assuré prend le parti d'affréter un autre navire l'assurance est rompue, et l'assureur ne doit que les frais de débarquement et de magasinage.

213. — Lorsque le navire ne peut pas être réparé, l'assuré doit en donner avis à l'assureur.

214. — Le capitaine est tenu de se procurer un autre navire. — L'assuré et l'assureur ont le droit d'en affréter un.

215. — Cette règle n'est pas applicable lorsque, après un naufrage ou un échouement avec bris, la marchandise est sauvée.

216. — Temps accordé pour affréter un autre navire.

217. — La marchandise qui menace de périr peut être vendue, quoique ce temps ne se soit pas écoulé.

218. — L'assureur continue à courir les risques de la marchandise chargée sur le nouveau navire, et il doit tous les frais.

219. — Règles à suivre suivant que le fret du nouveau navire joint au fret proportionnel est égal, inférieur ou supérieur au fret primitivement convenu.

220. — La marchandise étant chargée sur un nouveau navire, le fret proportionnel peut-il être assuré ?

209. — La loi s'est occupée du cas où le navire étant déclaré innavigable, la marchandise, avariée ou non, n'a pas subi de perte totale ou présumée telle. Elle l'a fait par les dispositions suivantes :

« Art. 390. — Si le navire a été déclaré innavigable,

« l'assuré sur le chargement est tenu d'en faire la « notification dans le délai de trois jours de la récep- « tion de la nouvelle.

« Art. 391. — Le capitaine est tenu, dans ce cas, de « faire toutes diligences pour se procurer un autre « navire à l'effet de transporter les marchandises au « lieu de leur destination.

« Art. 392. — L'assureur court les risques des mar- « chandises chargées sur un autre navire, dans le cas « prévu par l'article précédent, jusqu'à leur arrivée et « leur déchargement.

« Art. 393. — L'assureur est tenu, en outre, des « avaries, frais de déchargement, magasinage, rem- « barquement, de l'excédant du fret, et de tous autres « frais qui auront été faits pour sauver la marchandise « jusqu'à concurrence de la somme assurée.

« Art. 394. — Si dans les délais prescrits par l'art. « 387, le capitaine n'a pu trouver de navire pour re- « charger les marchandises et les conduire au lieu de « leur destination, l'assuré peut en faire le délaisse- « ment. »

Il faut joindre à ces articles, l'art. 296, qui est ainsi conçu :

« Si le capitaine est contraint de faire radouber le « navire pendant le voyage, l'affréteur est tenu d'atten- « dre ou de payer le fret en entier. » — « Dans le cas « où le navire ne pourrait être radoubé, le capitaine « est tenu d'en louer un autre. » — « Si le capitaine « n'a pu louer un autre navire, le fret n'est dû qu'à « proportion de ce que le voyage est avancé. »

Les dispositions qui précèdent sont faites en vue du cas où la marchandise est sauvée.

Elles règlent deux cas, savoir : un navire qui peut être radoubé, un navire qui ne peut pas l'être.

210. — Dans le premier, le radoub se faisant, et la marchandise devant être pour cela déchargée, emmagasinée, rechargée, etc., l'assureur doit relever l'assuré de tous les frais qu'il supporte, car ils sont la suite d'une fortune de mer.

Mais celui-ci est tenu, aux termes de l'art. 296, d'attendre que les réparations soient terminées (1). De là une perte de temps, qui peut, suivant les cas, compromettre l'opération commerciale. Il est vrai que d'après le principe posé ci-dessus, le navire peut être déclaré innavigable lorsque le temps exigé pour son renflouement ou son radoub est trop long, mais cela ne suffit pas. Supposez en effet, une marchandise facilement périssable, ou bien qu'il faut faire parvenir au lieu de destination à un moment précis, pour satisfaire à un besoin momentané, il pourra arriver que la nécessité d'attendre que la réparation soit terminée, transforme une opération susceptible de donner des bénéfices en un véritable désastre. Le chargeur n'a qu'un parti à prendre dans ce cas ; il doit s'entendre avec le capitaine, ou s'il ne le peut pas, lui payer l'entier fret et charger un autre navire.

211. — En Angleterre et aux Etats-Unis, où l'on suit le principe posé dans l'art. 296, le changement de navire a une importance certaine lorsque le fret est assuré. D'après la jurisprudence de ces deux pays, l'armateur ne peut pas faire le délaissement du fret lorsque le navire peut être réparé, car la marchandise devant

(1) V. 31 juillet 1873. — Mars. (J. M. 51. 1. 282).

être transportée au lieu de destination, il est certain que le fret sera gagné ; il ne le peut pas davantage lorsque le capitaine s'entend avec le chargeur, pour lui permettre, moyennant le paiement du fret proportionnel, de faire transporter la marchandise sur un autre navire, car l'assureur ne peut être victime de cet acte de renonciation volontaire (1).

212. — Il n'y a point à s'occuper en France d'une telle hypothèse puisque l'assurance du fret n'est pas permise. Mais il reste toujours l'intérêt que le chargeur peut avoir à rompre l'affrètement et à noliser un autre navire pour faire parvenir au plus tôt la marchandise au lieu de destination.

Lorsque ce cas se réalise, ce chargeur subit une perte certaine, celle qui se rapporte au chargement, au déchargement et dans la plupart des cas au magasinage, et une perte qui se réalise presque toujours, celle qui résulte d'une augmentation du fret. De là la question de savoir s'il peut agir contre son assureur à raison de ces diverses pertes ?

Il a, selon nous, une action pour les frais de déchargement et de magasinage, tandis qu'il n'en a pas pour les frais de chargement sur le second navire et pour l'excédant du fret. Voici pourquoi. — En principe, l'assureur ne garantit pas le voyage, et dès lors l'assuré n'a rien à lui demander de ce chef. Mais il doit les frais de déchargement et de magasinage que nécessite le radoub, car ils sont causés par une fortune de mer. Après que la marchandise a été déchargée et emmagasinée, l'assuré qui la rembarque sur un autre navire,

(1) Ce point a été parfaitement élucidé par Philipps, 2, 352–356 et Kent, 3. 213. — V. aussi Saltus v[s] Ocean Ins. Comp. 12 Johnson's Rep. 107 et Clerk v[s] Massach. Fire Mar. Ins. Comp. 2 Pickering's Rep. 104.

met fin au voyage, et exonère par suite l'assureur des risques futurs. Mais la manière dont il y met fin étant un raccourcissement de ce voyage, l'assureur doit les pertes antérieures à la rupture, soit le déchargement et le magasinage, tandis qu'il ne doit pas les pertes qui lui sont postérieures, soit le rembarquement et l'excédant du fret.

213. — Arrivons maintenant au cas où le navire ne peut être radoubé.

L'assuré doit en ce cas en donner avis à l'assureur dans les trois jours de la réception de la nouvelle. — Cette notification, qui peut être faite sous diverses formes, n'a pas seulement pour effet de mettre l'assureur à même de pourvoir à la défense de ses intérêts, elle sert aussi à fixer le point de départ qui est accordé par la loi pour pouvoir confier la marchandise à un autre navire. Enfin, l'assuré qui, par négligence, n'avertit pas l'assureur et lui cause un préjudice, est tenu de le réparer.

214. — Le capitaine doit, aux termes de l'article 391, procurer un autre navire.

Cet article ne parle que du capitaine, parce qu'il suppose que l'assureur ou l'assuré sont absents. S'ils sont présents, ils ont le droit, droit qui leur était reconnu par l'art. 7 de la déclaration de 1779, de noliser le nouveau navire. Cela ne fait aucun doute pour l'assuré. On en a douté à l'égard de l'assureur en se fondant sur ce que par l'affrètement il est censé prendre possession de la marchandise, ce qui en autorise le délaissement. Mais ce singulier système a été rejeté (1).

(1) 7 novembre 1867. — Mars. (J.-M. 46. 1. 39). — 10 juin 1868. — Aix (J. M. 47. 1. 99).

Le capitaine peut, au lieu de transporter la marchandise au moyen d'un seul navire, la répartir entre plusieurs.

Ce principe est suivi en Angleterre (1).

215. — Les règles ci-dessus ne s'appliquent qu'au cas d'innavigabilité. Ainsi lorsque la perte du navire est présumée totale, comme il arrive lorsqu'elle est la suite d'un échouement avec bris ou d'un naufrage, l'assuré peut faire le délaissement immédiat des marchandises, bien qu'il soit établi que le capitaine aurait pu se procurer un navire qui les aurait transportées au lieu de destination (2).

216. — Le capitaine peut ne pas trouver immédiatement le navire qui doit transporter les marchandises au lieu de destination. L'assuré qui refuserait dans ce cas d'attendre le temps nécessaire pour qu'il puisse profiter d'une occasion favorable, commettrait une profonde injustice. Aussi il est de règle en Angleterre qu'il ne peut faire le délaissement que si un délai raisonnable s'est écoulé (3). En France, aux termes des art. 387 et 394 combinés, le délai est de six mois si l'innavigabilité a été déclarée dans les mers d'Europe, dans la Méditerranée ou dans la Baltique, d'un an si elle a été déclarée dans un pays plus éloigné. — Ces délais sont réduits à un mois et demi dans le premier cas, et à trois mois dans le second, lorsque les marchandises sont périssables. — Ils courent du jour où l'avis prescrit par l'art. 390 a été donné.

---

(1) Shipton v[s] Thornton, 9 Ad et Ell. 314. — Viscon v[s] Royal Exch. ass. Comp. 2 Camph. 623.

(2) 18 juillet 1879. — Mars. (J. M. 57. 1. 260).

(3) Philipps, 2, 355 et 356.

Rien n'empêche les parties de les réduire par une convention spéciale, et comme ils sont excessifs, c'est ce qui a lieu dans la plupart des cas.

Tant que ces délais ne sont pas expirés, le capitaine ne peut faire vendre la marchandise. S'il en était autrement, les articles que nous avons analysés passeraient à l'état de lettre morte (1).

217. — Cependant, si la marchandise est sous l'influence d'un vice propre, dont le développement paraît certain, et s'il y a lieu de la faire vendre, elle doit être vendue. Cette règle qui est suivie en Angleterre (2) est l'expression d'une idée juste. La vente reste dans ce cas au compte de l'assureur s'il répond du vice propre ou si le mauvais état de la marchandise est dû à une fortune de mer, sinon elle regarde l'assuré. L'assureur et l'assuré peuvent aussi convenir que la marchandise, au lieu d'être rembarquée, sera vendue (3).

218. — Lorsque la marchandise est chargée sur un autre navire, les risques continuent à être à la charge de l'assureur jusqu'à son arrivée et son déchargement au lieu de destination (art. 392).

Il doit de plus les frais de déchargement faits pour retirer la marchandise du navire innavigable, les frais de magasinage, si elle est placée dans un magasin, et enfin les frais faits pour la rembarquer dans le navire qui doit la transporter au lieu de destination.

219. — L'art. 393 ajoute que l'assureur doit *l'excé-*

(1) 8 avril 1839. — Paris (J. M. 25. 2. 72). — *Sic* Bédarride, n. 1698; Haghe et Cruismans, n. 242.

(2) Anderson v[s] Royal Exch. ass. Comp. 5 B et Ald, 617. — Morris v[s] Robinson. 3 B et Cr.

(3) 25 avril 1866. — Mars. (J. M. 44. 1. 180).

dant du fret. — Ce point comporte une explication.

Le capitaine qui procure un navire a droit à une partie du fret à proportion de la partie de voyage qu'il a faite. — De plus, celui qui est afférent au nouveau navire lui est dû. — Lorsque ce fret réuni au fret proportionnel est égal à celui primitivement convenu, l'assuré le paye en entier et l'assureur ne doit rien. — Lorsqu'il le dépasse, l'assureur doit l'excédant, car c'est la fortune de mer qui impose à l'assuré l'obligation de le payer.

Mais que faut-il décider lorsqu'il est inférieur ? — Ainsi, soit un fret de 5,000 fr., sur lesquels 2,000 fr. gagnés par le navire innavigable. — Le second navire est affrété moyennant 2,000 fr., de sorte que la marchandise sera transportée au lieu de destination moyennant 4,000. — Le fret primitif étant de 5,000, on a un bénéfice de 1,000. — Etant donné ce cas, on s'est posé la question de savoir si ce bénéfice doit être payé à l'assureur, ou bien au capitaine du navire innavigable.

Tandis que le Tribunal de Marseille s'est prononcé pour l'assureur (1), la Cour d'Aix s'est prononcée pour le capitaine (2).

Cette question est grave et doit être serrée de près.

Constatons d'abord que l'art. 11 (L. 3, art. 3) de l'ordonnance de 1681 contenait (sauf le mot *incessamment*) une disposition absolument semblable à celle de l'art. 296. — Or, les commentateurs étaient loin de s'entendre sur le sens qu'il fallait donner à l'art. 11. Tandis que Valin et Pothier soutenaient que le capi-

(1) 19 juillet et 14 septembre 1858. — Mars. (J. M. 36. 1. 328).

(2) 14 août 1859. — Aix (J. M. 37. 1. 243).

taine du navire innavigable n'est pas tenu d'affréter un autre navire (1), Emérigon avait embrassé l'opinion contraire (2).

Ce dernier disait : — *La doctrine de ces deux auteurs* (Pothier et Valin) *serait bonne si le chargeur était présent ou qu'il fût à portée de chercher par lui-même un autre navire*, ce que du reste l'art. 7 de la déclaration de 1779 lui permettait de faire, en même temps qu'il le permettait à l'assureur. — Et comme Valin avait dit que les termes de l'art. 11 SERA TENU D'EN LOUER INCESSAMMENT UN AUTRE, *doivent s'entendre en ce sens*, SERA TENU, *s'il veut gagner en entier son fret, et non pas en ce sens, qu'il y soit tenu précisément et absolument*. Emérigon lui déclara net qu'il se trompait. — Puis il ajouta, et ceci est digne de remarque, *les auteurs qu'on vient de citer ne déchargent le capitaine de l'obligation de louer un autre navire que parce qu'ils croient que le nouveau navire serait loué aux dépens du capitaine.* — Or, dit-il, il n'en est rien, et il invoque dans ce sens l'art. 9 de la déclaration de 1779 qui met *le surcroît de fret, s'il y en a*, à la charge de l'assureur.

Ainsi, il est constant que parmi les commentateurs de l'ordonnance, les uns craignant que le capitaine ne fût considéré comme un mandataire responsable du surcroît de fret, allaient jusqu'à la négation du mandat, et que les autres, tout en reconnaissant que le mandat existait, niaient la responsabilité du capitaine. — Ces derniers avaient raison, ainsi que le démontre l'art. 9 de la déclaration.

(1) Valin, sur l'art. 11; Pothier, traité des Chartes-parties, n. 68.
(2) Emérigon, ch. XII, sect. 16, § 6.

Ceux qui pensent que la différence du fret appartient aux assureurs se sont emparés du principe qu'a dégagé cette controverse ; ils disent que le capitaine est un mandataire ; or, à ce titre, il ne doit ni perdre ni gagner. Aussi, il ne répond ni de l'excédant du fret, ni des frais de déchargement, de magasinage et de rembarquement. Par voie de réciprocité, il ne peut pas non plus s'approprier le bénéfice. Cela étant, il est juste de l'attribuer à l'assureur, car il répond de la perte.

A cela, on répond que le capitaine, pris comme représentant de l'armateur, s'est obligé au transport de la marchandise au lieu de destination, et que par suite il a une double qualité, celle d'entrepreneur de transport et celle de mandataire. Lorsqu'il affrète un nouveau navire, il agit en cette double qualité. Or, ce navire représente l'ancien, à ce point, que si, par exemple, le chargement dont il est porteur a été l'objet d'une vente à livrer dans laquelle il a été désigné, l'acheteur ne peut, pour se soustraire à ses engagements, exciper de ce qu'il a été transporté pendant une partie du voyage par le nouveau navire, et que si celui-ci subit une perte totale ou présumée telle, le fret proportionnel gagné par celui qui est perdu n'est pas dû, par application de l'art. 303 (1). Telle est la situation du capitaine. Quant à l'assureur, il continue à courir les risques qui peuvent atteindre la marchandise chargée sur le nouveau navire.

Cela posé, nous pensons que les deux solutions proposées sont trop extrêmes ; qu'on ne tient pas assez compte dans la première du rôle que joue le capitaine,

(1) 9 novembre 1857. — Mars. (J. M. 35. 1. 294).

et dans la seconde de la position que la loi fait à l'assureur.

C'est ce que nous allons essayer de démontrer.

On remarquera que nous n'avons pas parlé de l'assuré, parce qu'il n'a rien à prétendre, et que si la marchandise est transportée au lieu de destination, grevée seulement des frais ordinaires de navigation, il doit en entier le fret primitivement stipulé. — Le débat est donc entre l'assureur et le capitaine.

Lorsqu'il n'y a point d'assurance, et partant point d'assureur, le cas est régi par l'art. 296, qui impose bien au capitaine l'obligation d'affréter un nouveau navire, mais qui ne lui fixe pour cela aucun délai, de sorte que s'il n'y a pas de navire disponible au moment même, le chargeur a le droit, moyennant le paiement du fret proportionnel, de disposer de la marchandise comme il l'entend. — Lorsque la marchandise est assurée, les choses se passent autrement. L'assuré, loin de pouvoir en disposer, est tenu d'attendre l'expiration des délais fixés par l'art. 387, ou bien de ceux qui ont été stipulés par la police, et comme le capitaine profite de ces délais, on doit en conclure que le transport au lieu de destination par un nouveau navire se fait pour le compte et au profit tant du chargeur que de l'assureur et du capitaine. Et en effet, l'innavigabilité du navire faisant présumer la perte, on aurait dû, par application des principes déjà posés, considérer la marchandise comme perdue, par suite déclarer qu'elle peut être délaissée et que le fret qu'elle doit est perdu. On ne l'a pas fait, et on a lié l'un à l'autre les contrats d'affrètement et d'assurance. On les a si bien liés que l'art. 391, qui a sous ce rapport une autre portée que l'article 296 fixe les devoirs du capitaine, en même temps que les art. 392 et s. tracent les obligations de l'assureur. Il ne pouvait en être autrement. Unis dans les risques, ils devaient l'être dans les actes tendant à les conjurer. Aussi, tandis que le capitaine fait décharger la marchandise, l'assureur paye les frais de cette opération, tandis qu'il procure un magasin pour l'y déposer, l'assureur en paye le loyer. — Ce n'est pas tout. Il faut se procurer un navire, et si le capitaine est chargé de l'affréter, l'assureur le peut de son côté, car l'art. 7 de la déclaration de 1779, encore en vigueur comme raison écrite, porte : *les assureurs ainsi que les assurés feront leur diligence pour trouver un navire.* — Enfin, le nouveau navire est chargé aux frais de l'assureur, et les risques continuent tant pour celui-ci que pour le capitaine, chacun en droit soi.

Cela posé, faut-il dire, avec le Tribunal de Marseille, que la diminution de fret ne profite qu'à l'assureur ? — Non, car il est contraire aux principes du contrat d'assurance qu'il touche, indépendamment de la prime, une somme quelconque provenant d'un bénéfice réalisé, quelle qu'en soit d'ailleurs la cause.

Faut-il l'attribuer au capitaine, comme le veut la Cour d'Aix ? — Non encore, à cause du droit qu'a l'assureur d'affréter le nouveau navire.

Si on admet que le capitaine a le droit de profiter de la diminution du fret, il faut admettre qu'il a aussi celui de profiter des délais fixés par l'art. 394, soit six mois ou un an, et par suite de retarder l'affrètement pendant ces délais jusqu'à ce qu'il ait trouvé un navire moyennant un fret qui lui donne un bénéfice. — De son côté l'assuré peut soutenir que ces délais ont été établis en sa faveur, pour le soustraire si cela est possible au délaissement, que cette faveur ne peut pas être retournée contre lui, et qu'il lui importe de ne pas prolonger les risques, par suite de ne pas retarder l'affrètement.

Tous les deux ont raison dans une certaine mesure, ce qui prouve l'existence d'une communauté d'intérêts et de risques, d'où naît une situation juridique qui appelle un règlement conforme.

Ce règlement sera le suivant : 1° L'assuré doit sans diminution le fret stipulé au lieu de départ. — 2° L'assureur ne peut se procurer par le fait du sinistre un avantage, mais il est juste de prélever sur le bénéfice réalisé les frais de déchargement, de magasinage et de rembarquement, non le montant des avaries. — 3° L'armateur, ou pour lui le capitaine, a le droit de prendre ce qui reste après ce prélèvement.

220. — A ce sujet, j'ai été consulté sur le point de savoir si le fret proportionnel peut être assuré comme fret acquis, lorsque le capitaine s'est procuré un autre navire. J'ai opiné pour la validité de l'assurance.

On peut objecter contre cette opinion que si le nouveau navire périt, ce fret est perdu, ce qui démontre qu'il n'y a qu'un seul fret, et que partant l'art. 347 doit être appliqué.

Mais il faut répondre que tous les objets soumis aux risques pouvant être assurés, les exceptions à ce principe doivent être restreintes aux cas prévus. Or, suivant l'esprit de l'art. 347, l'assurance du fret est prohibée, parce qu'il faut que le capitaine ait intérêt à la conservation du navire, et que cet intérêt n'existe pas lorsque une assurance le préserve de la perte de ce fret. La loi supposé donc que la marchandise chargée ne cesse pas d'être dans le même navire, et que ce navire est commandé par le même capitaine. Or, tel n'est pas notre cas. Le navire qui a procuré le fret proportionnel est perdu. Le nouveau navire est commandé par un autre capitaine. Les actes de baraterie de ce dernier ne concernent que lui ou son armateur. Le capitaine du navire perdu, pas plus que son armateur n'en répondent. Cela suffit pour écarter l'application à notre cas de l'art. 347.

CHAPITRE VIII.

VENTE DE L'OBJET ASSURÉ.

221. — La vente de l'objet assuré constitue un genre particulier de perte.

A cet égard, il faut distinguer entre le navire et les facultés.

Lorsque le navire est vendu, soit par suite de la baraterie de patron, soit parce que son état de vetusté, qui a atteint son extrême développement, le rend impropre à la navigation, il suffit d'appliquer les règles que nous avons déjà exposées. — Lorsque la vente qui en est faite est la conséquence d'un sinistre majeur, c'est d'après le sinistre qui a causé la perte que les difficultés doivent être appréciées.

222. — Mais que faut-il décider lorsque le navire ayant été réparé au moyen d'un emprunt, le prêteur le fait vendre faute de paiement à l'échéance de la somme empruntée ? — Le délaissement peut-il être fait dans ce cas ?

On soutient contre le délaissement que du moment où le navire est réparé, l'assuré n'a plus qu'une action d'avarie ; que par suite le défaut de paiement, duquel on ne saurait dire qu'il constitue une fortune de mer, ne peut pas changer cette action ; que d'ailleurs le prêt est presque toujours stipulé payable au lieu de destination, c'est-à-dire à une époque où le risque ayant cessé, l'assureur est dégagé de toute obligation (1).

Malgré ces motifs, l'opinion contraire, qui a généralement prévalu, et d'après laquelle le délaissement est recevable, nous paraît fondée. On dit pour la soutenir :

Lorsque le navire est hors d'état de naviguer par suite d'une fortune de mer le droit au délaissement est

---

(1) 13 août 1858. — Mars. (J. M. 36. 1. 301). — 15 janvier 1859. — Aix (J. M. 37. 1. 349). — 14 janvier 1861. — Hâvre (J. Hâvre. 1861. 1. 20). — 28 août 1863. — Paris (J. Hâvre. 1863. 2. 263). — V. aussi 27 mars 1838. — Paris (S. V. 38. 2. 175) et Lemonnier, t. 2, n. 297.

ouvert. L'emprunt a lieu pour en prévenir ou en empêcher l'exercice. La condition voulue pour qu'il en soit ainsi, c'est que l'assuré recouvre la disposition pleine et entière de son navire. Or, tant que l'emprunt n'est pas payé, il ne l'a pas, car *qui s'oblige aliène.* Si donc il la perd par la vente forcée, les causes qui légitiment le délaissement n'ont rien perdu de leur force (1).

Il est vrai que l'assureur n'est pas obligé envers le prêteur, qu'il peut ne pas le payer, mais de là il ne suit pas que l'assuré ait moins de droits contre lui.

Cependant ce dernier serait en faute s'il attendait passivement la saisie et la vente du navire ; il doit faire tout ce qui est en son pouvoir pour les empêcher, et si, pouvant y parvenir, il s'en abstient, sa demande en délaissement peut être déclarée non-recevable. Il va sans dire, qu'il doit avertir l'assureur en temps utile, s'il le peut, afin que celui-ci puisse prendre les mesures qu'il jugera convenables.

223. — Supposons que l'emprunt ayant été contracté par le capitaine, l'assuré se détermine pour se soustraire aux poursuites des créanciers à faire abandon du navire et du fret. — On s'est posé la question de savoir si, malgré cet abandon, il peut faire le délaissement ?

Disons tout d'abord que cet abandon pris en lui-même ne lui donne aucun droit au délaissement (2), et

(1) 15 décembre 1851. — Cass. (S. V. 52. 1. 268). — 17 août 1859. — Cass. (S. V. 60. 1. 143). — 9 août 1860. — Cass. (S. V. 60. 1. 693). — 28 février 1859. — Rouen (J. M. 29. 2. 168). — 26 janvier 1859. — Bordeaux (J. M. 37. 2. 97). — 16 janvier 1860. — Bordeaux (J. M. 38. 2. 62). — 10 janvier 1862. — Trib. Paris (Droit 14 février 1862).

(2) 8 août 1859. — Mars. (J. M. 37. 1. 349). — 23 mai 1859. — Rennes (J. Hâvre 1860. 2. 1).

que tout consiste à savoir s'il est un obstacle à son exercice.

J'ai été appelé à donner mon avis sur cette question dans l'espèce suivante :

Le navire *la Victoire* subit des avaries sur les côtes d'Espagne. Il fut réparé à l'aide de fonds provenant d'un emprunt à la grosse et put se rendre au Hâvre, lieu de destination. A peine y fut-il arrivé que le porteur du billet de grosse demanda le paiement à l'armateur, un sieur Rouquette de Gruissan, qui lui fit abandon du navire et du fret. Le porteur fit saisir et vendre le navire. Rouquette, qui en était dépossédé, fit délaissement à son assureur qui en contesta la recevabilité se fondant sur ce que l'abandon est un acte de disposition qui enlève à l'assuré le droit de transmettre la propriété du navire. — Je répondis pour cet assuré que l'abandon du navire et du fret n'est pas un acte d'aliénation, qu'il limite le gage sur lequel le créancier peut exercer ses droits ; que ce créancier ne devient pas par l'abandon propriétaire du navire, qu'il ne peut en prendre possession ; qu'il n'a, comme avant, que le droit de le faire saisir et vendre ; que celui qui a fait l'abandon reste toujours propriétaire ; que le prix de vente lui appartient après paiement des dettes ; qu'ainsi les droits qu'il avait sur le navire restent les mêmes, et que ceux des créanciers ne sont modifiés qu'à l'égard de tous les autres biens de leur débiteur ; or ces biens sont absolument étrangers à l'assurance.

Depuis, la question s'est présentée devant les Tribunaux, et elle a été résolue sous les modifications suivantes :

1° En principe, l'abandon du navire et du fret fait au

prêteur des fonds qui ont servi à réparer le navire n'est pas un obstacle au délaissement (1).

2° Il n'en est plus ainsi lorsque certaines avaries ne sont pas à la charge de l'assureur (2) ;

3° lorsque la dette est inférieure à la somme assurée (3), décision qui est contraire aux principes que nous avons déjà posés ;

4° lorsque l'assureur est franc d'avarie particulière (4) ;

5° lorsque l'emprunt a été contracté partie pour les réparations nécessitées par la fortune de mer, partie pour celles qui étaient la suite du vice propre, partie pour certaines réfections qu'exigeait l'état de la marchandise (5).

6° lorsque l'innavigabilité est relative et que l'assureur n'en répond pas (6).

224. — La vente forcée de la marchandise peut avoir lieu dans les cas suivants :

1° Elle a été avariée par suite d'une fortune de mer au point d'être condamnée à une perte certaine si on ne la vend pas.

2° Le capitaine vend la marchandise pour se procurer les ressources que nécessitent les réparations à faire au navire (C. comm., art. 234).

3° Ou bien dans ce but, il emprunte à la grosse,

---

(1) 16 février 1862. — Trib. Seine (J. Hâvre 1862. 2. 61). — 22 août 1856. — Mars. (J. Hâvre 1857. 2. 21). — *Contra* 22 août 1863. — Paris J. Hâvre 1863. 2. 263).

(2) 15 janvier 1859. — Aix (J. Hâvre 1860. 2. 44).

(3) 8 août 1859. — Mars. (J. Hâvre 1860. 2. 44).

(4) 13 avril 1869. — Rennes (J. Hâvre 1870. 2. 130).

(5) 20 juin 1866. — Cass. (J. Hâvre 1867. 2. 13).

(6) 9 août 1860. — Mars. (J. M. 38. 1. 245).

et faute de paiement à l'échéance le donneur qui a affecté la marchandise la fait vendre.

4° La marchandise sur laquelle pèse une contribution pour avaries communes est vendue faute par l'intéressé d'en avoir payé le montant.

5° Le navire étant innavigable, la marchandise qui ne peut être transportée au lieu de destination est vendue.

225. — Lorsque la marchandise est vendue pour une cause dont l'assureur ne répond pas, la perte qui naît de la vente reste pour le compte de l'assuré. C'est ce qui a lieu, par exemple, lorsqu'elle s'opère à la requête d'un créancier ordinaire pour défaut de paiement. Mais toute vente qui est la suite d'une fortune de mer, dont l'assureur répond, doit être assimilée à une perte totale, et donne droit au délaissement (1).

Cela posé, arrivons à l'examen des cinq cas ci-dessus posés.

PREMIER CAS.

226. — Il est permis de vendre une marchandise facilement périssable lorsqu'elle est dans un tel état, par suite des avaries qu'elle a souffertes, qu'il y a lieu de craindre sa perte totale. Dans ce cas l'assuré qui en est dépossédé a contre son assureur une action en délaissement (2). Le même principe est suivi en Angleterre (3). On doit assimiler à ce cas celui où, soit les

---

(1) 18 janvier 1869. — Rouen (J. M. 47. 2. 127).

(2) 5 novembre 1839. — Cass. (S. V. 39. 1. 983). — 27 novembre 1838. — Rouen (S. V. 39. 2. 934. — J. M. 18. 2. 51). — 1er mars 1839. — Mars. (J. M. 18. 1. 179). — 1er mai 1842. — Aix (J. M. 21. 1. 154). — 10 février 1853. — Mars. (J. M. 31. 1. 329). — 30 mai 1854. — Mars. (J. M. 32. 1. 160).

(3) Viscon v° Royal Exch. 2. Campb., 623.

autorités sanitaires (1), soit l'autorité municipale (2) ordonnent la vente d'une marchandise avariée dans un intérêt de salubrité publique (V. *supra* n. 416).

La vente dans ces divers cas doit être considérée comme une perte totale à l'égard de l'assureur dans l'intérêt duquel elle a été faite.

On a contesté cette conclusion, en se fondant sur ce qu'il n'y a de perte des trois quarts qu'autant qu'elle est matérielle et a atteint la substance de l'objet perdu; or, dit-on, la vente ne change pas cet objet; il est après elle ce qu'il était avant. Donc, n'ayant pas subi une détérioration des trois quarts, il n'y a pas lieu d'admettre son délaissement.

Cette opinion s'appuie sur une pure équivoque. L'assurance garantit à l'assuré la possession utile de l'objet soumis au risque. Cela est si vrai que si un chargement va au fond de la mer et si l'assuré le délaisse, le délaissement produit tous ses effets bien que ce chargement soit ultérieurement sauvé, et que le droit de propriété soit par là maintenu sur la tête de cet assuré. *A fortiori*, doit-il en être ainsi au cas de vente.

Et il importe peu que l'objet assuré ayant été vendu aux enchères, l'assuré s'en soit rendu acquéreur, car dans ce cas il possède à un nouveau titre (3).

Le droit au délaissement n'est pas modifié par cela que la vente produit un prix supérieur au quart de la valeur agréée, parce que dans ce cas il n'y a de sauvé que la valeur de l'objet et non l'objet lui-même (4).

---

(1) 18 janvier 1869. — Rouen (J. M. 47. 2. 127).

(2) 2 juin 1868. — Mars. (J. M. 46. 1. 216).

(3) 30 décembre 1841. — Mars, (J. M. 21. 1. 145).

(4) 27 novembre 1838. — Rouen (J. M. 18. 2. 51). — *Contra* 19 mai 1840. — Paris (S. V. 40. 2. 193).

Aussi certaines polices portent qu'il n'y a lieu à délaissement au cas de vente que si le prix en provenant est inférieur au quart de la valeur agréée (1).

Lorsque la vente a eu lieu, ce n'est point à son produit qu'on doit s'arrêter pour régler l'indemnité; on ne doit prendre en considération que l'évaluation portée dans la police (2).

227. — Il est de règle que la vente d'une marchandise avariée doit avoir lieu aux enchères publiques. Lorsque cette règle est violée, il arrive de deux choses l'une, ou que c'est par le fait de la baraterie du capitaine, et alors il s'agit de savoir si l'assureur en répond; ou bien que c'est par le fait de l'assuré, et dans ce cas celui-ci, étant censé avoir disposé à son gré de la marchandise, n'est plus recevable à la délaisser (3). Il en serait autrement si l'assureur avait consenti à la vente amiable (4).

DEUXIÈME CAS.

228. — L'assuré peut faire le délaissement lorsque le capitaine a vendu la marchandise pour faire radouber le navire (5). Les motifs déjà exposés dans le premier cas ont dans celui-ci la même force. De plus, comme le

(1) 5 juillet 1858 et 23 mars 1864. — Rouen (J. Hâvre 1864. 2. 179).

(2) 17 mars 1859. — Paris (J. Hâvre 1859. 2. 125).

(3) 31 déc. 1858. — Mars. (J. M. 37. 1. 46).

(4) 18 janvier 1869. — Rouen (J. M. 47. 2. 127).

(5) 21 février 1823. — Mars. (J. M. 4. 1. 101). — 13 juin 1823. — Aix (J. M. 4. 1. 339). — 5 mars 1855. — Mars. (J. M. 33. 1. 231). — V. aussi 11 décembre 1843. — Hâvre (J. M. 23. 2. 242). — Dans cette espèce, le capitaine avait employé à la réparation une certaine somme d'argent que lui avait confié le chargeur. — V. encore Dageville, t. 3, p. 396 et Pardessus, t. 3, n. 856.

délaissement aurait pu être fait si la réparation n'avait pas eu lieu, l'assureur ne peut se plaindre de la vente, puisque à supposer qu'elle n'eût pas été faite, la perte aurait été présumée totale.

229. — Lorsque les marchandises ont été divisées par séries, on doit limiter le règlement à chaque série. Ainsi lorsque toute la marchandise comprise dans une série a été vendue, et que rien n'a été vendu dans une autre, il n'y a lieu au délaissement qu'à l'égard de la première (1).

230. — Aux termes de l'art. 234 du C. de comm., le capitaine, dont le navire a besoin d'être réparé, a le choix entre la vente de la marchandise et l'emprunt avec affectation sur celle-ci. L'assureur est donc différemment engagé suivant que le capitaine choisit la vente ou l'emprunt. Mais si le choix qu'il a fait constitue une faute, et telle que l'indemnité eût été moindre si elle n'avait pas été commise, on doit tenir compte de la différence lorsque la baraterie n'a pas été comprise dans l'assurance (2).

231. — Les principes qui viennent d'être exposés ne sont pas admis en Angleterre. Nous avons déjà vu que, d'après ceux qui y sont en vigueur, l'assureur, responsable de la perte qui procède directement d'une fortune de mer, ne l'est pas de celle qui s'y rattache indirectement et par une conséquence éloignée, en vertu de la maxime *causa proxima non remota spectatur*. Or, on considère que la vente de la marchandise dans notre

(1) 29 juillet 1841. — Mars. (J. M. 20. 1. 288). — 1er mars 1848. — Trib. Bordeaux (J. M. 27. 2. 134).

(2) Pohls, t. 4, p. 185.

cas, n'est qu'une conséquence éloignée et indirecte de la fortune de mer (1).

232. — Le délaissement fondé sur la vente du chargement ne peut avoir lieu qu'autant qu'elle entraîne la perte des trois quarts. Si donc 200 sacs de riz sont vendus, et si le chargement assuré se compose de six cents, l'assuré doit procéder par l'action d'avarie. Mais il en est autrement s'il en a été vendu 450 ou plus. Dans ce cas l'assureur paye la somme assurée, et est subrogé aux droits de l'assuré contre le propriétaire du navire, et de là il résulte que tandis que cet assureur paye l'assuré, d'après l'évaluation portée en la police, il est payé par l'armateur d'après la valeur qu'avait la marchandise au lieu de décharge, où s'est opérée la vente (2). — Ajoutons que le recouvrement de ce qui lui est dû se fait à ses risques et péril.

TROISIÈME CAS.

233. — Un emprunt est contracté par le capitaine pour radoub ou achat de victuailles avec affectation tant sur le navire que sur les facultés. — La somme empruntée n'est pas payée à l'échéance, et le chargement est vendu à la requête du créancier. — Nul doute que l'assureur de ce chargement ne doive souffrir le délaissement. Nous ne pourrions que reproduire sur ce point les motifs déjà donnés pour le cas où le navire est vendu (3).

(1) Nolte, t. 2, p. 532. — V. aussi Benecke, Tr. fr. t. 2, p. 47 et s.

(2) 9 février 1842. — Cass. (S. V. 42. 1. 26).

(3) V. 11 juillet 1843. — Aix (J. M. 22. 1. 262). — 16 mars 1857. — Bordeaux (S. V. 57. 2. 554). — Lemonnier, t. 2, n. 297 ; Alauzet, t. 2, n. 234.

QUATRIÈME CAS.

234. — Les marchandises assurées contribuent au paiement d'une avarie commune. — Faute de paiement de la part contributive qui les grèvent elles sont saisies et vendues. — Il s'agit de savoir si leur propriétaire qui les a assurées peut en faire le délaissement.

Il faut répondre négativement en thèse. En effet, l'assuré n'a souffert aucune dépossession ; la marchandise n'est pas, nous le supposons, avariée. La contribution est due en vertu du contrat d'affrètement, qui est étranger au contrat d'assurance. L'assureur ne doit rien aux intéressés au navire et à la cargaison. Il doit, il est vrai, rembourser à l'assuré sa part contributive, mais de là il ne résulte point qu'il doive la garantir des suites que peut avoir le non paiement de cette part.

Mais pour que ce raisonnement soit fondé, il faut que la vente de la cargaison puisse être imputée à faute à l'assuré. C'est ce qu'a jugé le tribunal de Marseille dans les circonstances suivantes (1) :

Chargement de blé pour un voyage d'Ibraïla à Marseille. — Le navire qui était fortement avarié, relâche à Constantinople. — Ne pouvant continuer sa route, le capitaine fait régler l'avarie commune que son navire a soufferte, et affrète un autre navire pour transporter la cargaison au lieu de destination. — Règlement d'avarie commune. — La part contributive que doit la cargaison ne lui étant point payée, il fait nommer par

(1) 28 mai 1851. — Mars. (J. M. 32. 1. 5).

le consul un curateur chargé de contracter un emprunt pour en effectuer le paiement. Ce curateur n'ayant pu le négocier, ce même consul ordonne la vente. Tels étant les faits, le Tribunal pensa que l'assureur était responsable de la dépossession à laquelle l'assuré avait été soumis, et il déclara le délaissement recevable.

CINQUIÈME CAS.

235. — Lorsque le navire est déclaré innavigable, qu'on n'en trouve point un autre pour le remplacer, et que la marchandise est vendue, le délaissement est recevable. Mais, ainsi que nous l'avons fait observer, ce n'est pas dans ce cas la vente, mais l'innavigabilité qui y donne droit.

CHAPITRE IX.

DES RISQUES DE GUERRE EN GÉNÉRAL.

236. — Dans quelle mesure le droit des gens est-il appliqué au contrat d'assurance ?
237. — Enumération des principaux risques de guerre.
238. — On peut considérer comme un risque de guerre un acte de molestation émanant d'un prince ami.
239. — Une déclaration de guerre n'est pas exigée.
240. — Il faut que les faits de guerre émanent d'un gouvernement organisé. — *Quid* du cas où ils émanent d'une partie du peuple en révolte ?
241. — Risques qui sont la conséquence indirecte de l'état de guerre.
242. — Règles à suivre lorsque le capitaine et l'équipage quittent le navire par crainte de l'ennemi.
243. — Le capitaine a-t-il le droit de mettre le feu au navire pour empêcher qu'il ne soit capturé ?
244. — *Quid* du cas où l'objet assuré est pris après avoir subi des avaries.
245. — ..... de celui où le navire abandonné par l'équipage s'échoue ?
246. — ..... de celui où s'étant échoué, il est brûlé par l'ennemi ?
247. — ..... de celui où il ne peut aborder le port de destination ?
248. — Des différentes stipulations par lesquelles l'assureur est affranchi des risques de guerre.

236. — Les risques que crée l'état de guerre sont l'objet, en matière d'assurance, de principes qui ont avec le droit des gens certains points de contact, mais qui pour cela n'en relèvent pas absolument. En effet, tandis que le droit de gens recherche ce qui est juste, on doit s'attacher principalement dans l'assurance à la matérialité du fait et au dommage qu'il a causé. Ainsi, lorsqu'il s'agit d'apprécier la légitimité d'une prise, on examine surtout si certaines règles que consacre le droit des gens ont été ou non observées, tandis que entre l'assureur et l'assuré, le fait seul de la prise, qu'elle soit juste ou injuste, doit être pris en considération. Ainsi encore lorsqu'il s'agit d'un blocus on n'examine pas, à l'égard de l'assureur et de l'assuré, comme on le fait dans les rapports de nation à nation, s'il est ou s'il n'est pas effectif, mais on examine s'il a été un obstacle suffisant à l'entrée du navire dans le port où il doit aborder.

Mais lorsque le dommage souffert par l'objet assuré est la suite directe de la violation de certains principes que consacre le droit des gens, il est nécessaire d'examiner ce qu'il ordonne ou ce qu'il défend, puisque si l'assuré ne s'y est pas conformé, l'assureur peut n'être pas déclaré responsable.

237. — L'art. 350 porte : sont à la charge des assureurs toutes pertes et dommages qui arrivent aux objets assurés par..... prise, arrêt par ordre de puissance, déclaration de guerre.....

L'art. 369 porte à son tour : — Le délaissement des objets assurés peut être fait en cas de prise..... en cas d'arrêt d'une puissance étrangère..... en cas d'arrêt de la part du gouvernement après le voyage commencé.

La prise peut être pratiquée dans le port ou en pleine mer.

Elle prend le nom de *représailles*, lorsque la nation qui se prétend créancière, avec ou sans déclaration de guerre, saisit les biens appartenant aux membres de la nation débitrice ; — on lui donne le nom de *rétorsion*, lorsque la nation contre laquelle ce moyen de contrainte a été pratiqué en use à son tour.

Une chose est la prise, une autre la confiscation.

Pour confisquer l'objet capturé, il faut une décision. Mais, comme nous le verrons, en matière d'assurance, la prise est par elle-même un risque.

L'arrêt du prince est l'acte par lequel un souverain, ami ou ennemi, retient le navire ou la marchandise, quelquefois l'un et l'autre, avec l'intention de les restituer.

En parlant des risques que crée la déclaration de guerre l'art. 350 met à la charge des assureurs tous les risques de guerre. Lorsque les faits qui les engendrent n'ont pas un caractère déterminé, par exemple, une prise, un arrêt, on se sert du mot *molestation,* lequel s'entend dans un sens général de tout acte de violence émanant d'une puissance ennemie qui cause un dommage à l'objet assuré.

238. — Dans la matière des assurances, on considère souvent comme un risque de guerre un acte qui émane d'un prince ami. En d'autres termes, on désigne comme tel tout acte de molestation émanant d'un souverain qui cause un dommage à l'objet assuré, ce que les allemands appellent : *Verlusten von hoherer hand.*

Exemple. — Un navire chargé de blé fut obligé de relâcher dans un port des Iles Ioniennes, où il fut retenu par l'ordre du gouverneur, qui, crainte de la disette, avait prohibé l'exportation des blés. — Le propriétaire du chargement l'avait fait assurer, et il était dit dans la police que l'assureur *est franc de risques de guerre, d'arrêts par ordre de puissance, de molestations quelconques de gouvernements amis ou ennemis.*

L'assuré se fondant sur la rétention du blé en fit le délaissement à l'assureur. Il soutenait que la clause de franchise ne s'appliquait qu'aux risques de guerre ; or, disait-il, l'Angleterre était l'alliée de la France (c'était pendant la guerre de Crimée). Et cependant les assureurs gagnèrent leur procès (1).

239. — Une déclaration de guerre n'est pas exigée pour que les risques de guerre existent. Entre l'assureur et l'assuré, il suffit que les hostilités aient commencé. Peu importe que, par l'absence d'une formalité jugée nécessaire, le droit des gens ait été violé.

240. — Pour qu'il y ait risque de guerre, il faut que les actes qui constituent des faits de guerre émanent d'une puissance organisée, quelle que soit la forme de son gouvernement.

C'est par les faits que l'on juge si les actes émanent d'une puissance ayant ce caractère. Une tribu de sauvages qui pillent tous les navires qu'ils atteignent n'est pas un gouvernement. L'Angleterre, la France, la Russie ont un gouvernement. Entre ces nations et le sauvage, se placent des cas où le doute est permis.

Ainsi, on s'est posé la question de savoir si un peuple révolté qui a changé son gouvernement doit toujours être considéré comme un état. Nous disons *toujours,* parce que la question n'a jamais été posée à l'égard de la France, de l'Espagne et de l'Italie qui ne se sont pas fait faute de changer leur gouvernement. Mais il est des cas où les circonstances ne sont pas aussi nettes.

Exemple. — En 1823, un chargement fut pris par un navire colombien sous prétexte qu'il était composé de marchandises espagnoles. Or, la Colombie qui avait proclamé son indépendance, était alors en guerre avec

(1) 15 février 1855. — Mars. (J. M. 33. 1. 78).

l'Espagne. Le propriétaire de la marchandise s'était fait consentir deux assurances, l'une couvrant tous les risques excepté ceux de guerre, l'autre couvrant les risques de guerre seulement. — Ce propriétaire intenta une action en délaissement contre les deux assureurs, et, certain d'être payé par l'un ou par l'autre, il les laissa discuter entre eux.

La prise est un risque de guerre, disait l'assureur qui ne répondait pas de ce risque, car le gouvernement de la Colombie, quoique né d'une insurrection, représente un état. — Les Colombiens, disait l'autre assureur, sont des insurgés. Le gouvernement espagnol reste encore le gouvernement légitime de la Colombie, et comme il n'a pas commissionné le corsaire qui a fait la prise, on doit la considérer comme un acte de piraterie.

Le Tribunal de Marseille, devant lequel l'affaire fut portée, considéra que les pirates ne forment pas un corps d'état, tandis que la Colombie avait agi comme un état; — que les premiers sont des voleurs, tandis que les Colombiens fesaient la guerre et ne pillaient pas; — que les pirates sont les ennemis de toutes les nations, alors que les capteurs n'avaient dans l'espèce d'autre ennemi que l'Espagne.

Par ces motifs il mit le dommage à la charge de l'assureur qui avait garanti les risques de guerre (1).

Même solution dans une espèce où un navire français fut pris par un Corsaire péruvien, pendant que le gouvernement français fesait la guerre au gouvernement qu'avaient fondé les Cortez espagnoles (2).

---

(1) 19 janvier 1824. — Mars. (J. M. 5. 1. 241).

(2) 28 mai 1830. — Rouen. — 6 avril 1831. — Cass. (J. M. 12. 2. 88).

Pendant la guerre entre les Etats du Sud et les Etats du Nord de l'Union américaine, le gouvernement français les considéra comme deux belligérants (1), et les Tribunaux suivirent une jurisprudence conforme (2).

Les mêmes principes furent encore appliqués lors du siège de Cathagène. On sait en effet qu'après la reddition de cette ville, le navire *La Numancia,* qui put s'échapper et se réfugia à Oran, fut désarmé et traité comme s'il appartenait à une nation belligérante.

Le fait dans ce cas l'emporta sur le droit, car il est de principe que les dommages causés à l'objet assuré par une partie du peuple en révolte contre son gouvernement, n'ont pas le caractère d'un risque de guerre.

Exemple. — Des insurgés avaient pillé la cargaison d'un navire qui était mouillé dans le port de St-Domingue. — L'assuré ayant signifié le délaissement aux assureurs, ceux-ci soutinrent qu'il n'était pas recevable, vu qu'ils étaient *francs de risque de guerre.*

Mais le Tribunal de Marseille prononça en faveur de l'assuré, par le motif que dans l'espèce il n'y avait pas de guerre entre deux états, mais une lutte entre les membres du même état se disputant le pouvoir (3).

Si cette raison est bonne, les Etats du Nord, aussi bien que les Etats du Sud, n'auraient pas dû être considérés comme des belligérants. Cependant c'est à bon droit qu'ils le furent, parce que chacun d'eux avait un gouvernement. Les révoltés de St-Domingue, eux,

---

(1) Déclaration du gouvernement français dans le *Moniteur* du 11 juin 1861.

(2) 8 août 1863. — Trib. Bordeaux (J. M. 41. 2. 151).

(3) 29 juin 1858. — Mars. (J. M. 36. 1. 236). — 27 juillet 1859. — Aix (J. M. 37. 1. 290).

n'en avaient pas. Ils n'obéissaient qu'à eux-mêmes; pillaient et ne fesaient pas la guerre.

En Angleterre, on ne considère aussi comme risques de guerre (for arrest, restraints and detainments of all Kings, princes and people of what nation, condition or quality soeven), que ceux qui émanent d'un gouvernement régulier et non d'une partie du peuple révolté (1).

241. — Les risques de guerre sont directs ou indirects : — Directs, comme au cas de prise, de blocus, etc. — Indirects, lorsque la crainte de l'ennemi et les moyens employés pour être à l'abri de ses atteintes sont la cause d'un dommage.

Ainsi la perte résultant des manœuvres que fait le capitaine pour ne pas tomber entre les mains des ennemis est risque de guerre (2).

Ce principe a été appliqué dans l'espèce suivante :

Un navire français arrivé dans le port d'Odessa, le 8 janvier 1854, par conséquent pendant la guerre de Crimée, traita avec un affréteur et commença à embarquer une partie du chargement; mais, ayant souffert des avaries dans le port, il dut la débarquer. Il en était là, lorsque par crainte d'un bombardement, le capitaine mit à la voile, sans charger la marchandise, qui fut détruite par l'ennemi.

Le propriétaire de cette marchandise signifia le délaissement aux assureurs. Ceux-ci répondirent qu'il n'était pas fondé car ils étaient *francs de risques de guerre*.

L'affaire ayant été portée en justice, l'assuré soutint

(1) Nerbile v[s] Lusbington 4 T. R. 783. — Benecke, t. 3, p. 344.
(2) Benecke, t. 3. p. 336.

que l'avarie soufferte par le navire avait empêché le débarquement et que dès lors cette avarie était la seule cause du sinistre.

Les assureurs répondirent que la crainte d'un bombardement, que tout faisait présager, la nécessité de quitter le port au plus vite, étaient la principale cause du défaut d'embarquement, et par voie de suite du sinistre qui avait causé la perte totale de la marchandise.

Ils obtinrent gain de cause (1).

242. — Il a été de tout temps admis que le capitaine a le droit, lorsqu'il a sujet de craindre que, soit le navire, soit la cargaison ne tombent entre les mains de l'ennemi, et que lui et son équipage ne soient faits prisonniers, de faire abandon du navire (2). Mais en pareil cas, il faut qu'il soit établi que, la prise étant inévitable (3), le capitaine n'a fait que choisir, entre deux genres de sinistres, celui qui était le moins préjudiciable. De là il résulte que si l'abandon du navire est une faute, l'assureur n'est responsable que s'il a garanti la baraterie de patron, et que s'il n'en est pas une, il ne répond pas de la perte lorsqu'il est *franc de risques de guerre*.

---

(1) 15 février 1855. — Mars. (J. M. 33. 1. 77).

(2) Quid dicendum in casu, si navarchus videns a longiquo aliquam navim quam putans esse hostilem, suam anfugiendo derelinquit. — Respondeo quod si hoc imprudenter agerit nullis adhibitis diligentiis, cum illæ adhiberi poterant, ad effectum recognoscendi an ea sit hostilis, vel amicæ nationis, ac etiam non convocato consilio navis ... ad omne damnum tenentur.... secus si talibus circumstantiis concurrentibus, quæ timorem, credulitatem aut errorem capitanei excusare possunt, consilium anfugiendi et derelinquendi navim prudenter susceptum fuerit. — Casaregis Disc. 23, n. 84.

(3) Targa, cap. 59; Emérigon, ch. 12, sect. 26.

243. — On s'est encore posé la question de savoir si le capitaine peut mettre le feu au navire lorsqu'il voit qu'il va être capturé. Elle a été posée devant l'Amirauté de Marseille, et y fut l'objet des observations suivantes qu'exposèrent les assureurs.

« Un navire poursuivi par l'ennemi peut lui échapper. « Un danger, quelque imminent qu'il soit, n'est pas « toujours suivi de sinistre. On ne doit jamais déses- « pérer de la fortune, toujours variable par elle-même « et principalement sur mer. Un coup de vent ou l'ap- « parition d'une voile amie écartent aisément les cor- « saires. La rescousse peut redonner le navire à son « propriétaire. Mais un vaisseau brûlé est absolu- « ment anéanti. Sa destruction ôte tout espoir ultérieur. « De deux maux il faut préférer le moindre, et enfin, « pour éviter un péril, il n'est jamais permis de réaliser « le malheur même. »

Cependant deux arrêts rendus, l'un par le parlement de Bordeaux, le 7 septembre 1747, l'autre par celui d'Aix, le 30 mars 1748, condamnèrent les assureurs, qui étaient responsables des risques de guerre, à payer l'indemnité.

Pothier et Emérigon approuvent ces décisions (1) et Valin (2) soutient que la nécessité de mettre le feu doit être présumée, sauf à l'assureur à faire la preuve contraire.

Cette controverse peut être réduite à des termes très simples.

1° Puisque le capitaine n'a pas le droit d'incendier

(1) Pothier, n. 53; Emérigon, ch. 12, sect. 17, § 5. — V. aussi Benecke, t. 3, p. 336.

(2) Valin sur l'art 26. — V. aussi Friguet, t. 1, n. 108.

le navire qu'il commande, c'est à lui à prouver que les circonstances le lui ont donné.

2° Les sacrifices que la nécessité impose devant être limités à ce qui est indispensable, le navire ne doit pas être livré aux flammes tant qu'il est possible de le soustraire aux poursuites de l'ennemi.

3° Mais si le capitaine prouve que le navire aurait été incontestablement capturé, s'il allègue que, perdu pour perdu, il a préféré le réduire en cendres plutôt que d'en faire profiter l'ennemi, je ne crois pas que cette résolution puisse lui être imputée à faute.

244. — Que faut-il décider, l'assureur étant *franc de risques de guerre*, lorsque l'objet assuré ayant d'abord souffert des avaries est ensuite capturé par l'ennemi.

En Angleterre, ce point est réglé par le principe *causa proxima* etc. — « Lorsque l'objet assuré, dit « Kent, subit une perte partielle, laquelle est ensuite « suivie d'une perte totale, on doit admettre que la pre- « mière s'est fondue dans la seconde. Les juges n'ont « pas à tenir compte de la première » (1). — Il faut, d'après la jurisprudence anglaise, pour que l'avarie puisse être mise à la charge de l'assureur, que la perte totale n'ait exercé sur cette avarie aucune influence, comme si, par exemple, 100 fûts de vin sur 200 ont été défoncés et entièrement perdus par l'effet de la tempête, tandis que le surplus a été capturé par l'ennemi (2).

Comme nous ne suivons pas les principes qui ont

---

(1) Kent, 3, 302.

(2) Hahn v[s] Cobett, 2 Bingh, 265.

prévalu en Angleterre, il faut décider que puisque l'avarie a donné un droit à l'assuré, la perte totale qui l'a suivie ne fait pas que l'assureur ne doive l'indemniser. Il doit en être ainsi, parce que la perte totale, qui résulte d'un fait de guerre et est par suite étrangère à l'assurance, doit être considérée comme un cas fortuit duquel on peut dire : *a nemine præstatur,* d'où la conséquence que s'il ne doit pas profiter à l'assuré, il ne doit pas non plus lui nuire.

Sans doute, l'évaluation de l'indemnité peut présenter dans ce cas de sérieuses difficultés, attendu que le navire et la cargaison étant entre les mains du capteur, il sera impossible de déterminer avec certitude l'état du navire et les réparations qu'il comporte, ou bien de comparer la valeur à l'état sain de la marchandise avec sa valeur à l'état d'avarie. Mais cela n'empêchera point le juge d'évaluer l'indemnité *ex æquo et bouno,* d'après les documents qui lui seront soumis.

245. — Lorsque le navire est jeté à la côte pour éviter la prise, ou bien si par le même motif le capitaine fait des manœuvres qui aboutissent à un échouement, l'assureur, qui est *franc des risques de guerre,* n'en répond pas. (1).

Même solution si l'échouement provient de l'abandon du navire par l'équipage. Ce point a été ainsi jugé dans l'espèce suivante : En novembre 1854, un navire partit de Kamiesh à destination de Verna. Il fut assailli par une violente tempête pendant la traversée, si bien qu'ayant perdu une partie de sa mâture, le capitaine prit le parti de mouiller sur trois ancres avec

---

(1) Benecke, t. 3, p. 338.

câbles en fer. Les ancres chassaient, et ce capitaine, craignant d'être jeté à la côte et surpris par l'ennemi, prit le parti d'abandonner le navire, après quoi il se réfugia, ainsi que l'équipage; à bord d'une frégate française.

Dans la nuit, le navire s'échoua et fut brûlé par les Russes.

Action de l'assuré contre l'assureur, qui était franc de risques de guerre, action fondée sur l'échouement du navire.

La Cour de Rouen, saisie de l'affaire, considéra que le navire ne se serait pas échoué, s'il n'avait pas été abandonné par l'équipage, que par exemple il aurait pu entrer dans un port de refuge, et que se fût-il échoué, il aurait pu être renfloué, et, par ces motifs, elle déclara l'assuré mal fondé dans sa demande (1).

Selon nous, le véritable motif de décider dans cette espèce était fondé sur ce que le navire n'avait souffert aucun dommage au moment où il fut abandonné, que le capitaine serait resté à son bord sans la crainte de l'ennemi, et que dès lors son abandon devait être attribué à un risque de guerre.

246. — Que faut-il décider dans le cas où le navire ayant été jeté à la côte par la violence de la tempête, est brûlé par l'ennemi ?

Ce cas s'est présenté en Angleterre. — Un navire qui se rendait de l'île de Crète à Londres fut poussé par la tempête sur les côtes de France, où il s'échoua. Les Français étant alors en guerre avec les Anglais, le navire fut brûlé par nos nationaux.— L'assureur actionné par l'assuré opposa qu'il était *franc de prise*. — Lord

(1) 2 avril 1856. — Rouen (J. M. 34. 2. 92).

Kenyon vit dans ce cas un risque de prise, parce que, dit-il, le navire eût été en parfaite sûreté, s'il s'était échoué sur une côte amie, et l'assureur gagna son procès (1).

Fidèle aux principes que nous avons posés, nous aurions décidé que l'assuré avait droit à une indemnité à raison de l'échouement, mais que l'incendie du navire était à sa charge.

247. — Que faut-il décider, l'assureur étant *franc de risques de guerre,* si le navire ne pouvant aborder le port de destination parce qu'il est bloqué, se rend dans un autre port et subit des avaries pendant la traversée qu'il fait pour s'y rendre ?

Cette question a été résolue dans l'espèce suivante :

En 1838, alors que les ports du Mexique étaient bloqués par une flotte française, un navire français, qui ne put entrer à Véra-Cruz, lieu de sa destination, à cause du blocus, se dirigea vers la Havane, et pendant la traversée pour arriver à ce port, souffrit des avaries.

Procès au sujet de ces avaries devant le Tribunal de Bordeaux. — Là, l'assureur soutint qu'étant *franc de risques de guerre,* il ne répondait ni du blocus, ni du changement de voyage qui en avait été la suite, et que dès lors l'assuré ne pouvait lui demander le dommage résultant d'avaries qui s'étaient produites en dehors du voyage assuré.

Cependant le Tribunal, se fondant sur ce que l'assureur répond de tous les cas fortuits qui arrivent sur mer, donna gain de cause à l'assuré (2).

---

(1) Green v° Elmslie dans Marshall, 2, 619. — Benecke, t. 3, 357.

(2) 6 janvier 1840. — Trib. Bordeaux (J. M. 19. 2. 115). — *Contra* Lemonnier, 1, 207.

Il eut tort, parce que l'assureur qui ne répond pas d'un risque ne répond pas non plus des dommages qui s'y rattachent directement. Dans l'espèce qui lui était soumise, le navire serait entré dans le port de Véra-Crux s'il n'avait pas été bloqué ; s'il y était entré, il ne se serait pas dirigé vers la Havane et n'aurait pas changé le voyage, et puisque l'avarie s'était produite en dehors du voyage assuré, il fallait décider que l'assureur n'en était pas responsable.

248. — Les stipulations par lesquelles l'assureur est affranchi en tout ou en partie des risques de guerre varient à l'infini.

Tantôt par cela seul que la guerre a éclaté, le risque prend fin, tantôt l'assureur court les risques de mer et est affranchi des risques de guerre.

Tantôt au contraire, l'exemption de risque n'est que partielle. Ainsi, on assure :

Franc de risque *(free from capture)*;

Franc de prise et d'arrêt *(free from capture and seizure)*;

Franc de prise, d'arrêt et leur suite *(..... and consequences thereof)*;

Franc de prise dans un port *(free from capture in port)*;

Franc de prise anglaise, etc.

L'art. 2 des polices françaises relatif au navire est ainsi conçu :

« Les risques de guerre ne sont à la charge des as-
« sureurs qu'autant qu'il y a convention expresse.
« Dans ce cas les assureurs répondent des dommages
« et pertes provenant de guerre, hostilités, représailles,
« arrêts, captures et molestations de gouvernements

« quelconques, amis ou ennemis, reconnus ou non « reconnus et généralement de tous accidents et for- « tunes de mer. »

Quelquefois on se borne à assurer *franc de molestation*. Les assureurs d'Anvers se sont ainsi expliqués sur cette clause :

« 1° On entend par *molestation*, la capture, les actes « de corsaire ou de forban, l'arrestation par ordre d'au- « torités, et généralement tous faits résultant de la « guerre ou de représailles. »

« 2° Toutes avaries, légalement constatées avant la « molestation restent à la charge des assureurs. »

« 3° Le risque cesse par le fait de la molestation. »

« Il en serait de même pour tout navire qui, pour « éviter une molestation quelconque, se serait volon- « tairement détourné de sa route. »

« Cependant un simple arrêt en mer dont le terme « n'excède pas 72 heures ne préjudicierait pas à l'assu- « rance (1). »

Le nouveau code de commerce allemand, qui a eu le tort de s'occuper des formules relatives à l'exemption des risques de guerre, lesquelles auraient plus naturellement trouvé leur place dans une police, distingue suivant que l'assureur est *franc de molestation de guerre* (frei von Kriegsmolest) ou que l'assurance a été consentie *uniquement pour les risques de mer (nur fur Seegefahr)*.

Avec la première formule l'assureur n'est soumis à aucun risque dès que l'état de guerre exerce une influence sur le voyage, lorsque sa continuation est

(1) Haghe et Cruismans, p. 86 ; Morel, Dict. v° Guerre, p. 47.

empêchée par des vaisseaux de guerre, des corsaires ou un blocus, lorsque pour éviter un plus grand péril le capitaine change sa route, ou que, par le fait de l'ennemi, il perd le commandement du navire (art. 852).

Avec la seconde, l'assureur ne court pas les risques de guerre, mais il court tous ceux de mer, tant que la prise, l'arrêt ou tout autre dommage n'ont pas mis fin à l'assurance (art. 853).

Comme pour démontrer l'inconvénient qu'il y a à introduire dans les lois de telles dispositions, les conditions de Brême dans les § 20 et 21 ont complètement modifié, le sens donné par les art. 852 et 853 aux stipulations qui y sont ramenées.

L'assureur qui est franc de risques de guerre répond des risques ordinaires qui concourent avec ceux-ci (1).

Mais il n'y a pas à distinguer suivant que les risques de guerre sont ou non la suite d'un acte illégal. L'assureur n'en répond dans aucun cas (2).

Lorsque le risque de guerre s'est réalisé et que par lui l'assurance a pris fin, l'assureur ne répond pas des risques qui suivent. Ainsi, l'assureur n'est plus responsable lorsque l'objet assuré a été capturé, bien qu'il ait été ultérieurement restitué (3).

(1) Arnould, 2, 676 et s.
(2) Arnould, 2, 436.
(3) Benecke, 3, 337.

CHAPITRE X.

DU CONTRAT D'ASSURANCE DANS SES RAPPORTS AVEC LA NEUTRALITÉ.

249. — L'assuré qui se déclare neutre doit l'être à peine de nullité de l'assurance.

250. — Il suffit que la neutralité existe au moment où le contrat se forme.

251. — A moins qu'elle ne soit rompue dans la suite par le fait de l'assuré.

252. — L'assurance, nulle dans le principe pour défaut de neutralité, n'est pas validée par le retour à la neutralité.

253. — L'objet assuré doit être neutre.

254. — Que décider lorsque la marchandise assurée est neutre, tandis que le navire et une partie de la cargaison ne le sont pas?

255. — La marchandise neutre adressée à un destinataire hostile reste neutre et réciproquement.

256. — L'assuré neutre ne doit pas violer la neutralité. — Contrebande de guerre.

257. — Celui qui a assuré un sujet neutre reste responsable lorsque l'un des belligérants empêche ce dernier de commercer avec l'autre belligérant.

258. — Cas où l'opération du neutre est considérée comme partiale par l'un des belligérants.

259. — Cas où il y a doute sur le point de savoir si la marchandise assurée est neutre ou hostile.

260. — Cas où l'objet assuré, étant considéré comme neutre, est déclaré, après la formation du contrat, contrebande de guerre.

261. — La neutralité est violée lorsque le navire assuré ou porteur des facultés assurées se place sous la protection d'un convoi ennemi.

262. — Droit de visite dans ses rapports avec l'assurance.

249. — Si les neutres sont moins exposés que les belligérants aux risques de guerre, ils n'en sont pas absolument affranchis, vu que l'état de guerre les expose à d'injustes attaques, et que les règles de la neutralité étant fort compliquées, il peut arriver qu'elles soient violées de part et d'autre par ignorance.

Ce n'est pas le cas d'exposer ici les principes du droit des gens qui s'appliquent à la neutralité (1). Les supposant connus, nous nous bornerons à exposer les rapports qu'ils ont avec le contrat d'assurances.

L'assureur qui n'est pas franc de risques de guerre, a intérêt à savoir si l'assuré est neutre ou belligérant, si de plus la marchandise ou le navire sont ou ne sont pas neutres.

En Angleterre et aux Etats-Unis ces deux points sont l'objet d'une garantie spéciale, qu'on exprime en ces termes : à l'égard de l'assuré, *waranted neutral;* à l'égard de la chose assurée, *waranted neutral property.* Lorsque les déclarations relatives à la neutralité ne sont pas exactes, on dit que la garantie est rompue (breach of waranty), et l'assureur n'est pas responsable.

Si nous n'avons pas dans notre droit de formule spéciale et sacramentelle, le fond est le même. Tout assuré qui se déclare neutre, doit l'être, à peine de nullité de l'assurance.

---

(1) V. sur ce point Massé, Droit comm. dans ses rapports, t. 1, n. 172 et s., qui, sur les principes du droit des gens, nous a servi de guide dans le cours de ce chapitre.

250. — Il suffit qu'il le soit au moment où il contracte. Si, après que l'assurance est conclue, la nation à laquelle appartient l'assuré rompt la neutralité, si, par exemple, elle forme une alliance offensive ou défensive avec l'un des belligérants, l'assurance n'en restera pas moins valable. Ce principe est en vigueur en Angleterre et aux Etats-Unis (1), et comme il est l'expression d'une vérité incontestable, il doit être suivi en France. Et en effet, ou l'assureur répond des risques de guerre et dans ce cas il court les risques dérivant de la rupture de la neutralité, ainsi que de ces conséquences ; ou il n'en répond pas, et alors ces risques ne sont pas à sa charge, non que l'assurance soit nulle, mais à cause de la franchise qu'il a stipulée.

251. — Ces principes cessent d'être applicables lorsque la rupture de la neutralité vient de l'assuré et lui est exclusivement imputable. Tel est le cas où celui-ci ayant son domicile dans un pays neutre au moment où il contracte, le transporte, après qu'il a contracté, dans un pays belligérant (2).

252. — L'assuré qui a déclaré être neutre au moment où il a souscrit l'assurance, et qui ne l'était pas, attendu qu'il avait son domicile dans un pays belligérant, ne peut couvrir la nullité qui résulte de ce fait en transportant son domicile dans un pays neutre. Cette règle qui est constante en Angleterre (3) et aux Etats-Unis (4), doit être suivie partout, attendu qu'en ma-

(1) Tyson v[s] Gurnay, Term. n. 3. Rep. 477. — Arnoud, 2, 617; Parck, 716.

(2) Jabbs v[s] Handelack, 4 Esp. 109.

(3) Cas du navire Portland, 3 Rob. Rep. 41.

(4) Cas des navires Dos Hermanos et Antonia Joanna Weseanton's R. 76 et 159.

tière d'assurances le risque doit être apprécié d'après ce qu'il est ou d'après l'idée qu'il est possible d'en avoir au moment où le contrat se forme.

253. — Il ne suffit pas que l'assuré soit neutre, il faut encore que l'objet assuré le soit à son tour. Exemple. — Un neutre achète un navire pris à un belligérant, et le fait assurer. On décide dans ce cas que du moment où ce navire peut être repris entre les mains du neutre (1), l'assureur n'est pas responsable si l'origine de la propriété ne lui a pas été indiquée. En Angleterre, cette origine fait partie de la déclaration qui sert à exprimer la garantie de la neutralité. Elle est ainsi conçue : *Origin of property waranted neutral.*

254. — L'assureur est-il responsable dans le cas où la marchandise neutre est confisquée comme ayant été chargée dans un navire qui n'est pas neutre, ou comme faisant partie d'un chargement dans lequel se trouvaient des marchandises qui ne le sont pas?

En règle générale on doit tenir pour la négative, à moins qu'une faute ne soit imputable à l'assuré.

Ainsi, lorsqu'il a déclaré que la marchandise était neutre et qu'elle était bien telle, sans garantir pour cela la neutralité du navire, qui est confisqué parce qu'il n'est pas neutre, ce qui entraîne la confiscation de la marchandise (2), l'assureur est responsable (3). Mais il en serait autrement si l'assuré avait garanti la neutralité du navire.

(1) V. Loi du 21 septembre 1793 et Kaltenborn, 2, 388.

(2) Nous supposons que la nation à laquelle appartient le belligérant n'a pas adhéré au traité de Paris.

(3) Benecke, t. 3, p. 415.

L'assureur est encore responsable si dans un chargement à cueillette, que cet assureur savait être tel, la marchandise de l'assuré, quoique neutre, a été chargée avec une marchandise hostile appartenant à un tiers, ce qui a entraîné la confiscation de toute la cargaison (1), et cela parce que les droits de l'assuré ne peuvent être modifiés par le fait d'un tiers.

255. — En principe, le risque se fixe au moment où l'assurance est conclue. Il résulte de là qu'une marchandise hostile, qui est chargée dans un port hostile, doit être considérée comme telle pendant toute la durée du voyage, bien qu'elle soit dirigée dans un port neutre pour être livrée à un neutre (2), et, *e converso,* qu'une marchandise neutre ne cesse pas d'être telle pendant toute la durée du voyage, bien qu'elle doive être livrée à un belligérant (3).

256. — Non-seulement, il faut que l'assuré soit neutre et que l'objet assuré soit d'origine neutre, mais il faut de plus que l'assuré ne fasse aucun acte tendant à rompre la neutralité.

Ainsi, il ne doit pas charger de la contrebande de guerre.

Certains objets, tels que les armes, les munitions de guerre, les effets d'équipement et de harnachement, peut-être même le soufre et le salpêtre, sont contrebande de guerre, mais il en est d'autres qui ont un caractère mixte, attendu qu'ils peuvent servir à la

---

(1) Bayard et Al vs Mars. Fire et Marin. Ins. Co, 4 Masson, 216. — V. Philipps, 1, 382 et Pohls, t. 6, p. 262.

(2) New-York Fire Ins. C. v• de Wolff, 2 Cowen 56.

(3) Philipps, 1, 375 ; Kent, 3, 267. — V. le cas du navire La Ville de Copenhague dans 1 Rob. Rep. 289.

fois ou aux besoins de la guerre, ou à ceux de l'industrie et de la vie ordinaire. Ainsi le charbon, le bois ou le chanvre servent à la fois aux navires de guerre, et au chauffage ou au vêtement des personnes. Ainsi encore, les draps, le blé, le vin, etc., peuvent être livrés à la consommation ordinaire, ou servir, les uns à l'habillement, les autres à la nourriture des troupes.

Cela posé, il s'agit de savoir quelles sont les obligations réciproques de l'assureur et de l'assuré lorsqu'il s'agit de contrebande de guerre.

A cet égard, il est utile de rappeler qu'il n'est pas nécessaire de désigner la marchandise assurée, ce qui fait que l'assureur peut ignorer si elle est ou n'est pas neutre. Il faut donc qu'elle soit désignée par dérogation à la règle, pour qu'il puisse apprécier son caractère et l'assurer à bon escient.

Mais la marchandise n'étant pas déclarée, et l'assuré ayant chargé de la contrebande de guerre, que faut-il décider?

Lorsque les objets chargés sont unanimement considérés comme contrebande de guerre, l'assureur n'est pas obligé, car à moins que le contraire ne soit établi explicitement ou implicitement par la convention, on doit présumer que la volonté des parties a été de faire porter l'assurance sur une marchandise neutre.

Le cas est tout autre, lorsque la marchandise a un caractère douteux, qu'elle est ou qu'elle n'est pas contrebande de guerre suivant le point de vue où on se place.

Lorsqu'elle a ce caractère, une distinction, qui a été souvent invoquée dans l'affaire de *l'Alabama*, semble avoir prévalu. Il est admis que lorsqu'on transporte des vêtements ou du blé pour la consommation ordinaire, la marchandise est neutre, mais que si le chargement se compose de draps de même nuance et qualité, en nombre tel qu'ils ne puissent servir qu'à l'habillement des troupes, la neutralité est violée. En un mot, suivant les expressions du comte Selopis, elle est violée toutes les fois qu'un neutre transporte pour le compte de l'ennemi une chose qui, par sa destination, est nécessairement *res hostilis*. Lorsque tel est le cas, et si l'assureur n'a pas été averti, l'assurance est nulle.

257. — Il importe de rappeler qu'un état neutre peut faire le commerce avec l'un ou l'autre des belligérants, et que ceux-ci ne peuvent s'y opposer (1). Cependant il peut arriver que, méconnaissant cette règle, l'un des belligérants s'oppose par la force aux relations commerciales entre le neutre et l'ennemi, que dans ce but il saisisse ou retienne les effets que le neutre transporte, et que par là il crée un véritable risque. Lorsqu'il en est ainsi, on ne peut imputer à faute à l'assuré l'opération qu'il a entreprise, car il devait la considérer comme licite.

258. — D'après le droit des gens, le commerce entre les neutres et les belligérants doit être impartial, ce qui veut dire qu'en dehors des traités antérieurs, à l'exécution desquels l'état de guerre ne porte aucune atteinte, le neutre ne peut établir avec l'un des belligérants, dans le but de le favoriser, des relations commerciales par lesquelles il lui accorde des facilités ou des avantages qu'il refuse à l'autre (2).

(1) Massé, t. 1, n. 176.

(2) Massé, t. 1, n. 187 et s ; Desjardins, Droit comm. marit., n. 23 et s.

Ce principe étant posé, demandons-nous quel peut être son application à la matière des assurances.

Le reproche de partialité justement adressé à un gouvernement neutre ne peut résulter que d'un ensemble de faits particuliers, qui, à les supposer connus de ce gouvernement, sont le plus souvent ignorés des sujets qui lui sont soumis. Ces derniers peuvent faire une opération violant les règles de la neutralité par sa partialité, et ne pas le savoir, car une opération unique n'est dans aucun cas partiale en elle-même, puisqu'elle est un fait isolé, et qu'elle ne peut être partiale que parce qu'elle fait partie d'un ensemble d'actes, et qu'elle se rapporte à un état de choses général qu'on ne saurait imputer à un individu. Aussi est-il admis que les assureurs ne peuvent se soustraire à leurs engagements, en se fondant sur ce que l'assuré a participé à un acte, qui, considéré comme partial, l'a soumis à certaines molestations. Il ne peut en être autrement. La partialité imputée à une nation neutre ne pouvant résulter que d'une succession de fais, qui, d'abord insuffisants, ont pris à la longue assez de consistance pour constituer la violation de la neutralité, il s'ensuit que l'assureur ne peut en exciper qu'en invoquant contre l'assuré, non le fait particulier qui lui est propre, mais un ensemble de faits auxquels il n'a pas participé.

259. — Que faut-il décider dans le cas où l'assureur prétend que le chargement est composé d'objets que l'un des belligérants considère comme étant de contrebande, lorsqu'il n'est pas démontré que la prétention de ce belligérant soit fondée ?

Ainsi que le fait remarquer Kent, nous sommes ici

sur le terrain mobile et changeant des opinions variables. — « L'*usus bellici*, dit cet auteur, est le régulateur des objets qui doivent être considérés comme « contrebande de guerre, et tels articles qui par leur « nature ne sont pas nuisibles, peuvent le devenir par « leur transformation en instruments de guerre, et « avoir aux yeux des belligérants un caractère agressif. Aussi, il y a beaucoup de vérité dans cette observation, que de même que les choses qui servent à « l'attaque ou à la défense changent d'époque en époque, de même le droit des gens change en même « temps qu'eux. Ce n'est pas à dire que les principes « généraux qui constituent ce droit puissent changer « et changent en effet. Le changement ne porte que « sur la manière dont on les envisage et dont on les « applique (1). »

Il n'y aurait aucune sécurité dans les affaires d'assurance, si la validité du contrat pouvait dépendre d'un contentieux aussi compliqué. A cause de cela, on a proposé, pour régler les droits entre assureurs et assurés, de s'en tenir à la décision rendue sur la validité de la prise. Mais on a fait observer que cette règle met l'assuré à la merci des tribunaux institués par le gouvernement qui a ordonné la prise (2). En Angleterre même, où elle a un moment prévalu, on l'a entourée de nombreuses restrictions (3).

A nos yeux, il faut, pour savoir si l'assurance est ou non valable, examiner si une faute est ou non impu-

---

(1) V. Kent, 1, 137-141.

(2) Ainsi décidé aux Etats-Unis. Jacobsen, Seerecht, 2, 511 et à Pise en 1801. Baldasseroni, t. 2, p. 6, tit. 11, §§ 51 et 52.

(3) V. Marshall, t 1, p. 288 et Benecke, t. 3, 377-392.

table à l'assuré ; s'il savait ou non que la cargaison pouvait être considérée comme contrebande de guerre? Or, pour répondre à cette question, il faut examiner encore si les prétentions des belligérants ont été affirmées avec une certaine publicité, s'il existe des traités internationaux, si l'assuré a eu des renseignements particuliers, etc., et, au point de vue de la réticence, s'il a fait connaître à l'assureur tout ce qu'il savait. Malgré des tendances contraires, la jurisprudence anglaise est entrée dans cette voie. Elle a décidé que l'assurance est valable lorsque l'assuré ignore les circonstances qui sont de nature à faire considérer son opération comme violatrice des lois de la neutralité (1).

260. — Il est encore admis en Angleterre que l'assurance est valable et continue à l'être, lorsque la cargaison, considérée comme neutre au moment où l'assurance est souscrite, est déclarée contrebande de guerre après qu'elle l'a été (2).

261. — Le fait par un neutre de placer le navire et la cargaison dont il est porteur sous la protection des forces ennemies, constitue une violation de la neutralité, et cela par le motif que l'attaque peut porter indistinctement sur les navires ennemis et sur le navire neutre qu'ils protègent (3).

262. — Le droit qu'a tout belligérant de se protéger contre les actes qui violent la neutralité, ou d'empêcher que sous l'apparence d'une navigation commerciale et

(1) Follard, v[s] Bell, 8 T. B. 343. — Benecke, t. 3, p. 410; Marshall, 1, 326.

(2) Parck, p. 359; Marshall, 1, 319; Benecke, 3, 401.

(3) V. cependant en sens contraire; Kemble v[s] Rhinelander, 3 Johnson's Cases, 130. — Phillips, 1, 392.

neutre, l'ennemi essaie de dissimuler un armement en course, a fait admettre au profit des belligérants le droit de visiter le navire (1).

Ce n'est pas le cas d'exposer ici cette partie du droit des gens. La supposant connue, nous nous bornerons à poser en principe que toute résistance au droit de visite et même de recherche, constitue une violation de la neutralité, et par conséquence une faute de la part de l'assuré (2).

Le belligérant qui exerce le droit de visite a celui de demander au capitaine tous les papiers et documents propres à établir la neutralité, soit du navire, soit de la cargaison. Ce point est quelquefois réglé par des traités internationaux. S'il n'en existe pas, il suffit pour que l'assuré soit à l'abri de toute imputation de faute, que le capitaine soit porteur des papiers et documents exigés par la loi du pays auquel cet assuré appartient.

Le capitaine qui produit des documents simulés viole les règles de la neutralité, car par là l'exercice du droit de visite devient illusoire (3). Mais si cette simulation a été déclarée à l'assureur, celui-ci ne peut s'en plaindre et se soustraire à ses engagements (4). Il en serait de même si la simulation étant exclusivement imputable au capitaine, la baraterie de patron avait été garantie par l'assurance (5).

La dissimulation des documents constitue encore une violation de la neutralité (6). Il en est de même de leur

(1) V. Massé, t. 1, n. 301.

(2) Marshall, 1, 303 ; Benecke, 3, 394.

(3) Carrere v' Union Ins. Co., 3 Harris et Johnson, 324.

(4) Bell v' Broomfield, 15 East. 364.

(5) Parck, 556.

(6) Liwingston v' Maryland Ins. Co. 7 Cranch. 536. — Philipps, 1, 536.

destruction, à moins qu'à raison des circonstances on ne puisse pas l'imputer à faute à l'assuré (1).

263. — On s'est posé la question de savoir si une assurance qui a pour objet de garantir les risques résultant d'actes qui violent la neutralité, est valable ou doit être déclarée nulle ?

Un auteur allemand a proposé sur ce point une distinction très juste. Il dit (2) : — Ou l'acte permis à l'assuré n'est pas contraire aux lois de son pays, ou il lui est contraire.

Dans le premier cas, l'assurance est valable, quelles que soient d'ailleurs les prétentions des belligérants ; dans le second, elle doit être déclarée nulle.

264. — Terminons cet exposé par une dernière observation. Il ne faut pas en général décider, dans les difficultés qui se rapportent à l'assurance, d'après les principes du droit des gens. En admettant que dans tel cas donné la résistance d'un état neutre aux prétentions ou aux entreprises d'un belligérant doive être considérée comme légitime, il ne s'ensuit pas que l'assuré qui appartient à cet état ait le droit, pour l'honneur des principes, de s'exposer à des dommages, et de les imposer à l'assureur. D'un autre coté, dans le cas où la résistance est non seulement un droit, mais un devoir, on ne saurait considérer l'assuré comme étant en faute. Il appartient aux Tribunaux d'apprécier, d'après cette distinction, les droits de l'assureur.

(1) Bernardi v° Molteux. Dongl. Rep. 381.

(2) Pohls, t. 6, p. 258 et 263.

CHAPITRE XI.

LA PRISE.

265. — Idées générales sur la prise.
266. — En quoi elle diffère de l'arrêt.
267. — En matière d'assurance, on ne regarde pas à la légalité de la prise.
268. — Cas où la prise résulte soit de la faute de l'assuré, soit de celle du capitaine.
269. — *Quid* lorsque le navire est seul capturé, et où la marchandise ne l'est pas ?
270. — Le contrat à la grosse est-il perdu lorsque l'objet affecté est capturé ?
271. — La reprise de l'objet capturé ne fait pas perdre le droit au délaissement.
272. — L'assuré doit-il attendre qu'il ait été statué sur la validité de la prise ?
273. — La prise met fin à l'assurance.
274. — Elle oblige l'assureur à payer l'indemnité.
275. — L'assuré peut au cas de prise suivre l'action d'avarie.
276. — Cas où l'assuré transige avec le capteur.
277. — Cas où après que la prise a été validée, l'assuré achète les objets capturés.
278. — Du rachat.

265. — L'art. 350 met la prise aux risques de l'assureur. Il y a prise lorsque par un fait de guerre ou dans un esprit de déprédation, l'objet assuré, navire ou marchandise, a été saisi avec l'intention de ne le point restituer.

La prise peut être faite ou par les forces militaires de l'Etat, ou par un corsaire que cet état a commissionné, ou par un pirate.

Il est vrai que par le traité de Paris, les États signataires ont renoncé à la course, mais comme toutes les nations n'ont pas adhéré à ce traité, il importe de déterminer la différence qui existe entre le corsaire et le pirate.

Le corsaire court les mers, porteur d'une lettre de marque qui l'autorise à saisir les navires ennemis ; il est l'auxiliaire de la marine nationale ; il n'existe qu'en temps de guerre ; il observe les règles de droit international. — Le pirate n'est pas commissionné ; il agit sans mandat ; il ne s'astreint à aucune règle, et est l'ennemi, non de telle ou telle nation, mais de toutes les nations.

De là il résulte que la prise par un corsaire armé en course constitue un risque de guerre, tandis que la prise par un pirate est un risque ordinaire, et que dès lors l'assureur ne répond pas de la prise faite par les corsaires lorsqu'il est *franc de risques de guerre,* tandis que dans ce même cas, il répond de la prise faite par les pirates.

266. — La prise diffère de l'arrêt en ce que dans la prise l'objet assuré est capturé avec l'intention de le garder sans indemnité, tandis que dans l'arrêt, il est arrêté ou retenu avec l'intention de le rendre ou d'en payer la valeur.

267. — Au point de vue de l'assurance, la prise est un fait pour lequel il n'y a pas à tenir compte de sa légalité. Aussi elle produit le même effet, qu'elle soit juste ou injuste (1). Il en est ainsi parce que, entre l'as-

(1) Casaregis, Disc. 1, n. 118 ; Emérigon, ch. XII, sect. 18 ; § 2 ; Valin, sur l'art. 16 ; Pothier, n. 54 ; Dageville, p. 265 et 359 ; Alauzet, t. 2, p. 33. = Dans ce sens aussi Benecke, t. 3, p. 371 et Nolte, t. 1, p. 266.

sureur et l'assuré on ne doit s'attacher qu'au dommage et à la perte. Par le même motif, on ne doit pas non plus distinguer entre le cas où l'objet assuré a été simplement capturé et celui où il a été confisqué en vertu d'une sentence juste ou injuste (1). En un mot la prise n'est considérée en matière d'assurance que comme un fait. Il suffit que l'assuré le prouve : *sufficil casum probasse* (2). Toute preuve étant à cet égard admissible, il a été jugé qu'elle peut résulter d'une simple lettre écrite par le capitaine (3).

268. — Lorsque la prise provient d'une faute de l'assuré, l'assureur n'en répond pas. Lorsqu'elle résulte de la baraterie de patron, comme si, par exemple, il n'a pas évité la prise, alors qu'il le pouvait (4), il faut distinguer, suivant que l'assureur répond ou non des fautes de ce dernier. On suit une règle différente en Angleterre, où on a décidé que l'assureur était responsable, bien que le capitaine se fût entendu avec le capteur pour faciliter la prise (5). Il est vrai que dans cette espèce l'assureur répondait de la baraterie. Mais lord Ellenboroug fit observer que s'il n'en avait pas répondu, la solution aurait été la même.

Nous tenons pour constant dans notre droit qu'on ne saurait se prévaloir contre l'assuré du défaut de résistance du capitaine (6), et qu'au contraire il y aurait

---

(1) Scaccia, Quest. 1, n. 137; Valin, sur l'art. 48, et la Consultation d'Emérigon reproduite par ce dernier.

(2) 16 août 1824. — Mars. (J. M. 5. 1. 1. 227). — 16 juillet 1825. — Aix (J. M. 6. 1. 215).

(3) 29 octobre 1823. — Mars. (J. M. 5. 1. 1).

(4) Roccus, not. 41; Sauterna. part. 3, n. 67. — V. encore Dageville, t. 3, p. 265.

(5) Arcangelo v^s Thompson, 2. Campb. 620.

(6) Emérigon, ch. XII, sect. 17, § 9; Pothier, n. 54.

baraterie s'il avait commencé l'attaque : *les maîtres et mariniers, n'ayant rien à la marchandise, ne doivent hasarder le bien d'autrui au combat.* (Guidon de la mer, ch. XI, art. 2).

269. — Que faut-il décider lorsque le capteur s'empare du navire avec l'intention de le garder, mais de restituer la marchandise, ou réciproquement ?

Émérigon pense que, suivant la rigueur des principes, on doit dans ce cas considérer le navire comme capturé et admettre en même temps que la marchandise est soumise à un arrêt de puissance. Mais, dit-il, l'usage est contraire à cette solution, et l'on doit les considérer l'un et l'autre comme capturés (1). Rien n'établit l'usage dont parle cet auteur et dès lors on doit assigner à chaque perte le caractère qui lui est propre.

270. — Lorsqu'un contrat à la grosse, souscrit au profit d'un neutre, repose avec affectation sur un navire ennemi qui est capturé, on ne saurait se fonder sur ce que le capteur n'a pas voulu s'emparer du contrat pour soutenir que la prise n'existe pas par rapport au donneur. On doit décider que le contrat et le navire forment un tout indivisible, et qu'ils sont soumis au même sinistre (2).

271. — Dès que la prise a eu lieu, le droit au délaissement est acquis à l'assuré, et bien qu'il soit admis dans notre droit public que le navire capturé qui est récous dans les 24 heures doit être considéré comme n'ayant jamais été pris, il n'en est pas de même dans les rapports entre l'assureur et l'assuré, pour lesquels

(1) Emérigon, ch. XII, sect. 17.

(2) 15 décembre 1859. — Sent. arb. (J. d'Anvers, 1860. 1. 150).

il est censé définitivement perdu par cela qu'il est capturé (1). Il importe peu à cet égard qu'il aît été repris par l'équipage (2). On a soutenu que si l'assuré recouvre l'objet assuré quelques heures après qu'il a été pris, on ne doit pas admettre qu'il y ait eu prise (3). Cette solution n'est juste que si la reprise n'est due qu'à la continuation de la résistance, qui a été un moment affaiblie ou interrompue. On ne saurait admettre aussi qu'il y ait prise, lorsque le capteur reconnaît ses torts, et conduit le navire au port de destination, sans désemparer (4).

Les principes qui précèdent ont été discutés devant la Rote de Gènes dans une espèce où il s'agissait de savoir si l'assuré avait le droit d'agir contre l'assureur, nonobstant la reprise de l'objet assuré. L'affirmative fut admise par trois motifs :

1° L'assuré possède à un nouveau titre lorsque l'objet repris lui est restitué : *res recuperata non dicitur apud recuperantem eo jure quo prius erat.* — 2° L'assuré avait acquis un droit contre l'assureur ; on ne doit pas présumer qu'il y ait renoncé : *propter dictam capturam aquisiverat jus contra assecuratores quod ab eo aufferi non potest.* — 3° Le tiers qui a repris l'objet capturé n'avait pas le pouvoir de changer les droits de l'assuré : *conditionem absentis meliorem, non autem deteriorem facere possumus* (5).

---

(1) Emérigon, ch. 12, sect. 23, § 6; Dageville, t. 3, p. 359.

(2) Emérigon, ch. 12, sect. 25.

(3) De Courcy, t. 2, p. 326.

(4) En Angleterre, la conduite du navire capturé dans un port ennemi est un des caractères de la prise. Lorsqu'il est conduit au port de destination, on examine si le voyage a cessé ou non d'être fructueux.

(5) Rote de Gènes, Déc. 101.

Mais Casaregis n'était pas de cet avis, parce que, dit-il, l'assuré n'a un droit absolu et définitif contre l'assureur que lorsque celui-ci, ayant reconnu l'existence du dommage, se tient pour obligé : *pro damno tamen accepto assecuratis adversus assecuratores competit actio.* — Jusque-là l'assureur a le droit de soutenir que le sinistre n'existe pas. — Or, il n'existe pas, tant qu'il peut y être remédié au point de l'effacer : *casus sinister, quod providentia humana est reparabilis, non attenditur* (1).

272. — Dans toutes les nations civilisées, les prises doivent être jugées par l'autorité publique. Mais comme il s'agit entre l'assureur et l'assuré, de réparer le dommage, le sinistre se réalise par la prise, et non par la décision qui prononce sur sa validité.

De là trois conséquences :

1° L'assuré peut faire le délaissement avant que l'autorité publique ait prononcé ;

2° Les droits de l'assuré ne sont pas modifiés par l'annulation de la prise ;

3° Après la restitution de l'objet capturé, toutes les actions qu'il avait contre l'assureur lui restent (2).

L'assuré n'est pas tenu d'accorder un délai à l'assureur pour qu'il puisse faire statuer sur la validité de la prise.

Ce principe n'a pas prévalu dans la plupart des nations maritimes.

Ainsi, à Hambourg, l'assuré doit suivre l'action en

(1) Casaregis, Disc. 117.

(2) 19 août 1823. — Mars. (J. M. 4. 1. 289). — 6 février 1860. — Trib. Paris (J. des Ass., 1860. 2. 72).

nullité de la prise contre le capteur, et il ne peut agir contre l'assureur que si l'instance n'est pas évacuée au bout de six mois (V. Ord. 1731, tit. 15, art. 5). — On suit la même règle en Suède, où le délai est de six mois ou de douze mois suivant la distance. (Ord. art. 11, § § 3 et 8 et art. 12, § § 1 et 2).

En Hollande, le délaissement peut être fait immédiatement lorsque l'assureur refuse les fonds nécessaires pour parer aux frais de l'instance en restitution. Mais s'il en fait l'avance, le délaissement n'est admissible que s'il s'est écoulé un certain temps, qui est de six, douze ou dix-huit mois, suivant les distances, sans qu'il ait été statué sur la validité de la prise (Comp. art. 664, 665, 667 et 668).

D'après le code prussien, on doit examiner si la restitution est ou non incertaine ; si elle est incertaine, l'action en délaissement est immédiatement admise (2319-2321).

D'après le nouveau code de commerce allemand, si l'assuré ne récupère pas immédiatement l'objet capturé, le délaissement ne peut être admis qu'après les délais suivants, qui courent du jour où l'évènement a été notifié par l'assuré : six mois lorsque la prise a eu lieu dans un port d'Europe, ou dans une partie de la Méditerranée, de la mer Noire et de la mer d'Azow qui ne fasse point partie de l'Europe ; neuf mois, lorsqu'elle a eu lieu dans d'autres parages en deçà du cap de Bonne-Espérance et du cap Horn ; douze mois lorsqu'elle a été pratiquée dans une mer au-delà d'un de ces caps (art. 865).

Dans les pays où aucun délai n'a été fixé pour pouvoir faire le délaissement, on admet du moins que si avant qu'il ait été notifié le navire est repris, l'assuré n'a plus que l'action d'avarie. Le code espagnol contient une disposition expresse sur ce point (art. 919 et 920), et telle est la règle suivie en Angleterre (1).

En France, le droit au délaissement, étant acquis par le fait seul de la prise, peut être exercé, bien que l'objet capturé ait été repris au moment où l'action est intentée. Les commentateurs de l'ordonnance étaient unanimes sur ce point (2). Ils se fondaient sur la distinction entre l'arrêt de prince et la prise. Il leur parut qu'un délai étant imparti à l'assuré dans le premier cas (art. 49 et 50), tandis qu'il n'en a été indiqué aucun dans le second (art. 46), la reprise ne pouvait modifier le droit qui était acquis à l'assuré. Et comme le code de commerce contient absolument les mêmes dispositions (Comp. art. 369, 387 et 388), on en a conclu qu'il y a lieu de décider de la même manière (3).

273. — La prise, par cela qu'elle est considérée comme une perte présumée totale, met fin à l'assurance, de sorte que si l'objet capturé est repris par l'assuré, et que celui-ci continue le voyage, les risques qui surviennent après la reprise ne sont pas à la charge de l'assureur (4).

274. — Lorsque l'assuré fait le délaissement à raison de la prise, l'assureur doit lui payer la somme assurée dans les conditions de la police, sauf à cet assureur à agir contre le capteur, ainsi qu'il avisera.

---

(1) Parck, ch. 45; Marshall, ch. 13, sect. 6; Benecke, t. 3, p. 370; Arnould, t. 2, p. 809.

(2) Valin, sur l'art. 46; Pothier, n. 48; Emérigon, ch. XII, sect. 18, § 4.

(3) Boulay-Paty, t. 4, p. 227; Dageville, t. 3, p. 359; Alauzet, t. 3, n. 1490; Dalloz, n. 1992. — V. cependant Pardessus, t. 3, n. 838.

(4) 30 août 1861. — Mars. (J. M. 39. 1. 240).

275. — Mais il est loisible à l'assuré de suivre l'action d'avarie. Il usera rarement de cette faculté dans les assurances sur corps, mais il peut avoir un intérêt sérieux à en user dans les assurances sur marchandises, lorsque celles-ci ont subi une hausse considérable, qui leur donne une valeur supérieure à l'évaluation convenue au lieu de départ, et qu'il y a des motifs sérieux de croire que la prise ne sera pas validée (1).

Lorsque l'assuré poursuit devant les autorités compétentes la nullité de la prise, l'assureur doit lui rembourser les frais qu'il a exposés. Ce point est unanimement admis par toutes les législations qui veulent que l'assuré fasse statuer sur la validité de la prise avant de recourir au délaissement. On doit s'y conformer en France lorsque l'assuré recourt à l'action d'avarie.

276. — Que faut-il décider dans le cas où l'assuré transige avec le capteur ?

La question s'est présentée en Angleterre dans l'espèce suivante : On avait fait assurer à Londres un navire, ainsi que sa cargaison, qui était garantie propriété hollandaise, pour un voyage de St-Eustache à Amsterdam. Ce navire était déjà en pleine mer, lorsqu'il fut pris par un corsaire anglais et conduit à Portsmouth.

Son propriétaire intenta contre le capteur une action en nullité de la prise, laquelle fut portée devant la Cour de l'Amirauté. Cette cour ordonna un avant faire droit. — Le propriétaire, qui savait que sa marchandise était périssable et que le procès était entré dans une voie qui devait le faire traîner en longueur, paya au

(1) V. Pohls, t. 6, p. 283 et 284.

capteur 800 liv. st., plus les frais, moyennant quoi ce dernier lui restitua les objets capturés. — Il s'adressa ensuite à l'assureur, et lui demanda le paiement de cette somme et des frais. Celui-ci le refusa, parce que, disait-il, la prise était injuste et le succès du procès certain. — A la suite de ce refus, l'assuré porta l'affaire devant une Cour de justice, et là Lord Mansfield fit entendre les observations suivantes :

« Nous tenons pour certain que la prise était injuste, « et cependant l'assuré a agi avec sagesse lorsqu'il « s'est soumis au paiement des frais. Le capteur aurait « pu en être affranchi si le jugement avait été réformé « par suite d'une faute imputable au juge. Au fond, il « faut considérer que la marchandise valait 12,500 liv. « st.; que l'appel contre le jugement qui avait ordonné « une preuve pouvait être rejeté, que dans tous les cas « le retard était certain, et qu'alors même que la sen- « tence eût été réformée, les frais à payer eussent été « considérables. Je pense donc que l'assureur est tenu « de rembourser à l'assuré ce qu'il a payé au capteur, « dans l'unique but de diminuer la perte (1). »

Comme c'est pour le compte et dans l'intérêt de l'assureur que l'assuré avait agi en justice, cette solution nous semble irréprochable.

277. — Il a été aussi jugé en Angleterre que l'assuré qui a contesté la validité de la prise devant les autorités compétentes, et qui, ayant été déclaré mal fondé, achète ensuite les objets capturés, ne peut demander à l'assureur que la valeur réelle de ces objets et non le prix d'achat (2).

(1) Barens v[s] Rocker. — Marshall, 2, 430; Benecke, 3, 467.

(2) Masters v[s] Schoolbred, 1 Esp. 238.

Aux Etats-Unis, on décide que si la chose capturée est vendue, et si l'assuré a chargé un agent de l'acheter afin de diminuer la perte, cet agent doit être considéré comme étant celui de l'assureur, lorsque le délaissement lui a été fait, et qu'il l'a accepté (1). Voici comment s'exprime sur ce point le chancelier Kent :

« Les assurés ont fait le délaissement ; les assureurs « l'ont accepté et ont payé l'indemnité. Ils ont été par « là mis au lieu et place de l'assuré, et dès lors subro- « gés à tous les droits de celui-ci sur ses agents. Il est « vrai que ceux-ci ont acheté les objets capturés au « nom de cet assuré, et pour son compte ; mais, en « réalité, ils étaient les agents de celui qui avait des « droits sur ces objets. On ne doit pas considérer ce qui « a été fait pour l'assuré comme étant étranger à « l'assureur, car ses droits sont fondés sur l'intérêt « qu'il a à amoindrir la perte. Avant la condamna- « tion, l'assureur est étranger à ce qui peut être fait. « Mais après, tout change pour lui, car il est substitué « à l'assuré. Etant tenu de payer le montant total de « la perte, il est juste qu'il profite de tout ce qui est de « nature à l'atténuer. »

Contrairement à cette jurisprudence, on a décidé en France que puisque la prise met fin à l'assurance, l'assuré qui achète la marchandise capturée l'achète pour son compte, et que l'assureur n'est plus soumis à son égard à aucun risque (2).

278. — Autre chose est l'achat, par lequel l'assuré

---

(1) Philipps, 2, 439 bis, 449. — United Ins. Co. v^s Robinson, 2 Caines, 280.

(2) 19 juin 1826. — Mars. (J. M. 5. 1. 1).

devient acquéreur d'une chose que le capteur met dans le commerce après que la prise a été déclarée valable, autre chose le rachat, qui constitue une convention spéciale par laquelle le capteur consent à se désister de la prise, moyennant une rançon.

En Angleterre, les statuts 22 et 23 de Georges II interdisent aux capitaines des navires capturés toute convention de rachat. C'est ce qu'on appelle le *Ransom act.* Un moment ces statuts furent tempérés par ceux de Georges III, 43. Mais on est revenu bientôt à ceux de Georges II. L'Angleterre a eu pour principal but, en prohibant le rachat, de ménager à ses nationaux les chances d'une reprise (1).

Cette règle n'est pas suivie en France, où le rachat est l'objet des articles 395 et 396 C. comm., lesquels sont ainsi conçus :

Art. 395. — « En cas de prise, si l'assuré n'a pu en donner avis à l'assureur, il peut racheter les effets sans attendre son ordre. — L'assuré est tenu de signifier à l'assureur la composition qu'il aura faite aussitôt qu'il en aura les moyens. »

Art. 396. — « L'assureur a le choix de prendre la composition à son compte ou d'y renoncer : il est tenu de notifier son choix à l'assuré dans les vingt-quatre heures qui suivent la signification de la composition. S'il déclare prendre la composition à son profit, il est tenu de contribuer sans délai au paiement du rachat dans les termes de la composition, et à proportion de son intérêt ; et il continue à courir les risques du voyage, conformément au contrat d'assurance. — S'il

(1) V. sur ce point Furtado v[s] Hooges, 3 bos et Pull, 191. — Parck, 1, 91.

déclare renoncer au profit de la composition, il est tenu au paiement de la somme assurée, sans rien pouvoir prétendre aux effets rachetés. — Lorsque l'assureur n'a pas notifié son choix dans le délai susdit, il sera censé avoir renoncé au profit de la composition. »

Ce qui suit est l'explication de ces deux articles. L'assuré doit, dès qu'il a connaissance de la prise, en donner avis à l'assureur, à moins que cela ne lui soit impossible. — La loi suppose que l'assureur n'est point sur les lieux; lorsqu'il est présent, il peut s'entendre avec l'assuré, et tout dépend alors des conventions qu'ils font.

« Si l'assuré ne donne pas avis à l'assureur, dit « Emérigon, les choses sont rétablies dans leur premier « état par droit de postliminie, *et le navire continue,* « *comme auparavant, de naviguer aux risques des* « *assureurs*, à qui le rachat devient étranger » (1).

Cette opinion nous paraît contraire à deux principes fondamentaux, savoir :

1° L'assureur ne peut contraindre l'assuré à racheter l'objet capturé.

2° La prise constituant une perte totale donne droit au délaissement, et, si l'assuré le signifie, le navire ne navigue plus aux risques de l'assureur. Nous tirons de là la conséquence que la faute commise par l'assuré pour n'avoir pas dénoncé la prise ne donne lieu qu'à des dommages-intérêts, lesquels seraient justifiés si, par suite de cette faute, le navire n'avait pu être repris, ou bien si l'action en nullité de la prise était de-

(1) Emérigon, ch. XII, sect. 21, § 6.

venue impossible ou plus difficile, ou bien encore si le rachat n'avait pu être fait qu'à des conditions moins avantageuses.

L'avis doit être notifié à l'assureur, et il est toujours prudent de le faire sous une forme qui ne lui permette pas de nier la notification. A cette fin, l'assuré peut la lui signifier par un exploit d'huissier.

Il semble résulter des termes employés dans le premier alinéa de l'art. 395 que l'assuré n'a pas le droit de racheter les objets capturés, lorsque l'assureur qui a reçu avis de la prise ne lui en a pas donné l'ordre. — Et en effet, la rédaction de cet alinéa, qui est à peu près incompréhensible, paraît conduire à ce résultat. — Mais il ne saurait en être ainsi :

1° Parce que tout propriétaire ayant le droit de défendre sa chose lorsqu'elle lui est enlevée, par suite de la récupérer, on ne saurait induire de ce qu'elle a été assurée, que ce droit ne puisse plus être exercé, sans quoi l'assurance ferait le mal auquel elle doit remédier ;

2° Parce que la prise met fin à l'assurance, lorsque telle est la volonté de l'assuré, d'où l'impossibilité d'admettre qu'un contrat qui peut ne pas exister puisse paralyser un droit qui existe encore ;

3° Parce que l'assureur ayant le droit de prendre la composition à son compte ou de ne pas l'accepter, on ne saurait sans injustice lui donner le droit de s'opposer à un acte qui ne le lie pas.

L'assuré a donc une entière liberté ; il peut à son gré racheter les objets capturés ou s'en abstenir.

Mais il n'a pas le droit, lorsqu'il les a rachetés, de s'attribuer le rachat et d'en priver l'assureur. Il ne l'a pas, parce qu'il est tenu, après le délaissement, de faire tous les actes qui tendent à la conservation de ce qui a été sauvé. Une solution différente conduirait d'ailleurs à une profonde injustice, ainsi que le démontre l'exemple suivant : — Soit une marchandise assurée pour 100,000 fr., capturée, rachetée pour 10,000, et qui arrive au lieu de destination où elle est vendue 120,000. — Si l'assuré qui a touché cette somme pouvait prendre la composition à son compte, il recevrait :

1° Par la vente au lieu de destination....	120,000
2° De l'assureur, après délaissement.....	100,000
Total..........	220,000

qui seraient réduits à 210,000, après qu'il en aurait été déduit le montant de la composition.

Par là s'explique la disposition du deuxième alinéa de l'art. 395 qui oblige l'assuré à dénoncer à l'assureur la composition dès que cela est possible.

L'assureur est libre d'accepter ou de refuser la composition. Mais il doit faire connaître son choix dans les 24 heures qui suivent la dénonciation. Cette disposition est très-sage. En temps de guerre les variations de prix sont soudaines, souvent considérables, et il ne fallait pas donner à l'assureur le moyen d'attendre la hausse ou la baisse pour se décider.

L'assureur qui refuse, ou qui laisse passer les vingt-quatre heures sans répondre doit payer la somme assurée et l'assuré reste propriétaire des objets assurés à l'égard desquels il court les risques depuis la reprise.

Lorsque dans le délai de vingt-quatre heures l'assureur accepte *il est tenu de contribuer sans délai,* dit l'art. 396, *au paiement du rachat, etc.*

Cet article ajoute *dans les termes de la convention,* ce qui veut dire que l'assureur payera comptant si le rachat est fait au comptant, ou à terme, s'il en a été convenu un.

Emérigon, se fondant sur les termes de l'ordonnance, qui portait : les assureurs *sont tenus de contribuer ... et de courir les risques de retour,* en concluait que l'assureur, qui a accepté le rachat devient propriétaire des objets rachetés (1). Cette opinion, déjà contestable sous l'ordonnance (2), n'est plus admissible en présence de l'art. 396, qui met les risques à la charge de l'assureur conformément à l'assurance (3).

Enfin, d'après ce même article, l'assureur *contribue au rachat à proportion de son intérêt.* Ces derniers mots ne figuraient pas dans les termes de l'ordonnance. Il s'agit d'en fixer le sens, ou, en d'autres termes, de savoir dans quelle mesure l'assureur doit contribuer au rachat. Emérigon, pour éclaircir ce point, propose l'exemple suivant.

Valeur au moment de la prise :

1° Navire	50,000 liv.
2° Fret	72,000
3° Salaire des équipages	3,000
4° Marchandises	75,000
TOTAL	200,000 liv.

Prix du rachat 50,000 liv. — La contribution se porte

(1) Emérigon, ch. XII, sect. 21, § 6.

(2) V. les observations de Benecke, t. 3, p. 476 et s.

(3) Dageville, t. 3, p. 600.

donc à 25 pour cent. La marchandise a été assuré pour 56,250 liv.

Valant...........................	75,000 liv.
Ayant été assurée pour.............	56,250
Elle a gagné.......	18,750 liv.

Dans cette situation, l'assureur de la marchandise doit 25 p. 0/0 sur 56,250, soit......... 18,750 liv.

Il faut lui faire compte du bénéfice, soit 18,750

Donc il ne doit rien (1).

Benecke répond à cela que l'assureur doit 18,750 liv., parce qu'il n'a rien à réclamer sur le bénéfice (2).

Ces deux opinions sont trop extrêmes, et il nous semble que Dageville a mieux compris le sens de la loi (3). Il considère que la somme de 75,000 comprend 56,250 liv. qui regardent l'assureur, 18,750 liv. qui ne regardent que l'assuré. Dès lors chacun d'eux doit contribuer, à raison de 25 p. cent, sur la somme qui le concerne.

Par suite, l'assureur doit 25 p. cent, sur 56,250 liv., ou..................	14,062 liv.	10s
et l'assuré contribue à raison de 25 p. c., sur 18,750, ou....................	4,687	10
TOTAL.............	18,750 liv.	»

L'assureur qui a accepté la composition continue à courir les risques, ce qui l'expose dans le cas où le

(1) Emérigon, ch. XII, sect. 21, § 9.

(2) Benecke, t. 3, p. 478.

(3) Dageville, t. 3, p. 602.

navire périt, à payer en sus du montant du rachat la somme assurée. Mais par compensation il ne payera pas cette somme, s'il arrive à bon port, ce qu'il aurait été tenu de faire s'il avait laissé le rachat au compte de l'assuré.

CHAPITRE XII.

DE L'ARRÊT DE PUISSANCE.

279. — L'arrêt de prince, ou l'arrêt par ordre de puissance (1) est l'acte par lequel un gouvernement empêche un navire ou de commencer le voyage ou de le continuer.

On distingue trois sortes d'arrêts de prince, savoir :

1° L'*Arrêt de prince* proprement dit, qui est l'acte

(1) La première expression est employée par l'ordonnance, la seconde par le Code de commerce. Celle-ci est préférable parce qu'elle se rapporte à toutes les formes de gouvernement.

par lequel un souverain, hors le cas de guerre, arrête les navires en rade ou en mer, avec l'intention de les rendre au propriétaire ou d'en payer la valeur ;

2° L'*Angarie*, qui est l'acte par lequel un état belligérant oblige les navires neutres à faire un transport, moyennant un salaire ;

3° L'*Embargo*, qui est l'acte par lequel un gouvernement, soit en temps de guerre, soit par mesure de représailles, empêche les vaisseaux ennemis ou neutres de sortir du port.

Il est inutile, au point de vue de la matière des assurances, d'insister sur ses distinctions.

L'arrêt se distingue de la prise, en ce que le capteur veut s'approprier l'objet capturé, tandis que dans l'arrêt, le prince prend ou retient avec l'intention de rendre.

Il se distingue de l'interdiction de commerce, en ce que dans celle-ci l'armateur et le chargeur, s'ils ne sont pas libres de naviguer partout, ne sont pas dépossédés, tandis que par suite de l'arrêt la dépossession existe.

Lorsque l'objet capturé est ensuite rendu, la prise n'en existe pas moins, et cela alors même qu'il le serait en vertu d'une décision émanant des autorités compétentes (1) ; à l'inverse, si l'objet arrêté pour être rendu est ensuite gardé, l'arrêt ne reste pas moins tel. En un mot, pour distinguer la prise de l'arrêt, on ne doit tenir compte que du but que le prince s'est proposé à l'origine (2). Il importe donc peu que l'acte du prince ait l'apparence d'une prise si en réalité il n'a

---

(1) 19 août 1823. — Mars. (J. M. 4. 1. 279).

(2) Emérigon, ch. 12, sect. 30 ; Haghe et Cruismans, n. 155.

voulu qu'arrêter le navire et la cargaison; en cette matière, il faut se tenir à sa volonté. Ainsi, il a été décidé que si les autorités d'un pays s'emparent d'un navire sous de vains pretextes, dans le seul but de se faire remettre une somme d'argent, l'acte de ces autorités constitue un arrêt et non une prise (1).

Que dire de la distinction proposée par Pothier, d'après laquelle la prise se fait en pleine mer et l'arrêt dans le port? (2) — Emérigon n'a pas eu de peine à démontrer qu'un souverain ami peut s'emparer d'un navire en pleine mer, pour l'affecter à un certain usage, et le restituer ensuite à son propriétaire (3).

L'arrêt de prince peut émaner d'un simple fonctionnaire, car il représente ou est censé représenter le souverain.

280. — Mais on ne saurait considérer comme un arrêt, une mesure purement privée, exclusivement applicable à l'assuré ou à celui qui le représente ; comme si, par exemple, le capitaine se fait autoriser par les autorités locales à rompre le voyage (4), ou bien si le navire est saisi pour dettes (5). Si l'arrêt procède pour droits non acquités, dit le Guidon de la Mer (ch. XIII, art. 8), acquits mal dressés, dettes du chargeur, malversations d'icelui, l'assureur n'est tenu d'aucune indemnité.

Il importe peu que l'arrêt émane d'un gouverne-

---

(1) 2 août 1827. — C. Rej. (J. M. 9. 2. 28).

(2) Pothier, n. 56.

(3) Emérigon, ch. 12, sect. 30, § 2. — Estrangin, p. 83; Lemonnier, 1, 191; Benecke, 3, 344. — V. aussi Rote de Gênes, Disc. 62; Rocus, n. 60.

(4) Dageville, 3, 564; Dalloz, n. 2023.

(5) Pohls, 6, 272; Benecke, 3, 258.

ment ami (1), ou même qu'il soit pratiqué par un gouvernement sur ses propres nationaux ; les assureurs n'en sont pas moins responsables.

281. — En Angleterre où l'arrêt du prince ou de gouvernement (home Government) est *peril of the See* à la charge des assureurs (2), on distingue sur ce dernier point.

Les assureurs sont responsables de l'arrêt pratiqué sur un navire anglais par le gouvernement anglais (3), mais ils ne sont pas responsables lorsque l'assuré appartient à une nation étrangère et que l'arrêt émane de son gouvernement (4). Etant donnée cette règle, la question de savoir s'il est permis aux contractants d'y déroger par une convention spéciale, explicite ou implicite, s'est présentée devant les Cours d'Angleterre.

Exemple. — Une assurance fut consentie en 1810 sur corps et facultés pour un voyage de Londres à Colberg (Prusse). En cette année, l'Angleterre et la Prusse n'étaient pas dans un état d'hostilité déclarée, mais cette dernière puissance ayant adhéré au blocus continental, arrêtait dans ses ports tous les navires qui étaient sortis d'un port anglais. — Cette circonstance était connue de l'assureur, à qui l'assuré déclara qu'il ferait usage de papiers simulés. Aussi, l'assurance fut conclue moyennant une prime de 42 p. cent. — Le navire et la cargaison furent arrêtés à Colberg, et lorsque les assurés s'adressèrent aux assureurs à raison de ce

---

(1) 15 février 1855. — Mars. (J. M. 33. 1. 78).

(2) Arnould, 2, 779 et s.; Parck, p. 131.

(3) Green vs Young et Hagedorn vs Whitmore, 4 Starck, 157.

(4) Arnould, 2, 784. — Conforme Conway vs Davidson, East Rep. 10, 535. — V. Cependant Benecke, t. 3, p. 349.

risque, ceux-ci refusèrent l'indemnité sous pretexte que l'arrêt émanait de la puissance dont l'assuré était le sujet. L'affaire ayant été portée devant une Cour de justice par suite de ce refus, lord Ellenborough fit observer qu'en principe l'assureur était fondé, mais qu'il fallait rechercher s'il n'avait pas dérogé à la règle établie, par une convention sinon expresse du moins implicite. Or, la nature de l'entreprise, bien connue de l'assureur, la déclaration par l'assuré qu'il ferait usage de papiers simulés, le taux exhorbitant de la prime, lui démontraient que les contractants avaient voulu que l'assurance s'appliquât au risque qui donnait lieu à l'action (1).

Néanmoins, on décida plus tard que toute dérogation à la règle qui vient d'être posée devait être considérée comme non avenue (2). Mais dans la suite, la question ayant été de nouveau agitée, lord Tenterden fit prévaloir l'opinion émise par lord Ellenborough (3). Depuis, on tient pour constant que si en principe l'assureur ne répond pas de l'arrêt d'une puissance lorsque l'assuré en est le sujet, il est néanmoins permis de déroger à cette règle.

La haute Cour des Etats-Unis (Suprême Court of the V. S.) n'a pas admis la jurisprudence qui a prévalu en Angleterre. Elle considère que l'assuré ne saurait être déclaré responsable du fait de son gouvernement, car il le subit sans le vouloir, sans y participer, ce qui suffit pour engager la responsabilité de l'assureur (4).

---

(1) Simeon v. Bazett, 2 Maule et Sel, 14.

(2) Bazett v. Mayer, 5 Taunt Rep. 829 et 840.

(3) Campbell v. Jones, R. et Ald., 423.

(4) Francis v. Ocean Ins. Comp. 6 Cowen's Rep. 464 et S. C. 2 Wendel's Rep. 64. — Kent, 3, 292.

Cette manière de voir nous paraît plus juridique. Il est clair que l'arrêt du gouvernement du pays auquel appartient l'assuré nuit à celui-ci, d'où le risque, d'où la nécessité et la légitimité de l'assurance. On ne saurait considérer cet arrêt comme une faute imputable à cet assuré, et dès lors l'indemnité lui est due. Mais cette solution n'est juste que si l'assuré n'a pas usé de réticence envers l'assureur, en ne lui indiquant pas le risque spécial auquel les effets assurés étaient exposés.

282. — Que faut-il décider lorsque l'arrêt a lieu en exécution d'un traité international?

Exemple. — Il existe entre la Suède et la Turquie un traité par lequel le gouvernement turc a le droit de retenir pour le besoin de ses peuples les blés venant de la mer Noire par navires suédois. En fait, un navire suédois, venant d'Odessa et porteur d'un chargement de blé, fut arrêté dans le port de Constantinople. Telle étant la situation, l'assureur soutint qu'il ne devait aucune indemnité parce que le traité était connu au moment où l'assurance avait été contractée, et que l'assurance ne garantit que les risques nés après le contrat, et non ceux qui lui sont antérieurs. A quoi l'assuré répondit que le traité dont il s'agissait créait un risque possible, mais non inévitable, puisque la Turquie avait une faculté, et qu'elle n'était pas tenue d'en user. Cette raison était décisive, et l'assuré gagna son procès. (1)

La solution ne fut pas la même dans l'espèce suivante : — L'entrée du soufre est interdite à Constantinople.— En fait, un chargement de soufre à destination

(1) 18 octobre 1824. — Mars. (J. M. 5. 1. 266.)

de cette ville fut assuré. A peine la marchandise y fut-elle arrivée, qu'elle fut arrêtée par les autorités turques, qui proposèrent d'en payer la valeur. — L'assuré ayant actionné l'assureur à raison de ce risque, celui-ci soutint que la loi prohibitive qui avait été appliquée existait avant l'assurance, et que son application ne constituait pas un risque maritime dont il fût responsable. Il gagna son procès (1).

Dans cet ordre de faits, citons encore une autre espèce. — Un navire parti de Marseille, à destination d'Odessa, fut arrêté à Constantinople, le gouvernement turc ayant refusé le firman d'entrée dans la mer Noire. A raison de ce refus, le capitaine dut débarquer et vendre la cargaison. — On considéra le risque comme incertain dans cette espèce, parce que le gouvernement turc, qui avait refusé le firman, aurait pu le délivrer (2).

283. — Pour que le délaissement fondé sur l'arrêt de puissance soit admissible, il faut, aux termes de l'art. 369, que le voyage ait commencé. Il n'en est pas ainsi en Angleterre, où l'assureur répond de l'arrêt qui se produit après que l'assurance a été conclue, et cela encore que le voyage n'ait pas commencé (3).

Cela dit, revenons à l'art. 369 qui est ainsi conçu :

Le délaissement des objets assurés peut être fait,

. . . .

en cas d'arrêt d'une puissance étrangère ; . . . .

---

(1) 9 mars 1824. — Mars. (J. M. 5. 1. 57.)

(2) 10 octobre 1829. — Mars. (J. M. 12. 1. 127). — 10 novembre 1829. — Mars. (J. M. 12. 1. 113). v. Dalloz, n. 2026.

(3) Green v' Young, 2, Lord Rou 850, Salk, 444. — Rotsch v' Edie, 6 Term. Rep. 413

Il peut être fait, en cas d'arrêt de la part du gouvernement, APRÈS LE VOYAGE COMMENCÉ.

L'art. 370 dispose ensuite, d'une manière générale, en ces termes :

Il (le délaissement) ne peut être fait AVANT LE VOYAGE COMMENCÉ.

A prendre l'art. 369 à la lettre, on pourrait croire qu'il distingue entre deux cas : — L'arrêt émane-t-il d'une puissance étrangère ? Il n'est pas nécessaire que le voyage ait commencé. — Emane-t-il du gouvernement dont l'assuré est le sujet ? Il faut que le voyage ait commencé.

Cette distinction, quoique fondée sur le texte de l'art. 369, est évidemment inacceptable. Elle est contraire à l'art 370.

Seulement il faut le reconnaître, l'art. 369 est mal rédigé, ce qui tient à ce que les auteurs du code de commerce ont maladroitement copié les articles de l'ordonnance relatifs à l'arrêt (v. art. 46 et 52). Mais sous l'empire de cette ordonnance on décidait, malgré les termes équivoques des art. 46 et 52, que, quelle que fût la puissance qui avait ordonné l'arrêt, l'assureur n'était responsable que si le voyage avait commencé.

Et cela est juste, parce que tant que l'assuré peut renoncer à l'assurance, l'assureur ne doit pas être responsable de la perte.

De là il résulte que l'arrêt du prince est à la charge de l'assureur du navire, du jour où ce navire a fait voile, et de celui de la marchandise après qu'elle a été chargée. D'où la conséquence encore que l'assureur des facultés peut être responsable alors que l'assureur du navire ne l'est pas. Il suffit, pour qu'il en soit ainsi, de supposer que, au moment de l'arrêt, la marchandise est chargée, tandis que le navire n'est pas prêt à mettre à la voile.

284. — Que devient l'assurance dans le cas où les effets assurés sont soumis à un arrêt avant le commencement des risques ?

Il est clair que cette situation ne peut pas modifier le droit qu'a l'assuré de ristourner l'assurance en payant le demi pour cent. Il peut la ristourner sans motif et par le seul effet de sa volonté, *a fortiori* lorsqu'il en a un.

La question ne peut donc être posée qu'à l'égard de l'assureur. Pour la résoudre, il faut se rapporter aux art. 277 et 278 qui, en cas d'arrêt, règlent les rapports entre le fréteur et l'affréteur. Ces articles sont ainsi conçus :

« Art. 277. — S'il existe une force majeure qui n'em-
« pêche que pour un temps la sortie du navire, les
« conventions subsistent, et il n'y a pas lieu à domma-
« ges intérêts à raison du retard.

« Art. 278. — Le chargeur peut, pendant l'arrêt du
« navire, faire décharger ses marchandises à ses frais,
« à condition de les recharger ou d'indemniser le
« capitaine. »

Ces deux articles, qui règlent les rapports entre le fréteur et l'affréteur, s'appliquent au cas où la marchandise est chargée et au cas où elle ne l'est pas. — De plus, ils distinguent, suivant que l'arrêt est temporaire ou indéfini.

Est-il temporaire, le contrat d'affrétement subsiste ; ne l'est-il pas, est-il indéfini, le frêteur comme l'affréteur peuvent le rompre. — Lorsque le contrat d'affrétement est maintenu, deux hypothèses : ou la marchandise n'est pas chargée, et dans ce cas, l'affréteur peut retarder le chargement, sans dommages, jusqu'au moment où le navire sera prêt à partir ; ou elle est chargée, et, dans ce cas il peut retirer la marchandise du navire, sauf à la recharger à ses frais.

Les mêmes principes doivent régler les rapports entre l'assureur et l'assuré. L'un et l'autre peuvent demander la ristourne de l'assurance lorsque l'arrêt est indéfini, car, dans ce cas une des conditions essentielles du contrat, le voyage, fait défaut. Lorsqu'il en est ainsi, l'assuré ne doit pas le demi pour cent (1). — Lorsque l'arrêt est temporaire, l'assurance subsiste, et l'assuré ne peut la ristourner qu'en payant le demi pour cent. Si la marchandise a été chargée, et si par suite les risques ont commencé, l'assuré qui use du droit que lui donne l'art. 278, de décharger la marchandise, peut demander à l'assureur les frais de décharge et de rembarquement.

Lorsque les risques n'ont pas commencé, il n'est pas nécessaire d'attendre les délais fixés par l'art. 387, attendu que cet article n'est pas applicable au cas prévu par l'art. 277.

285. — Lorsqu'ils ont commencé, c'est le cas d'appliquer cet article qui est ainsi conçu :

« En cas d'arrêt de la part d'une puissance, l'assuré « est tenu de faire la signification à l'assureur dans les « trois jours de la réception de la nouvelle.

« Le délaissement des objets arrêtés ne peut être

(1) Dalloz, n. 1779 ; Pardessus, t. 3. n. 872 ; Lemonnier, t. 1, n. 195 et 197 ; Haghe et Cruismans, n. 156.

« fait qu'après un délai de six mois de la signification,
« si l'arrêt a eu lieu dans les mers d'Europe, dans la
« Méditerranée ou dans la Baltique :

« Qu'après le délai d'un an, si l'arrêt a eu lieu en
« pays plus éloigné.

« Ces délais ne courent que du jour de la significa-
« tion de l'arrêt.

« Dans le cas où les marchandises arrêtées seraient
« périssables, les délais ci-dessus mentionnés sont
« réduits à un mois et demi pour le premier cas, et à
« trois mois pour le second cas. »

« Art. 388. — Pendant les délais portés par l'article
« précédent, les assurés sont tenus de faire toutes dili-
« gences qui peuvent dépendre d'eux, à l'effet d'obtenir
« la main-levée des effets arrêtés.

« Pourront, de leur côté, les assureurs, ou de con-
« cert avec les assurés, ou séparément, faire toutes
« démarches à même fin. »

Les délais fixés par l'art. 387 ne courent que du jour de la signification. Le retard apporté au paiement sera donc la première peine que subira l'assuré pour ne l'avoir pas faite. Il sera tenu de plus de réparer envers l'assureur le dommage causé par son abstention.

Le droit qu'a l'assuré de faire le délaissement au cas d'arrêt de prince a été reconnu par toutes les législations, et est pour ainsi dire contemporain du contrat d'assurance.

Mais lorsqu'il s'est agi de savoir dans quelles conditions ce droit peut être exercé, de profondes divergences se sont manifestées.

Chez certains peuples, on a admis que le droit au délaissement est immédiatement ouvert par cela seul que l'arrêt a eu lieu.

Ce principe était admis par les docteurs italiens, et notamment par Casaregis (1). Baldasseroni cite un certain nombre de décisions rendues par la Cour de Pise et par les Rotes de Gênes et de Florence, qui reconnaissent à l'assuré le droit de faire le délaissement trois jours après l'arrêt, et cela bien qu'il soit présumable que les effets arrêtés seront restitués (2). On suit les mêmes principes en Angleterre (3), surtout lorsque la durée de l'arrêt doit se prolonger, ou lorsque la restitution est incertaine (4).

Chez d'autres peuples, l'action en délaissement est immédiatement admissible lorsque la restitution est incertaine (5).

Enfin, il est un troisième système qui est suivi par notre Code de commerce et par la majorité des peuples maritimes, d'après lequel le délaissement n'est admis, que lorsqu'il s'est écoulé un certain délai depuis l'arrêt (6).

Ce délai, qui est dans notre législation de six ou de douze mois suivant la distance, est diminué et n'est plus que d'un mois et demi et trois mois lorsque les marchandises sont périssables. Le Guidon de la Mer

---

(1) Assecuratores tenentur ad solvendum risicum quando merces assecuratæ transportatæ non fuerint ad locum destinatum, licet salvæ fuerint penès aliquem principem amicum, qui eas ob bonum publicum retinuit, earumque pretium assecurati non amiserint. Casaregis, Disc. 1, n. 49.

(2) Baldasseroni, Part. 5, tit. 11 § 21-29.

(3) Goss v' Withers, 2 Burr. 683. — V. Benecke, t. 3, p. 348.

(4) Green v' Young, 2 Ld Ray. 240.

(5) Suède, Ord. 1750, art. 11, § 3 et 7; Danemarck, Police, art. 11; Prusse, § 2308.

(6) Ord. d'Anvers; art. 15 et 16; Ord. d'Amsterdam, 31 janvier 1598, art. 8 et 9; Ord. Midlebourg, 1600, art. 15; Code esp. art. 923 et s.; C. hollandais, art. 667 et 668; Nouveau code allemand, art. 865.

cite comme périssables les *vins, froments, grains, vivres qui n'ont que certaines saisons* (ch. 7, art. 6.), On doit s'aider pour interpréter ou appliquer l'art. 387 de l'article 355 qui exige la désignation des marchandises périssables dans la police. Mais il faut considérer que ces deux articles sont conçus dans un esprit différent ; que lorsqu'il s'agit d'appliquer l'art. 355, on doit principalement s'attacher à la nature de la marchandise, tandis que s'il s'agit d'appliquer l'art. 387, on doit considérer, non seulement sa nature, mais encore l'état dans lequel elle se trouve. Ainsi le fer n'est pas une marchandise périssable, et il n'est pas nécessaire de le déclarer lorsqu'il s'agit d'appliquer l'art. 355, fût-il dévoré par la rouille, car c'est tant pis pour l'assuré s'il l'expédie dans cet état ; mais lorsqu'il s'agit d'appliquer l'art. 387, il en est tout autrement, car une marchandise que l'assuré ne peut garder sans perte doit être considérée d'après cet article comme périssable.

286. — D'après ce qui précède, l'arrêt du prince comporte tantôt l'action en délaissement, tantôt l'action d'avarie.

Il y a lieu de procéder à un règlement d'avaries toutes les fois qu'avant l'expiration des délais fixés par l'art. 387 l'objet arrêté a été restitué, ou bien si, étant expirés, l'assuré opte pour l'action d'avarie.

287. — Il importe de savoir ce qui constitue la restitution de l'objet arrêté.

Aucune difficulté lorsqu'elle est faite en nature. — Mais *quid* si le prince garde l'objet assuré et lui substitue une indemnité en argent ?

On soutient que l'assuré n'a qu'une action d'avarie,

dans ce cas, vu que le paiement de l'indemnité équivaut à une restitution, et qu'il a le droit de faire condamner l'assureur à la lui parfaire lorsqu'elle n'est pas suffisante (1).

Cette opinion ne nous paraît pas fondée (2). En effet, l'art. 377, en impartissant un délai d'attente à l'assuré, a admis que pendant ce délai l'assuré ou l'assureur pourront obtenir du prince, ainsi que le porte l'art. 378, *la main levée des effets arrêtés*. Cette main-levée suppose donc un acte rapportant l'arrêt et non une indemnité qui en adoucit les effets, mais qui le maintient. Qu'arrivera-t-il d'ailleurs, si l'assureur étant *franc d'avaries*, l'indemnité est dérisoire dans ce cas et absolument spoliatrice? L'assuré, qui n'aura ni la marchandise ni la somme qui en représente la valeur, sera-t-il destitué de tout recours? — Non, répond Emérigon, car « *malgré la clause franc d'avarie*, les assureurs « sont tenus de la lésion, parce qu'il s'agit ici d'un « destourbier, dont la nature est différente de l'avarie « proprement dite. » — Cette concession suffit. Qu'est-ce en effet qu'une action d'avarie qui n'est pas recevable d'après la convention et qui le devient à raison de la nature du risque? La loi et les principes l'ont-ils reconnue? N'est-elle pas renouvelée du Guidon de la mer qui admet en cette matière ce que nous n'admettons pas?

La question qui vient d'être examinée ne peut être posée qu'à l'égard du chargement. A l'égard du navire, le droit au délaissement ne fait pas un doute, car

(1) 22 février 1822. — Mars. (J. M. 3. 1. 77). — Emérigon, chap. XII, sect. 33; Dageville, t. 3, p. 562; Dalloz, n. 2021.

(2) Cruismans, Des risques de guerre, n. 26.

n'étant pas destiné à être vendu, il est définivement perdu, lorsqu'il n'est pas restitué.

On n'est pas d'accord sur le mode de règlement à suivre dans le cas où l'assuré, qui n'a reçu du prince qu'une indemnité, intente contre l'assureur une action d'avarie.

Les uns soutiennent qu'il n'a rien à réclamer lorsque le prince lui a payé l'objet assuré d'après sa valeur au lieu de destination (1). — D'autres, qu'il peut demander à l'assureur la différence entre la valeur de cet objet au lieu de départ et la somme payée par le prince (2). — D'autres enfin, que si l'assuré reçoit le montant de la marchandise d'après sa valeur au lieu de destination il ne peut rien réclamer, mais que s'il reçoit une somme moindre, la perte doit lui être réglée d'après la valeur au lieu de départ (3).

Le second système est seul exact, car entre l'assureur et l'assuré tout règlement doit se rapporter à la valeur qu'avait l'objet assuré au lieu de départ, sauf à déduire de l'indemnité la somme payée par le prince (4).

288. — Que faut-il décider lorsque le navire est arrêté et non la marchandise? — Ou bien, à l'inverse, lorsque le navire étant arrêté, la marchandise ne l'est pas?

Parlons d'abord du premier cas.

Il est clair que pour pouvoir se servir du navire le prince commencera par le débarrasser du chargement qu'il contient.

---

(1) Valin sur l'art. 49 ; Dubernad sur Benecke, t. 2, p. 446. — Baldasseroni, p. 5, tit. 11, art. 38 et 39. — V. aussi Pothier, n. 57.

(2) Lemonnier, t. 1, n. 198. — V. aussi Estrangin, p. 85.

(3) Émérigon, ch. XII, sect. 33. — V. aussi Targa, cap. 66.

(4) Marquardus, L. 2, C. 13, n. 63.

Cela étant, le propriétaire de ce chargement ne pourra le délaisser, car par rapport à lui il n'y a pas d'arrêt de puissance.

Mais il y a un chargement forcé de navire dont l'assureur répond (art. 350).

En outre l'assuré devra se procurer un autre navire (arg. art. 392), ce qui est admis par tous les peuples maritimes (1), et donner du tout avis à l'assureur (2).

Si l'assuré trouve un navire, l'assureur lui devra les frais de charge, plus la détérioration que la marchandise aura soufferte, à supposer qu'elle soit la conséquence directe de la prolongation forcée de voyage (3), plus enfin la différence du fret.

Quant à la détérioration résultant du vice propre, dont l'assureur ne répond pas, il faut distinguer suivant que l'arrêt lui est absolument étranger, ou que le séjour forcé dans le port a eu pour effet de la développer et de l'aggraver. Dans ce dernier cas, l'assureur doit le dommage qui correspond à cette aggravation de risque (4).

Mais dans aucun cas, l'assureur ne doit à l'assuré la perte résultant du retard causé par l'arrêt, et cela encore qu'il soit démontré que par suite de ce retard, il a vendu la marchandise à un moindre prix. En décidant autrement, on ferait garantir par cet assureur le succès de la spéculation.

Lorsque le propriétaire de la marchandise ne trouve

---

(1) Benecke, t. 3, p. 351.

(2) Valin, sur l'art. 52; Pothier, n. 60; Emérigon, ch. 12, sect. 32, § 2.

(3) Benecke, t. 3, p. 345.

(4) Lemonnier, t. 1, n. 192 et 193. — V. aussi Emérigon, *loc. cit.;* Pothier, n. 57; Estrangin, p. 85; Haghe, n. 158.

pas un navire, il n'y a pas lieu à délaissement, par trois motifs :

1º L'un de fait, attendu que la marchandise sera toujours restituée avant l'expiration des délais fixés part l'art. 387 ;

2º Une autre, fondé sur ce qu'il n'y a pas à proprement d'arrêt, puisque le prince ne l'a pas voulu ;

3º Le troisième enfin, tenant à ce que la privation du voyage ne constitue pas dans notre droit, un cas de délaissement.

Mais comme le changement forcé de route ou de voyage constitue une fortune de mer, qu'il en est de même de la suppression du voyage, l'assureur est responsable du dommage causé par la rétention de la marchandise, et, si elle a été vendue, de celui dérivant de ce qu'elle ne l'a pas été au lieu de destination. Or, comme le dommage ne peut résulter dans ce dernier cas que de la mévente, il faut, pour le réparer, comparer la valeur qu'aurait eue la marchandise au lieu de destination avec la vente qui en a été faite au lieu où elle a été retenue, déterminer par ce moyen la qualité de la perte et la rapporter à la somme assurée.

Ainsi, étant donnée une marchandise, assurée pour 20,000 fr. qui aurait valu 30,000 fr. au lieu d'arrivée, et qui a été vendue 15,000 au lieu d'arrêt, on a une perte de 50 p. cent ce qui oblige l'assureur à payer 10,000 fr.

Le navire, qui sans être arrêté, est cependant retenu parce que la marchandise, dont il est porteur, est, elle, arrêtée, sera libre après le déchargement et de plus ne sera pas vendu. Dès lors son propriétaire ne souffre que les dommages causés par la rétention.

Ces dommages sont de trois sortes :

1º Augmentation des frais, résultant plus particulièrement des salaires dus aux matelots, conformément à l'art. 255 du C. de commerce ;

2° Le dépérissement du navire pendant la durée de la rétention ;

3° La perte d'une partie du frêt.

L'assureur répond des frais (1), mais il ne répond pas du dépérissement naturel du navire (2) ni de la perte d'une partie du fret, car le fret n'est pas compris dans l'assurance. Au contraire, il répond du dépérissement extraordinaire, qui, sans l'arrêt, ne se serait pas produit.

---

(1) Lemonnier, t. 1, n. 193.

(2) *Contra* Benecke. t. 3, p. 345.

CHAPITRE XIII

INTERDICTION DE COMMERCE.

289. — L'interdiction de commerce existe lorsque, par suite d'un fait de force majeure, le navire ne peut parvenir au port de destination, ce qui arrive, — lorsque ce port est bloqué; — lorsque, sans qu'il le soit, des torpilles en rendent l'entrée périlleuse (1); — lorsque le capitaine le sait exposé à un bombardement; — lorsque la peste y règne; — lorsque l'entrée en est interdite par le souverain même, et cela encore que la paix règne dans ses États.

La partie du Code de commerce qui est relative à l'assurance ne s'occupe pas de l'interdiction de commerce. Mais il en est question dans divers articles relatifs au contrat d'affrétement. Ces articles sont ainsi conçus :

Art. 276. — Si avant le départ du navire, il y a inter-

(1) 11 juillet 1877. — Mars. (J. M. 55. 1. 293).

diction de commerce avec le pays pour lequel il est destiné, les conventions sont résolues sans dommages-intérêts de part ni d'autre. — Le chargeur est tenu des frais de la charge et de la décharge de ses marchandises.

Art. 279. — Dans le cas de blocus du port pour lequel le navire est destiné, le capitaine est tenu, s'il n'a des ordres contraires, de se rendre dans un des ports voisins de la même puissance où il lui sera permis d'aborder.

Art. 299. — S'il arrive interdiction de commerce avec le pays pour lequel le navire est en route et qu'il soit obligé de revenir avec son chargement, il n'est dû au capitaine que le fret de l'aller, quoique le vaisseau ait été affrété pour l'aller et le retour.

Malgré le silence de la loi qui régit les assurances, la doctrine, conforme en cela à une tradition constante, admet que l'interdiction de commerce constitue un risque qui doit être attribué à une fortune de mer.

290. — La question de savoir si elle est un risque de guerre, présente un intérêt certain lorsque l'assureur est franc d'un tel risque.

Les Tribunaux qui ont été saisis de cette question, ont eu le tort de trop en généraliser la solution en déclarant que l'interdiction de commerce ne constitue pas un risque de guerre (1). Ils auraient dû à notre avis distinguer entre le cas où ce n'est pas un fait de guerre, par exemple la peste, qui empêche le navire de parvenir à sa destination, et celui où c'est la guerre

(1) 8 janvier 1861. — Bordeaux (J. M. 19. 2. 111). — 20 juin 1871. — Hâvre (J. M. 49. 2. 234). — 14 mars 1872. — Rouen (J. M. 50. 2. 111). — 1er mai 1872. — Rouen (J. M. 50. 2. 174).

qui cause cet empêchement, ainsi que cela a lieu lorsque des torpilles sont placées à l'entrée d'un port. C'est parce qu'on n'a pas tenu compte de cette distinction qu'on a jugé que l'impossibilité où a été un navire d'entrer dans le port du Hâvre, fondée sur ce que l'entrée de l'armée allemande dans la ville était imminente, ne constituait pas un risque de guerre. C'est aussi, en partant de l'idée que les torpilles, le blocus, la possibilité d'un bombardement peuvent nuire aux neutres aussi bien qu'aux belligérants, qu'on a souvent admis que dans ces divers cas, le fait qu'un navire n'a pu entrer dans le port de destination ne constitue pas un risque de guerre.

Cette manière de voir ne résiste pas à l'examen. En effet la guerre n'est pas par elle-même un risque ; elle n'en est que le principe. Il en est ainsi parce que les navires et les facultés ne sont pas nécessairement capturés ou soumis à des molestations par cela que les hostilités ont commencé, et qu'il existe d'autres périls que peut créer ou développer l'état de guerre. D'où il résulte que la convention par laquelle l'assureur se déclare *franc de risques de guerre* n'a d'autre fin que de l'affranchir de tous les dommages dont la guerre est le principe. Cela admis, il faut examiner si sans la guerre, une armée ennemie serait entrée dans la ville où se trouve un port, s'il aurait été bloqué, si les torpilles l'auraient rendu inaccessible. L'affirmative étant certaine, c'est à la guerre qu'il faut faire remonter le risque. Les rédacteurs du nouveau code allemand se sont inspirés de ces considérations lorsqu'ils ont admis que l'interdiction de commerce constitue un risque de guerre (art. 883).

291. — En Angleterre, l'interdiction de commerce n'est pas considérée comme un risque provenant d'une fortune de mer dont l'assureur doive répondre, et cela parce que ce risque ne cause qu'un dommage indirect et éloigné, et que c'est le cas d'appliquer la maxime : *causa proxima, non remota spectatur* (1).

L'Angleterre est, je crois, la seule nation où ce risque soit ainsi apprécié. Les Etats-Unis, eux-mêmes, ne l'ont pas suivie dans cette voie. « Dans un grand « nombre de cas, dit Kent, l'interdiction de commerce, « par exemple un blocus, l'occupation du lieu de desti- « nation par l'ennemi, créent un risque dont l'assu- « reur répond. Sans doute, on ne saurait assimiler ce « risque à la prise. Mais comme l'assuré a la certitude « morale qu'il y est exposé, et que cette crainte, qui « est prochaine, moralement certaine, lui impose la « perte du voyage, l'assureur doit l'indemniser, sans « que pour cela il soit tenu de souffrir le délaisse- « ment (2). »

292. — Pour déterminer les obligations de l'assureur dans le cas où le voyage est perdu par l'interdiction de commerce, il faut se mettre en présence des diverses situations qui sont faites à l'assuré et distinguer entre le navire et la marchandise.

Lorsque le commerce est interdit avant que les risques n'aient commencé, la position de l'assureur est régie par l'art. 276 du C. de comm., aux termes duquel *les conventions sont résolues* entre l'affréteur et le fréteur, ce qui implique la rupture forcée du voyage.

(1) Parkin, v[s] Tunno, 11 East, 22. — Forster v[s] Christie, East, 205.
(2) Kent, 3, 293, 294.

Et c'est parce que le voyage est rompu, en vertu d'une disposition de la loi et non par la volonté de l'assuré, que ce dernier n'est point tenu du demi pour cent.

Aux termes de l'art. 276, les conventions sont rompues, à l'égard des marchandises, même lorsqu'elles sont chargées, ce qui oblige l'affréteur à les décharger à ses frais. Or, comme les risques ont commencé pour l'assureur par le fait seul du chargement, il en résulte que le voyage est considéré comme rompu à l'égard du fréteur, et comme commencé et même terminé à l'égard de l'assureur, si bien que les quelques moments qui ont pu s'écouler entre la charge et la décharge représentent la durée du voyage à l'égard de ce dernier.

La situation pour le navire est différente. Le plus souvent il n'aura pas mis à la voile avant la décharge, et pour lui l'assurance sera rompue en même temps que le contrat d'affrétement. Ce n'est que dans le cas où l'interdiction de commerce sera connue du capitaine après qu'il aura mis à la voile que le voyage aura commencé par rapport à l'assureur, de sorte que s'il n'a pas encore franchi le port, l'assuré devra la prime.

Il faut bien le reconnaître, tout cela est discordant et contradictoire. A Hambourg, on a évité ce reproche en annulant l'assurance lorsque l'interdiction de commerce survient avant que le navire ne soit sorti du port. Il est vrai qu'on suit en Angleterre une règle différente (1), mais là, le maintien du contrat tire beaucoup moins à conséquence, parce que les assureurs ne garantissent pas le risque.

On a essayé de justifier la règle que nous suivons,

(1) Benecke, t. 3, p. 357.

en disant que l'interdiction de commerce n'est que la crainte d'un risque, et non un risque réalisé (1). Emérigon donne une meilleure raison lorsqu'il soutient « que puisque la perte arrivée dans le port même par le feu du ciel ou autre accident fortuit aurait été à la charge des assureurs, il est juste qu'ils profitent de la prime, laquelle leur est acquise, *quand même le risque n'eût duré qu'un moment* (2). » — Et cela est vrai dans une certaine mesure. Ainsi, j'ai plaidé contre des assureurs, actionnés en paiement de l'indemnité, dans une affaire où un navire neuf, sortant des chantiers, fut englouti dans le port de Bayonne par suite de la crue de l'Adour, ce qui coûta aux armateurs une réparation de près de 40,000 francs.

Cependant la possibilité d'une perte dans le port est un fait trop rare pour justifier le maintien d'une règle qui assigne à l'assurance, souscrite pour un ou plusieurs voyages, la durée d'un moment.

293. — La position qui est faite à l'assureur dans le cas d'interdiction de commerce est très avantageuse, puisqu'il touche la prime alors que le risque qu'il court est purement nominal. Mais à son tour l'assuré a le droit, en dérogeant par une convention spéciale aux principes qui régissent le contrat d'affrétement, d'entreprendre le voyage. L'assureur ne pourrait s'y opposer, car il lui serait répondu que les obstacles qui s'opposent à l'entrée dans le port de destination peuvent être levés en temps utile.

Lorsque cette prévision ne se réalise pas, l'assuré

(1) Estrangin, p. 460.
(2) Emérigon, ch. 12, sect. 31, § 1.

peut faire ce que lui permet l'art. 279, diriger l'objet assuré vers le port le plus voisin, ou ainsi que le prévoit l'art. 299, le faire revenir au lieu de départ.

Il peut aussi entrer dans un port d'échelle, si telle est la convention. Dans ce cas, l'assureur ne serait pas recevable à soutenir que l'entrée dans ce port fixe la fin du voyage (1).

Quel que soit le parti que prenne l'assuré, l'assureur lui doit la réparation du dommage qu'il a souffert.

Il y a lieu de distinguer au sujet de ce dommage entre le navire et la marchandise.

Lorsqu'il s'agit du navire, l'assureur doit payer à l'assuré tous les frais, soit pour revenir au point de départ, soit pour rentrer au port le plus voisin, suivant qu'il conviendra au capitaine de se diriger vers l'un ou vers l'autre. Il doit de plus la nourriture et les loyers des matelots pendant la prolongation du voyage.

Ce point ne fait pas difficulté. Mais, comme dans le cas où le navire revient au lieu de départ, l'affréteur doit payer au fréteur, aux termes de l'art. 299, le fret d'aller, on s'est demandé si ce fret ne doit pas être déduit de l'indemnité que doit l'assureur. — Les uns proposent de le déduire (2). — D'autres soutiennent qu'il ne doit pas être déduit (3). — D'autres proposent un moyen terme, d'après lequel il n'y a lieu de déduire que le fret net (4).

---

(1) 16 juillet 1846. — Paris (J. M. 26. 2. 5). — 20 juin 1871. — Hâvre (J. M. 49. 2. 234). — 14 mars 1872. — Rouen (J. M. 50. 2. 111). — 1er mai 1872. — Rouen (J. M. 50. 2. 174).

(2) Emérigon, ch. 12, sect. 31, § 1.

(3) Cruismans, Des risques de guerre, n. 82.

(4) Lemonnier, t. 1, n. 205.

Dans notre opinion, le fret ne doit pas être déduit, parce que, ainsi que nous le démontrerons, l'interdiction de commerce ne donne pas lieu au délaissement, et que jamais le fret n'est tenu en compte dans le règlement des avaries particulières.

Lorsque l'assurance porte sur des marchandises, on ne doit pas mettre à la charge des assureurs ni la baisse qu'elles ont subies par suite de l'interdiction de commerce (1), ni les intérêts du capital qu'elles représentent (2), car ceux-ci ne répondent pas du succès de l'opération. Mais ils doivent indemniser l'assuré des détériorations que subit la marchandise par suite de la prolongation de son séjour à bord du navire (3), sauf l'exception de vice propre lorsqu'ils n'en répondent pas.

Ils doivent aussi l'indemniser de la perte causée par *le destourbier*, c'est-à-dire par la privation du voyage, ce qui comprend le fret d'aller que celui-ci doit payer au fréteur, par application de l'art. 299, attendu que ce fret, n'est pas à proprement parler un fret, puisque le voyage ne s'est pas accompli, et qu'il représente une indemnité transactionnelle payée à ce fréteur en dédommagement de ce qu'il a fait, quoique inutilement, pour faire parvenir le navire au lieu de destination (4).

Le port le plus voisin où le navire est conduit devient le port de destination. C'est là que le contrat

---

(1) Dalloz, n. 1821 ; Lemonnier, n. 256.

(2) 27 novembre 1847. — Paris (S. V. 48. 2. 225. — J. M. 27. 2. 35). — Haghe et Cruismans, n. 84.

(3) 7 mai 1839. — Paris (P. 39. 1. 631. — J. M. 18. 2. 106). — 25 novembre 1839. — Paris (P. 39. 2. 670. — J. M. 19. 2. 46). — Lemonnier, t. 1, n. 206.

(4) Les arrêts ci-dessus cités. — Emérigon, ch. XII, sect. 31 ; Lemonnier, *loc. cit.*

d'affrétement prend fin (1). C'est là aussi que finit le contrat d'assurance (2). Le retour au lieu de départ ne doit avoir lieu que si le navire ne peut pas entrer dans un port voisin. Lorsqu'il y est parvenu, l'assureur n'est plus soumis aux risques.

Il résulte de la combinaison des art. 369 et 371 que l'interdiction de commerce ne donne pas par elle-même lieu au délaissement.

(1) Dalloz, n. 921 ; Bedarride, n. 672 ; Boulay-Paty, I, 221.

(2) Haghe, Risques de guerre, n. 86 et s.

LIVRE CINQUIÈME.

CONSIDÉRATIONS GÉNÉRALES SUR LE SUJET DE CE LIVRE.

294. — Nous venons de parcourir les divers cas qui se rapportent à la réalisation du risque, ou, en d'autres termes, de faire connaître les causes qui entraînent la perte totale ou partielle de l'objet assuré. Dès que le risque s'est réalisé sous cette forme, les obligations de l'assureur doivent être ramenées à exécution, d'où la nécessité d'exposer les principes qui président au règlement de l'indemnité.

Ces principes diffèrent suivant qu'il s'agit de régler, soit les avaries particulières, soit les avaries communes, ou qu'il y a lieu de procéder par voie de délaissement.

Mais pour obtenir ce règlement, l'assuré doit remplir certaines obligations. Il est tenu de justifier de sa qualité d'assuré, de l'existence de l'objet assuré, de son intérêt, de prouver le sinistre, de faire la déclaration des assurances et des contrats à la grosse qu'il a faits, fait faire ou ordonnés.

De plus, dès que le sinistre est survenu, il doit en donner avis à l'assureur et procéder au sauvetage. A vrai dire, ces deux obligations doivent être remplies, lorsque cela est possible, avant que le règlement n'ait commencé. Malgré cela, il nous a paru plus méthodique de soumettre cette partie de la théorie de l'assurance à deux grandes divisions, comprenant, l'une les obligations de l'assureur après la perte, l'autre les obligations de l'assuré dans ce même cas.

Les avaries communes ou particulières, isolées ou réunies dans un même règlement, donnent lieu à un compte qui prend le nom de *dispache*.

Certains auteurs ont donné des modèles de quelques-uns de ces comptes. Nous nous sommes abstenu de le faire, étant convaincu que les formules n'apprennent rien à ceux qui savent, et que le plus souvent elles égarent ceux qui ne savent pas. Quoi qu'on fasse, des modèles de dispache, quels que soient leur nombre et leur variété, ne formeront pas un dispacheur, n'ajouteront rien aux connaissances théoriques et ne donneront jamais l'expérience à qui ne l'a pas. Ajoutons que la dispache dans son entier est rarement contestée lorsque le principe de la responsabilité qui pèse sur l'assureur est admis ; presque toujours les discussions auxquelles elle donne lieu se concentrent sur quelques articles déterminés du compte, et c'est uniquement aux difficultés de fait et de droit qu'elles soulèvent que s'applique le travail du jurisconsulte.

CHAPITRE I.

RÈGLEMENT DES AVARIES PARTICULIÈRES SUR MARCHANDISES.

Ce chapitre sera divisé en quatre paragraphes, savoir :

§ Ier.

Règlement des avaries particulières dans le cas où la marchandise parvient au lieu de destination.

295. — Les règles qui se rapportent à l'évaluation sont prédominantes dans le règlement des avaries particulières.
296. — La manière de régler cette avarie dépend de la forme qu'elle affecte.
297. — Eléments qui composent la valeur de la marchandise, soit à l'état sain, soit à l'état d'avarie.
298. — L'assureur n'est pas tenu de payer la différence entre ces deux valeurs.
299. — Le règlement doit se faire au brut par quotité.
300. — Et non par quotité au net.
301. — La marchandise, soit à l'état sain, soit à l'état d'avarie, doit être évaluée d'après ce qu'elle vaut à la consommation.
302. — Y a-t-il des cas où il est permis de déroger aux règles ci-dessus posées ?

295. — Ainsi que nous l'avons déjà exposé, l'évaluation d'après le prix coûtant, ou, à son défaut, d'après le prix courant, augmentés l'un ou l'autre de tous les frais jusqu'à la mise à bord, est le régulateur des droits entre l'assureur et l'assuré. Il en résulte que tous les frais payés ou à payer qui ont été faits après la mise à bord jusqu'à l'arrivée au lieu de destination, ainsi que les variations de hausse ou de baisse, toutes choses qui sont étrangères à l'assurance, doivent être écartés des réglements dont elle est le principe. Enfin, lorsque l'objet assuré a été évalué par la police, on doit, après que le montant de la perte a été fixé, le rapporter à la somme assurée et non à la valeur réelle que peut avoir cet objet au lieu de départ, attendu que cette valeur peut être supérieure à celle qui a été convenue en ce même lieu.

Ces deux principes sont prédominants dans tout règlement d'avarie particulière.

296. — Lorsque la perte est totale ou présumée telle, l'exécution du contrat est plus simple. L'assureur paye la somme assurée, et l'assuré perd toutes les dépenses qu'il a faites depuis la mise à bord, plus le bénéfice que lui aurait donné la hausse, si hausse il y a.

Lorsque la perte n'est pas totale, que cependant une partie de la marchandise est totalement perdue, l'autre totalement sauvée, comme si par exemple sur cinquante sacs de café d'égale valeur, 25 ont été entièrement perdus, tandis que les 25 autres sont absolument sauvés, l'assureur paye, non la valeur réelle des 25 sacs perdus, mais la moitié de la somme assurée (1).

Mais la perte n'a pas toujours ce caractère. Le plus souvent elle se manifeste par la détérioration de tout ou partie du chargement, lequel n'étant que détérioré n'a subi dans sa substance aucune diminution. C'est ce qui arrive par exemple, lorsque cent sacs de farine, objet de l'assurance, arrivent au port de destination, détériorés par la mouillure qui leur a enlevé une partie plus ou moins considérable de leur valeur.

Lorsque l'avarie a ce caractère, deux hypothèses se présentent toujours. Où bien la marchandise peut, à l'aide de certaines manipulations, revenir à son état primitif, et dans ce cas l'assureur paye les dépenses qui ont été faites, d'où le nom d'avarie-frais ; — ou bien la détérioration ne peut pas être réparée, et dans ce cas on procède à un réglement d'avarie suivant certaines règles que nous allons exposer.

Il y a lieu de faire ce règlement dans deux cas, suivant que le chargement parvient ou non au lieu de destination.

Parlons d'abord du premier cas.

297. — Les divers éléments qui composent la valeur d'une marchandise, après qu'elle est arrivée au lieu de destination, sont :

1° La valeur au lieu de départ, y compris les frais jusqu'à la mise à bord ;

---

(1) Principe généralement admis. — Conforme Code allemand, art. 888. — Brandt, Seeversicherangs recht, p. 60. — Arnould, 2, p. 629 et s.

2° Le fret ;

3° Les droits de douane ;

4° Les frais de débarquement ;

5° Une diminution à opérer sur ces divers éléments réunis lorsque la marchandise est en baisse, une augmentation si elle est en hausse.

Ainsi, lorsqu'une marchandise qui valait au lieu de départ 90,000 fr., en vaut 120,000 au lieu d'arrivée, on doit trouver dans la différence entre ces deux sommes, soit 30,000, le fret, les droits de douane, les frais de débarquement et une somme en plus ou en moins, suivant la hausse ou la baisse.

Étant donnée une marchandise dont la valeur est composée de ces divers éléments, et en la supposant avariée, il s'agit de savoir comment sera réglée la perte.

Pour répondre à cette question, il faut un exemple.

Ainsi, soit une marchandise valant à l'état sain au lieu d'arrivée 120,000 fr. — Soit encore que cette somme comprenne les éléments qui suivent :

1° Valeur au lieu de départ.........	90,000 fr.
2° Fret............................	10,000
3° Droits de douane................	4,000
4° Frais à l'arrivée...............	1,000
5° Bénéfice	15,000
	120,000 fr.

Cette marchandise, qui aurait valu cette somme à l'état sain, a subi une avarie qui a réduit sa valeur à 90,000 fr. ce qui représente une perte de 30,000 fr.

Il s'agit de s'avoir de quelle manière cette perte sera réglée ?

298. — Au premier abord, il semble que l'assureur doit payer le montant de cette perte, soit 30,000 fr., à l'assuré, pourvu que la somme assurée ne lui soit pas inférieure. Il n'en est rien cependant, et cela par deux motifs.

1° L'assureur reçoit une prime plus ou moins élevée suivant que la somme assurée est plus ou moins considérable. Ainsi, lorsqu'un objet vaut 90,000 fr. et qu'il est assuré pour toute sa valeur au taux de 10 p. cent, l'assureur reçoit 9,000 fr. de prime; s'il n'est assuré que pour 30,000, il n'en reçoit que 3,000. Dès lors, il n'est pas juste, lorsque cet objet perd 30,000 fr., que l'assureur paye cette somme aussi bien lorsqu'il a assuré cet objet pour 90,000 que lorsqu'il l'a assuré pour 30,000.

2° Lorsqu'une chose subit une perte, il est clair que cette perte atteint les divers éléments qui forment sa valeur totale. Ainsi, dans l'espèce ci-dessus posée la perte atteint, non seulement les 90,000 fr. valeur au lieu de départ, mais encore toutes les dépenses qui ont été faites pendant le voyage et après l'arrivée au lieu de destination. Or, ces dépenses n'ayant pas été comprises dans l'assurance, la partie de la perte qui s'y applique ne peut être mise à la charge des assureurs.

Ainsi supposons dans notre espèce, pour plus de simplicité, que la répartition de la perte se soit faite d'une manière égale sur tous les éléments qui forment la valeur au lieu de destination. Nous dirons : puisque la valeur à l'état sain est 120,000 fr. et la valeur à l'état d'avarie 90,000, la quotité de la perte se porte à 25 p. 0/0.

En faisant porter cette même quotité sur les divers

éléments qui forment la valeur de la marchandise à l'état sain, nous aurons :

	VALEUR à l'état sain.	VALEUR à l'état d'avar.	PERTE 25 p. cent.
1° Valeur au lieu de départ.	90,000 f.	67,500	22,500
2° Fret....................	10,000	7,500	2,500
3° Droits de douane.......	4,000	3,000	1,000
4° Frais de débarquement..	1,000	750	250
5° Bénéfice..............	15,000	11,250	3,750
	120,000 f.	90,000	30,000

Il suffit de jeter les yeux sur ce tableau pour voir que l'assureur ne doit contribuer à la perte, que pour 22,500, et que le surplus doit être mis à la charge de l'assuré.

Cette conclusion est de toute évidence pour les 3,750 fr. qui représentent la partie de la perte correspondant à la partie de la valeur qui constitue le bénéfice.

Même observation pour le fret, les droits de douane, les frais de débarquement qui représentent des dépenses postérieures à la mise à bord.

Si ces dépenses étaient réduites en proportion de l'avarie, elles seraient supportées sans perte. Mais à l'égard du fret, la réduction n'a jamais lieu, elle est fort rare pour les frais de débarquement, et n'a lieu le plus souvent, quoique pas toujours, qu'à l'égard des droits de douane. Or, par cela que les dépenses ne sont pas réduites, alors que la marchandise subit elle-même une réduction de valeur, la nécessité de les supporter intégralement constitue une perte.

En effet, si on suppose que deux négociants ont fait chacun une opération identique sous tous les rapports, avec cette seule différence toutefois que l'un ne supporte que 10 p. cent de frais, tandis que l'autre en supporte 20, il est certain que le premier doit gagner davantage s'il y a bénéfice, ou perdre moins s'il y a perte. L'avarie crée cette différence. Et en effet, si on compare la marchandise à l'état sain, que nous avons supposé se porter à 120,000 avec le fret, que nous avons porté à 4,000, ce fret représente, par rapport à la première somme, 3,50 pour cent, tandis que si on le compare avec la valeur à l'état d'avarie, que nous avons portée à 90,000, il en représente 4,44.

C'en est assez pour démontrer que le règlement par différence est inadmissible. Cependant il a prévalu sur la place de Marseille jusqu'en 1821. Condamné par plusieurs décisions du Tribunal de commerce de cette ville, que la Cour d'Aix a confirmées, il est aujourd'hui absolument abandonné. A sa place, on a adopté le règlement au brut par quotité, qui a rallié tous les suffrages.

299. — Pour régler au brut par quotité, on détermine la différence qu'aurait eue la marchandise à l'état sain au lieu d'arrivée, et celle qu'elle a à l'état d'avarie en ce même lieu ; on arrête, en comparant ces deux valeurs, la quotité de la perte, on applique cette même quotité à la somme assurée, et on fixe par cette opération l'indemnité que doit l'assureur.

Pour trouver la quotité de la perte, on procède ainsi : — On déduit de la valeur de la marchandise à l'état sain la valeur de cette même marchandise à l'état d'avarie, on multiplie la somme qui forme la différence par 100, et on divise le résultat par la valeur de la marchandise à l'état sain.

La quotité de la perte étant ainsi déterminée, on la rapporte à la somme assurée.

Ainsi étant admis que la marchandise à l'état sain aurait valu au lieu de reste 100,000 fr., et qu'elle n'en vaut plus que 50,000 à l'état d'avarie, on dit que la perte se porte à 50 p. cent. — Si dans ce cas, la somme assurée a été convenue à 40,000 fr., l'assureur paye 50 p. cent sur cette somme, soit 20,000 fr.

On obtient ce résultat au moyen de l'opération suivante :

$$100{,}000 - 50{,}000 = 50{,}000$$

$$50{,}000 \times 100 = \frac{5{,}000{,}000}{100{,}000} = 50$$

50 p. cent par rapport à 40,000 = 20,000

A l'aide de cette combinaison, l'assureur est affranchi de la perte qui porte sur l'accroissement de valeur qu'a reçu la marchandise depuis la mise à bord, et il ne supporte celle qui porte sur la valeur au lieu de départ que dans la proportion de la somme assurée.

Le mode de règlement au brut et par quotité a toujours prévalu.

« Le règlement par avaries, entre les assureurs et « les assurés, dit Valin, se fait en prenant pour base « l'estimation ou la valeur des marchandises au temps « de leur chargement, sans considérer si ces marchandises auraient valu plus ou moins à leur arrivée « à bon port. » — Emérigon, dit aussi ; « Le règlement « doit se faire entre les assurés et les assureurs en « prenant pour base la valeur des marchandises au « temps et au lieu du chargement (1). »

(1) Valin sur l'art. 47 ; Emérigon, ch. XII.

Ricard, qui a transmis de précieux renseignements sur le commerce de la Hollande dans le dernier siècle, atteste que, conformément aux ordonnances d'Amsterdam de 1744 et de 1775 (art. 35), qui étaient formelles sur ce point, les avaries particulières s'y réglaient au brut et par quotité.

Voici l'espèce qu'il propose :

« Une marchandise a été évaluée au lieu du chargement 9,000 florins ; elle est évaluée à l'arrivée à l'état sain 10,000 florins. A cause de l'avarie, elle ne produit que 5,000 florins. Ces 5,000 florins, en proportion de 10,000 font 50 p. cent, qui, étant répartis sur 9,000 florins, répondent à 4,500 florins (1). »

Le nouveau code allemand, art. 879, veut que l'on règle les avaries particulières au brut et par quotité (2).

En Angleterre, les principes ont été fixés par le juge Lawrence en ces termes : *Le prorata ou la quotité de perte applicable à la valeur, ou convenue ou fixée au lieu de départ, que doit l'assureur, se détermine par la comparaison de la valeur vénale brute au lieu d'arrivée de la marchandise à l'état sain, avec sa valeur vénale brute à l'état d'avarie* (3).

Notre jurisprudence est aujourd'hui dans ce sens. Dans la doctrine, dans le monde des affaires, le règle-

---

(1) Ricard, Traité de commerce, t. 2, p. 488 et s.

(2) V. encore Nolte, t. 2, p. 754 et s.

(3) Johnson v^s Sheden, 2 East, 581. — V. aussi dans ce sens Stevens, p. 95 et s.; Parck, p. 107 et s.; Benecke, t. 2, p. 417 et 148 et t. 4, p. 165; Principies, t. 2, p. 426 et s.; Marshall, t. 2, p. 624; Arnould, t. 2, p. 829 et s.

ment par quotité au brut, naguère contesté, constitue une règle admise unanimement (1).

Sans doute, l'application de cette règle peut procurer à l'assuré, lorsque la marchandise a subi une baisse, un bénéfice, ce qui est contraire à la fin de l'assurance. Mais cet inconvénient résulte des principes suivis en matière d'évaluation, principes d'après lesquels la valeur régulièrement convenue au lieu de départ est considérée comme constante.

Ainsi, étant donnée une marchandise justement évaluée 50,000 fr. au lieu de départ, qui, par suite d'une forte baisse n'en vaut plus que 25,000 au lieu d'arrivée, si cette marchandise subit par suite d'avaries une perte de 70 p. cent, l'assuré touche de l'assureur 35,000 fr., plus 7,500 fr., valeur de ce qui est sauvé, alors qu'il n'aurait touché que 25,000 fr. sans l'avarie. — Mais si, par contre, cette marchandise a doublé, si elle vaut 100,000 fr., la même quotité de perte étant admise, l'assuré ne reçoit que 35,000 fr., alors qu'il en perd 70,000.

Ces résultats tiennent à ce que l'assuré ne peut prétendre qu'à la récupération de tout ou partie du capital qu'il a engagé dans l'opération, et que, tel étant son droit, on n'a tenu aucun compte de l'état du marché au lieu de destination.

---

(1) 5 octobre 1821. — Mars. (J. M. 2. 1. 344). — 10 août 1822. — Mars. (J. M. 3. 1. 20). — 30 août 1822. — Mars. (J. M. 3. 1. 369). — Consultation (J. M. 6. 2. 129). — 27 mars 1838. — Mars. (J. M. 17. 1. 283). — 24 septembre 1867. — Mars. (J. M. 45. 1. 330). — 9 mars 1868. — Aix (J. M. 47. 1. 5). — 4 déc. 1868. — Rennes (J. M. 47. 1. 165). — *Sic* Delaborde, n. 165 et s.; Fremery, p. 320, 327 et s.; Alauzet, t. 2, n. 320 et s. et t. 3, n. 1508; Haghe et Cruismans, n. 324; Dalloz, n. 2243; Frignet, t. 2, n. 663 et s.; Bedarride, n. 1646.

Ce principe admis, le règlement par quotité au brut en a été la conséquence nécessaire.

300. — Cependant, comme on a proposé de régler par quotité au net, il nous reste à démontrer que ce mode de règlement doit être repoussé. Mais auparavant, il importe de s'entendre sur le sens des termes employés.

On entend par valeur brute d'une marchandise celle que constate une vente ou une expertise, et sur laquelle on n'opère aucune déduction ; par valeur nette celle qui est ainsi constatée, mais dont on déduit une somme représentant certains des éléments qui ont formé cette valeur. Ainsi lorsqu'un chargement de sucre est vendu à la consommation 1,600 fr. la tonne ou est susceptible de se vendre à ce prix, on dit que le sucre vaut brut cette somme. Si on en déduit le fret, les frais au lieu de reste, les droits de douane, on a la valeur nette, de sorte que si, tenant l'espèce ci-dessus posée, ces divers éléments se portent à 200 fr. le sucre ne vaut net que 1,400 fr.

Nous n'avons pas mentionné, en parlant de cette opération, la somme qui représente le profit ou la perte faits sur la marchandise, parce que les partisans du règlement au net ne la déduisent pas.

L'intérêt qu'il y a à savoir si le règlement doit être fait au brut ou au net tient à ce que la quotité qui représente la perte est toujours plus faible dans le premier de ces règlements que dans le second. C'est ce que démontre l'exemple qui suit :

Soit une marchandise assurée pour 100,000 fr., qui en aurait valu à l'état sain au lieu d'arrivée 120,000, mais qui par suite de son état d'avarie n'en vaut en ce même lieu que 100,000. — La somme de 120,000 fr. se compose des éléments qui suivent :

1° Valeur au lieu de départ.........	100,000 fr.
2° Fret.............................	15,000
3° Droits de douane.................	4,000
4° Frais au lieu de reste..........	1,000
5° Bénéfice ou perte................	»
TOTAL.......	120,000 fr.

Avec le règlement au brut, on dira : du moment où la marchandise à l'état sain aurait valu 120,000 fr., et que, à l'état d'avarie elle n'en vaut que 100,000, la perte se porte à 16,66 p. cent.

Appliquant cette quotité à la somme assurée, soit 100,000 fr., on a 16,666 fr. 66.

Avec le règlement au net, on dira :

La marchandise à l'état sain aurait valu.	120,000 fr.
Il faut en déduire tous les frais et dépenses, soit..........................	20,000
RESTE......	100,000 fr.

La marchandise à l'état d'avarie vaut..	100,000 fr.
Il faut en déduire tous les frais et dépenses, soit..........................	20,000 fr.
RESTE......	80,000 fr.

Dès lors comparant 100,000 à 80,000 on a, la différence étant 20,000, une perte de 1/5e ou 20 p. 0/0, et par suite en appliquant cette quotité à la somme assurée, soit 100,000 fr., on obtient 20,000 fr.

Ainsi, dans l'exemple ci-dessus, on a :

Avec le règlement au brut, une indemnité de.......................... 16,666 fr. 66

Avec le règlement au net, une indemnité de.......................... 20,000

On voit par là que l'assureur a intérêt à ce que le règlement se fasse au brut, car l'assuré reçoit davantage lorsqu'il est fait au net.

Le règlement au net n'a pas été toujours présenté sous la forme absolue que nous lui avons donnée dans l'exemple ci-dessus. On a proposé dans certaines affaires de ne déduire que les droits de douane, sans voir que la difficulté, quoique de moindre importance, restait la même.

Le règlement au net fut proposé par des assurés à Hambourg, en 1709, mais il fut repoussé (1). A ce sujet, Pohls fait les réflexions suivantes :

« On propose, avant de comparer la valeur de la « marchandise à l'état sain et à l'état d'avarie, de « déduire de l'une et l'autre valeur, le fret, les droits « de douane et tous les frais faits au lieu d'arrivée, et « d'établir la quotité de la perte sur ce capital net « *(netto capital).* — Ce mode de règlement est inad- « missible, car il a pour résultat de faire dépendre la « somme que doit l'assureur des fluctuations du marché. « De plus, en déduisant les mêmes frais de la marchan- « dise à l'état sain et à l'état d'avarie, au lieu de la « réduire proportionnellement sur ces deux valeurs, on « fait payer à l'assureur une partie des frais. — Aucun « de ces inconvénients n'arrive lorsqu'on règle sur le

(1) Mageus, Versuch, 2, 280.

« capital brut *(Brutto-capital)*. — Pour opérer ce « règlement, on établit le rapport entre la marchandise « à l'état sain et cette même marchandise en état « d'avarie, et on applique ce même rapport à la somme « assurée » (1).

En 1830, la question de savoir si le règlement doit se faire au net fut posée devant le Tribunal de Bordeaux, qui, contre la prétention de l'assuré, opina pour le règlement au brut (2). Plus tard, cette même question fut posée devant le Tribunal de Marseille, qui opina au contraire pour le règlement au net (3). Mais sur l'appel, son jugement fut réformé par la Cour d'Aix (4).

Devant ce Tribunal et devant la Cour, la question fut longuement discutée, avec une grande profondeur et une supériorité remarquable des deux côtés. Nous avons sous les yeux un mémoire rédigé par Lecour du barreau de Marseille, dans le sens du règlement au net, et les mémoires de Massol d'André, Cresp et Guieux, dans le sens du règlement au brut, qui nous serviront de guide dans l'exposé qui suit.

Et d'abord, il est bon de constater que la comparaison entre les deux valeurs, au net et au brut, conduirait à des résultats identiques, si, comme cela a lieu lorsque l'assurance porte sur la valeur au lieu de destination (5), le règlement se faisait par différence, car la diffé-

---

(1) Pohls, t. 4, p. 682.

(2) 11 juillet 1830. — Bordeaux (Bibliothèque de comm. de Cuson, t. 7, p. 145).

(3) 22 janvier 1846. — Mars. (J. M. 25. 1. 148).

(4) 3 juin 1846. — Aix (J. M. 25. 1. 192. — S. V. 47. 2. 246. — D. P. 46. 2. 189).

(5) Pohls, t. 7, p. 685.

rence entre deux sommes reste invariable, lorsqu'elles subissent l'une et l'autre une égale réduction. Ainsi en supposant que la somme à déduire pour fret, frais à l'arrivée et droits de douane se porte à 10,000 fr., il est clair que la différence entre 100,000 valeur brute, à l'état sain, et 50,000, valeur à l'état d'avarie, différence qui est 50,000, sera, si on déduit 10,000 de ces deux sommes, ce qui portera la première à 90,000 et la seconde à 40,000, également 50,000. Mais il n'en est plus ainsi lorsqu'on calcule par quotité, car il est sensible qu'entre 100 et 50, le rapport n'est pas égal à celui qui existe entre 90 et 40, puisque le premier donne 50, et le second 55, 50.

Ajoutons encore que le résultat serait le même si la réduction au net se fesait proportionnellement dans les deux termes.

Ainsi, entre 100 et 50, le rapport ou la quotité de perte est 50 pour cent, et entre 100 — 10, ou 90 et 50 — 5, ou 45, la quotité se porte aussi à 50 pour cent.

Et c'est là ce qui prouve que le règlement au brut est vrai, car il est l'expression du règlement au net proportionnel.

En effet, lorsqu'une marchandise valant 100,000 fr. au lieu d'arrivée à l'état sain est grevée pour fret, frais, droits de douane, d'une somme de 30,000, il est clair que cette somme représente 30 pour cent par rapport à 100,000, et que si ces 100,000 sont réduits par l'avarie à 50,000 fr., et si l'assuré doit payer la même somme de 30,000 fr., cette somme représente par rapport à 50,000, 60 p. cent. — Dès lors, l'obligation où est l'assuré de payer la même somme, bien que la marchandise ait considérablement diminué, constitue pour lui une perte, mais une perte qui porte sur toute la valeur au lieu d'arrivée. Or, comme l'assurance n'en couvre qu'une partie l'assureur ne doit pas l'indemnité sur la totalité de la perte.

C'est à cause de cela, répondent les partisans du règlement au net, qu'il faut éliminer du capital brut le fret, les frais et les droits, car étant éliminés, ils ne figureront pas dans le règlement.

Poursuivant leur raisonnement, ils déclarent être d'accord avec les partisans du règlement au brut sur tous les points fondamentaux, savoir :

1° L'avarie qui n'occasionne pas la perte totale d'une partie de la marchandise, mais qui résulte de sa détérioration, doit être considérée comme une perte partielle. Ainsi, lorsqu'on dit que la marchandise a perdu la moitié de sa valeur par suite de l'avarie, c'est comme si l'on disait qu'une moitié de cette marchandise a été entièrement sauvée, et que l'autre moitié a été entièrement perdue.

2° La marchandise doit être évaluée d'après sa valeur au lieu de départ, en y ajoutant les frais jusqu'à la mise à bord.

3° Le contrat ne peut s'appliquer ni au fret ni au profit espéré.

4° Les avaries particulières des marchandises doivent se régler par quotité et non par différence.

5° La valeur d'une marchandise au lieu de destination se compose :

1° De la valeur au lieu de départ ; — 2° Du fret ; — 3° Des droits de douane ; — 4° Des frais de débarquement ; — 5° De la hausse ou de la baisse dépendant de l'état du marché.

Étant donnés ces divers éléments, ajoutent les partisans du règlement au net, il faut adopter un mode de règlement qui ne mette pas à la charge de l'assureur les frais faits depuis la mise à bord, et qui le rende étranger aux fluctuactions du marché.

Ce résultat, disent-ils, ne peut être obtenu que par le règlement au net, puisqu'il enlève à l'objet assuré tout ce qui depuis le temps et le lieu de départ en a modifié la valeur commerciale. — Cela doit être ainsi, ajoute le Tribunal de Marseille, car le règlement au brut présente, suivant l'espèce des marchandises et l'importance plus grande du fret, des droits de douane et des frais de débarquement, des résultats disparates et des pertes plus ou moins variables sur le coût primitif, à la charge de l'assuré qui a payé une prime pour en être entièrement garanti.

Ce raisonnement en apparence exact, ne tient pas après un moment de réflexion.

Est-il vrai, ainsi que le disent les partisans du règlement au net, qu'en déduisant de la marchandise à l'état d'avarie tout ce qui s'y est ajouté depuis la mise à bord, on affranchisse l'assureur de la partie de la perte à laquelle il doit être étranger ?

Non certes, car c'est le contraire qui arrive. En effet. Par la réduction au net on fait pour les frais la même opération que pour l'avarie ; on les déduit l'un et l'autre de la valeur à l'état sain. Ainsi, cette valeur étant 100, la perte résultant de l'avarie 40, les frais 20, on obtient le net en déduisant de 100, 40+20, ou 60, ce qui donne 40. Dès lors, le net diminue d'autant plus que les frais sont plus considérables. Portez-les, dans l'espèce ci-dessus à 40, le net ne sera que 20, à 50, il ne sera que

10, et ainsi de suite. Or, comme plus le net est faible, moins l'opération donne de résultats, il s'ensuit qu'en le considérant comme l'expression de la perte dans le règlement d'assurance, on fait nécessairement payer une partie des frais à l'assureur.

En poussant les choses à l'extrême dans ce sens, cette démonstration sera évidente.

En effet, supposons une marchandise valant au lieu de départ 100,000 fr. et assurée pour cette somme. Elle est grevée par tout ce qui s'y ajoute depuis la mise à la voile jusqu'à l'arrivée au lieu de destination de 90,000 fr., ce qui fait que pour que le chargeur ne perde pas, il faut que cette marchandise soit vendue en ce dernier lieu 190,000 fr. Mais il advient qu'elle se compose d'articles de mode, que la mode a changé, ce qui n'est pas impossible, et que ces articles ont perdu une notable partie de leur valeur. La baisse arrive jusqu'à cinquante pour cent, et tandis que le chargeur croyait réaliser 200,000 et plus, il n'en réalise que 100,000, soit la valeur au lieu de départ, de sorte qu'il perd tout ce qu'il a dépensé depuis la mise à bord, soit 90,000.

Ce fait étant posé, il arrive que la marchandise subit par fortune de mer une avarie qui se porte matériellement à 10 p. cent.

Dans le règlement au brut, l'assureur payera 10 p. cent sur 100,000, soit 10,000. En payant cette somme, il ne participe point à l'insuccès de l'opération, pas plus qu'aux frais dont la marchandise est grevée. En effet la perte se porte à 10 p. cent, il paye ce prorata, et il le paye sur une somme qui est à son égard invariable.

Voyons maintenant ce qu'il payera avec le règlement au net.

On dira la marchandise vaut à l'état sain	100,000 f.
A déduire les frais, fret, etc..........	90,000
Reste net..............	10,000 f.

Elle vaut à l'état d'avarie............	90,000 f.
Même déduction....................	90,000
Reste à l'état d'avarie....	»

Donc la perte est totale, et l'assureur doit payer 100,000 fr.

S'étonnera-t-on après cela que tous les peuples maritimes aient admis le règlement au brut.

Me Lecour, à qui on objectait cette unanimité, répondit que le règlement au brut devait prévaloir chez les peuples qui admettent l'assurance du profit espéré.

Me Guieux le réfuta en ces termes (1) :

« La prétendue explication donnée par les adver-
« saires sur la pratique anglaise peut être citée comme
« un spécimen des étrangetés (pour ne rien dire de
« plus) qu'il est facile de colorer par l'emploi du lan-
« gage ordinaire, dans les choses soumises à l'appli-
« cation des mathématiques. — Voyez plutôt : com-
« préhension du fret et des frais dans la prétendue
« assurance anglaise ; compréhension du fret et des
« frais dans le règlement au brut ; donc le règlement
« au brut. — Proscription du fret et des frais dans
« l'assurance française. Proscription des mêmes objets

(1) Guieux. Mémoires et conclusions, p. 34.

« dans les calculs du règlement au net. Donc le règle-
« ment au net convient à l'assurance française. —
« .... Des deux systèmes en présence, le système
« *au brut* donne toujours moins à l'assuré ; le système
« *au net* lui donne toujours plus. Comprenez main-
« tenant que c'est parce qu'ils assurent *plus* que les
« assureurs anglais payent *moins*, et que c'est parce
« qu'ils assurent *moins* que les assureurs français
« doivent payer *plus*.... »

« D'ailleurs, dans une assurance qui comprendrait
« le fret et les frais, le règlement ne se ferait ni au brut
« ni au net, mais par différence. »

Quoique nul ne songe aujourd'hui à proposer le règlement au net, nous n'avons pas hésité à réfuter avec quelques détails les arguments principaux à l'aide desquels on a essayé de le faire prévaloir. Cela nous a paru d'autant plus utile que quoique ce système soit définitivement délaissé, on essaie souvent de le faire revivre, non plus il est vrai en y fesant entrer tous les éléments de la valeur, mais en l'appliquant à certains d'entre eux, notamment aux droits de douane.

301. — On s'est posé en effet la question de savoir si l'évaluation de la marchandise à l'état sain ou à l'état d'avarie, au lieu de reste, devait être faite d'après la valeur qu'elle a à l'entrepôt, ou bien d'après celle qu'elle a à la consommation, ou, pour parler le langage commercial, à *l'acquitté*.

Dire qu'il faut prendre la valeur d'après ce qu'elle est à l'entrepôt, revient à dire qu'il en faut distraire les droits de douane.

C'est ce qui fut d'abord admis par le tribunal de

Marseille (1). Mais la jurisprudence s'est fixée en sens contraire (2).

Ce point ne fait aucune difficulté lorsque, conformément à la loi du 21 août 1818, art. 51, les droits perçus sur les marchandises avariées qui ont été l'objet d'une vente publique, sont bonifiés d'une diminution proportionnelle à la perte qu'elles ont subies.

Ainsi lorsqu'une marchandise qui vaudrait 100 au lieu d'arrivée, si elle n'avait pas subie une avarie de 50 p. cent, paye 20 de droits de douane sur la valeur à l'état sain et 10 sur la valeur à l'état d'avarie, il importe peu que l'on en distraie les droits de douane ou qu'on les y laisse, car dans l'un et l'autre cas le rapport entre 100 et 50 est identique à celui qui s'établit entre 80 et 40; dans l'un et l'autre, la quotité de la perte est toujours 50 p. cent.

Mais si par une cause quelconque la perception des droits, au lieu d'être proportionnelle, est la même dans les deux termes, il ne faut pas déduire les droits, parce qu'en les déduisant on arriverait pour partie à un règlement au net.

302. — Peut-on déroger aux principes qui président au règlement des avaries particulières, lorsque d'ailleurs cette convention n'a pas pour effet d'obliger l'assureur à garantir les pertes qui portent, soit sur les dépenses faites depuis la mise à bord, soit sur le profit ?

---

(1) 27 octobre 1824. — Mars. (J. M. 6. 1. 88). — 29 mai 1844. — Mars. (J. M. 23. 1. 168).

(2) 28 juillet 1860. — Hâvre (J. Hâvre 1860. 1. 168). — 20 mai 1864. — Mars. (J. M. 43. 1. 161).— 28 septembre 1865.— Mars. (J. M. 43. 1 290). — 4 décembre 1868. — Rennes (J. M. 47. 2. 165). — 21 mai 1869. — C. Rej. (J. M. 47. 2. 207).

La question s'est présentée dans l'espèce suivante :

On avait introduit dans une police d'assurance une clause ainsi conçue :

« Par dérogation à l'imprimé, les assureurs déclarent renoncer formellement, en cas d'avarie ou de perte, quel que soit l'excédant de la valeur de la marchandise chargée sur celle assurée, au règlement proportionnel, sans être tenu de payer au-delà de la somme assurée. »

Les assureurs soutinrent dans cette espèce que cette clause comportait un règlement par différence, et que partant elle était nulle. Mais le Tribunal de Marseille y vit une convention par laquelle l'assuré est affranchi de contribuer à la perte pour son découvert, et il eut raison (1).

C'est ce qui sera mieux compris à l'aide de l'exemple suivant :

Une marchandise vaut au départ 90,000 fr. Elle est assurée pour 30,000. — Elle aurait valu à l'arrivée 120,000 si elle n'avait pas été avariée, mais l'ayant été, elle n'en vaut que 80. La quotité de la perte est donc 33,33 pour cent ou un tiers.

Avec le mode de règlement ci-dessus indiqué, l'assureur aurait dû le 1/3 de 30,000, soit 10,000 fr., mais étant donnée la clause qu'il a consentie, il doit 30,000, soit le tiers de 90,000, attendu que ce tiers ne dépasse pas la somme assurée.

Dans une stipulation comme celle que nous venons de rapporter, la somme assurée ne figure dans le contrat que pour limiter celle que l'assureur est tenu de

(1) 27 février 1860. — Mars. (J. M. 38. 1. 114).

payer, tandis que l'évaluation qui sert de base au règlement y est passée sous silence et doit être ultérieurement déterminée.

Sans doute la clause eût été plus claire si elle avait été ainsi redigée :

Au cas d'avarie, l'indemnité sera réglée suivant la loi, comme si la marchandise avait été assurée pour toute sa valeur au lieu de départ, mais la somme due par l'assureur ne pourra excéder 30,000 fr.

Une convention ainsi stipulée, ne comporte pas un règlement par différence.

303. — Que faut-il décider lorsque la perte porte sur une marchandise d'assortiment ? Ainsi soient deux chevaux qui, appareillés, valent 10,000 fr., tandis que, pris isolément, chacun d'eux n'en vaut que 3,000. Faut-il, lorsque l'un d'eux a péri par fortune de mer, porter dans le règlement la perte à 5,000 fr. ou bien à 3,000 ?

C'est à 3,000, répond Stevens, « parce que l'assureur « ne répond que de la perte matérielle et substantielle, « et n'est obligé que selon l'importance directe de cette « perte, et non pour la perte qui en est une consé- « quence éloignée (1). »

Il ne peut y avoir sur ce point qu'une opinion, celle qui consiste à décider d'après les circonstances de fait (2).

304. — La diminution de poids, lorsqu'elle est constante et qu'il est certain qu'elle est due à une fortune de mer, doit être tenue en compte dans un règlement d'avaries.

On doit retrancher, au contraire, l'excédant de

(1) Stevens, p. 155-158 ; Nolte, 2, 772.

(2) Delaborde, p. 292 et s. — V. aussi Pohls, 4, 695.

poids, lorsqu'il a été causé par l'introduction de l'eau dans la cale (1).

305. — Les primes à l'exportation, qui sont acquises par le seul fait de la sortie des marchandises, ne sont soumises à aucun risque, et ne sauraient dès lors fournir aucun aliment à l'assurance. Mais il faut en tenir compte dans l'évaluation qui se fait au lieu où s'opère le déchargement. En effet une marchandise qui est évaluée d'après son prix brut à 100, et qui est bonifiée d'une prime qui se porte à 10 par le fait de son départ, n'est soumise au risque que jusqu'à concurrence de 90.

Il n'en est pas ainsi des marchandises qui n'ont droit à la prime que *lorsqu'elles sont parvenues au lieu de destination et qu'elles sont reconnues dans ce lieu propres à la consommation alimentaire,* ainsi que cela se pratique pour les morues. Dans ce cas spécial, le chargeur est exposé, par l'effet même des avaries auxquelles cette marchandise est exposée, à perdre la prime d'exportation; or, par cela qu'il peut la perdre, il peut la faire assurer.

Le propriétaire d'une partie de morues qui la vend, mais retient la prime, ne peut faire assurer que celle-ci, tandis que son acheteur ne peut faire assurer que la marchandise.

Ce propriétaire peut aussi faire assurer la prime séparément de la marchandise, lorsqu'il ne l'en a pas détachée.

Il peut aussi les faire assurer conjointement.

Lorsqu'il les assure séparément, et que la prime est

(1) V. Delaborde, p. 291 et Benecke, 2, 506.

perdue par suite d'avaries qui empêchent de livrer les morues à la consommation, les deux assurances, dont l'une comprend la prime et l'autre la marchandise, doivent être réglées séparément.

Ainsi, soit une prime d'exportation de 18 fr. par 100 kilos s'appliquant à une partie de morues valant 25 fr. les 100 kilos au lieu de départ et assurée pour toute sa valeur, par exemple pour 100 tonnes se portant à 25,000 fr., valeur en marchandise, et à 18,000 fr., valeur en prime. — Si la marchandise qui aurait valu à l'état sain, au lieu d'arrivée, 30,000 fr., plus la prime, n'en vaut par suite de l'avarie que 15,000, ce qui porte la quotité de la perte à 50 p. cent, et est cause que les morues n'ont pas de droit à la prime, l'assureur payera, l'assurance étant séparée :

1° Pour les morues, 50 p. cent sur 25,000, somme assurée, ou....................	12,500 fr.
2° Pour la prime, entièrement perdue.....	18,000
Total	30,500 fr.

Lorsque la prime et les morues sont assurées conjointement, ce qui du reste doit être l'objet d'une stipulation expresse (1), le règlement se fait suivant les règles ordinaires (2). Ainsi, en prenant l'exemple ci-dessus, l'avarie devra être réglée comme il suit :

La marchandise à l'état sain aurait valu
30,000 + 18,000 = 48,000 fr.

(1) 8 janvier 1872. — Cass. (S. V. 72. 1. 24).

(2) 23 mars 1852. — Mars. (J. M. 31. 1. 67). — 24 mars 1859. — Mars. (J. M. 37. 1. 156).

Elle ne vaut à l'état d'avarie que........ 15,000 fr.
(soit 50 p. cent sur la valeur de la morue, la prime entièrement perdue).

Et dès lors la perte étant 68,77 p. cent, l'assureur doit à l'assuré, sur 43,000 fr..... 29,562

Cet exemple donne une idée exacte de la différence entre les deux modes de règlement.

Lorsqu'une partie du chargement a été avariée, l'autre non, on doit faire figurer dans le second terme représentant la valeur à l'état d'avarie, la partie de la prime qui a été sauvée. — Ainsi avec le même exemple, et étant supposé que la moitié de la morue puisse être livrée à la consommation, l'autre non, parce qu'elle a perdu 50 p. cent, on aura :

Valeur à l'état sain.................... 48,000 fr.
Valeur à l'état d'avarie 7,500 + 24,000 = 31,500

La somme assurée étant 43,000 et la perte se portant à 34 p. cent, l'assureur doit 14,620 fr.

306. — On a soutenu, que la marchandise doit être évaluée d'après sa valeur au lieu d'entrepôt, et non d'après sa valeur à la consommation, toutes les fois que les droits de douane sont restitués. Ainsi les droits perçus sur le sucre sont restituables lorsque l'importateur réexporte ou le sucre qu'il a importé ou tout autre sucre. Cet importateur peut, en vendant son acquit, transmettre son droit à un tiers, qui se fait rembourser par la douane, lorsqu'il réexporte du sucre en quantité égale. De là il résulte que les acquits de douane sur les sucres sont une valeur qui a cours dans les places où se font les exportations, valeur qu'achètent surtout les raffineurs, c'est-à-dire ceux qui, par la nature de leur industrie, sont les exportateurs les plus habituels.

Les assureurs soutinrent dans une espèce où il s'agissait d'un chargement de sucre, couvert par une assurance, et qui avait souffert des avaries, que la valeur à l'état sain devait être fixée, d'après ce qu'elle est à l'entrepôt, parce que, disaient-ils, les droits de douane ne figurent dans la valeur à la consommation que d'une manière fictive et temporaire, puisqu'ils sont ultérieurement restitués.

Le Tribunal de Marseille leur donna gain de cause (1). — En cela je crois qu'il s'est trompé.

En effet, en décidant ainsi, il a admis que l'assuré est tenu de réexporter, et qu'en conséquence ayant payé une somme quelconque pour droits de douane, il est certain de la récupérer. Or ce fait est inexact, car le plus souvent les importateurs de sucre n'en sont pas les exportateurs. Mais s'ils ne réexportent pas, ils font réexporter par un autre en lui vendant l'acquit, qui vaut naturellement ce qu'il peut être vendu. Lorsqu'il est vendu, sa valeur se compose de deux éléments, formés, l'un par l'acquittement des droits, puisqu'il est le principe de la restitution, l'autre par l'exportation, puisque sans elle les droits ne sont pas restitués. L'acheteur de l'acquit qui procure le second élément de la valeur qui lui est donnée ne doit pas et ne veut pas le payer ; il ne paye que le premier, et c'est ce qui fait que l'acquit ne vaut jamais la somme qu'il procure. Donc, il n'est pas vrai de dire que le paiement du droit et sa restitution se compensent, et qu'on doit régler l'avarie comme si la marchandise ne devait rien à la douane. Pour régler dans ce dernier sens, il faudrait

(1) 15 décembre 1836. — Mars. (J. M. 34. 1. 341).

supposer que l'assuré s'est obligé envers l'assureur à réexporter une quantité de sucre égale à celle qu'il a importée, ce qui est inadmissible. Il n'y a donc aucun motif pour s'écarter de la règle ordinaire, et dès lors la valeur de la marchandise à l'état sain doit être fixée d'après ce qu'elle vaut à la consommation. Mais lorsqu'il s'agit de déterminer la valeur de la marchandise avariée, on doit y comprendre celle de l'acquit, et cela malgré la prétention des assurés qui soutenaient que *cet acquit devait rester leur propriété, indépendamment du produit de la vente, parce que sa valeur ne s'incorporait pas à la marchandise.* Il ne s'agit pas en effet d'enlever cet acquit à l'assuré, mais seulement, les droits de douane étant entrés dans le premier terme, de faire entrer la valeur de cet acquit dans le second.

Ainsi, soit à l'état sain un chargement de sucre valant à l'entrepôt............	10,000 fr.
Plus les droits de douane qui se portent à..............................	1,000
TOTAL........	11,000 fr.

Le sucre vaut à l'état d'avarie à la consommation 5,500 fr. La somme assurée étant 7,000 et la perte 50 pour cent, l'assureur devrait, à défaut de restitution, des droits de douane, 3,500 fr.

Mais si on ajoute à la valeur du sucre à l'état d'avarie celle de l'acquit que nous supposerons se porter à 750 fr., la quotité de perte sera déterminée au moyen du rapport entre 11,000 et 6,250. — Ce rapport donne 43, 18 p. cent, et dès lors l'assureur doit 3,022 fr. 60.

307. — Le règlement des avaries particulières doit-il être modifié lorsqu'elles sont causées par la baraterie de patron ?

Nous avons exposé, *supra*, n. 467 et s., les controverses qui se sont élevées lorsque la perte provient des fautes du capitaine, et nous avons soutenu, contrairement à l'opinion de ceux qui pensent que cette perte doit être réparée suivant les principes de droit commun, qu'elle doit être assimilée à celle qui provient d'une fortune de mer. Le Tribunal de Marseille, dont la jurisprudence a été sur ce point très variable, a donné trop de gages aux partisans du système que nous avons combattu, pour qu'on n'ait pas essayé de soutenir devant lui que les avaries particulières causées par le capitaine doivent être réglées par différence, et non par quotité. On disait dans ce sens qu'il s'agit d'un risque spécial, qu'il embrasse toutes les conséquences dérivant de la faute, et que dès lors la perte, portant sur le fret, les droits de douane, etc., doit être mise à la charge de l'assureur. Le Tribunal de Marseille repoussa cette prétention (1), d'ailleurs insoutenable, et qui, par cela qu'elle s'est produite, démontre par ses conséquences absurdes la vérité des principes que nous avons posés.

Cependant nous avons eu connaissance d'une espèce dans laquelle les principes ordinaires doivent fléchir. Il s'agissait d'un cas où le capitaine avait été cause, par la négligence qu'il avait mise à remplir certaines formalités, que les droits de douane perçus sur la marchandise avariée avaient été plus considérables qu'ils ne l'eussent été si ces formalités avaient été remplies,

(1) 14 février 1871. — Mars. (J. M. 49. 1. 91).

et on se demandait s'il fallait faire figurer dans le règlement cette augmentation de droits. — Pour faire comprendre l'intérêt que présente cette question, prenons un exemple.

La marchandise à l'état sain vaut.... 10,000 fr.

La marchandise avariée aurait valu, si les formalités en douane avaient été remplies, auquel cas les droits n'auraient été que de 1,000 fr........................ 5,000 fr.

Quotité de la perte 50 p. cent.

Mais les droits s'étant portés à 1,000 fr. de plus par la faute du capitaine, la marchandise avariée vaut.............. 6,000 fr.

Quotité de la perte 40 p. cent.

Il fut admis avec juste raison que l'assureur devait 50 p. 0/0 et non 40, parce que répondant des fautes du capitaine, il ne pouvait se procurer par elles un avantage.

§ II

Cas où les avaries particulières sont réglées dans un lieu de relâche.

308. — Nous supposerons que le navire pouvant continuer sa route, la relâche est due à l'état de la marchandise.

309. — Exposé des divers systèmes proposés dans ce cas.

310. — Il faut comparer la valeur brute de la marchandise saine au lieu de destination avec la valeur de la marchandise avariée au lieu de relâche.

311. — Observations sur la différence du fret.

308. — De quelle manière l'indemnité doit-elle être réglée lorsque l'état de l'avarie est tel que le capitaine prend le parti de relâcher dans un port intermédiaire où cette marchandise est vendue ?

On remarquera que cette espèce n'est pas semblable à celle qui se présente lorsque la marchandise est déchargée dans un port intermédiaire parce que le navire est dans l'impossibilité de continuer le voyage. Nous supposons que le navire peut arriver au lieu de destination, mais que, vu l'état d'avarie d'une partie de la marchandise, le capitaine prend le parti de la décharger dans le premier port où il peut arriver, et que là la partie avariée est vendue.

Lorsque ce cas se réalise, la perte se présente sous deux formes différentes. D'une part, la marchandise est avariée, et cet état lui enlève une partie de sa valeur ; d'autre part, le fait qu'elle doit être réalisée dans un autre lieu que celui de sa destination peut être par lui-même une cause de perte, laquelle s'ajoute à la perte causée par l'avarie.

Mais comme l'une et l'autre de ces deux pertes procèdent de la fortune de mer, dont l'assureur répond, il faut bien leur donner une place dans le règlement qui fixe les obligations de ce dernier.

Ces idées générales ne sont à tout prendre qu'un programme, mais le moyen pratique de le réaliser est plein de difficultés. La divergence des opinions en est une preuve.

309. — Il semble au premier abord que le moyen le plus simple serait de régler l'avarie comme si le navire était arrivé au lieu de destination, en d'autres termes de déterminer hypothétiquement ce qu'aurait valu la marchandise à l'état sain et à l'état d'avarie en ce lieu, et de fixer par ce moyen, d'après les règles déjà exposées, la quotité de perte qui incombe à l'assureur (1).

Mais les difficultés que présente ce mode de règlement a poussé certains jurisconsultes à en rechercher d'autres qui leur ont paru plus rationnels.

Les uns proposent de faire payer à l'assureur la différence entre le produit net obtenu par la vente faite au port de relâche et la somme assurée (C. all., art. 881) (2). — D'autres admettent ce mode de règlement, mais à la condition que l'excédant du fret proportionnel sera déduit du produit net que procure la vente au lieu de relâche (3).

Suivant d'autres, on doit comparer le produit net réalisé par la vente au lieu de relâche avec le produit net réalisable à l'époque probable de l'arrivée à bon port. La différence entre ces deux termes constitue la perte réelle que supporte l'assuré, et l'assureur doit la supporter dans la même proportion sur le capital assuré (4).

D'après un autre opinion le règlement doit être établi en comparant la valeur de la marchandise saine au lieu de destination avec le net produit de la vente au port de relâche, et en reportant la quotité de la perte sur la somme assurée (5).

M. Delaborde pense que le règlement doit être fait au lieu de relâche dans les conditions où il aurait été fait au lieu de destination. Mais suivant lui, cette opé-

---

(1) Dubernad sur Benecke, t. 2, p. 512; Phillips, t. 2, p. 222. — V. aussi Nolte, t. 2, p. 772 et s.

(2) Haghe et Cruismans, n. 328. — *Sic* 17 mars 1850 — Paris (J. M. 38. 2. 51).

(3) Benecke, t. 2, p. 512; Pohls, t. 4, p. 689.

(4) Morel, Encyclopédie, v° Avarie, p. 207.

(5) 3 mai 1873. — Nantes (J. M. 52. 2. 143. — J. Hâv. 1874. 2. 143).

ration hypothétique offre des difficultés insurmontables. Convaincu qu'il est impossible de recourir pratiquement à ce moyen, il déclare qu'aucune solution rationnelle ne peut être proposée, et il en conclut que le règlement doit être abandonné à la libre appréciation des tribunaux (1).

310. — A nos yeux, une seule solution est acceptable. Elle consiste à comparer la valeur brute que la marchandise aurait eue à l'état sain au lieu de destination avec la valeur brute qu'elle a à l'état d'avarie au lieu de relâche.

Il faut rappeler, pour expliquer cette proposition, que si l'assureur répond de l'avarie matérielle et de ses conséquences directes, il ne répond nullement du succès de l'opération, et des sacrifices que s'impose l'assuré pour la faire aboutir. La perte matérielle est déterminée d'après la valeur qu'aurait eue la marchandise si elle n'avait pas souffert l'avarie. Cela posé, il est clair que si cette marchandise vaut au port de relâche ce qu'elle aurait valu au port de destination, chose possible lorsque ces deux ports sont très rapprochés, il n'y a aucun motif pour ne pas adopter un même mode de règlement. Ainsi, lorsque le port de destination est Bordeaux, et le port de relâche Nantes, le règlement ne doit guère varier. Mais lorsque la marchandise assurée a dans le port de relâche une valeur très inférieure à celle qu'elle aurait eue dans le port de destination, il faut de toute nécessité se rattacher à celle qu'elle aurait eue dans ce dernier port. Mais, dans cette voie, les difficultés d'application naissent en foule, car s'il est facile d'appré-

(1) Delaborde, p. 342 et s.

cier, d'après les cours, la valeur au lieu de reste de la marchandise à son état sain, il est à peu près impossible de savoir ce qu'elle aurait été à l'état d'avarie, vu qu'une marchandise dans cet état n'a pas de cours, qu'elle ne peut être vendue sur place au lieu de destination, puisqu'elle n'y est pas, et qu'une expertise ne peut donner que des résultats incertains. En effet, si l'expert réside au lieu de relâche, il verra la marchandise, pourra mesurer l'étendue de sa détérioration, mais ne pourra pas exactement apprécier le parti qu'il serait possible d'en tirer au lieu de reste ; — s'il réside dans ce dernier lieu, il ne pourra pas, quoique fixé sur les ressources qu'offre le marché, dire quelle est la valeur d'une marchandise qu'il n'a pas vue.

Mais l'objection la plus grave n'est pas là. Une estimation ainsi faite en la supposant absolument exacte consacrerait au préjudice de l'assuré une profonde injustice. Il suffira d'un exemple pour le démontrer.

Si nous supposons que la valeur de la marchandise à l'état sain eût été au lieu de destination 120, alors qu'elle était assurée pour 100 et que l'avarie l'a portée en ce même lieu à 60, nous porterons sûrement la quotité de la perte à 50 p. cent. Supposons encore que dans le lieu de relâche, la marchandise à l'état d'avarie ne vaille que 20.

Étant donnée cette espèce, il est clair que l'assuré aurait reçu, si la marchandise était arrivée au lieu de destination :

1° De l'assureur.	50 fr.
2° Par la réalisation de la marchandise avariée.	60
Total.	110 fr.

Tandis qu'en réglant de la même manière, sans tenir compte de la dépréciation de la valeur au lieu de relâche, l'assuré recevra :

1° De l'assureur........................	50 fr.
2° Par la réalisation de la marchandise..	20
TOTAL...........	70 fr.

Il recevra donc en moins dans ce dernier cas la différence entre 60 et 20, qui représente la diminution de valeur qui provient de ce que la marchandise a été vendue au port de relâche au lieu de l'être au port de destination.

Mais pourquoi a-t-elle été vendue moins au port de relâche? — Parce que l'avarie a nécessité la relâche. Or, comme l'avarie a été causée par une fortune de mer, et que l'assureur doit répondre de toutes les conséquences qui s'y rattachent, et par suite de la dépréciation que la valeur de la marchandise a subie, c'est d'après sa valeur au port de relâche que cette marchandise doit être estimée.

En procédant ainsi au règlement, on dira, l'exemple ci-dessus étant maintenu, puisque sans l'avarie la marchandise aurait valu au lieu de destination 120 fr. et que par suite de l'avarie elle n'en vaut plus que 20 au lieu de relâche, la quotité de perte se porte à 5/6mes.

Reportant cette quotité à la somme assurée, l'assureur paie les 5/6mes de 100, soit..	83 f. 33 c.
l'assuré reçoit de plus par la réalisation..	20 »
	103 f. 33 c.

La différence que présentent les deux opérations est celle-ci :

Dans l'hypothèse où la marchandise serait arrivée au lieu de destination, l'assuré aurait reçu 110 f. » c.

Par suite de la réalisation au lieu de relâche, il ne reçoit que.................. 103 33

DIFFÉRENCE..... 6 f. 67 c.

A quoi tient cette différence ? Le voici :

Entre l'assureur et l'assuré le chiffre de 120 représente :

1° La valeur au lieu de départ, soit...... 100 fr.

2° L'augmentation que cette valeur a reçue depuis le départ, soit.................... 20

TOTAL............ 120 fr.

Lorsque cette somme est réduite à 60 par l'avarie, l'assureur perd 50, qui est la moitié de 100, et l'assuré 10, qui est la moitié de 20, et dès lors, il doit recevoir 120 — 10, soit 110.

Lorsque l'avarie porte la perte aux 5/6mes, l'assureur perd les 5/6mes de 100, et l'assuré les 5/6mes de 20, qui représentent tous les frais faits depuis le départ, et comme ils se portent à 16,66, il ne reçoit que 103,33.

La répartition de la perte est donc, à tous les points de vue, parfaitement exacte dans l'un et l'autre cas.

311. — Mais nous sommes loin d'avoir épuisé les difficultés que présente notre question, car il faut examiner ce qu'il convient de résoudre lorsque la marchandise est grevée au lieu de relâche de frais plus considérables que ceux qu'elle aurait supportés au lieu de destination.

Supposons, pour exposer ce point avec plus de clarté, qu'un négociant d'Anvers et un négociant de Stockolm achètent l'un et l'autre pour le même prix, soit mille francs le tonneau (900 litres), cent tonneaux d'un même vin de Bordeaux, le premier pour l'expédier par mer de Bordeaux à Anvers, le second pour l'expédier de ce même port à Stockolm. — L'un et l'autre font assurer le vin ainsi acheté pour 100,000 fr. (Je fais abstraction des frais jusqu'à la mise à bord pour plus de simplicité).

Ces deux négociants seront-ils dans la même position lorsque leur vin sera arrivé au lieu de destination ? — Non certes, car il est certain que le fret payé pour le vin à destination d'Anvers sera moins cher que celui fixé pour le vin à destination de Stockolm, sans compter que les droits de douane et les frais de débarquement peuvent aussi différer.

Supposons que le fret pour Anvers soit 40 fr. par tonneau de vin, et que celui pour Stockolm se porte à 120 fr., et que l'état du marché soit le même dans ces deux villes, il faudra que le négociant qui expédie le vin à Stockolm le vende 80 fr. de plus par tonneau pour que son opération soit aussi fructueuse que celle qui a été tentée par le négociant d'Anvers.

Cela posé, supposons que le capitaine qui se dirige sur Stockolm pour y livrer les 100 tonneaux de vin, soit obligé par suite des avaries souffertes par ce vin de relâcher à Anvers, et qu'il soit nécessaire de vendre la marchandise en ce port. Comme d'après le code de commerce, le capitaine a le droit d'exiger l'entier fret lorsque la relâche n'est pas causée par l'état du navire et qu'elle n'a d'autre cause que l'état dans lequel se trouve la marchandise, il s'ensuit que celle-ci sera grevée en pure perte de la partie du fret qui représente le voyage d'Anvers à Stockolm, soit 80 fr. par tonneau. Il est sensible en effet que si la marchandise a perdu 50 p. cent, si elle ne vaut plus que 500 fr. le tonneau, le spéculateur qui l'achètera pourra bien en payer ce prix et y ajouter les 40 fr. de fret représentant le transport de Bordeaux à Anvers, mais qu'il ne voudra pas y ajouter les 80 fr., qui représentent un voyage fictif d'Anvers à Stockolm. Cette somme sera donc perdue pour l'assuré.

Le règlement que nous avons proposé ne la lui rend pas. En effet, il ne l'exonère pas du paiement des frais, de sorte que déboursant pour le fret 120 au lieu de 40, il supporte la perte que lui inflige ce paiement, soit 80.

La question est de savoir si l'assureur doit l'indemniser de cette perte.

L'affirmative ne fait aucun doute en Angleterre, où il est admis que l'assureur doit payer à l'assuré la partie du fret correspondant à la partie du voyage non effectué (1). Stevens va même plus loin. Il veut que l'assureur paie la perte que procure le fret lorsque la marchandise arrive à l'état d'avarie au lieu de destination, ou, en d'autres termes, qu'au moyen d'une indemnité il rétablisse la proportion qui existe entre la valeur de la marchandise à l'état sain et le montant du fret, de sorte que si le fret est, par rapport à celle-ci, 5 p. cent et s'il est 10 par rapport à la valeur avariée, il fasse compte de cette différence (2).

(1) Baillie v[s] Modigliani, B. et R. Hilar, 25. — Vlierboom v[s] Chappian, M. et Wals, 230.

(2) Stevens, p. 131.

Tout cela n'a point d'application dans notre droit, attendu que l'assureur ne garantit que la valeur de la marchandise au lieu de charge, plus les frais jusqu'à la mise à bord, de sorte qu'il n'est pas engagé pour tout ce qui s'ajoute à cette valeur, et par suite pour le fret.

Mais rien n'empêcherait l'assuré de se faire garantir par une clause spéciale la perte qui pourrait résulter de la différence du fret, car dans ce cas la garantie serait absolument étrangère au profit espéré.

§ III.

Manière de constater l'étendue de l'avarie.

312. — Deux moyens, la vente ou l'expertise.
313. — La vente est le moyen le plus sûr. — Elle est souvent stipulée dans les polices.
314. — On ne doit faire vendre que la partie avariée.
315. — Dans notre droit la vente est facultative.
316. — La vente fixe la valeur.
317. — Lorsqu'il y a plusieurs ventes, on doit prendre le prix moyen.
318. — L'assuré n'est pas tenu de bonifier la marchandise avant la vente.
319. — A défaut de vente l'expertise.
320. — Tous les frais sont payés par l'assureur.

312. — Jusqu'ici nous avons parlé du règlement de la perte au moyen du rapport entre la marchandise à l'état sain et la marchandise à l'état d'avarie. Il nous reste maintenant à faire connaître les moyens à l'aide desquels la valeur de l'une et de l'autre peut être constatée.

Ces moyens sont au nombre de deux : la vente et l'expertise.

313. — La vente aux enchères publiques de la partie avariée paraît le moyen le plus sûr.

Ce n'est pas à dire que ce moyen soit infaillible. Il existe en effet des exemples, où à la suite d'une vente publique, l'administration des douanes a préempté la marchandise et l'a fait revendre à un prix plus élevé (1).

Mais, à part quelques exceptions, il est constant que la vente aux enchères offre plus de garanties que l'expertise. Elle repose en effet sur une donnée qui n'a rien de conjectural, et elle a, de plus, l'avantage de n'être pas, comme l'expertise, la cause de longues contestations. Aussi le nouveau code allemand (art. 879) veut que l'on recoure à la vente, sauf convention contraire, et le code hollandais (art. 710) permet aux juges d'y recourir.

Notre code de commerce est muet sur ce point. Mais les polices d'assurance suppléent souvent à son silence. Tantôt elles imposent la vente d'une manière générale, tantôt elles l'imposent pour certaines marchandises, notamment à l'égard des blés.

Lorsque cette clause figure dans la police, tout ce qui est avarié doit être vendu, et il n'est pas permis de distinguer entre ce qui l'est beaucoup et ce qui l'est peu (2).

314. — Mais de ce qu'il est permis de vendre la partie avariée, il ne s'ensuit pas qu'il soit permis de vendre la partie saine ; on ferait subir à l'assuré en la vendant une sorte d'expropriation, ce qui ne peut pas avoir lieu sans son consentement (3).

(1) 10 mai 1856. — Hâvre (J. H. 1857. 2. 124).

(2) 9 juin 1874. — Mars. (J. M. 52. 1. 216).

(3) *Sic* Pardessus, n. 859 ; Delaborde, n. 157 et 1163. — Dans ce sens, Pohls, t. 4, p. 690.

315. — A défaut d'une convention expresse, la vente publique est facultative. Ainsi, il a été décidé dans une espèce où l'assuré la demandait, que l'expertise était préférable, vu l'absence des assureurs (1).

316. — En principe, le prix que donne une vente publique doit être considéré comme certain, et il est admis que ni l'assureur ni l'assuré ne sont fondés à soutenir que la marchandise s'est vendue moyennant un prix supérieur ou inférieur à sa valeur réelle (2).

317. — Notons encore que lorsque la marchandise est vendue par parties détachées, moyennant des prix différents, on doit prendre pour base de l'évaluation le prix moyen, et non le plus élevé ou le plus faible (3).

318. — On s'est posé la question de savoir si l'assureur peut obliger l'assuré à améliorer la marchandise avant qu'elle ne soit vendue.

La négative est généralement admise (4), et avec juste raison, car les parties peuvent être en discord sur la possibilité et l'utilité des améliorations proposées, qui d'ailleurs peuvent être contraires aux intérêts de l'assuré. Enfin l'assureur excède son droit, lorsqu'il la demande, parce que tout ce qui a trait à la spéculation ne le concerne pas.

Ce principe reste encore vrai dans le cas ou l'assuré achète la marchandise et l'obtient à un meilleur prix par suite du défaut de bénéficiement (5), car la

(1) 2 août 1869. — Hâvre (J. H. 1861. 1. 180).

(2) 10 juillet 1848. — Aix (J. M. 47. 1. 184). — 9 avril 1860. — Mars. (J. M. 38. 1. 156). — V. *contra* Ricard, t. 2, p. 459.

(3) V. Delaborde, 301 et s.

(4) 2 juin 1868. — Mars. (J. M. 46. 1. 216). — 8 mai 1874. — Mars. (J. M. 53. 1. 109).

(5) Delaborde, *loc. cit.*

vente se faisant aux enchères, ni l'assureur ni l'assuré n'en sont exclus. Il n'y aurait lieu de modifier cette solution, que si l'assuré portait atteinte à la liberté des enchères, mais alors on serait dans un cas d'exception.

319. — A défaut de vente, on recourt à une expertise, ou amiable, ou judiciaire. Rien ne peut la suppléer lorsque les parties n'ont pas convenu de la remplacer par une autre mode de constatation, et c'est avec juste raison qu'il a été décidé qu'une expertise faite par la Douane n'est pas opposable aux assureurs (1).

320. — Les frais de vente ou d'expertise et en général ceux de règlement sont payés par l'assureur (2). Cette règle est générale, et lorsqu'il y a plusieurs assureurs, chacun d'eux y contribue proportionnellement à son intérêt (3).

§ IV.

Des avaries-frais.

321. — On entend par avaries-frais les dépenses faites pour prévenir la perte ou pour l'amoindrir.

322. — L'assureur les paie en entier.

321. — Les avaries ne sont vraiment des avaries que si elles sont matérielles. Mais il est des cas où la marchandise assurée serait exposée à des détériorations plus ou moins graves, si on ne fesait certaines dépenses pour les prévenir. Ainsi, un chargement de

---

(1) 15 Juin 1875. — Mars. (J. M. 53. 1. 272).

(2) Morel, Encyclopedie, v° Avarie, p. 206 ; Delaborde, p. 279. — V. aussi Nolte, t. 2, p. 772 ; Pohls, t. 4, p. 691 et Philipps, t. 2, p. 220.

(3) 19 juillet 1874. — Mars. (J. M. 53. 1. 109).

café a été mouillé ; si on le débarque, si on le soumet au pelletage, si on le fait sécher, il ne subira aucune détérioration ou bien celle qu'il aura subie sera arrêtée dans son développement ; si, au lieu d'agir ainsi, on ne fait rien, il se détériorera de plus en plus et perdra de sa valeur à proportion. — Ainsi encore, l'agitation de la mer causée par une tempête a distendu les cercles qui relient les douves de fûts renfermant un liquide quelconque, ce qui a produit un coulage extraordinaire qui aurait augmenté de plus en plus si on n'avait rebattu ces fûts. Dans tous ces cas et autres semblables, l'assureur doit rembourser à l'assuré ces dépenses *extraordinaires ;* nous disons extraordinaires, parce que celles qui sont ordinaires, et qui ont pour objet, indépendamment de toute fortune de mer, la conservation et l'entretien d'une marchandise, sont à la charge de l'assuré.

Les dépenses *extraordinaires* dont nous venons de parler, ont reçu le nom d'*avaries-frais*. Cependant elles sont la négation d'une avarie, puisqu'elles ont pour but de prévenir ou d'arrêter la détérioration de l'objet assuré. Mais cette dénomination est usitée dans la pratique ; on peut donc la retenir, à la condition d'être bien fixé sur l'idée qu'elle exprime.

322. — On a toujours distingué les *avaries matérielles* des *avaries-frais* (1), parce qu'elles comportent un mode de règlement qui diffère du tout au tout. A l'égard de celles-ci il n'y a point de règlement par quotité. Le compte des dépenses est présenté à l'assu-

(1) Ultra damni seu deteriorationis emendationem, tenentur etiam assecuratores ad omne id quod pro recuperandis aut salvandis mercibus impensum fuit a navarco vel quolibet alio. Casaregis, Disc. 3, n. 19.

reur qui le paie intégralement, sans en déduire les franchises.

Le règlement des avaries-frais n'est pas soumis au règlement par quotité par deux motifs :

1° Les dépenses extraordinaires de réfection ou de bonification se font toujours pendant le voyage, c'est-à-dire à un moment où on ignore si l'assuré sera tenu de payer le fret, les droits de douane, les frais de débarquement, et dans quelle mesure son opération sera influencée par la hausse ou par la baisse résultant de l'état du marché. On n'a donc pas à tenir compte de ces divers éléments.

2° On a considéré que les frais pour la conservation de la chose étaient faits principalement dans l'intérêt de l'assureur ; qu'en poussant les choses à l'extrême, on pouvait admettre qu'ils avaient préservé l'objet assuré d'une perte totale, et, en conséquence, on les a mis entièrement à sa charge.

CHAPITRE II.

RÈGLEMENT DES AVARIES PARTICULIÈRES SUR CORPS.

Ce chapitre sera divisé en trois paragraphes, savoir :

§ 1er. Règlement des avaries particulières sur corps.
§ 2. De la différence du vieux au neuf.
§ 3. Règlement au cas de perte partielle du fret.

§ Ier.

Règlement des avaries particulières sur corps.

323. — Considérations générales.
324. — Deux hypothèses. — Réparation faite, réparation à faire.
325. — L'assuré est libre de réparer le navire, quel que soit son état de détérioration.
326. — Règles suivies touchant la prime des contrats à la grosse souscrits pour la réparation.
327. — L'assureur répond-il des gages et salaires de l'équipage?
328. — Clause par laquelle la somme assurée reste invariable quel que soit le nombre des avaries.

323. — Le navire n'est point comme la marchandise destiné à être vendu. Aussi, l'assurance qui s'y applique doit avoir pour but principal d'en conserver la possession à l'assuré. Lorsqu'il ne peut être réparé, et que par suite il est impropre à la navigation, sa perte est totale ou présumée telle. Lorsqu'il peut être réparé, et qu'il l'est, il est clair que le coût de la réparation doit déterminer les obligations de l'assureur. Si le délaissement n'a pas lieu dans ce cas, l'avarie est particulière et doit être réglée comme telle.

Il n'y a point de règlement par quotité à l'égard des avaries particulières sur corps, parce qu'il ne s'agit pas de savoir à quel prix le navire aurait pu être vendu à l'état sain, qu'il s'agit de le réparer, et que le coût de la réparation doit être apprécié en lui-même.

Ce n'est pas à dire que la valeur du navire à l'état sain ne doive pas être prise en considération, puisqu'elle sert à déterminer si la réparation doit ou non être faite, et que de plus elle fixe la limite des obligations qui incombent à l'assureur.

Un navire n'a jamais de valeur fixe. L'usure, les fortunes de mer, le plus ou moins de solidité de sa construction, toutes sortes d'influences, surtout celles qui tiennent à la situation commerciale, influent sur sa valeur. Lorsqu'il n'est pas évalué dans la police, il faut nécessairement l'évaluer par une expertise. Mais lorsque les parties l'ont évalué, on se tient à leur évaluation. Ce principe qui est constant dans notre droit est admis aussi en Angleterre et aux États-Unis (1).

Ainsi que nous l'avons déjà fait observer, l'évaluation convenue de gré à gré, est présumée juste. Cependant, elle peut n'être pas conforme à la véritable valeur, être moindre ou plus forte que celle-ci. Si elle peut être réduite dans le dernier cas, elle ne peut être surélevée dans le premier, d'où il peut résulter que, si un navire est évalué 10,000 fr. lorsqu'il en vaut 20,000, l'assureur doive payer les frais de réparation pourvu

(1) Shaw v[s] Fulton, 2 East, 109. — Haigh v[s] De la Cour, 3 Campb. 319. — Bonsfield v[s] Barues, 4 Campb. 223. — Murray v[s] Comp. of Pensylvania 2 Whast Court. Rep. 126. — V. aussi Philipps, 2, 194.

qu'ils ne dépassent pas la somme assurée, comme il les aurait payés si ce navire avait été évalué à sa véritable valeur. Cela n'est pas juste, et il serait plus conforme aux véritables principes de l'assurance de considérer l'assuré, dans cette espèce, comme son propre assureur pour la moitié du navire, et par suite de mettre à sa charge la moitié des frais de réparation (1). Mais dans la pratique, on ne procède pas ainsi.

De plus, bien que les navires s'usent, et diminuent par suite de valeur, on admet que l'évaluation convenue au jour de l'assurance doit rester invariable. On a redressé ce qu'il peut y avoir de faux dans cette fiction, en diminuant l'indemnité par la différence du vieux au neuf.

Lorsque les avaries sont assez graves pour ne comporter aucune réparation, le navire est perdu ; lorsqu'il est susceptible d'être réparé, mais que les réparations sont impossibles par manque de fonds, de matériaux ou d'ouvriers, il faut distinguer : Si le navire ne peut pas naviguer sans qu'elles soient faites, l'innavigabilité relative existe ; s'il peut naviguer, elle ne doit pas être déclarée. Supposez en effet, que le navire ait eu une voile brisée, mise en pièces, des cordages emportés, et qu'il y en ait de rechange, à bord, ainsi que cela doit être d'ailleurs, le capitaine qui ne pourra pas se procurer la voile ou les cordages qui manquent ne devra pas pour cela suspendre son voyage pas plus que l'assuré ne pourra faire le délaissement. Tout se bornera à faire payer par l'assureur, en se conformant aux con-

(1) V. Pohls, t. 6, p. 678, qui opine dans ce sens. — Benecke, 4, p. 188 et s. doute.

ditions de la police, la voile ou les cordages qui manquent. Il en sera de même si l'avarie que la coque a soufferte n'a pas assez d'importance pour empêcher le navire de poursuivre le cours de sa navigation.

324. — Lorsque le navire doit et peut être réparé deux hypothèses peuvent se présenter.

Ou la réparation est à faire, ou elle a été faite par l'assuré.

Dans le premier cas, des experts déterminent le montant de la réparation, et l'assureur le paie, sauf à tenir à compte des modifications que contient sur ce point la police.

Dans le second, il s'agit d'apprécier si la dépense devait être faite, et si elle n'est susceptible d'aucune réduction. Les parties étant en discord sur ce point, des experts seront nommés, si c'est nécessaire.

325. — Il est généralement admis qu'il n'y a pas lieu de réparer un navire toutes les fois que la dépense à faire égale les trois quarts de sa valeur. On considère dans ce cas que la réparation équivaut à une reconstruction, et on admet que le capitaine est responsable vis-à-vis de son armateur, lorsqu'il la fait dans de telles conditions (1). Cette règle ayant été établie en faveur de l'assuré, il s'agit de savoir s'il peut s'en départir, faire faire la réparation et en demander le montant à l'assureur.

Ce dernier peut avoir intérêt à ce que la réparation ne se fasse pas. Ainsi, cet intérêt existe lorsque la somme à dépenser doit égaler la valeur du navire et priver l'assureur de la somme que peut lui procurer le

(1) 27 avril 1830. — Aix (J. M. 14. 1. 288).

sauvetage. Par contre, l'assuré peut avoir intérêt à la faire pour gagner le fret. C'est en se plaçant à ce point de vue que Benecke veut que le fret contribue à la réparation, ce qui est inadmissible, d'après les principes de notre droit. Nous croyons que l'assuré est en droit d'exiger que la réparation se fasse, parce que la vente, qui a pour effet de lui enlever la libre disposition du navire, est contraire à la fin de l'assurance.

326. — Ainsi que nous l'avons déjà exposé, l'assuré a le droit de contracter un emprunt à la grosse pour pouvoir faire la réparation, et il est généralement admis que l'assureur doit dans ce cas en payer la prime (1). Mais on cesse d'être d'accord lorsque la réparation se fait au lieu de reste. — Tandis que les uns soutiennent que l'assureur n'est pas tenu de la prime, parce que dans ce cas l'emprunt se fait, alors que les risques ont pris fin (2), les autres soutiennent avec juste raison que la nécessité de l'emprunt découle directement du sinistre, et se lie par suite à l'obligation d'en effacer ou d'en amoindrir les effets (3).

Les assureurs, voulant se soustraire à cette controverse, ont introduit dans les polices une clause par laquelle ils sont affranchis du paiement de la prime lorsque l'emprunt se fait au lieu de destination. — On a décidé par interprétation de cette clause qu'on doit considérer comme port de destination dans une assu-

(1) 4 novembre 1845. — Cass. (S. V. 46. 1. 180. — D. P. 45. 1. 484).

(2) 17 avril 1828.— Mars. (J. M. 9. 1. 240).— 24 décembre 1830. — Mars. (J. M. 11. 1. 320).

(3) 5 octobre 1829. — Bordeaux (J. M. 11. 2. 96). — 3 mai 1841. — Bordeaux (J. M. 20. 2. 167). — 9 novembre 1847. — Douai (S. V. 48. 2. 7). — 22 novembre 1858. — Bordeaux (J. M. 38. 2. 15).

rance à temps limité le premier port où la marchandise est déchargée (1), mais que dans une assurance au voyage, on ne doit pas considérer comme tel un port de relâche, encore que le capitaine prenne le parti d'y décharger la marchandise (2).

Pour prévenir les controverses qui naissent de la clause que nous analysons, les assureurs stipulent que les voyages d'aller et de retour seront considérés comme deux voyages distincts. Par ce moyen, ils ne payent pas la prime des emprunts faits au lieu de reste du voyage d'aller (3).

Les assureurs qui sont affranchis du paiement de la prime lorsque l'emprunt se fait au lieu de reste ne doivent que les intérêts de la somme empruntée du jour de la demande (4), et le remboursement d'un droit de commission lorsqu'il a fallu le payer pour pouvoir emprunter (5).

L'assureur, responsable du paiement de la prime lorsque l'emprunt se fait au lieu de reste, est exposé à payer à raison de cette prime une somme plus considérable que celle qu'il aurait payée si l'emprunt s'était fait pendant le voyage assuré, et à une échéance correspondant à la fin de ce voyage. Il peut en être ainsi, parce que le voyage qui suit le voyage assuré et auquel correspond l'emprunt fait au lieu de reste, peut être très long, et par suite faire augmenter d'autant la pri-

(1) 23 août 1842. — Trib. Paris (J. M. 21. 2. 107).

(2) 17 septembre 1855. — Mars. (J. M. 33. 1. 287).

(3) 5 novembre 1813. — Sent. arb. (J. M. 23. 2. 173).

(4) 14 juillet 1857. — Mars. (J. M. 35. 1. 298).

(5) 4 juillet 1839. — Mars. (J. M. 18. 1. 384). — V. aussi, mai 1853. — Sent. arb. (J. M. 31. 1 41).

me. Le même résultat peut se produire lorsque l'emprunt se fait dans un lieu de relâche où le capitaine décharge la marchandise et termine le voyage (1). A cause de cela, les tribunaux ont admis qu'ils pouvaient réduire les obligations de l'assureur en les limitant au paiement d'une partie de la prime (2).

327. — L'assureur doit-il les dépenses faites pour les gages et la nourriture de l'équipage pendant la durée des réparations ?

La négative est admise en Angleterre et aux Etats-Unis, parce que, dit-on, l'assureur ne garantit que la perte matérielle, et qu'il ne répond pas du plus ou moins de prolongation de voyage résultant même d'une fortune de mer (3).

Nous suivons d'autres règles fondées sur ce que l'augmentation de dépenses causée par l'équipage est une conséquence directe de l'avarie (4). Mais l'assureur ne doit ces dépenses que pendant la durée de la réparation, et il ne peut lui être rien demandé de ce chef, si, après qu'elle est terminée, le voyage est prolongé par une cause quelconque (5). Lorsque le navire ne peut être réparé dans un lieu de relâche, et qu'il se rend dans un port voisin pour y recevoir les réparations, les salaires et la nourriture de l'équipage sont à la charge de l'assureur, non-seulement pendant la durée des réparation, mais encore pendant la durée du

---

(1) 8 mai 1841. — Bordeaux (J. M. 20. 2. 267).

(2) 17 septembre 1855. — Mars. (J. M. 33. 1. 287).

(3) Marshall, p. 721 ; Parck, 1, 69, 71 ; Philipps, t. 2, p. 196 ; Benecke, t. 4, p. 201 et s.; Pohls, t. 7, p. 675.

(4) 4 novembre 1845. — Cass. (S. V. 46. 1. 180).

(5) 31 décembre 1830. — Mars. (J. M. 11. 1. 328).

voyage intermédiaire. Ainsi jugé dans une espèce où un navire, qui ne put pas être réparé dans l'île Bourbon, se rendit à l'île Maurice où il le fut (1).

On s'est posé la question de savoir si l'assureur doit les salaires et la nourriture de l'équipage pendant la durée des réparations faites au lieu de destination ? — On s'est prononcé pour la négative, en se fondant sur ce que le risque cesse lorsque le navire arrive en ce lieu (2). — Mais, ainsi que nous l'avons déjà fait observer à l'occasion de la prime du contrat de grosse, il suffit, pour que l'assureur soit responsable, que le séjour du navire, au lieu de destination, et par suite une plus forte dépense pour payer et entretenir l'équipage, soit la conséquence directe d'une fortune de mer (3). Du reste un grand nombre de compagnies d'assurances ont introduit dans leur police une clause spéciale par laquelle elles sont affranchies des dépenses causées dans ce cas par l'équipage.

Ajoutons que si l'assureur doit les loyers de l'équipage lorsqu'il est loué au mois, il n'en est pas ainsi lorsqu'il est loué au voyage, parce que dans ce cas l'assuré n'a à payer en plus que la nourriture.

Les frais judiciaires et d'expertise sont à la charge de l'assureur, sauf à les réduire dans les cas où l'assuré les a augmentés par d'inutiles contestations.

328. — Quels que soient le nombre et l'importance des avaries qui surviennent pendant la durée de l'assurance, l'assureur ne peut être tenu à payer plus que

---

(1) 6 décembre 1830. — Bordeaux (J. M. 12. 2. 88).

(2) 25 décembre 1830. — Mars. (J. M. 11. 1. 312).

(3) 3 mai 1841. — Bordeaux (J. M. 12. 2. 88).

la somme assurée. L'application de cette règle laisse l'assuré à découvert lorsque l'assurance est à temps limité et qu'elle a une durée assez grande pour comporter un certain nombre de voyages, dans lesquels le nombre des avaries peut dépasser la somme assurée. Pour obvier à cet inconvénient, on stipule que les pertes seront réglées séparément à chaque voyage, et que leur montant ne diminuera pas la somme assurée, laquelle restera invariable pendant toute la durée de l'assurance.

§ II.

De la différence du vieux au neuf.

329. — Motifs qui ont fait prévaloir cette différence. — Manière dont elle a été comprise à l'origine.

330. — Application du principe au doublage des navires.

331. — .... aux navires neufs.

332. — Règles relatives à la déduction lorsque la réparation se fait dans un lieu de relâche.

333. — La déduction ne se fait pas lorsque la réparation n'est pas faite. — Interprétation des clauses relatives à la différence.

329. — Il est d'usage dans le règlement des avaries sur corps de déduire de l'indemnité une quotité, qui est en général du tiers, pour la différence du vieux au neuf. On a justement considéré qu'après la réparation la coque et les agrès remplacés sont en meilleur état, d'où un surcroît de valeur, pour lequel on a fait participer l'assuré à une partie de la dépense.

Un exposé rapide des principes qui ont successivement prévalu en cette matière ne sera pas sans utilité.

Disons d'abord que ces principes sont d'origine récente. Valin, Pothier et Emérigon les passent sous silence. Il en est de même de Estrangin qui écrivait en 1810 (1). Il ne fut question, de la différence du vieux au neuf que vers 1824.

Dès que certains assureurs, mieux avisés, eurent déclaré dans leurs polices qu'ils entendaient déduire de l'indemnité une quotité quelconque pour cette différence, ceux qui n'avaient pas pris cette précaution, soutinrent qu'ils avaient le même droit. Les assurés résistèrent, et la jurisprudence se rangea de leur côté (2).

Ceux-ci disaient : — L'art. 350 C. comm., qui met tous les risques à la charge de l'assureur, suppose que l'assuré doit être intégralement payé de toutes les dépenses que lui impose le sinistre. Le législateur qui a posé ce principe n'a pu vouloir d'une déduction qui était absolument inconnue au moment où il a promulgué la loi. — D'ailleurs « l'assuré ne gagne rien à « avoir du neuf pour du vieux. Le bois neuf qu'on « ajoute au vieux ne rend pas celui-ci meilleur ; une « ancre vieille qui a fait ses preuves est préférable au « mérite incertain d'une ancre neuve. L'assuré peut « gagner quelque chose relativement aux voiles et « aux cordages ; mais jusqu'à ce jour, on n'avait fait « aucune attention à ces faibles avantages » (3).

Les assureurs répondaient : Il ne s'agit pas d'appliquer l'art. 350, mais l'art. 352 aux termes duquel le vice propre n'est pas à la charge des assureurs. L'usure du navire tient à son vice propre. Les réparations qui

---

(1) V. Sur ce point note de Girod et Clariond (J. M. 10. 2. 119).

(2) 13 juillet 1829. — Cass. (S. 29. 1. 117). — 15 mars 1842. — Rouen (J. M. 21. 2. 69). — V. aussi Dalloz, n. 2236 et s.

(3) Dageville, t. 4, p. 7.

le remettent à neuf remédient en partie aux effets de l'usure, par suite, à une perte que l'assuré doit supporter ; il faut donc distraire du coût de ces réparations la somme qui correspond à cette perte.

La défense des assureurs, mal comprise au début, fut ensuite mieux appréciée ; la jurisprudence s'y est ralliée (1).

Du reste ils étaient fondés en raison. En effet, l'assureur doit une indemnité, rien qu'une indemnité. Il ne doit ni procurer les matériaux nécessaires à la réparation, ni louer des ouvriers pour la faire, ni acheter des ancres, des voiles, des cordages, etc.

L'indemnité devant être proportionnelle à la perte, on a dû chercher le moyen de la rendre telle. La comparaison entre la valeur vénale à l'état sain et cette même valeur à l'état d'avarie fut d'abord considérée comme l'expression de la perte. Mais un navire n'a pas de *prix commun*, de *justum pretium*, comme l'huile, le vin, le blé, etc. Sa valeur vénale est absolument individuelle, par suite, livrée à tous les hasards des jugements humains. On dut par ce motif l'écarter, et chercher en dehors d'elle un moyen d'évaluation. On s'arrêta au coût des réparations : Mais bientôt, on s'aperçut que ce coût n'est pas l'expression de la perte, puisque celle-ci consiste dans la différence entre la valeur du navire avant l'avarie et celle que cette avarie lui a faite, et que sa valeur avant l'avarie doit être nécessairement inférieure à celle que la réparation lui procure. Et de là

(1) 6 septembre 1860. — Mars. (J. Hav. 1861. 2. 159). — 21 janvier 1861. — Bordeaux (J. Hav. 1861. 2. 167). — 7 décembre 1869. — Cass. (J. Hav. 1871. 2. 109). — 7 octobre 1872. — Havre (J. Hav. 1872. 1. 299). — 27 janvier 1873. — Rouen (J. Hav. 1873. 2. 133).

on conclut que l'évaluation de la perte par le coût de la réparation procure à l'assuré un bénéfice dont il doit tenir compte. Ce qu'on appelle la différence du vieux au neuf, n'est qu'un moyen de lui enlever ce bénéfice, et de rectifier une erreur de calcul, ce qui est toujours fondé en droit et en raison.

Cette vérité a été comprise pour tous les peuples maritimes ; tous ont admis qu'il y avait lieu de déduire la différence du vieux au neuf.

Les premiers temps où ces principes pénétrèrent dans la matière des assurances marquent une période de tatonements. Tour à tour, on a proposé ce qui suit :

1° La réduction ne doit être admise que dans les cas de remplacement d'objets isolés, tels que câbles, chaînes, voiles, etc., mais elle ne doit pas l'être lorsqu'il a été fait des réparations à la coque du navire. En effet, disait-on, l'avantage que procure ces réparations n'est jamais certain, tandis qu'il y en a toujours un lorsque les voiles, les cordages, les ancres, ou tous autres agrès et apparaux, sont remplacés (1).

2° On distingua entre les voiles, les cordages et les chaînes en fer, ainsi que les ancres ; si on ne fit aucune difficulté pour déduire le tiers des deux premiers, on ne déduisit des chaînes en fer et des ancres, dont la détérioration est toujours lente et à peine appréciable, que le 1/15e.

Cette distinction admise en Allemagne (2) a été repoussée en Angleterre et aux États-Unis (3).

---

(1) 17 juin 1825. — Mars. (J. M. 6. 1. 60). — 20 mai 1829. — Mars. (J. M. 10 1. 302).

(2) Nolte, t. 2, p. 789; Pohls, 4, 671.

(3) Arnould, 2, 220; Phillips, 2. 194.

3° D'une manière générale, c'est-à-dire à l'égard de toutes les parties du navire, les uns soutenaient qu'on devait déduire le tiers (1), les autres, le quart (2).

4° On admit encore que la déduction doit être écartée lorsqu'il est impossible de la fixer avec certitude (3).

5° On soutint aussi que la déduction sur le coût des réparations faites à la coque du navire, doit être limitée à la fourniture des matériaux, à l'exclusion du prix de la main-d'œuvre, pour laquelle il n'y a ni neuf ni vieux (4). Cette règle, admise en Allemagne (5), n'a pas prévalu en Angleterre (6).

6° On a même appliqué la déduction aux dépenses accessoires. Ainsi on a jugé en France, qu'elle doit porter sur les frais de séjour du navire dans un dock pendant les réparations (7), et aux États-Unis qu'elle s'applique à la prime lorsque la réparation est faite au moyen d'un contrat à la grosse (8).

7° Le doublage des navires a aussi donné lieu à de sérieuses difficultés.

330. — Le doublage a en général une existence de cinq ans. Ce point établi, il a été admis que s'il est remplacé la première année, aucune déduction ne doit être faite, que dans la seconde, elle doit être d'un

---

(1) 27 juillet 1838. — Mars. (J. M. 18. 1. 245). — 13 mars 1843. — Hâvre (J. M. 22. 2. 45). — 19 juin 1826. — Rouen (J. M. 19. 2. 142).

(2) 26 juin 1822. — Mars. (J. M. 3. 1. 207).

(3) 13 juillet 1829. — Cass. (S. V. 29. 1. 329).

(4) Lemonnier, t. 2, n. 354.

(5) Nolte, t. 2. p. 789.

(6) Fervick v. Robinson, Danson et Lloyd, 8 S. C. 3 Cav. et Pay, 823.

(7) 11 décembre 1874. — Rennes (J. M. 53. 2. 231). — *Sic* Phillips, 2, 201; Nolte, t. 2. p. 794.

(8) Orrochs v. Common Wealth Jus. Comp. 18 Picher Rep. 151.

cinquième, dans la troisième de deux cinquièmes, et ainsi de suite. Cette règle est généralement suivie (1).

On s'est encore demandé si la déduction doit se faire sur la valeur du cuivre neuf, diminué de la valeur du cuivre vieux ?

Ainsi, le cuivre neuf valant 12,000 fr., le cuivre vieux 3,000, on s'est demandé, si la déduction, qu'elle soit du tiers ou d'un ou plusieurs cinquièmes, doit porter sur la somme de 12,000 fr., ou sur la différence entre le cuivre neuf et le cuivre vieux, soit 9,000 ?

En Angleterre et aux États-Unis ce point ne fait aucune difficulté ; on y admet que non-seulement la valeur du vieux cuivre, mais encore celle de tous autres matériaux, de quelque nature qu'ils soient, doit être déduite du coût du doublage ou de tout autre réparation, et cela par une raison qu'en donne Phillips, et qui est à nos yeux concluante. La réparation se fait, dit-il, d'abord au moyen de la somme que procure ou que peut procurer tout ce qui est vieux, et comme l'assureur ne débourse que ce qui doit être payé en sus, la déduction pour la différence du vieux au neuf, ne doit être faite que sur ce qu'il paye (2).

Notre jurisprudence est absolument dans ce sens (3).

331. — Aucune déduction pour cette différence ne doit être faite lorsque le navire est neuf. Une telle proposition paraît presque naïve. En effet, soit un navire

---

(1) Lemonnier, t. 2. n. 355 ; Nolte, t. 2, p. 789 ; Phillips, t. 2, p. 201.

(2) Rynes v• National Ins. Co. 1, Cown's Rep. 265. — Center v• Americ. Ins. Comp. 4. Wendellis Rep. 5. — *Sic* Phillips, 2, 203 et 204.

(3) 11 décembre 1874. — Rennes (J. M. 54. 2. 101). — 4 mai 1875. — Rouen (S. V. 76. 2. 6. J. M. 53. 2. 121) — 15 mai 1876. — Cass. (S. V. 76. 1. 441. — J. M. 55. 2. 3). — *Contra* 8 novembre 1873. — Nantes (J. M. 52. 2. 137).

nouvellement sorti des chantiers, lancé depuis quelques jours à la mer, qui éprouve une avarie à une faible distance du port où il a mis à la voile pour la première fois. Que peut-on comparer dans ce cas, si ce n'est le neuf avec le neuf (1)?

En dehors de cette espèce, que de nuances! Tantôt le navire a six mois d'existence, tantôt six ans, souvent même il touche à sa fin. En outre, que de différences entre plusieurs navires du même âge!

Il semble donc raisonnable de distinguer entre les navires, d'appliquer à chacun un taux de réduction conforme non-seulement à son âge, mais encore à son bon ou mauvais état. La jurisprudence entra d'abord dans cette voie (2). Fort raisonnable en théorie, elle présenta dans l'application un inconvénient grave, celui d'imposer dans chaque cas particulier la recherche du taux de réduction.

Les anglais le comprirent, et ils imaginèrent, pour tourner la difficulté, de diviser les navires en deux classes, composées l'une de ceux qui sont considérés comme neufs, et pour lesquels aucune déduction ne doit être admise, l'autre de ceux qui, étant considérés comme vieux, doivent être soumis au taux de déduction consacré par l'usage.

Cette distinction faite, ils n'établirent aucune différence entre les navires compris dans les deux classes. Tous, suivant qu'ils fesaient partie de l'une ou de l'autre, furent, ou soumis à la même déduction, ou affranchis de toute déduction.

---

(1) Conforme Stevens, p. 172.

(2) 5 novembre 1829. — Mars. (J. M. 10. 1. 64). — 11 février 1830. — Mars. (J. M. 11. 1. 139). — 1840. Sentence arbitrale (J. M. 19. 2. 57). — 29 mars 1842. — Hâvre (J. M. 22. 2. 43).

Après avoir posé cette distinction, ils admirent qu'un navire doit être considéré comme neuf pendant la durée de son premier voyage, quelle qu'en soit la durée.

De ce principe naquit la question de savoir si un voyage d'aller et retour doit être considéré comme un seul et unique voyage. L'affirmative fut généralement admise, mais sous la condition que l'unité du voyage serait déterminée, non plus par la charte-partie, mais par la police d'assurance (1).

La distinction entre les navires vieux et les navires neufs n'a pas prévalu aux Etats-Unis. Tout navire, quel que soit son âge, y est soumis à une déduction du tiers pour différence du vieux au neuf (2).

La compagnie maritime de Londres *(marine insurance society)*, voulant mettre un terme aux controverses qu'avait engendrée la distinction consacrée par la jurisprudence anglaise, introduisit dans sa police une clause par laquelle un navire doit être considéré comme neuf lorsqu'il n'a pas encore 18 mois, excellente convention, dit lord Albingen, car la règle d'après laquelle un navire est considéré comme neuf pendant son premier voyage est tout à fait arbitraire, puisqu'un voyage peut avoir une durée de quelques jours, ou se prolonger pendant des années.

On ne doit pas considérer comme neuf, d'après la jurisprudence anglaise, un navire qui vient d'être réparé (3).

332. — Certains objets dépendant d'un navire sont

---

(1) Affaire Fenwick déjà citée, et Peris v[s] Steele, 2 Wood et Rob. 49.

(2) Kent, t. 3, p. 339.

(3) Poingdestre v[s] Royal Exch. Ass. Comp. Ryan et Mood, 378.

remplacés dans un lieu de relâche, ou bien une réparation y est faite à ce navire; il s'agit de savoir si la déduction du tiers doit porter sur le prix d'achat et le coût des réparations tels qu'ils auraient été au lieu de départ (1)? — Ou bien sur ce qu'ils auraient été au lieu de destination (2)? — Ou encore sur ce qu'ils ont réellement été au lieu de relâche?

On soutient qu'il faut se reporter, pour fixer la déduction du tiers, au montant du coût au lieu de départ, car la valeur en ce lieu est la base de tout règlement. On ajoute que cette manière d'opérer est éminemment équitable, qu'en effet un armateur qui achète au lieu de relâche certains agrès moyennant 600 fr. alors qu'il se les serait procurés au lieu de départ moyennant 300 fr., ne reçoit, par suite de la déduction du tiers sur 600 fr., qu'une indemnité qui le constitue en perte de 100 fr. En effet, on établit ainsi son compte :

Perte.

Voiles et cordages perdus, réduits à 1/3.....	200 fr.
Débours pour les remplacer................	600
	800 fr.

Recouvrement.

Voiles et cordages neufs..........	300 fr.	700 fr.
Indemnité, le tiers déduit..........	400	
Différence........		100 fr.

(1) Dans ce sens deux sentences arbitrales (J. M. 4. 2. 81. et. 7. 2. 32). — 26 juin 1822. — Mars. (J. M. 3. 1. 97). — *Sic* Morel, Manuel de l'assuré, p. 357; Pardessus, t. 3, n. 869; Dageville, t. 4, p. 7 et s. — V. encore 28 juin 1831. — Aix (J. M. 12. 1. 45).

(2) Frignet, t. 2, n. 641. — V. aussi Consultation de Dufaur et Emérigon (J. M. 4. 2. 81).

Dans le sens du second système, qui consiste à fixer le coût d'après ce qu'il aurait été au lieu de reste, on dit qu'on procède ainsi dans le règlement d'avaries communes, et que d'ailleurs ce système est le plus rationnel, parce que si le capitaine n'avait pas fait faire les réparations ou les remplacements dans le lieu de relâche, il les aurait certainement fait faire au lieu de reste, qu'on doit donc les évaluer comme s'ils y avaient été faits.

Quant au troisième système, qui consiste à s'en tenir à la réparation faite au lieu de relâche, il peut être justifié par cette considération, qu'en définitive l'assureur rembourse ce qu'elle a coûté en ce lieu, et que si elle y est beaucoup plus élevée qu'elle ne le serait ailleurs, la déduction du tiers, qui diminue d'autant l'indemnité, doit être faite dans les mêmes conditions. Cette considération a déterminé les assureurs à inscrire cette règle dans leurs polices.

333. — Lorsque les réparations ne se font pas, le tiers n'est pas déduit (1). Il a même été décidé que si une partie des réparations reconnues nécessaires a été faite, et que l'autre ne l'ait pas été, il n'y a aucune déduction à faire sur celle-ci (2).

Si on demande dans quelle mesure les diverses solutions que nous avons exposées doivent prévaloir, nous répondrons que cela dépend des clauses que contient la police et de la manière dont elles sont conçues, et que pour les justement apprécier il faut distinguer :

Ou bien la déduction du tiers a été considérée par les deux parties comme un moyen de ramener l'indemnité

(1) Nolte, t. 2, p. 788.

(2) 25 mars 1873. — (J. Hâv. 1873. 1. 126).

à de justes limites, d'empêcher qu'elle ne procure à l'assuré un bénéfice, et alors, c'est le cas de distinguer entre un navire neuf et un navire vieux, entre les ancres qui s'usent lentement et les voiles ou les cordages qui s'usent vite, entre ces divers objets et le doublage, dont la détérioration progressive peut être déterminée, et ainsi de suite.

Ou bien il résulte du contrat, de l'esprit qui a présidé à sa formation, que la déduction du tiers n'est qu'un moyen de diminuer d'autant l'indemnité, et alors il importe peu que le navire soit vieux ou neuf, que le remplacement des ancres ne procure aucun avantage, etc. On est en présence d'une convention précise qui doit être exécutée. Ce point de vue est celui de nos assureurs.

§ III.

Règlement au cas de perte partielle du fret.

334. — Dans les pays où l'assurance du fret est permise, l'assureur paie la différence entre la somme qu'il aurait procurée s'il avait été touché intégralement, et celle que procure la partie de ce fret réduit *pro rata itineris* (1).

Mais cette différence doit être rapportée à la somme assurée, de sorte que si le fret a été assuré pour 10,000, et qu'en réalité il se porte à 12,000, dont la moitié seulement est encaissée par l'assuré, l'assureur ne lui doit que 5,000 (2).

(1) Philipps, 2, 208-210.
(2) *Ibid.*, 273.

CHAPITRE III.

RÈGLEMENT DES AVARIES COMMUNES.

335. — Sauf le cas où le délaissement a été fait, l'indemnité doit porter sur la contribution que doit l'assuré.

336. — Il n'y a pas lieu entre l'assureur et l'assuré à un règlement pour avarie commune lorsqu'il n'a pas eu de contribution.

337. — La mise en cause des assureurs lors du règlement de l'avarie commune n'est pas obligatoire. — Ils peuvent intervenir à leurs frais.

338. — Le règlement relatif à une avarie commune ne lie l'assureur que s'il est fait selon la loi.

339. — L'assureur est lié par un règlement régulier.

340. — Il en est de même lorsque le règlement a été fait en pays étranger, selon les lois en vigueur dans ce pays.

341. — Quel que soit le règlement, l'assureur ne paie que les risques dont il répond.

342. — L'assureur sur corps doit indemniser l'assuré pour la contribution afférente à la demie du navire et du fret.

343. — Obligations de l'assureur lorsque la marchandise est chargée sur le tillac.

344. — L'assureur doit indemniser l'assuré pour la contribution à laquelle il a été soumis, proportionnellement à la somme assurée.

345. — L'assureur répond de la solvabilité des contribuables lorsque l'objet assuré a été sacrifié.

346. — Mais l'assuré doit le subroger à ses droits et pourvoir à leur conservation.

347. — Dans le règlement entre assureur et assuré, le montant des avaries particulières antérieures à l'avarie commune doit être déduit de la somme assurée.

348. — Examen du cas où la marchandise assurée contribue pour une somme inférieure à la somme assurée.

335. — Les avaries grosses ou communes ont été

toujours considérées comme une fortune de mer dont l'assureur répond (1). Mais comment et dans quelle mesure en répond-il ? — Pour résoudre cette question, il faut admettre l'existence d'un sacrifice pour le salut commun fait dans les conditions voulues par la loi, et que l'avarie qui en est résultée a été suivie d'un règlement.

Lorsque cette fortune de mer se produit, deux hypothèses sont possibles ; ou bien la chose assurée a été l'objet du sacrifice, ou bien, n'y ayant pas participé, la perte consiste pour l'assuré dans le paiement de la somme que la contribution lui impose.

Dans la première hypothèse, la perte qui a atteint la marchandise peut être totale ou présumée telle, ou bien partielle ; dans l'un ou l'autre de ces deux cas, l'assuré, soit qu'il ait perdu toute la marchandise, soit qu'il n'en ait perdu qu'une partie, doit être indemnisé de la perte.

Cela n'est vrai qu'à l'égard de la marchandise ; à l'égard du navire, la perte doit être partielle pour qu'il y ait avarie commune, puisque si elle est totale ou présumée telle, il n'y a pas lieu à contribution (art. 432 et 425).

Lorsque la marchandise a subi une perte totale ou présumée telle, par exemple s'il en a été fait jet de la totalité ou des trois quarts, l'assuré a le droit d'en faire le délaissement, et s'il prend cette voie l'assureur lui paye la somme assurée, et reçoit par le délaissement, outre ce qui a été sauvé, l'indemnité que doivent

(1) Guidon de la mer, chap. 5, art. 1 ; Cont. d'Amst. art. 12 ; Burgos, art. 19 ; Bilbao, ch. 22, art. 19 ; Midlebourg, art. 17, 18 ; Amst. art. 31 ; Recop. ley, 20 ; Statut de Gênes, ch. 17 ; Prusse, 1766, § 64.

les contribuants, diminuée de la part contributive, ou, en d'autres termes, la somme fixée par le compte de liquidation (v. *supra*, 2, 142).

Le délaissement ne peut être fondé que sur la perte réelle de la marchandise, comme si, par exemple, elle a été jetée. La contribution, quelque élevée qu'elle soit, dépassât-elle les trois quarts de la valeur, ne le justifierait pas.

Lorsque le jet ne va pas jusqu'à infliger à l'assuré une perte totale ou présumée telle, que par lui-même il ne constitue qu'une avarie particulière, la perte gît dans la manière dont se fait la contribution. En effet, par elle l'assuré reçoit la valeur de la marchandise, ce qui le couvre. Mais comme, aux termes de l'art. 417, il doit participer à la contribution pour toute sa cargaison, y comprise la partie qui a été sacrifiée, l'obligation de payer à ce titre une somme quelconque constitue pour lui la perte. Ainsi, supposons que les objets jetés ou sacrifiés, pris dans l'ensemble de la cargaison assurée, vaillent 10,000 fr., et que la contribution se porte à 5,000, la perte ne résultera point de ce fait qu'on a imposé à l'assuré le sacrifice d'une valeur de 10,000, car on lui rend cette somme ; elle résultera de l'obligation où il est de payer sa part contributive, soit 5,000 francs.

Aussi, le règlement d'une avarie commune entre assureur et assuré consiste à fixer l'indemnité qui est due à ce dernier à raison de la contribution dont il est tenu.

Pour faire ce règlement, il faut que l'avarie commune soit réglée entre l'armateur et les chargeurs.

336. — L'assuré peut-il agir contre l'assureur comme s'il y avait eu avarie commune lorsqu'il n'y a pas eu de contribution ? Cette question a été posée en Allemagne. Supposant qu'un navire est parti sur lest, et que le capitaine a dû, pour le sauver, sacrifier une partie des agrès et apparaux, on s'est demandé, l'assureur étant *franc d'avaries particulières*, si l'assuré ne pourrait pas lui demander une indemnité fondée sur ce que la perte doit être considérée comme avarie commune. Voici comment s'exprime Pohls sur ce point :

« Lorsque l'assurance est consentie *franc d'avaries* « *particulières* l'assureur n'a pas voulu supporter les « risques les plus ordinaires et en général les plus « minimes, ceux qui d'ailleurs n'entraînent pas une « perte totale. Les avaries grosses au contraire suppo- « sent un sacrifice volontaire fait dans le but, soit « d'éloigner les obstacles qui s'opposent à l'accom- « plissement du voyage, soit de prévenir une perte « totale. L'assureur est intéressé dans ce cas à ce que « les sacrifices se fassent, car ils ont pour effet de le « soustraire à une perte plus considérable. Et s'il en « est ainsi, s'il est obligé à payer les pertes résultant « d'un sacrifice volontaire, s'il est tenu de ne point les « considérer comme une avarie particulière, ne doit-il « pas de ce chef une indemnité (1) ? »

Cette opinion n'est pas soutenable. On ne peut pas régler comme grosse ou commune une avarie qui n'a pas ce caractère, à raison de laquelle il n'y a pas de contribution.

Il faut donc un règlement préalable pour qu'il y ait

(1) Pohls, t. 4, p. 276 ; Heise et Cropp, p. 587. — *Contra* Levis, 2, 386 ; Voigt (Archives de la jurisprudence de Hambourg), 85 ; Nolte, 2, 719.

lieu de régler l'avarie grosse ou commune entre l'assureur et l'assuré.

337. — Aux termes de l'art. 414 C. comm. la répartition doit se faire au lieu de déchargement. Ce principe est généralement admis par tous les peuples (1). Il résulte de là que si le règlement peut être fait en France, il peut l'être aussi en pays étranger.

Il est encore de règle que l'assuré n'est pas tenu de mettre en cause l'assureur dans le règlement qui se meut entre l'armateur et les chargeurs. Emérigon rapporte une espèce dans laquelle les assureurs, ayant soutenu que l'assuré avait perdu son droit à l'indemnité pour ne les avoir pas mis en cause dans un tel règlement, furent déclarés par un arrêt du Parlement d'Aix, rendu en 1781, mal fondés dans leur exception (2). — La jurisprudence est aujourd'hui dans ce sens, et avec juste raison, car outre que l'assurance est étrangère aux divers intéressés à la contribution, l'obligation de mettre en cause les assureurs créerait des lenteurs qui seraient presque toujours préjudiciables, non-seulement à tous les intéressés, y compris l'assuré, mais encore aux assureurs eux-mêmes (3). Mais rien n'empêche que l'assureur intervienne dans le règlement. Seulement, il est de règle qu'il ne peut intervenir qu'à ses frais (4).

---

(1) O. Hambourg, tit. 11, art. 5 ; C. holl. 724, 725 ; C. port. 1338-1340 ; C. esp. 945-947 ; C. all. art. 711. — V. pour l'Angleterre, Dagleich v[s] Davidson Dowd et Ryl. 6 ; Simmonde v[s] White, 2 B. et Cr. 810. — Arnould, 2, 944. — Pour les Etats-Unis, Peters v[s] Waren Ins. Comp. et les paroles du juge Story dans Philipps, 2, 182 et Kent, t. 3, 243.

(2) Emérigon, ch. 20, sect. 2, § 5.

(3) 24 juillet 1846. — Mars. (J. M. 25. 1. 372). — 2 janvier 1847. — Aix (J. M. 26. 1. 35). — 20 janvier 1847. — Aix (J. M. 26. 1. 58).

(4) 23 mai 1833. — Mars. (J. M. 14. 1. 235).

338. — Le règlement fixant la contribution n'est opposable à l'assureur que s'il a été fait en justice. Celui-ci n'est pas obligé de tenir pour bon un règlement fait à l'amiable (1), à moins qu'il n'ait consenti qu'il soit fait de cette manière. On ne pourrait lui opposer non plus un règlement qui, au lieu d'être fait au port de destination, serait fait dans un port intermédiaire, et cela encore que par une convention faite entre l'assuré et le capitaine, le voyage y aurait pris fin (2). Le motif de décider ainsi est très-simple. L'assureur étant tenu des avaries communes réglées selon la loi, n'est pas lié par un règlement dans lequel les formes qu'elle prescrit n'ont pas été observées.

Ce serait aller trop loin cependant, ce cas étant posé, que d'affranchir l'assureur de son engagement. La seule conséquence que comporte la situation que s'est faite l'assuré consiste à donner à l'assureur le droit de faire reviser par le Tribunal chargé de prononcer sur l'indemnité, le règlement de contribution qui lui est opposé.

339. — Le règlement qui a été fait en justice au lieu de destination lie l'assureur. Il doit le tenir pour bon, et l'accepter comme base de celui qui doit être fait entre lui et l'assuré. En vain, il soutiendrait qu'il est un tiers, et qu'il ne peut pas être victime de l'erreur du juge, on lui opposerait la règle, et on soutiendrait qu'elle ne souffre aucun doute (3). En vain, il dirait

(1) 5 octobre 1821. — Mars. (J. M. 2. 1. 326). — 27 août 1840. — Mars. (J. M. 20. 1. 208).

(2) 27 février 1865. — Aix (J. M. 43. 1. 85).

(3) 5 août 1821. — Mars. (J. M. 2. 1. 326). — 30 août 1822. — Aix (J. M. 3. 1. 369). — 21 avril 1824. — Mars. (J. M. 5. 1. 80). — 1er février 1827. —

qu'il a le droit de former tierce-opposition au jugement qu'on lui oppose ; on lui répliquerait qu'il n'a pas ce droit (1). En vain, dirait-il encore que l'assuré aurait dû relever appel, on lui répondrait qu'il n'y est pas obligé (2).

Certes, ces principes s'éloignent du droit commun. Il ne peut en être autrement. Dans le contrat d'assurance, l'assureur n'est pas un tiers *(nunquam sustineri poterit,* dit Casaregis en toute occasion, *quod assecurator sit tertius respectu assecurati),* car lorsque les risques sont en jeu, il est représenté par l'assuré. C'est surtout en matière d'avaries grosses que ce principe acquiert son plus extrême développement. Et en effet, ces avaries étant une fortune de mer dont l'assureur répond, et le règlement qui en est la suite étant l'expression de la perte, c'est au moyen de ce règlement que l'indemnité doit être fixée. A quoi servirait dès lors de disserter sur ce qui a été fait, de démontrer que le règlement est erroné, de l'entreprendre, l'assuré devrait-il moins, la perte qu'il aurait subie serait-elle diminuée ? Le contrat d'assurance est un contrat d'indemnité, et puisque l'avarie commune se résout dans le paiement des sommes dues par les

Aix (J. M. 8. 1. 97). — 8 juillet 1845. — T. Bordeaux (J. M. 25. 2. 115). — 24 juillet 1846. — Mars. (J. M. 25. 1. 372). — 2 janvier 1847. — Aix (J. M. 26. 1. 58). — 20 janvier 1847. — Aix (J. M. 26. 1. 35). — 16 mars 1847. — Mars. (J. M. 26. 1. 369). — 4 août 1852. — Mars (J. M. 31. 1. 197). — 29 août 1864. — Hâvre (J. Hâvre. 1860. 1. 183). — 11 mai 1868. — T. Bordeaux (J. Hâvre. 1869. 2. 194). — 28 février 1868. — Mars. (J. M. 46. 1. 137). — 29 août 1868. — Aix (J. M. 47. 1. 151). — 25 juin 1868. — Mars. (J. M. 46. 1. 262) — 24 novembre 1869. — Nantes (J. Hâvre. 1870. 2. 134).

(1) 24 juillet 1856. — Mars. (J. M. 25. 1. 362). — 20 janvier 1857. — Aix (J. M. 26. 1. 33).

(2) 31 décembre 1846. — Aix (J. M. 26. 1. 95).

intéressés au chargement et au navire, l'assureur doit rembourser à l'assuré, dans les conditions de l'assurance, la somme que ce dernier est tenu de payer. D'ailleurs, cet assureur savait qu'il y aurait un règlement, qu'il serait fait par le juge du lieu de destination, suivant les lois en vigueur dans ce lieu; que ce règlement pourrait être erroné. Il savait en un mot que ces évantualités étaient une partie intégrante du risque.

Est-ce à dire pour cela que l'assuré pourra user de fraude, en se concertant avec les intéressés au chargement, et que même, sans aller aussi loin, il sera dispensé de défendre ses droits, qui se confondent avec ceux de l'assureur, en acceptant sans réclamation un règlement manifestement erroné ? Non certes, et l'assureur dont il aurait ainsi sacrifié les intérêts pourrait lui demander des dommages, qui viendraient en tant moins sur le montant de l'indemnité (1). De même encore, quoique nous ayons admis que l'assuré n'est pas tenu de relever appel du jugement qui fixe la contribution, l'assureur pourrait lui enjoindre d'y recourir, et l'assuré serait en faute s'il s'en abstenait. Toutefois, l'assureur devrait s'obliger dans ce cas à payer tous les frais et faux frais de cet appel.

340. — Les principes ci-dessus posés sont-ils applicables lorsque le jugement qui fixe la contribution a été rendu en pays étranger, par les juges de ce pays et conformément aux lois qui y sont en vigueur ?

L'affirmative ne fait aucun doute en doctrine comme en jurisprudence, si bien que les décisions que nous

---

(1) 25 mai 1849. — Montpellier (J. M. 28. 2. 34. et R. Mont., 2, 458). — V. aussi Pardessus, t. 3, n. 859.

avons citées *supra* s'appliquent, les unes au cas où le jugement qui fixait la contribution avait été rendu en France, les autres au cas où il avait été rendu en pays étranger. C'est qu'en effet si on reconnaît que le règlement de la contribution est l'expression de la perte et que le jugement qui l'a homologué est une partie intégrante du risque, à cause des erreurs possibles, il importe peu que ce jugement ait été rendu en France ou en pays étranger.

Emérigon dit à ce sujet : « Des assurances avaient « été faites dans Marseille sur un navire napolitain « destiné pour Livourne. Le navire essuya des avaries « grosses qui furent réglées à Pise par les consuls de « la mer. Les assureurs marseillais prétendaient que « le règlement fait à Pise n'avait pas force de chose « jugée. Je fus d'avis que l'ordre des choses, le droit « des gens, et la foi du contrat s'opposaient à cette « idée. L'assuré qui a été obligé de payer la contribu- « tion telle qu'elle a été déterminée par le magistrat « étranger, doit avoir son recours contre les assureurs, « sans que ceux-ci soient recevables à requérir qu'on « touche à des opérations faites de bonne foi dans le « lieu de la décharge (1). »

On a d'abord hésité sur ce point en Angleterre, mais par les raisons que nous avons déduites, on a fini par reconnaître que le jugement rendu à l'étranger qui fixe la contribution est obligatoire pour l'assureur. Les mêmes principes sont suivis aux Etats-Unis (2).

---

(1) Emérigon, ch. 20, sect. 2, § 5. — V. aussi Haghe et Cruismans, p. 167.

(2) Newmann v' Cazalet, Parck, 566. — E. V. Strong v' New-York Firemen Ins. Comp. 11 Johnson, 523. — V. aussi dans ce sens Arnould, 941; Parck, 808; Philipps, 2, 169-174. — V. cependant Powes v' Walmore 4 Maul et Sel, 141 et le langage que tint lord Ellenborough dans cette espèce.

Le nouveau C. de commerce allemand contient sur ce point une disposition expresse (art. 839), et tel est en cette matière le droit commun de toutes les nations maritimes.

Pour plus de clarté, supposons que le sacrifice volontaire se soit produit dans une circonstance où, d'après la loi française, il aurait été incontestablement décidé qu'il y avait lieu de régler la perte comme avarie commune, mais où, d'après la législation en vigueur au lieu de destination, elle a été réglée comme avarie particulière ; l'assureur ne pourrait pas faire réduire l'indemnité à proportion de la somme que la contribution aurait procurée, si elle avait été admise, car en agissant ainsi, il empêcherait l'assuré d'être complètement indemnisé, ce qui serait contraire à la fin de l'assurance. Mais, par contre, étant donné ce cas, l'assureur qui est *franc d'avaries particulières*, n'aura rien à payer (1).

341. — Si l'assureur n'a pas le droit de modifier le règlement relatif à la contribution, il a celui de déterminer le rapport qu'il a avec l'assurance. En agissant ainsi, il ne conteste pas ce qui a été jugé entre les contribuants à l'avarie commune ; il se borne à limiter ses obligations en tant qu'assureur. Ce principe, qui est admis en Angleterre (2), nous paraît incontestable.

Ainsi, soit un assureur sur corps, une avarie commune réglée en Angleterre où le navire et le fret contribuent, sous certaines modifications, pour toute leur valeur. Le règlement de l'avarie ayant été fait en

(1) V. 25 juin 1868. — Mars. (J. M. 46. 1. 262).

(2) Dagleisch v• Davidson, 5 Dowl et Ryl, 6 et Arnould, 2, 244.

conformité de cette règle, l'assureur n'a pas à y redire, mais il est fondé à soutenir qu'il ne doit que la partie de la contribution qui est afférente au navire et non celle qui est afférente au fret, attendu que le fret n'est pas compris dans l'assurance.

342. — En serait-il de même en France ? — En d'autres termes, les assureurs sur corps sont-ils garants de la contribution de la demie du navire et du fret, ou bien seulement de la demie du navire ?

Les opinions ont varié sur ce point. Tantôt il a été admis que l'assureur doit toute la contribution (1), tantôt qu'il ne doit que celle qui est afférente au navire (2).

Pour résoudre cette question, il faut en résoudre une autre qui consiste à savoir si la demie du fret est une chose distincte du navire ou si elle en est l'accessoire. C'est par là que nous allons commencer.

L'art. 3 de l'ordonnance porte : *les avaries grosses ou communes tombent tant* SUR LE VAISSEAU *que sur les marchandises, et seront réglées sur le tout au sol la livre.* — Cet article ne faisait que reproduire la loi 2, § 2, D. de *lege Rhodia.* — Mais dans la pratique, on faisait contribuer, *ou le navire*, *ou le fret*, tantôt au choix des chargeurs (ord. de Wisbuy, art. 41), tantôt au choix de l'armateur (Guidon de la mer, ch. 5, art.

---

(1) 21 août 1826. — Mars. (J. M. 8. 1. 95). — 7 mai 1823. — Rennes (S. 5. 2. 207). — 1er février 1827. — Aix (J. M. 8 1. 97). — 24 juin 1829. — Mars. (J. M. 10. 1. 178). — 11 février 1830. — Mars. (J. M. 11. 1. 139). — 6 avril 1824. — Sent. arb. (J. M. 5. 2. 89). — *Sic* Pardessus, t. 3, 859 ; Alauzet, t. 2, n. 321 ; Boulay-Paty, 4, 468 ; Dageville, 4, 39 ; Lemonnier, 2, 314 ; Dalloz, n. 2230 ; Haghe et Cruismans, n. 307.

(2) 1er octobre 1828. — Mars. (J. M. 9. 1. 248). — 6 novembre 1828. — Mars. (J. M. 10. 1. 194).

21). — Ce droit d'option donnait lieu à de nombreuses difficultés, et pour en tarir la source, l'art. 7 de l'ordonnance, tit. du jet, disposa que le navire et le fret contribueraient conjointement pour la moitié de leur valeur (1). — Dans la pensée des rédacteurs de l'ordonnance le fret n'était que l'accessoire du navire. « Il ne fait que remplacer, dit Valin, *ce que le navire est censé avoir perdu de sa valeur pour le gagner.* C'est ainsi que la participation du fret fut comprise lors de la rédaction de l'art 401 (2).

Cela posé, du moment où il est établi que le navire seul contribue à l'avarie commune, et que l'adjonction du fret n'a été imaginée que comme un moyen de fixer la valeur contribuable, l'assureur sur corps n'est pas fondé à distraire de la contribution la partie de cette valeur qui correspond au fret. Aussi, les assureurs, qui veulent qu'il en soit autrement, ont le soin de stipuler que la partie de la contribution qui est afférente au fret ne sera pas à leur charge (3).

343. — Avant de passer à la manière dont l'avarie commune doit être réglée entre l'assureur et l'assuré, il convient d'exposer les règles qui sont suivies lorsque la marchandise est chargée sur le tillac. Ce cas est régi par les art. 229 et 421 du C. comm., qui sont ainsi conçus: « Art. 229. — Le capitaine répond également de tout « dommage qui peut arriver aux marchandises qu'il « aurait chargées sur le tillac de son vaisseau sans le « consentement par écrit de son chargeur. — Cette

---

(1) Quotidiano usu receptum est, ut æquo ac mediocri pretio valor dimidiæ navis et demidii nauli æstimetur (Weitsen, n. 24).

(2) V. Locré, t. 2, p. 330.

(3) Lemonnier, t. 2. n. 315; Haghe et Cruismans, n. 308.

« disposition n'est pas applicable au petit cabotage. »

« Art. 421. — Les effets chargés sur le tillac du « navire contribuent s'ils sont sauvés. — S'ils sont « jetés, ou endommagés par le jet, le popriétaire n'est « point admis à former une demande en contribution : « il ne peut exercer son recours que contre le capi- « taine. »

Par application de ces articles, il est admis que l'assuré ne peut, sans la permission de l'assureur, charger tout ou partie de la cargaison sur le tillac dans les voyages qui ne sont pas de petit cabotage (1). — Lorsque l'assureur a donné cette permission, et que par application de l'art. 421, la marchandise, quoique jetée pour le salut commun subit une perte qui est plus considérable parce qu'elle n'est pas suivie de contribution, l'assureur ne peut s'en plaindre et doit règler cette perte comme avarie particulière (2). Dans une espèce qui rentrait dans le cas prévu par l'art. 421, et où par erreur la contribution fut admise au profit de l'assuré qui avait chargé sur le tillac, on décida avec juste raison que cet assuré ne pouvait, tout en se faisant payer l'avarie comme particulière, s'attribuer le bénéfice de la contribution, et que, loin de là, il devait en faire compte à l'assureur (3).

344. — Il était admis sous l'empire de l'ordonnance que l'assureur devait payer à l'assuré le montant de

(1) 19 janvier 1820. — Mars. (J. M. 3. 1. 146). — 17 avril 1850. — Mars. (J. M. 29. 1. 153). — V. aussi 17 juillet 1855. — Trib. Bordeaux (J. M. 34. 2. 13).

(2) 16 mars 1845. — Trib. Bordeaux (J. M. 24. 2. 56). — 2 février 1846. — Bordeaux (J. M. 25. 2. 58). — 15 février 1850. — Mars. (J. M. 29. 1. 16). — V. aussi 8 février 1840. — Sent. arb. (J. M. 19. 2. 75).

(3) 12 mai 1840. — Mars. (J. M. 19. 1. 162).

la contribution aux avaries communes sans avoir égard à la valeur au lieu de départ. Il suffisait que la contribution ne fût pas supérieure au montant de la somme assurée. En procédant ainsi, on s'éloignait du mode de règlement suivi à l'égard des avaries particulières, et Emérigon expliquait cette contradiction en soutenant que « les assureurs ne sont pas lésés, attendu « que l'augmentation proportionnelle de valeur que « l'on donne aux effets jetés opère une juste balance. »

Ce principe a été consacré par le code de commerce allemand (art. 839), mais non sans de très vives discussions.

Nous suivons une autre règle, en ne faisant payer à l'assureur la contribution que dans la proportion de la somme assurée (1).

Exemple. — Soit une somme de 12,000 fr. représentant la valeur de la marchandise jetée. — La demie du navire et du fret doivent y contribuer pour 20,000 ; un chargeur, celui qui est assuré, pour 40,000, un second chargeur pour 20,000.

La masse contribuable étant 80,000, et la somme pour laquelle se fait la contribution 12,000, chacun des intéressés doit payer 15 p. cent.

Celui qui y contribue pour 40,000 fr. a fait assurer l'objet contribuable pour 30,000, c'est-à-dire pour une valeur qui était telle au lieu de départ, mais qui depuis ce moment a augmenté, par les frais et la hausse, de 10,000 fr.

(1) 3 octobre 1821. — Mars. (J. M. 3. 1. 344). — 3 août 1822. — Aix (J. M. 8. 1. 369). — 25 avril 1831. — Mars (J. M. 12. 1. 214). — 20 mai 1833. — Bordeaux (J. M. 14. 2. 62). — 27 avril 1870. — Hâvre (J. Hâv. 1870. 1. 130). — 29 déc. 1865. — T. Bordeaux (J. M. 44. 2. 63).

Si on décompose la somme de 40,000, si on fait peser sur les différentes parties qui la composent la part de contribution qui leur incombe, soit 15 p. cent, ou 6,000 fr., on aura :

1° Pour la valeur au lieu de départ, soit 30,000, qui supportent 15 p. cent.................. 4,500 fr.

2° Pour la somme de 10,000, que la marchandise a gagnée depuis le départ, 15 pour cent......................... 1,500

TOTAL ÉGAL ... 6,000 fr.

Cette répartition est conforme au principe de l'assurance. La contribution ayant pour but de soustraire à un péril actuel l'objet soumis au risque, il est juste que l'assureur n'y participe que dans la mesure de la perte à laquelle ce risque l'aurait soumis, et puisque, en suivant l'exemple qui vient d'être posé, il ne garantit que 30,000 fr. sur les 40,000 qui étaient en perdition, il ne doit participer au sacrifice que pour les trois quarts de cette dernière somme.

Remarquez que ce raisonnement est également vrai qu'il s'agisse du navire ou de la marchandise. A l'égard de l'un, comme à l'égard de l'autre, c'est toujours à la somme assurée qu'il faut rapporter la proportion de la perte.

Ce raisonnement est encore vrai lorsque l'objet assuré a été soumis au jet, car au moyen de la contribution, son propriétaire en récupère la valeur. Mais comme il participe à cette contribution pour tout son chargement y comprise la partie qui en a été sacrifiée, la perte résulte à son égard de l'obligation où il est de payer comme contribuable une certaine somme.

345. — Cependant, lorsque la marchandise assurée

est sauve, et que l'assuré n'est que contribuable, tout se borne, pour lui, à recevoir des mains de l'assureur tout ou partie de la somme qu'il doit payer à celui dont la marchandise a été sacrifiée. Mais lorsque l'assuré a souffert la perte, ce qui arrive lorsque tout ou partie de sa marchandise a été jetée, si son navire a diminué de valeur, parce qu'on a coupé un mât, jeté à la mer un plus ou moins grand nombre d'agrès, la perte résulte dans ce cas de la privation de ces objets, et la contribution n'est que le moyen de la réparer. En d'autres termes à la place d'un objet qui aurait valu 10,000 fr., on donne à l'assuré une créance de pareille somme, dont il paye une partie. Il faut donc, pour qu'il soit réellement indemnisé qu'il touche la contribution. Il la touche lorsque les contribuables le payent, et que l'assureur le refait pour sa part contributive à proportion de la somme assurée. Mais si les contribuables ne payent pas et ne peuvent pas payer ce qu'ils doivent à l'assuré, celui-ci ne reçoit pas l'équivalent de la marchandise perdue dont la réalisation était certaine ; il ne reçoit qu'une créance, telle qu'elle, qui, étant irrécouvrable, ne vaut pas ce qu'aurait valu cette marchandise, et comme c'est la marchandise qui est assurée, l'indemnité ne serait pas complète si l'assureur ne garantissait pas la solvabilité des contribuables. Il doit donc la garantir dans la proportion de la somme assurée. Tels sont les principes reçus.

Cela posé, voyons par un exemple de quelle manière ils sont appliqués.

Somme assurée....................	20,000 fr.
Valeur de la marchandise au lieu de destination....................	30,000
On en jette le tiers, soit....................	10,000

Quotité admise à l'égard de tous les contribuables 15 pour cent.

L'assuré reçoit....................	10,000 fr.
Moins sa contribution................	4,500
	5,500 fr.

L'assureur doit 15 p. cent sur 20,000 ou	3,000 fr.
et l'assuré contribue pour la valeur non comprise dans l'assurance jusqu'à concurrence de 15 p. cent, soit................	1,500
	4,500 fr.

Ainsi il reçoit :

1° Des contribuables................	5,500 fr.
2° De l'assureur....................	3,000
3° Il paie..........................	1,500
TOTAL...........	10,000 fr.

Mais pour que l'assuré soit ainsi indemnisé, il faut que les contribuables lui payent 5,500 fr.

S'ils ne les payent pas, que doit l'assureur ?

Il doit les deux tiers de 10,000 fr., soit	6,666 f. 66 c.
et puisqu'il en a payé................	3,000 »
Il reste devoir......	3,666 f. 66 c.

ou une somme égale aux deux tiers de 5,500 fr.

Nous avons donné cette forme à la liquidation parce que dans la pratique l'assuré se borne à recevoir de l'assureur la quote part de contribution dont il est tenu, et n'agit contre cet assureur, pour la quote part de ce qu'il doit recevoir des contribuables, que lorsque ceux-ci sont insolvables.

346. — L'assureur qui paie à l'assuré tout ou partie de la contribution due par les intéressés est subrogé, jusqu'à concurrence de la somme par lui payée, aux droits que cet assuré a contre eux. Ainsi, dans l'espèce ci-dessus, il y est subrogé jusqu'à concurrence de 3,666 fr. 66 cent.

Il en résulte que cet assuré est responsable envers lui, s'il n'a pas conservé tous les droits qui lui appartenaient, si, par exemple, l'assurance étant sur corps, la marchandise qui doit la contribution n'a pas été retenue par le capitaine et consignée par ses soins ; si, étant sur facultés, l'assuré ne s'est pas opposé au départ du navire ou à la livraison de la marchandise à ses cochargeurs. Dans ce cas, le dommage doit être liquidé d'après le résultat net qu'aurait procuré à l'assuré la réalisation des sommes dues par les contribuables (1).

347. — On rapporte la perte résultant de la contribution à la somme assurée parce que, à l'égard de l'assureur, l'objet assuré n'a d'autre valeur que celle qui est représentée par cette somme. Et encore faut-il qu'elle n'ait subi aucune diminution. Ainsi, dans une espèce où, avant que l'avarie commune eût lieu, la marchandise assurée avait déjà subi une avarie particulière payée ou à payer par l'assureur, la Cour de Cassation a décidé avec juste raison que la perte résultant de l'avarie commune devait être rapportée à la somme assurée, diminuée du montant de l'avarie particulière (2). Ainsi, étant admis que la contribution

(1) 15 avril 1828. — Mars. (J. M. 9. 1. 343).
(2) 10 août 1871. — Cass. (S. V. 71. 1. 113).

à raison de l'avarie commune se porte à 50 p. cent, que la somme assurée est 20,000, et que l'avarie particulière se porte à 4,000, l'assureur devra 50 p. cent, non pas sur 20,000, mais sur cette somme diminuée de 4,000, soit 16,000, ce qui fait que l'indemnité sera, non 10,000, mais 8,000. Il en sera ainsi, parce que les 4,000 représentant l'avarie particulière sont distraits de la valeur de la marchandise, ce qui réduit la somme assurée à 16,000.

La solution serait la même dans le cas inverse. Ainsi, si le quart de la marchandise assurée a été jetée, si son propriétaire en a été indemnisé au moyen de la contribution et de l'indemnité payée par l'assureur, et si une avarie particulière survient après l'avarie commune, l'indemnité ne sera due, à raison de l'avarie particulière, que par rapport aux trois quarts de la somme assurée.

348. — Le mode de règlement que nous avons indiqué ci-dessus, ne présente aucune difficulté lorsque l'objet assuré participe à la contribution pour une somme supérieure ou égale à celle qui a été assurée. Mais il n'en est plus ainsi lorsqu'elle lui est inférieure.

Ainsi, supposons que la somme assurée soit 20,000 et que la marchandise, qui a été ainsi évaluée au lieu de départ, n'en vaille que 10,000 au moment où se fait le règlement. Si on applique à ce cas les règles ci-dessus posées, il en résultera, la quotité de contribution étant par exemple 50 p. cent, que l'assuré payera pour sa part contributive 5,000, et qu'il aura le droit de se faire payer par l'assureur 10,000. On arrivera par là à l'alternative suivante ; ou bien cette solution sera admise, ce qui procurera, contrairement à la fin de l'assurance, un bénéfice à l'assuré, ou bien on ne portera l'indemnité qu'à 5,000, et, en procédant ainsi, on commettra l'injustice de réduire l'indemnité lorsque la valeur agréée est inférieure à la valeur établie au lieu de reste, et de ne pas admettre l'augmentation qu'elle a lorsque le cas inverse se produit.

Cette objection est grave, et c'est à cause d'elle qu'Emérigon soutient que la part contributive due par l'assuré ne doit point être réduite, à moins qu'elle n'excède la somme assurée, et que les jurisconsultes qui ont rédigé le code de commerce allemand ont embrassé son opinion.

Dans le règlement des avaries particulières, l'assureur paie l'indemnité d'après la valeur agréée, bien qu'elle soit supérieure à la valeur qu'a réellement la marchandise au lieu de destination. Pourquoi n'en serait-il pas ainsi lorsque le règlement porte sur une avarie commune ?

La question peut se présenter dans deux cas, suivant que l'assuré est simplement contribuable, sa marchandise étant sauvée, ou bien que, sa marchandise ayant été sacrifiée pour le salut commun, il a droit à une indemnité.

Prenons le premier cas. — Un parère remarquable nous fournit sur ce point un exemple.

En 1822, un Tribunal de commerce demanda à celui de Marseille son avis sur la question suivante : — *A* fait assurer du fer pour une valeur agréée de 20,000 fr. — *B* fait assurer du café pour une valeur agréée de 20,000 fr. — Il faut régler une avarie commune dans laquelle le fer figure pour 40,000 fr., le café pour 10,000. — La contribution se porte à 50 p. cent. — L'assureur et l'assuré règlent la perte. — Que doit l'assureur ?

Le Tribunal de Marseille répond : — Il doit 10,000 fr. à celui qui a fait assurer le fer et 5,000 à celui qui a fait assurer le café (1).

Cette réponse est parfaitement juridique, et cependant il est facile de voir que, pour le fer, le règlement se rapporte à la somme assurée, et pour le café, à la valeur qu'il a au lieu où la contribution se fait.

Il en est ainsi, parce que deux principes sont en conflit, et que si d'un côté entre l'assureur et l'assuré les pertes doivent être rapportées à la valeur agréée, de l'autre l'assurance ne doit jamais procurer un bénéfice à l'assuré. Dans l'espèce posée, on a mis ces deux principes en présence, et comme il fallait choisir entre l'un et l'autre, on a fait porter le choix sur celui qui est prédominant. Lorsqu'il s'agit de régler une avarie particulière, le principe étant que l'assurance doit rétablir l'assuré dans la position où il aurait été s'il n'avait pas entrepris l'opération, on a pu ne tenir aucun compte ni de la hausse ni de la baisse. Dans le cas qui nous occupe, il ne s'agit pas d'une indemnité qui se rapporte à la marchandise, car elle est absolument intacte, il s'agit d'un débours, d'une somme payée ou à payer. Or, du moment où l'assureur paie cette somme, l'assuré est dans la position où il aurait été s'il n'y avait pas eu d'avarie commune. Il ne peut donc rien recevoir de plus (2).

Mais tout autre serait le cas où l'objet assuré aurait souffert le sacrifice. Si un chargement de café vaut

---

(1) V. Journal de Marseille, 3. 1. 369.

(2) V. dans ce sens Boulay-Paty, sur Emérigon, t. 2, p. 6; Fremery, ch. 36; Lemonnier, t. 2, p. 12; Haghe et Cruismans, n. 278. — *Contra* Bedarride, t. 5, n. 1650.

20,000 fr. au lieu de départ et 10,000 fr. au lieu de reste, s'il est fait jet de la moitié de ce café, l'assureur doit 10,000 fr., et la somme que procurera l'avarie commune sera imputée sur cette somme. Ainsi, étant posé que la contribution se porte à 20 p. cent, l'assuré reçoit des contribuables.................. 5,000 fr.
moins sa contribution qui est............ 2,000

Ce qui fait qu'il lui reste.. 3,000 fr.

Imputation faite de ces 3,000 fr., l'assureur en doit 7,000.

CHAPITRE IV.

DES FRANCHISES.

Ce chapitre sera divisé en quatre paragraphes, savoir:

§ Ier.

De la franchise légale.

349. — Principe posé par l'art. 408. — Il est uniquement relatif aux rapports entre assureurs et assurés.
350. — Application de cet article aux avaries communes.
351. — .... aux avaries partielles.
352. — A l'égard de celles-ci, on ne doit pas prendre en considération les frais.
353. — Lorsque le taux de un pour cent est dépassé, le paiement doit être intégral.

349. — L'art. 408 a pour objet d'empêcher que des réclamations puissent se produire lorsqu'elles sont trop minimes. Il est ainsi conçu :

« Une demande pour avarie n'est point recevable si « l'avarie commune n'excède pas un pour cent de la « valeur cumulée du navire et des marchandises, et si « l'avarie particulière n'excède pas un pour cent de la « valeur de la chose endommagée. »

La règle que pose cet article a été mise en vigueur à partir du 16e siècle, et a reçu depuis une application à peu près générale (1).

Cette application est limitée aux rapports entre assureurs et assurés. Il n'en peut être autrement lorsqu'il s'agit d'avaries particulières, puisqu'il n'y a d'autre règlement à faire dans ce cas que ceux qui dérivent de l'assurance. Il est admis de plus que le un pour cent doit être calculé sur la somme assurée (2).

On s'est posé la question de savoir si l'art. 408 s'applique aux divers intéressés à la contribution. — La négative ne fait pas un doute, et l'on admet qu'entre eux, la contribution doit se faire, même lorsqu'elle est inférieure à un pour cent (3). D'où la conséquence que lorsqu'il s'agit d'une avarie commune, l'art. 408 n'est encore applicable qu'entre l'assureur et l'assuré.

350. — L'application de cet article dans ce dernier cas est très simple, ainsi que le démontre l'exemple suivant. Supposons que la masse contribuable se porte à 500,000 fr., que l'objet assuré ne figure dans cette masse que pour 10,000, qu'il en soit fait jet pour le salut commun, et que ce jet porte exclusivement sur ce dernier objet pour une valeur de 4,000 fr. — Telle étant

---

(1) Ord. de Philippe II, 1570, art. 25; Ord. d'Amsterdam, 1598, art. 26, de 1744, art. 34, de Midlebourg, 1600, art. 18, de Rotterdam, 1604 et 1635, art. 17, de 1771, art. 44; Code de Suède, 1667, ch. 7, de 1750, part. 2, art. 1; Edit de Sardaigne, 1770, ch. 5, art. 18. — Toutes ces lois ci-dessus admettent le taux de 1 p. cent.

D'après l'ord. de Hambourg, 1731, tit. 21, art. 11, le taux se porte à 3 p. cent, et si l'avarie est inférieure à 50 thalers, à 4 p. cent. — Pour la France, v. Guidon de la mer et Ord. 1681, art. 47. — Le principe posé par l'art. 408 a prévalu en Angleterre à partir de 1749. V. Weskett, p. 385 et Parck, p. 21.

(2) Dageville, t. 4, p. 55 et s.

(3) 27 décembre 1871. — Cass. (S. V. 71. 1. 214).

l'espèce, on dira qu'à l'égard des intéressés au navire et au chargement, il y a lieu à contribution, bien que la perte n'arrive pas à un pour cent par rapport à la masse, puisqu'elle est de 0,4/5mes. — Cela admis, l'assuré recevra des contribuables 4,000 fr., moins sa contribution qui se porte à 80 fr. — L'art. 408 n'aura d'autre effet que de lui interdire toute réclamation envers son assureur pour cette dernière somme.

Ceux qui pensent que l'art. 408 s'applique, non-seulement à l'assurance mais encore à la contribution, ont signalé la situation déplorable que cet article fait à l'assuré. Ainsi, disent-ils, étant donnée l'espèce ci-dessus, cet assuré ne peut agir, ni contre les contribuables ni contre son assureur, et cependant, par rapport à lui, la perte est de 40 p. cent (1)! Cette observation serait juste si le point de départ n'était pas faux.

351. — Il n'y a point à s'occuper de la somme assurée lorsqu'il s'agit d'appliquer l'art. 408 aux avaries communes, mais il en est autrement lorsque l'avarie est particulière. Aussi, il faut dans ce dernier cas déterminer avec soin à combien se porte cette somme.

Les solutions sur ce point sont très simples lorsque le contrat est un. Mais il est des cas où on peut se demander s'il doit être divisé (2). S'il y a autant de contrats que d'objets assurés, ou que de parties figurant dans une même assurance, on doit calculer le un pour cent sur chaque contrat en particulier (3). Ainsi si on suppose que deux objets vaillent, l'un 10,000,

---

(1) Fresquet, Precis, p. 116; Bedarride, n. 1784.

(2) Emérigon, ch. 12, sect. 44, § 4; Boulay-Paty, 4, 510; Pardessus, 3, 860.

(3) Dageville, 4, 67 et s.; Lemonnier, 2, 210

l'autre 100,000, et que le premier perde 1,000, la perte sera inférieure ou supérieure à 1 p. cent, suivant que le contrat portera divisiblement sur 10,000, et 100,000 ou indivisiblement sur 110,000.

352. — Pour calculer le un pour cent à l'égard des avaries particulières on ne doit jamais prendre en considération les frais, mais seulement le dommage. C'est ainsi que le principe posé par l'art. 408 a été toujours compris : *Ubi damnum non excedat unum pro centum* (1).

353. — Enfin, lorsque l'avarie excède un pour cent, cette quotité ne doit pas être déduite, et dès lors le paiement est intégral (2).

§ II.

Des franchises conventionnelles.

354. — Observations générales sur les franchises conventionnelles.

355. — Lorsque la perte excède le taux de la franchise, le paiement doit-il être intégral ?

356. — Règles d'interprétation.

357. — La franchise est basée sur la somme assurée. — Application de cette règle.

358. — Il y a lieu d'appliquer les franchises au cas de vente.

359. — Les avaries-frais ne comportent pas l'application des franchises.

360. — Y a-t-il lieu d'appliquer les franchises lorsque, le délaissement étant possible, l'assuré opte pour l'action d'avarie.

361. — Application des franchises au cas de coulage.

362. — On n'applique qu'une seule franchise lorsqu'il y a plusieurs avaries.

---

(1) Kuricke, Diatr. n. 8; Loccenius, Lib. 2, cap. 5, n. 15.

(2) Emérigon, *loc. cit.;* Valin, sur l'art. 47; Pothier, n. 165 (moins affirmatif) ; Boulay-Paty, *loc. cit.;* Estrangin, p. 250 ; Lemonnier, t. 1, n. 308 ; Pardessus, t. 3, n. 860; Alauzet, t. 2, n. 326.

354. — La prime d'assurance étant plus élevée lorsque la marchandise assurée est périssable, on a imaginé, pour la rendre moindre, de faire participer l'assuré à une partie des risques, et, à cette fin, on a stipulé des franchises ; en d'autres termes, on a convenu que si la perte n'excède pas un taux déterminé, soit 5, 10, 15 p. cent, l'assureur ne serait pas tenu de la réparer.

355. — Lorsque l'avarie excède le taux de la franchise l'assureur doit-il payer le montant intégral de la perte, ou seulement ce qui excède ce taux ?

Nous supposons, bien entendu, que la police est muette sur ce point, car si, comme cela a lieu le plus souvent en Angleterre, aux États-Unis, en Allemagne, en Hollande, les polices portent que l'assureur paiera l'intégralité de la perte, ou bien, si elles portent, ainsi que cela a presque toujours lieu en France, en Italie et en Espagne, qu'il ne la paiera que sous la déduction de la franchise, il n'y a pas de question.

Mais *quid* si la police ne porte rien ?

Les auteurs sont divisés sur ce point (1). Les uns soutiennent que l'assureur étant tenu en principe de payer les pertes jusqu'à concurrence de la somme assurée, toute dérogation à ce principe doit être formellement exprimée ; or, ajoutent-ils, la simple stipulation d'une franchise ne l'exprime pas. — Les autres soutiennent, au contraire, qu'une telle stipulation dis-

(1) Valin. sur l'art. 47 ; Pothier, n. 165 ; Emérigon, ch. XII, sect. 14, § 4 ; Estrangin, p. 250 ; Delaborde, p. 316.

pense l'assureur de payer la partie de la perte à laquelle le taux de la franchise correspond, et qu'il faut une convention expresse pour qu'il en soit autrement. Ils ajoutent que le système contraire serait plein d'inconvénients, attendu que l'assuré aurait intérêt à pousser la perte jusqu'au point où elle dépasserait le taux de la franchise.

Un examen plus approfondi de la question a conduit à une solution plus simple. — Ou bien, a-t-on dit, la franchise a été stipulée dans l'unique but de mettre l'assureur à l'abri d'une demande d'indemnité fondée sur une perte trop minime, et, dans ce cas, la perte qui dépasse le taux de la franchise doit être payée intégralement. — Ou bien elle a été stipulée pour qu'une partie de la perte soit supportée par l'assuré, et telle étant la convention, elle serait violée si on forçait l'assureur à payer la somme qui correspond au taux de la franchise (1).

C'est donc avant tout dans la volonté des contractants qu'il faut chercher la solution. Mais comme, lorsque rien ne la revèle, il n'y a aucun motif pour admettre que la convention a été faite dans un sens ou dans l'autre, on doit décider en faveur de l'assuré, parce que la franchise modifie les obligations de l'assureur.

356. — En général, les franchises varient entre 5, 10 ou 15 p. cent, suivant la nature de la marchandise (2). Quelquefois une même marchandise est soumise, à raison de son conditionnement, à des franchises différentes. Ainsi les grains en baril ou en sac peuvent

(1) V. dans ce sens Hills v^s Lond. Ass. Co.; M. et W., 509.
(2) Morel, Manuel de l'assuré, p. 154 et s.

être frappés d'une franchise de 10 p. cent, alors qu'elle est portée à 15 lorsqu'ils sont chargés en vrac.

Les polices imprimées contiennent le tableau des marchandises sujettes à franchise, ainsi que du taux qui leur est applicable. Certaines stipulent une franchise générale, tantôt de 1, tantôt de 3 p. cent, sur les marchandises qui n'y sont pas indiquées. L'assuré est censé connaître et avoir accepté tout ce qui dans la police est relatif à ce point. Il ne pourrait se soustraire à son exécution, sous prétexte que les franchises ont été récemment augmentées (1). Il peut arriver que les parties, sans rien stipuler, se refèrent aux usages établis (2).

En Angleterre, les franchises sont ramenées dans le *memorandum* (3).

Les polices indiquent les marchandises soumises aux franchises d'une manière générale. Ainsi elles portent que les grains ou les drogueries, — les objets sujets à la rouille, — ...... à la casse, — sont soumis à une franchise de tant. Il appartient aux Tribunaux de décider, en cas de contestation, dans quelle catégorie il faut ranger telle ou telle marchandise. Les recueils anglais de jurisprudence contiennent de nombreuses décisions sur ce point. Elles ne sont pas moins nombreuses dans nos recueils. Nous citerons, à titre d'exemple, les suivantes :

1° Les vieux habits militaires rentrent dans la catégorie des draps et autres étoffes de laine (4) ;

---

(1) 14 janvier 1839. — Mars. (J. M. 19. 1. 124).

(2) 28 juillet 1830. — Mars. (J. M. 11. 2. 43).

(3) V. Parck, ch. 6 ; Marshall, liv. 1, ch. 6, sect. 3 ; Benecke, ch. 21, p. 4 ; Stevens, p. 4.

(4) 12 avril 1829. — Mars. (J. M. 28. 1. 176).

2° Le safranum, quoique ne servant qu'à la teinture, doit être considéré comme droguerie (1);

3° Les pommes de terre comptent comme légume (2);

4° Les noix de palme doivent être rangées dans la classe des graines oléagineuses (3);

5° Les marbres en tranche font partie des objets sujets à la casse (4);

6° L'émeri, des objets sujets à la rouille (5);

7° Les briques à polir ne peuvent être rangées dans la classe des minerais (6);

8° Une cornue en terre destinée à la fabrication du gaz rentre dans la catégorie des machines (7);

9° Les chlorures de chaux doivent être assimilés, non aux sels, mais aux salpêtres, aux nitrates, aux sels de soude, etc. (8).

Les objets qui ne rentrent dans aucune catégorie sont soumis à la franchise générale (9).

357. — La franchise doit être calculée sur la somme assurée. Mais si l'évaluation a été réduite comme excessive, le calcul doit être basé sur le résultat que donne la réduction (10). Ainsi, lorsque la franchise se porte à 10 p. cent, et si la somme assurée est réduite de 20,000 fr. à

(1) 11 avril 1831. — Mars. (J. M. 12. 1. 158).

(2) 27 mai 1839. — Mars. (J. M. 12. 1. 158).

(3) 4 septembre 1873. — Mars. (J. M. 51. 1. 313).

(4) 22 juillet 1857. — Mars. (J. M. 35. 1. 205).

(5) 20 mai 1857. — Mars. (J. M. 35. 1. 151).

(6) 27 avril 1874. — Mars. (J. M. 52. 1. 274).

(7) 12 avril 1859. — Mars. (J. M. 38. 1. 17).

(8) 21 décembre 1865. — Aix (J. M. 66. 1. 273).

(9) 29 juillet 1859. — Mars. (J. M. 37. 1. 268). — 2 janvier 1860. — Mars. (J. M. 38. 1. 17).

(10) 29 juillet 1856. — Bordeaux (J. M. 36. 2. 63).

16,000, on doit déduire 1,600 et non 2,000. — Il faut décider, par application du principe qui veut que les franchises aient pour base la somme assurée, que si l'assuré a le droit de faire échelle, et s'il débarque une partie de la marchandise dans un port intermédiaire, c'est sur la valeur de tout le chargement, et non sur la valeur de la partie qui n'a pas été débarquée et qui seule est avariée, que doit être calculée la franchise (1). — Lorsque des facultés assurées par un seul contrat indivisible sont chargées sur deux navires, que la partie de ces facultés chargées sur un des deux navires a souffert des avaries tandis que la partie chargée sur l'autre n'en a pas souffert, la franchise doit être calculée, par application du principe déjà posé, sur la valeur des deux chargements, et non sur celle du chargement qui a été avarié (2).

358. — Les franchises étant stipulées pour le cas d'avarie, il s'ensuit qu'elles doivent être prélevées sur la marchandise qui, ayant subi une détérioration matérielle, a été vendue pendant le cours du voyage (3).

359. — Cette règle n'est pas applicable aux avaries-frais, et cela par le motif que les frais ont pour objet la conservation de la marchandise, qu'ils sont faits pour la préserver d'une perte totale, et qu'ainsi ils profitent principalement à l'assureur (4). Du reste, certaines polices ne soumettent les avaries-frais à aucune fran-

(1) 15 mars 1844. — Bordeaux (J. M. 13. 2. 94).

(2) 18 mars 1825. — Mars. (J. M. 6. 1. 108).

(3) 15 décembre 1818. — Bordeaux (J. M. 10. 2. 33).

(4) 6 juin 1839. — Sent. arbitrale (J. M. 18. 2. 145). — 7 avril 1846. — Mars. et 17 juin 1847. — Aix (J. M. 26. 1. 226). — *Sic* Delaborde, p. 212; Stevens, p. 230.

chise, d'autres la réduisent à 3 p. cent, bien que le taux soit plus élevé lorsque l'avarie n'a pas ce caractère.

360. — Doit-on déduire les franchises dans les cas qui donnent ouverture au délaissement, lorsque l'assuré opte pour l'action d'avarie ?

La controverse sur cette question se rattache à l'art. 409, aux termes duquel l'assureur qui est franc d'avaries particulières ou communes, ne peut se prévaloir contre l'assuré, qui opte pour l'action d'avarie dans les cas de délaissement, de cette franchise. Or, dit-on, ce droit est limité au cas où la franchise est absolue, et ne saurait être étendu à celui où elle est limitée à un taux quelconque. Dès lors l'assuré qui opte pour l'action d'avarie doit se soumettre à toutes les obligations qui incombent à cette action, et par suite souffrir que les franchises limitées à un taux plus ou moins élevé soient déduites de l'indemnité (1).

Dans le sens contraire, on répond qu'en principe les franchises ne sont pas déduites lorsque l'assuré exerce l'action en délaissement. Or, l'art. 409 prouve que l'action d'avarie la remplace et en est l'équivalent, d'où la conséquence que la forme de l'action ne doit pas changer le fond du droit. Cette démonstration est décisive et a prévalu en doctrine et en jurisprudence (2). Aussi certains assureurs stipulent que l'assuré est soumis à la réduction qu'imposent les franchises, lorsqu'il a opté pour l'action d'avarie dans les cas de délaissement (3).

---

(1) Alauzet, t. 2, n. 328 et Comm., t. 3, n. 1591.

(2) 27 août 1827. — Aix (J. M. 8. 1. 198). — 8 février 1831. — C. Rej. (S. V. 31. 2. 276. — J. M. 12. 2. 78). — 13 octobre 1841. — Mars. (J. M. 22. 1. 368). — *Sic* Dageville, t. 4, p. 100 ; Lemonnier, t. 2, n. 359 ; Dalloz, n. 1747. — V. encore 17 juin 1825. — Mars. (J. M. 8. 1. 160).

(3) V. 8 juin 1839. — Sentence arb. (J. M. 18. 2. 160).

361. — Lorsque l'avarie provient du coulage, on doit déduire d'abord le coulage ordinaire ou creux de route, et une fois cette déduction faite, déduire, encore et en sus, la franchise. Ainsi lorsque le coulage ordinaire se porte à 3 p. cent et que la franchise conventionnelle a été fixée à 15, on doit déduire 18 p. cent (1).

362. — S'il survient plusieurs avaries dans le même voyage, on déduit la franchise sur leur ensemble et non sur chaque avarie en particulier. Ainsi, supposant que la somme assurée se porte à 40,000 fr., si l'objet assuré subit une première avarie se portant à 5,000, une seconde à 3,000, une troisième à 4,000, on déduira de la perte totale, soit 12,000 fr., une seule franchise, et non autant de franchises qu'il y a d'avaries de sorte que si la franchise est de 15 p. cent, l'assureur paiera 12,000 fr., moins 3,000, et non pas moins 9,000. On stipule quelquefois, surtout en Angleterre, que la franchise sera appliquée à chaque compte d'avarie et de relâche pour un même voyage (2). Cette convention est très défavorable à l'assuré, puisqu'il ne reçoit aucune indemnité s'il survient plusieurs avaries, toutes inférieures au taux de la franchise, bien qu'elles réalisent par leur accumulation une perte considérable.

363. -- Les avaries communes ayant toujours pour cause le péril et les sacrifices qu'il impose, les assureurs ont généralement adopté à leur égard un taux unique de franchise, soit 3, 5 p. cent; c'est ce qui n'a pas lieu à l'égard des avaries particulières pour lesquelles on a établi des taux qui diffèrent suivant la nature

(1) 22 avril 1873. — Trib. Paris (J. M. 53. 2. 272). — 15 novembre 1872. — Paris.

(2) Dubernad. sur Benecke, t. 2, p. 647.

des marchandises assurées. Souvent même certains assureurs qui ne payent que l'excédant, après prélèvement des franchises, dans les avaries particulières, payent intégralement l'indemnité dans les avaries communes (1).

Il est de règle que si dans une police une franchise a été stipulée pour les avaries particulières, une autre pour les avaries communes, chacune d'elles doit être prélevée dans chaque règlement particulier, à moins de convention contraire.

Ainsi soit une somme assurée se portant à 10,000. — franchise, 15 p. cent sur les avaries particulières. — 5 p. cent sur les avaries communes. — L'assuré qui perd par une avarie particulière 2,000 fr. et par une avarie commune 1,500, recevra pour la première 500 fr. et pour la seconde 1,000.

Les assurés soutenaient dans une espèce où le taux de la franchise était le même pour les deux avaries, que les assureurs ne pouvaient prélever qu'une seule franchise.

Eclaircissons ce point par un exemple.

Somme assurée 40,000. — Franchise 5 p. 0/0 tant pour les avaries particulières que pour les avaries communes. — Avarie particulière portant la perte à 10,000 fr. — Avarie commune la portant à 15,000.

Les assurés disaient : les deux avaries sont l'objet d'une seule franchise, et dès lors l'assureur doit 25,000 fr. moins 2,000 pour la franchise, soit 23,000.

Les assureurs répondaient : de ce que, par un fait purement accidentel, chaque nature d'avarie est sou-

---

(1) Lafond, p. 228.

mise à une franchise dont le taux est égal, il ne s'ensuit pas que les avaries communes et particulières doivent n'être soumises qu'à une seule franchise. Pour qu'il en fût ainsi, il aurait fallu une stipulation précise que la police ne contient pas. Cette défense était fondée et obtint un plein succès (1).

364. — L'assuré peut-il lorsqu'il est à découvert de tout ou partie de la perte par l'effet d'une stipulation de franchise faire assurer ce découvert ?

Ainsi, soit une franchise de 15 p. cent sur une somme assurée de 100,000 fr. L'assureur ne doit rien si la perte se porte à 14,000, et il ne doit que 1,000 fr., dans le cas où elle se porte à 16,000, car il a été convenu qu'il ne paierait que l'excédant. — La question est de savoir si l'assuré peut se faire assurer contre la perte que lui cause dans l'un et l'autre cas, l'application de la franchise.

L'affirmative ne fait pas un doute, étant admis, ce qui est incontestable, que le premier assureur aurait pu ne pas stipuler la franchise, et qu'en s'en abstenant il aurait nécessairement garanti la partie de la perte qu'elle représente.

Mais pour que l'assurance qui couvre la franchise soit valable, il faut que son objet soit expressement indiqué. Ainsi dans le cas où une première assurance couvre toute la valeur, sauf une franchise convenue, où l'assuré s'en est fait consentir une seconde ayant le même objet, le second assureur n'est pas responsable du découvert créé par la franchise, par le motif que tout est

(1) 13 juin 1821. — Mars. (J. M. 2. 1. 225). — 23 mai 1824. — Mars. (J. M. 5. 1. 70). — 10 juin 1825. — Aix (J. M. 6. 1. 224).

assuré par la première assurance, qu'au cas de délaissement le premier assureur répond de toute la perte, et qu'il a droit à tout ce qui est sauvé, qu'enfin, la franchise est un moyen de diminuer la prime, et que dès lors, comme celle-ci, elle doit être spécialement assurée (1).

Mais si on peut assurer le découvert qui résulte des franchises conventionnelles, il n'en est pas de même de celui qui résulte de l'application de l'art. 408 du C. comm. Ce n'est pas dans l'intérêt de l'assureur qu'a été édicté cet article, mais bien dans un intérêt d'ordre public. Le nombre des assureurs ayant toujours été très limité, et le chiffre de leurs affaires très considérable, on a pensé qu'il convenait de leur éviter des réclamations infimes, qui auraient troublé sans avantage le mouvement de leurs opérations. Et comme il ne leur est pas permis de renoncer à l'application de l'art. 408, ce qui revient à dire qu'ils ne peuvent pas couvrir par une assurance une perte de un pour cent, cette prohibition s'applique à tous les assureurs, au premier, comme à tous ceux qui suivent.

§ III.

Franchises limitant les risques.

365. — L'assureur peut stipuler qu'il sera franc de certains risques.
366. — Il peut se déclarer *franc d'avaries*. — Explication de l'art. 409.

365. — Jusqu'ici nous avons parlé du cas où l'obligation imposée à l'assureur de supporter telle ou telle

(1) 8 août 1855. — Mars. (J. M. 33. 1. 273).

perte est limitée dans ses effets par une stipulation de franchises. Nons arrivons maintenant au cas où certaines pertes sont exclues de l'assurance.

Ces exemptions s'appliquent tantôt à la nature du péril, tantôt à une partie de l'objet assuré, tantôt à là nature de la perte, ou bien à ses conséquences. Ainsi, on dira :

Pour le premier cas, *franc de risques de guerre*, ou bien *franc de prise*, ou bien aussi *franc d'échouement*, *franc d'innavigabilité relative*, et ainsi de suite ;

Pour le second, par exemple, *franc de carène et de doublage*, ce qui veut dire que tout dommage arrivé à ces deux objets n'est pas à la charge de l'assureur (1);

Pour le troisième, *franc d'avaries particulières*, ou *franc d'avaries communes*, ou bien *franc d'avaries particulières et communes*, ou bien encore *franc de coulage*, etc.;

Pour le quatrième, que l'assureur ne répond point des suites résultant du non paiement d'un emprunt à la grosse contracté pour réparer le navire ou pour bonifier les marchandises, bien que ces deux opérations aient été nécessitées par une avarie.

366. — L'art. 409 C. comm. contient pour le troisième cas la disposition suivante :

« La clause *franc d'avaries* affranchit les assureurs de toutes avaries, soit communes, soit particulières, excepté dans les cas qui donnent ouverture au délaissement, et, dans ces cas, les assurés ont l'option entre le délaissement et l'exercice de l'action d'avarie. »

(1) V. 18 novembre 1857. — Bordeaux (J. M. 36. 2. 14).

La clause franc d'avaries est depuis longtemps en usage. En Italie on assurait *ecluso getto et avaria.* L'ordonnance de 1681 parle de cette stipulation.

Cependant elle était vivement critiquée. On lui reprochait de pousser l'assuré à rendre la perte totale lorsqu'elle aurait pu être partielle (1), et par ce motif on s'efforçait de la limiter soit dans ses effets, soit dans son application (2). Ainsi, lorsqu'elle portait sur les avaries communes, — les uns ne l'appliquaient qu'au jet régulier, et non à celui qui est fait sous l'empire d'un péril extrême, et qu'on appelle irrégulier parce qu'il n'est précédé d'aucune délibération (3); — les autres la considéraient comme non applicable lorsque la nécessité du sacrifice était prouvée (4); — certains en restreignaient l'application aux objets de peu d'importance, tels que les victuailles, les pacotilles; — d'autres la considéraient comme non écrite (5).

Les commentateurs de l'ordonnance repoussèrent toutes ces distinctions. Ils admirent que la clause franc d'avaries affranchit l'assureur de toutes pertes, excepté de celles qui donnent ouverture au délaissement (6). Leur opinion a été consacrée par l'art. 409.

Cependant, l'assureur doit toujours payer les avaries-frais, parce que, ainsi que nous l'avons déjà dit, les frais sont faits dans son intérêt, pour préserver l'objet assuré d'une perte totale (7).

---

(1) Valin, sur l'art. 47.

(2) Décision de la Rote de Gênes 129, p. 519.

(3) Casaregis, Disc. 47, n. 3.

(4) Targa, cap. 52, p. 230.

(5) Décision de la Rote de Gènes, 29 mars 1695.

(6) Emérigon, ch. 12, sect. 45 et 46; Pothier, n. 166.

(7) 27 avril 1846. — Mars. et 17 juin 1847. — Aix (J. M. 28. 1. 219).

L'art. 409 impose à l'assureur l'obligation de réparer la perte *dans les cas qui donnent ouverture au délaissement.* — Et en même temps il permet à l'assuré, lorsqu'il est dans l'un de ces cas, d'opter pour l'action d'avarie.

De ce que l'assureur ne répond de la perte que dans les cas de délaissement, il s'ensuit que si l'échouement est simple, *sans bris*, les frais faits pour renflouer le navire ne sont pas à sa charge (1), — qu'il ne répond pas de la perte, quelle que soit son étendue, lorsqu'elle n'arrive pas aux trois quarts de la valeur de l'objet assuré (2).

L'art. 409 parle *des cas qui donnent ouverture au délaissement*, sans ajouter *et où l'assuré peut exercer l'action en délaissement.* Il résulte de là que si l'assuré est déchu du droit de l'exercer par un manque de formalités, ou, en d'autres termes, si ayant l'action, il s'est mis dans l'impossibilité de la faire valoir, il peut demander le paiement de la perte au moyen de l'action d'avaries. Cette conclusion se déduit, non-seulement du texte de la loi, mais encore de son esprit, car l'assuré a pu ne laisser s'accomplir la déchéance du droit d'exercer l'action en délaissement, que parce qu'il avait résolu de recourir à l'action d'avarie (3). Il va sans dire que lorsqu'il exerce cette action, il garde ce qui est sauvé, et se fait indemniser de la perte suivant les principes déjà exposés (4).

---

(1) 13 avril 1853. — Mars. (J. M. 31. 2. 66).

(2) 15 déc. 1828. — Bordeaux (J. M. 10. 2. 45).

(3) 31 déc. 1877. — Bordeaux (J. M. 78. 2. 123). — *Sic* Dageville, t. 4, p. 86 et Dalloz, n. 1944.

(4) V. 13 octobre 1843. — Mars. (J. M. 22. 1. 320).

§ IV.

Division par séries.

367. — La division par séries se fait par numéros ou par ordre d'arrimage.
368. — Elle ne produit aucun effet lorsque tout le chargement subit une égale détérioration.
369. — Elle ne se présume pas.
370. — Elle ne s'applique pas aux frais faits pour la conservation de l'objet assuré.
371. — Du cas où les numéros sont effacés ou n'ont pas été constatés au moment où on a dressé l'état des pertes.
372. — La division par séries ne porte aucune atteinte à l'unité du contrat.
373. — Influence de cette division sur le règlement de la perte.

367. — Lorsque des marchandises de même nature ou d'une nature différente sont assurées par un même contrat, les parties peuvent les assurer sans division, ou bien les diviser. Lorsqu'elles sont divisées par fractions déterminées, on dit que l'assurance est faite par séries.

Ainsi, lorsqu'on assure par une même assurance du sucre, du drap, du vin, on peut leur assigner une valeur unique et convenir qu'ils seront compris dans un même règlement d'avaries, ou bien les estimer séparément, pour qu'ils soient l'objet d'un règlement séparé.

Lorsqu'on assure, toujours par une même assurance, des marchandises de même nature, on peut, après leur avoir assigné une valeur, les diviser par tant de balles, de caisses, de fûts.

Ainsi 50 balles d'étoffes d'une valeur agréée de 50,000 fr., peuvent être divisées en cinq séries, composées de 10 balles, chaque série valant 10,000 fr.

Les séries peuvent être formées par ordre d'arrimage, ce qui a lieu au moyen de la division du chargement en plusieurs parties fixées par la convention et déterminées par l'ordre du débarquement. Dans ce cas on établit la première série en prenant, jusqu'à concurrence du poids ou de la mesure convenue, la partie supérieure du chargement dans toute la longueur et la largeur du navire, et l'on continue ainsi jusqu'à ce que tout soit débarqué. Cette opération se fait en présence de l'assureur et de l'assuré ou de leurs représentants, au moment où le débarquement s'opère.

368. — La division par séries n'offre aucun intérêt lorsque chaque série est également détériorée. Si une égale détérioration est rare lorsque l'assurance porte sur des objets différents, il n'en est pas ainsi lorsque une même marchandise est divisée par séries. Il a été décidé, dans une espèce où la marchandise était toute également détériorée, que le règlement par séries était inutile et devait être écarté (1).

369. — La division par séries ne se présume pas; elle doit être formellement stipulée (2). Elle est toujours mentionnée dans la partie manuscrite de la police, et l'on a décidé avec juste raison qu'on ne saurait la considérer comme inconciliable avec la partie imprimée de cette police où les franchises sont mentionnées (3).

370. — La division par séries n'est pas applicable aux frais faits pour la conservation de l'objet assuré,

---

(1) 12 novembre 1841. — Mars. (J. M. 21. 1. 125). — 11 janvier 1850. — Mars. (J. M. 29. 1. 72).

(2) 6 juin 1845. — Mars. (J. M. 24. 1. 263).

(3) 20 mai 1857. — Mars. (J. M. 35. 1. 151).

lorsqu'ils font l'objet d'un règlement séparé. Mais s'il a été convenu qu'ils seraient joints au capital pour former masse dans l'avarie, on doit les joindre proportionnellement à chaque série, et faire le règlement en conséquence (1).

371. — Lorsque dans une assurance avec séries par ordre de numéros, l'assuré néglige de faire constater dans les procès-verbaux d'expertise ou dans les actes de vente la perte afférente à chaque série, l'avarie doit être réglée de la même manière que si le capital n'avait pas été divisé (2). Mais si les numéros ont été effacés par suite d'une fortune de mer dont l'assureur répond, on doit les reconstituer aussi approximativement que possible. Lorsque l'assurance a été consentie avec séries à déterminer, soit par les numéros, soit par l'ordre d'arrimage, l'assuré a le choix entre ces deux modes de constatation (3).

372. — La division par série n'affecte en rien l'unité et l'indivisibilité du contrat. Elle n'empêche pas qu'il n'y ait une seule assurance, une seule prime, que s'il y a instance, le premier ou le dernier ressort ne soit déterminé par l'ensemble des contestations qui s'appliquent à toutes les séries. En un mot, cette division n'a d'autre fin que de modifier le mode de règlement.

373. — La division par séries est sans influence sur le règlement entre l'assureur et l'assuré lorsque l'avarie est commune. La raison en est qu'on n'en tient pas

---

(1) Haghe et Cruismans, n. 333; Delaborde, n 221.

(2) 4 déc. 1843. — Bordeaux (J. M. 23. 1. 68). — 6 juin 1845. — Mars. (J. M. 22. 1. 250).

(3) 4 août 1852. — Mars. (J. M. 31. 1. 202). — V. aussi 17 mai 1834. — Sent. arb. (J. M. 17. 2. 122).

compte dans le règlement qui se fait entre les intéressés au navire et à la cargaison, et que ce règlement sert de base à celui qui est relatif à l'assurance.

Mais il en est autrement au cas de délaissement; en effet lorsqu'une marchandise a été divisée en cinq séries d'égale valeur, et qu'une série subit une perte totale, la perte qui n'est que d'un cinquième par rapport au tout, est totale par rapport à la série qui l'a soufferte, ce qui donne le droit d'en faire le délaissement. (V. sur ce point *supra,* t. 2, n. 150).

Mais la division par séries a été surtout imaginée pour effacer en partie l'influence que la stipulation des franchises exerce sur le règlement de l'indemnité.

Ainsi lorsqu'une marchandise évaluée 50,000 a été divisée en cinq séries égales de 10,000 fr., et que la franchise est de 15 p. cent, si l'une de ces séries subit une perte de 7,000 fr., l'assuré qui n'a rien à réclamer lorsque le règlement porte sur le tout, a droit à une indemnité lorsqu'il se fait à l'égard de chaque série en particulier.

CHAPITRE V.

DU DÉLAISSEMENT

§ Ier

Règles générales relatives au délaissement et à ses effets.

374. — Définition et origine du délaissement.
375. — Opinion des jurisconsultes sur ce mode de règlement.
376. — Enumération des cas de délaissement.
377. — Caractère propre du délaissement.
378. — Cas où il n'y a rien de sauvé.
379. — Le délaissement a un effet rétroactif.
380. — Nature des droits qu'il transmet à l'assureur.
381. — Le délaissement dérive d'une convention spéciale qui n'est soumise à aucune forme particulière.
382. — L'assuré ne peut pas faire le délaissement lorsqu'il a déjà disposé de l'objet assuré.
383. — Actes qui impliquent l'acceptation de l'assureur.
384. — Engagements qu'il prend par son acceptation.
385. — Le délaissement une fois accepté est irrévocable, l'objet assuré fût-il sauvé.
386. — Il en est ainsi, même au cas d'erreur, mais non au cas de fraude.

374. — Le délaissement s'entend du droit qu'a

l'assuré de se faire payer l'entière somme assurée, à la charge de renoncer à la propriété de l'objet assuré, ainsi qu'à tous les droits qui y sont attachés, afin que l'assureur puisse en devenir propriétaire, si telle est sa volonté.

La perte pour défaut de nouvelles donna d'abord naissance au délaissement, ainsi que le prouvent les premières ordonnances de Barcelone où ne figure que ce seul cas. Peu après, on en admit d'autres, et dès le XVIe siècle, toutes les législations déterminèrent, à quelques différences près, les dommages qui, par leur nature, doivent faire considérer la perte comme totale.

Dans les premiers temps de l'assurance, on stipulait souvent que dans le cas où le sinistre aurait une certaine gravité, le sauvetage se ferait aux frais, risques et périls de l'assureur, ce qui constituait de plein droit l'assuré mandataire de ce dernier (1). Cependant, il était admis que l'assureur ne devenait pas propriétaire des objets sauvés par le seul effet de ce pacte, sauf le cas où l'assuré demandait l'entière somme assurée (2). Et encore comme ce dernier point n'était pas absolument admis comme certain, on posa comme règle que l'assuré reste toujours propriétaire tant qu'il ne renonce pas expressement à ses droits sur les objets sauvés : *facta tamen per assecuratos assecuratoribus* RENUNCIATIONE *implicitæ, sive ut vulgo dicitur dell'incerta* (3), et cette opinion étant posée, on en vint jusqu'à soutenir que sa rénonciation est un préalable nécessaire, sans lequel il ne peut agir contre l'assureur lors

(1) Casaregis, Disc. 1, n. 58 et Disc. 3, n. 8 et s.

(2) Ibid. Disc. 3, n. 9 et 10.

(3) Ibid., Disc. 3, n. 4 et s.

qu'il demande l'entière somme assurée : *Non sunt propriæ exceptiones, sed incumbentiæ potius actoris adimplendæ antequam ille agat* (1).

En principe général, le délaisssement se faisait à l'égard des débris sauvés par voie de renonciation ou de démission (2). Il n'en était pas ainsi des créances que l'assuré pouvait avoir contre les tiers, par exemple contre le capitaine, à raison de sa baraterie, ou contre un abordeur, à raison de sa faute. Celles qui existaient devaient être cédées à l'assureur : *Ita pariter ipsam actionem cedere debet assecuratus quæ possit sibi competere contra quemlibet obligatum pro sinistro in totum secuto in mercibus* (3).

Le délaissement ainsi compris, pénétra peu à peu dans la pratique. Tantôt une prise, tantôt un naufrage, parurent le justifier, et c'est ainsi qu'on détermina les cas dans lesquels il est permis de le faire.

375. — Les jurisconsultes n'admirent le délaissement qu'avec une certaine répugnance. Le trouvant trop éloigné des principes du droit commun, ils le déclarèrent pendant longtemps contraire à la nature du contrat d'assurance. Baldasseroni le qualifie de remède odieux : *externo odiosissimo remedio* (4), et Lord Ellenborough le proclame un risque désespéré que l'on impose à l'assureur, et dont il cherche à se délivrer du mieux qu'il peut : — *A desperate risk east upon the underwriter who is to save himself as well as he can* (5).

---

(1) Ibid., Disc. 70, n. 39.

(2) *Demissa* tamen per dominum actorem implicita ad formam statati de securitatibus. Disc. 70, n. 3:

(3) *Ibid.*, Disc. 70, n. 38.

(4) Baldasseroni, t. 2, p. 383.

(5) Bainbridge v[s] Neilson, 10 East, 341.

Depuis on est revenu à des idées plus exactes, et on a reconnu que le délaissement est éminemment utile au commerce. C'est là un point qu'un jurisconsulte anglais, Arnould, a très bien expliqué :

« Ceux, dit-il, qui emploient leur fortune et leur « industrie dans les affaires commerciales, ont un très « grand intérêt, une fois l'opération terminée, à pou- « voir disposer des capitaux qu'ils y ont consacrés, « pour les faire servir à de nouvelles opérations, et « lorsqu'ils ont éprouvé une perte, à ce qu'elle soit « réglée de manière à ce que ces capitaux deviennent « au plus tôt disponibles. Ainsi, un négociant qui reçoit « la nouvelle d'une prise ou d'un échouement, qui rend « vraisemblable la perte totale de l'objet soumis au « risque, a intéret à ce que, par une fiction, ce qui est « vraisemblable soit considéré comme certain, afin « que son capital, qui serait immobilisé, devienne « disponible (1). »

Ajoutez à cela que si le sinistre se produit à une très grande distance, il importe, au point de vue du sauvetage et de la réalisation de ce qui est sauvé, de substituer à l'action personnelle de l'assuré, qui est nécessairement limitée, l'action d'une grande et puissante compagnie, qui doit être et qui est presque toujours plus efficace (2).

376. — Les cas de délaissement ont été fixés par l'art. 369, qui est ainsi conçu :

« Le délaissement des objets assurés peut être fait, « — en cas de prise, — de naufrage, — d'échouement

(1) Arnoud, 2, 997.
(2) De Courcy, 2, 320.

« avec bris, — d'innavigabilité par fortune de mer, — « en cas d'arrêt d'une puissance étrangère, — en cas « de perte ou de détérioration des effets assurés, si la « détérioration ou la perte va au moins à trois quarts. « — Il peut être fait, en cas d'arrêt de la part du Gou- « vernement, après le voyage commencé. »

Les art. 370 et 371 ajoutent :

« Art. 370. — Il ne peut être fait avant le voyage « commencé.

« Art. 371. — Tous autres dommages sont réputés « avaries et se règlent entre les assureurs et les assu- « rés, à raison de leurs intérêts. »

Nous avons exposé dans le livre IV les règles qui se rapportent aux divers cas prévus par l'art. 369. La plupart figurent comme cause de délaissement dans les législations étrangères (1).

Nous passons sous silence l'art. 370, qui pose un principe vrai, mais qu'il était inutile d'énoncer, pour passer à l'art. 371, duquel il résulte que l'art. 369 est limitatif.

Cependant, il est permis aux parties de convenir que le délaissement pourra avoir lieu pour toute espèce de dommages, même non prévus par l'art. 369 (2). C'est ainsi qu'il a été stipulé que le délaissement pourrait

(1) V. Code Sarde, 399-426 ; — C. espagnol, 901 et s.; — C. holl. 663 et s.; — Code portugais 1789 et s.; — Police de Copenhague du 2 avril 1850, art. 168 et s. — D'après le nouveau C. all. les cas de délaissement sont la perte absolue, le défaut de nouvelles, la prise, l'arrêt et l'innavigabilité (art. 865-866, art. 877). — Nous avons déjà exposé dans le livre IV, les principes suivis en Angleterre et aux Etats-Unis.

(2) 1 mars 1872. — Hâvre (J. Hâvre 1872. 1. 100). — 3 juin 1872. — Rouen (J. Hâvre 1872. 2. 138).

être fait au cas de relâche forcée, suivie de débarquement (1).

Ces sortes de convention doivent être appliquées suivant le principe posé par l'art. 371, c'est-à-dire dans un sens limitatif et restrictif.

377. — Lorsque la perte est totale ou présumée telle, les droits de l'assuré qui fait le délaissement sont très simples. Il suffit que l'assureur lui paie la somme assurée dans les conditions de l'assurance. La situation faite à l'assureur est plus complexe. La théorie du délaissement consiste surtout à la dégager.

Pour avoir une idée exacte du délaissement, il faut remonter à l'origine, c'est-à-dire au moment où il fut imaginé pour le cas où, faute de nouvelles, l'objet assuré était considéré, après un certain temps, comme perdu. L'assureur, qui, dans une telle situation, paya l'assuré, dut lui faire observer que la perte était présumée, mais non certaine, et que si l'objet assuré venait à se retrouver, il était juste qu'il lui appartint ou qu'il put le réaliser pour son compte. Cette réclamation admise, l'assuré fit observer à son tour, qu'il n'entendait pas se porter garant du recouvrement de l'objet perdu, et qu'il n'avait rien de plus à faire qu'à se désister de tous ses droits sur cet objet. C'est ainsi qu'on dégagea l'idée que réveille le délaissement, qu'on le considéra comme un pacte par lequel l'assuré renonce au profit de l'assureur à ses droits sur les objets sauvés. C'est ce que dit très bien Casaregis en ces termes : *Concedit assecuratis facultatem exigendi in quocumque casu sinistro securitates in totum, si*

(1) 3 janvier 1861. — Bordeaux (J. M. 39. 2. 158).

voluerint; et res assecuratas (seu ut vulgo dicitur implicitam) RENUNCIARE (1). Ce n'est pas sans dessein que cet auteur se sert du mot *implicita,* pour désigner l'affaire, l'ensemble de tous les droits qui appartiennent à l'assuré sur l'objet ou les objets soumis à l'assurance (2).

C'est qu'en effet le délaissement n'a pu s'appliquer à l'origine qu'à la transmission, *in totum,* de tous les droits appartenant à l'assureur, puisque étant fondé sur le défaut de nouvelles, et dès lors étant fait dans l'ignorance de ce qui a été sauvé ou perdu, il était impossible de spécifier ce qui restait après la perte. Et c'est pour cela que l'assuré délaissait, ainsi que l'indique la formule donnée par le Guidon de la mer, *les noms, droits, raisons, actions qu'il a sur la marchandise chargée.*

378. — Lorsqu'il s'agit de déterminer le caractère de la transmission qu'opère le délaissement, on rencontra une objection fondée sur ce qu'il n'a lieu que dans les cas où la chose assurée n'existe plus ou est censée ne plus exister, et que dès lors il porte sur un pur néant. On imagina, pour échapper à cette difficulté, de dire que les objets assurés périssent pour l'assureur : *Assecuratori pereunt* (3) ; de là on conclut qu'il fallait le considérer comme en étant le propriétaire, puisque *res perit domino.* C'est ainsi que ce principe fut appliqué au rebours, en ce sens que si dans le droit commun, on va du droit de propriété à la responsa-

---

(1) Casaregis, Disc. 3, n. 6.

(2) *Ibid.,* Disc. 29, n. 9. — Du mot *implicita* on a fait *impietta,* d'où est venu notre mot *emplète.*

(3) V. Roccus, note 9.

bilité de la perte, dans le droit maritime et au cas de délaissement, on alla de la responsabilité de la perte au droit de propriété.

On tira de là plusieurs conséquences qui constituent dans leur ensemble la théorie de délaissement.

Ainsi, on admit qu'il doit être fait lorsque tout est entièrement et irrévocablement perdu, et que par suite aucune transmission n'est possible. On se dit cependant qu'au cas *de perte entière, le délaissement est une formalité inutile* et cette observation, présentée par Emérigon (1) a été souvent reproduite par lord Ellenborough (2). Mais, on opposa à cette objection qu'elle serait juste si le délaissement devait transmettre quelque chose, mais que telle n'est pas sa fin, vu qu'il a été institué pour donner à l'assuré le moyen de mettre la perte totale au compte de l'assureur.

Il est vrai que cet assureur peut n'être qu'un propriétaire nominal, à qui rien n'est transmis; mais comme dans une foule de cas on ignore si la perte qui semble absolue, sera réellement telle, il parut utile d'attribuer à l'assureur ce qu'un hasard heureux peut lui procurer. L'exemple suivant démontre qu'en cela on avait vu juste.

En 1792, un navire français fut capturé par des corsaires espagnols, déclaré de bonne prise et par suite vendu. — Le propriétaire de ce navire en fit le délaissement à son assureur, qui était français comme lui. Celui-ci l'accepta et considéra sans aucun doute la

(1) Emérigon, ch. 17, sect. 3. — V. aussi Casaregis, Disc. 70, n. 11 et 33 et s.

(2) Parck, 99. — V. aussi 15 Easts 13.

perte comme absolue. Cependant, le gouvernement espagnol s'étant obligé en 1814 à restituer aux sujets français le produit des prises faites sur eux pendant les guerres maritimes de la révolution et de l'empire, on appliqua ce traité à la prise faite en 1792, et les héritiers de l'assureur touchèrent en 1832 une certaine somme que leur paya le gouvernement espagnol (1).

On voit par cet exemple que le délaissement peut être utile, même dans les cas où tout fait présumer qu'il ne l'est pas.

379. — Du moment où par la renonciation de l'assuré faite à la suite d'une perte totale ou présumée telle, l'objet assuré a péri pour l'assureur, il s'ensuit que le délaissement a et doit avoir un effet rétroactif qui le fait remonter au jour de la perte (2). Ce point est constant, malgré les termes de l'art. 385 C. comm., qui semble indiquer que les effets ne sont produits *qu'à partir de l'époque du délaissement*, car cet article ne s'occupe que du moment où le lien de droit se forme.

Le délaissement étant rétroactif, il s'ensuit :

1° Qu'à partir du sinistre l'assureur répond de tous les risques qui atteignent l'objet délaissé, même de ceux dont il est affranchi par la police (3) ; que, par exemple, il répond de la baraterie de patron, bien que la police ne l'en rende pas responsable (4) ;

2° Que le sauvetage s'opère pour son compte (5) ;

---

(1) V. Nolte, t. 2, p. 447.

(2) Emérigon, *loc. cit.*, sect. 6, § 4.

(3) 8 juillet 1875. — Aix (J. M. 54. 1. 79)

(4) 19 juin 1826. — Mars. (J. M. 17. 1. 176).

(5) 14 mars 1839. — Mars. (J. M. 18. 1. 207). — 28 octobre 1844. — Mars. (J. M. 24. 1. 26). — 26 mai 1868. — Hâvre (J. Hâvre 1869. 1. 86).

3° Que tous les actes émanant de l'agent de l'assuré lui profitent et non à ce dernier (1) ;

4° Que si le sauvé a été vendu, l'assureur devient créancier de l'acheteur, non de l'assuré, qui est étranger à la vente (2).

380. — L'assureur étant propriétaire de ce qui est sauvé par le seul effet de la perte présumée totale, il s'ensuit qu'il exerce à ce titre un droit qui lui est propre, ce qui le dispense d'agir au nom de l'assuré.

La transmission des droits qu'opère le délaissement a été mal comprise parce qu'on a voulu la rattacher aux règles du droit commun. — Les uns y ont vu une vente, comme si elle pouvait exister sans prix ! Ce mode de transmission étant écarté, il a été décidé qu'au cas de faillite de l'assureur à qui il a été fait délaissement, l'assuré ne peut revendiquer contre les syndics les objets sauvés, bien que l'indemnité ne lui soit pas payée, et que ces objets ne soient pas entrés dans les magasins du failli (C. comm., art. 557) (3). Par le même motif, il n'est pas nécessaire que l'assuré qui délaisse des marchandises, remette à l'assureur le connaissement qui s'y applique (4), bien qu'il ait été jugé, non sans raison, que cette remise lui donne une qualité de plus (5).

On a aussi vu dans l'assureur qui agit comme créancier contre des tiers, par exemple contre un capitaine

(1) Johnson v' New-York. Rep. 591, United Ins. Comp. v' Robinson. Philipps, 2, 439-449.

(2) 24 mai 1832. — Mars. (J. M. 13. 1. 190). — Dalloz, n. 2197.

(3) 8 avril 1859. — Rouen (J. M. 37. 1. 83).

(4) 17 avril 1850. — Mars. (J. M. 29. 1. 153).

(5) 6 mars 1878. — Hâvre (J. M. 56. 2. 223).

qui, ayant causé la perte, en est responsable, ou contre un abordeur qui a encouru une semblable responsabilité, un cessionnaire, et on en a conclu qu'il est tenu de notifier aux tiers, considérés comme débiteurs cédés, l'acte de délaissement conformément aux articles 1,689 et 1,690 du C. civ. Mais cette opinion n'a pas prévalu parce que le délaissement n'est pas plus une cession qu'une vente (1).

Le mode de transmission qu'opère le délaissement a été parfaitement déterminé dans l'espèce suivante. — Un navire anglais, assuré par une compagnie française, fut abordé par un autre navire anglais qui lui causa une perte totale. — Le propriétaire du navire abordé fit le délaissement à l'assureur français, qui l'accepta et paya l'indemnité. — Cet assureur cita en justice, devant le tribunal de Marseille, le propriétaire du navire abordeur, comme responsable de la perte. — Celui-ci répondit que le tribunal était incompétent, aux termes de l'art. 14 du C. civ., attendu qu'il était anglais, que le propriétaire du navire abordé l'était aussi, qu'un tribunal français ne peut pas connaître d'une contestation entre étrangers, et que l'assureur ne pouvait exciper de sa qualité de français, attendu qu'il représentait un sujet anglais et ne pouvait avoir d'autres droits que ceux qui appartenaient à ce dernier.

Le tribunal de Marseille, saisi de la question, se déclara compétent, par les motifs qui suivent :

« Attendu,..... qu'on ne saurait, lorsqu'un délais-
« sement a lieu, assimiler les assureurs aux simples

(1) 4 mai 1836. — Cass. (S. V. 36. 1. 353). — *Sic* Pardessus, t. 3, n. 854 ; Alauzet, t. 2, n. 332 et comm., t. 3, n. 1553; Dalloz, n. 2196. — Nolte, t. 2, p. 447, cite la décision ci-dessus, et l'approuve.

« cessionnaires d'une créance ; que, par le délaisse-
« ment, ils deviennent propriétaires du navire assuré, « et que le délaissement n'étant que l'exercice d'un « droit ouvert en faveur de l'assuré du moment de la « perte, a un effet rétroactif ; que par suite, le navire « *est présumé avoir péri comme étant une propriété* « *des assureurs ;* qu'ainsi, non seulement le navire, « mais toutes ses dépendances, y compris les frets du « voyage en cours, leur appartiennent par le délaisse- « ment (1).....

Appel. — La cour d'Aix réforme, par le motif que les effets que produit le délaissement reposent sur une fiction, qui ne peut modifier les droits des tiers (2).

Pourvoi en cassation. — La cour suprême, sans s'occuper de la question résolue par l'arrêt qui lui était déféré, le casse, le motif pris de ce que l'assureur ayant réparé le dommage causé à l'objet assuré a acquis par ce paiement, en vertu de l'art. 1382 C. civ., un droit direct et personnel qui le dispense d'invoquer celui de l'assuré (3).

Comme le recours à cet article n'est pas toujours possible, que dans la plupart des cas l'assureur emprunte à l'assuré les droits qu'il veut exercer, que si par exemple, lorsqu'il veut faire sienne une prime de sauvetage, il est bien obligé de se prévaloir des droits du sauveur, il faut s'en tenir aux motifs donnés par le tribunal de Marseille.

La difficulté de fixer, au moyen des principes du droit

(1) 5 mai 1869. — Mars. (J. M. 47. 1. 165).

(2) 30 décembre 1869. — Aix (J. M. 48. 1. 50).

(3) 12 août 1872. — Cass. (J. M. 51. 2. 18).

commun, la nature de la transmission qu'opère le délaissement, s'est toujours trahie par le vague et l'incertitude du langage. Ainsi, on a dit que l'assuré *subroge les assureurs en son lieu et place* (1), ce qui n'éclaircit rien, puisque la recherche de la nature de l'acquisition étant supprimée, il reste à déterminer la nature de la subrogation.

L'art. 385 fournira-t-il quelque lumière? — Il dit : *Le délaissement signifié et accepté..... les effets assurés appartiennent à l'assureur.*

Etrange moyen de transmission! — L'assuré stipule en ces termes : je délaisse les effets assurés, j'y renonce, je m'en démets. — L'assureur répond : j'accepte que vous les délaissiez. — Et par le seul effet de ce dialogue, ce dernier devient propriétaire!

Tout est inexplicable, dans cet ordre d'idées, si on se rattache aux principes du droit commun ; tout s'explique au contraire si on s'en tient à la théorie spéciale du délaissement, telle que la tradition l'a fixée.

Ne l'oublions pas, d'après cette tradition, attestée par les docteurs qui ont été les promoteurs des principes qui régissent l'assurance, le délaissement n'est que la forme particulière d'une action par laquelle l'assuré demande à l'assureur l'entière somme assurée, avec cette condition qu'il devra au préalable *(antequam ille agat),* renoncer aux objets assurés *(renunciare implicitæ),* afin que l'assureur puisse, s'il le veut, en prendre possession. — Dès lors, lorsque l'assuré dit; *je délaisse,* cela veut dire : *payez la somme assurée et disposez des objets sauvés comme il vous conviendra.* —

(1) Emérigon, ch. 17, sect. 4.

Lorsque l'assureur dit : *j'accepte*, cela veut dire : *je m'oblige à payer la somme assurée, et je prends acte de votre renonciation au sujet de laquelle j'aviserai.*

Il n'y a rien de plus dans le délaissement.

381. — Le délaissement se fait par l'accord des deux volontés, ou, à défaut, par un jugement qui en tient lieu.

Lorsqu'il est fait judiciairement, il faut, ainsi que nous le verrons, que l'assureur soit cité, vu qu'un acte extrajudiciaire ne suffit pas, et de plus qu'il soit cité dans les délais fixés par l'art. 373.

Lorsqu'il est fait à l'amiable, les parties peuvent employer telle forme qui leur convient ; la loi ne leur en impose aucune.

Rien n'empêche qu'il soit fait verbalement, pourvu que les deux parties reconnaissent le pacte, car par leur reconnaissance, ce qui était verbal, est fixé par un écrit.

Il arrive souvent que le délaissement est fait par correspondance, et s'il est valable en soi, les parties ne seraient pas recevables à soutenir qu'il est nul pour vice de forme. Souvent, l'assuré le dénonce par un acte extrajudiciaire équivalent à celui que les anglais appellent *notice of abandonment*. Si l'assureur met au bas de cet acte son acceptation, ou s'il la fait signifier par un acte séparé, cela suffit.

Il suffit aussi que l'acte par lequel le délaissement est signifié énonce clairement la volonté de l'assuré d'y recourir, et aucun mot sacramentel, pas même le mot *délaissement*, ne doit être nécessairement employé. Lord Ellenborough soutint dans un cas donné que le mot *abandonment* devait être inséré dans la notice (1), mais cette opinion, par trop rigoureuse, n'a pas prévalu.

Le délaissement amiable n'est valable que s'il est accepté. S'il ne l'est pas, ni une lettre, ni un acte extrajudiciaire ne suffisent pour interrompre la prescription à laquelle l'art. 373 soumet l'assuré; elle ne peut être interrompue que par une citation en justice.

382. — L'assuré n'est pas recevable à faire le délaissement lorsque après le sinistre il dispose de l'objet assuré. La jurisprudence a consacré ce principe (2). Il a été aussi décidé aux États-Unis que l'assuré ne peut plus délaisser lorsque, ayant réparé le navire, il lui fait faire un voyage en mer pour son propre compte (3), mais qu'il en est autrement lorsqu'il se borne aux opérations nécessaires pour prévenir ou atténuer le dommage (4).

383. — L'assureur, avons-nous dit, est tenu d'accepter le délaissement, fondé qu'il soit. S'il refuse, la justice le déclare valable. Le jugement qui est rendu tient lieu dans ce cas d'acceptation.

L'acceptation peut être expresse ou tacite. En général, elle ne peut résulter du simple silence de l'assureur (5). L'ancien adage *chi tace consente, et chi consente non dice niente* n'est vrai que dans un sens relatif. Cependant, il est admis en Angleterre que, de même que dans certains cas le défaut de réponse à une lettre peut être considéré comme une acceptation, de

(1) Parmenter v[s] Todhunter, 1 Campb. 542.

(2) 14 mai 1824. — Mars. (J. M. 5. 1. 170). — 17 juillet 1838. — Mars. (J. M. 17. 1. 224). — 31 décembre 1858. — Mars. (J. M. 37. 4. 46).

(3) Ogden v[s] Fireman Ins. Comp. 10 Johnson's New-York Rep. 177.

(4) Walden v[s] Phenix Ins. Comp. 5 Johnson's New-York Rep. 177.

(5) V. les paroles du juge Story, dans Philipps, 2, 401.

même le silence prolongé de l'assureur, après que le délaissement lui a été signifié, peut, à raison des circonstances, prouver qu'il l'a accepté (1). L'art. 385 de notre code de commerce exclut cette solution.

L'acceptation peut être considérée comme tacite lorsque l'assureur a pris possession des objets délaissés (2), par exemple si, s'agissant de marchandises, il garde le connaissement que l'assuré lui a remis (3). Mais comme il peut se mettre en possession, ou pour activer les opérations de sauvetage, ou parce qu'il se considère comme propriétaire, il faut examiner de près les faits, pour pouvoir apprécier avec certitude quelle a été sa volonté. Ainsi, il a été justement décidé en Angleterre que l'assureur, à qui le délaissement a été fait, et qui sans l'accepter ou le refuser, mande à l'assuré de pourvoir avec la plus grande activité au sauvetage, ne doit pas être considéré pour cela comme ayant donné son acceptation (4). Autre serait le cas où il ferait procéder lui-même aux opérations de sauvetage, par exemple, où il ferait travailler, sans même en donner avis à l'assuré, au renflouement du navire et aux réparations qui lui sont nécessaires. Aussi, il est d'usage, le délaissement étant signifié, de faire précéder la prise de possession des effets sauvés de réserves qui empêchent de considérer l'acceptation comme définitive (5).

---

(1) Hudson v^s Harrissor, 2 Brod et Bingh. 97 et 6 Moore, 288.

(2) 23 septembre 1833. — Trib. Seine. — 9 février 1864. — Paris (J. Havre 1864. 2. 33).

(3) 4 janvier 1858. — Havre (J. Havre 1858. 1. 7).

(4) Thelluson v^s Fletcher, 1 Esp, N. P. 72.

(5) 17 octobre et 4 novembre 1831. — Mars. (J. M. 13. 1. 24). — 19 mai 1865. — Mars. (J. M. 43. 1. 158). — 20 août 1872. — Havre. — 19 janvier 1876. — Rouen (J. M. 54. 2. 54).

Il va sans dire que l'assuré n'est pas lié par une acceptation faite sous cette forme, et qu'il a le droit, tant qu'elle n'est que provisoire, ou de rétracter le délaissement, ou d'agir en justice pour le faire déclarer valable.

384. — Le délaissement étant fait, accepté ou jugé valable, et le contrat étant ainsi formé, il s'agit de savoir quelle en est la matière? — Il faut, pour répondre à cette question, revenir sur ce que nous avons déjà dit, savoir, que l'assuré renonce par le délaissement à ce qui est sauvé, sous la condition que sa renonciation profitera à l'assureur. — Ce dernier accepte. A quoi s'oblige-t-il? — A payer la somme assurée, sans autre, et cela parce que l'assurance étant bornée dans ses effets, à l'égard de l'assureur, à la réparation du dommage, celui-ci n'est tenu à rien de plus lorsqu'il l'a réparé : *assecuratores de jure tenentur resarcire solum damnum occursum pro parte rerum assecuratarum, nisi obstet pactum in contrarium* (1).

Cependant, comme l'assuré ne peut demander à l'assureur la somme assurée qu'en lui offrant par voie de renonciation tous ses droits sur ce qui est sauvé, il s'ensuit que cet assureur ne peut le laisser dans l'ignorance de son refus. En agissant ainsi, il lui laisserait croire qu'il n'a à s'occuper ni du sauvetage, ni du recouvrement du fret, ce qui pourrait l'exposer, si on suppose une assurance sur corps, à réparer le dommage que sa négligence aurait causée aux divers intéressés, par exemple aux matelots qui ont des droits sur ces objets.

(1) Casaregis, Disc. 1, n. 64.

D'après les principes déjà posés, l'assureur peut renoncer à ce qui est sauvé après qu'il a accepté le délaissement, pourvu qu'au moment de sa renonciation les choses soient entières.

Ainsi, l'assureur qui accepte le délaissement s'oblige à payer la somme assurée, et acquiert en sus la faculté d'être mis au lieu et place de l'assuré à raison des droits qu'il a sur l'objet assuré, faculté dont il peut user ou ne pas user au gré de sa volonté.

Il a donc à calculer les charges que l'exercice de cette faculté peut faire peser sur lui, savoir: les frais de sauvetage, les loyers des matelots, le paiement du fret, etc. S'il lui convient de ne point participer à la liquidation, résultant du sinistre, il peut, comme tout tiers détenteur, renoncer aux droits que lui donne le délaissement (1). Et en effet, il ne faut pas oublier que si les tiers peuvent, suivant les cas, exercer une action personnelle, limitée ou non à ce qui a été sauvé, contre l'armateur ou le chargeur, ils n'ont contre l'assureur, qui n'est nullement obligé envers eux, qu'une action réelle, uniquement fondée sur ce qu'il détient ce qui reste de l'objet assuré (2); or, tout tiers détenteur peut, moyennant qu'il se désiste de sa possession, se mettre à l'abri des attaques des créanciers qui n'ont contre lui qu'un droit réel.

385. — Le délaissement signifié et accepté est irrévocable (3). Ce principe est formellement exprimé par

---

(1) 13 janvier 1828. — Mars. — 13 novembre 1828. — Aix (Dalloz, n. 2599).

(2) Emérigon, ch. 17, sect. 6, § 4. — V. aussi dans ce sens, 8 janvier 1878. — Cass. (S. V. 78. 1. 113).

(3) Emérigon, *loc. cit.* — V. aussi 26 mai 1868. — Havre (J. Havre 1869. 1. 86).

l'art. 385 qui porte que la somme assurée doit être payée nonobstant le retour du navire. Il est bon d'observer que cet article ne parle du retour qu'à titre d'exemple, et que le principe est le même lorsqu'un navire échoué, naufragé, réputé innavigable, est remis à flot et réparé de manière à tenir la mer (1).

Ce principe est contraire à l'opinion des anciens docteurs qui pensaient que l'assureur a le droit de forcer l'assuré à reprendre la chose recouvrée tant que l'indemnité n'est pas encore payée (2).

Sous le régime de l'ordonnance, le délaissement était irrévocable par le seul fait de sa signification (3). Aux termes de l'art. 385, il ne l'est que par la signification et l'acceptation. Ce dernier principe est suivi aux Etats-Unis (4).

Le juge Story qui en demandait l'application dans une espèce, déclara qu'on pouvait le suivre en toute sûreté, car il est préconisé par des hommes qui brillent, comme Valin par une science profonde, comme Pothier par le sentiment de la plus pure morale, comme Emérigon par un esprit éminemment pratique (5). Et en effet, ces auteurs veulent qu'à la signification on joigne l'acceptation.

---

(1) 14 avril 1859. — Mars. (J. M. 37. 1. 167).

(2) Si res assecurata postquam perierit reperiatur antequam estimatio ab assecuratore liberetur, ab assecuratione in eo quod repertum fuit, non verum in eo quod deficit, et merces quæ repertæ fuerint recipere debet assecuratus. — Casaregis Disc. 1, n. 151 : Hevia, de comm., p. 3, cap. 14 in fine; Sauterna, De assec. p. 4, n. 46 et 47 ; Roccus, art. 34 et 50.

(3) Guidon de la mer, ch. 7, art. 12; Pothier, n. 138; Emérigon, ch. 17, sect. 6, § 2.

(4) Kent, t. 3, p. 325.

(5) Dans le cas de Peele vs Merchts. Ins. Comp. 3 Masson, Rep. 21 et Dows Rep. 322.

En Angleterre, on suit d'autres principes. Il y est admis que si l'objet perdu vient à être recouvré avant que le procès qui a pour objet le délaissement soit terminé, l'assuré n'a qu'une action d'avarie (1).

386. — On tient le principe relatif à l'irrévocabilité du délaissement pour si étroit qu'on n'admet pas qu'il puisse être révoqué : 1° lorsque les parties peuvent justement soutenir qu'il y a eu erreur, et que la perte, par sa nature, ne comporte qu'une action d'avarie (2); 2° lorsque le délai voulu pour que la perte soit considérée comme totale, par exemple au cas de défaut de nouvelle ou d'arrêt du prince, n'est pas encore expiré au moment où il a été fait (3); 3° lorsque l'assuré n'a pas délaissé tout ce qui est sauvé, étant admis d'ailleurs que l'assureur a le droit de se faire livrer ce qui manque (4).

Mais il en est autrement lorsque le délaissement a été accepté sur le fondement d'un sinistre purement imaginaire, par exemple d'une prise qui n'a pas été faite (5), ou bien si l'assuré a usé de fraude, par exemple s'il s'est entendu avec les experts pour faire croire à des dommages ou à des réparations qui n'ont point existé (6).

---

(1) V. Opinion de lord Ellenborough dans le cas de Iver v• Auderson, 4 Maule et Sel, 524.

(2) 15 décembre 1831. — Mars. (J. M. 13. 1. 28). — 24 mai 1832. — Mars. (J. M. 13. 1. 185). — V. aussi Dalloz, n. 2192.

(3) Savary, Parere 60, Quest. 3; Dalloz, *loc. cit.;* Boulay-Paty, t. 4, p. 379.

(4) 2 août 1852. — Rouen (J. M. 31. 2. 46).

(5) 3 mai 1845. — Havre (J. M. 25. 2. 101. — J. Havre 1845. 1. 172).

(6) Pardessus, t. 3, n. 854; Boulay-Paty, *loc. cit.;* Alauzet, t. 2, n. 334 et Comm., n. 1553; Dalloz, n. 2101.

§ II.

Examen de la règle qui interdit à l'assuré de faire un délaissement partiel ou conditionnel.

387. — Le délaissement ne peut être partiel.

388. — Il en est autrement lorsque l'assurance est partielle.

389. — De l'assurance une ou divise.

390. — Cas où une partie des objets assurés a été soumise au risque, l'autre non.

391. — Cas où la marchandise a été divisée par séries.

392. — Cas où une partie de la marchandise a été déchargée pendant le voyage.

393. — Le délaissement doit comprendre tout ce que comprend l'assurance.

394. — Il doit comprendre les actions contre les tiers. — Exception pour celles qui dérivent d'une avarie commune.

395. — Le délaissement ne peut être conditionnel.

396. — Le délaissement partiel ou conditionnel est nul.

397. — Charges qui incombent à l'assureur.

398. — Concours de plusieurs assureurs, ou d'assureurs et de prêteurs à la grosse.

387. — L'article 372 du C. de commerce est ainsi couçu :

« Le délaissement des objets assurés ne peut être ni partiel ni conditionnel.

« Il ne s'étend qu'aux effets qui sont l'objet de l'assurance et du risque. »

Ce qui suit est le commentaire de cet article.

Le délaissement ne pouvant pas être partiel, doit comprendre tout ce qui existe de l'objet assuré en principal et accessoires. S'il en était autrement, l'assuré recevant toute la somme assurée, garderait en pur gain la partie de l'objet assuré qu'il ne délaisserait pas.

388. — Lorsque l'assurance est partielle, le délaissement doit être partiel. Ainsi lorsqu'elle porte sur le tiers du chargement, le tiers de ce qui est sauvé doit être délaissé. En vertu du même principe, on devrait décider en théorie pure que le délaissement doit être proportionnel à la somme assurée, de sorte que l'assureur qui s'est obligé pour 10,000 sur un objet qui en vaut 20,000, n'aurait droit au délaissement que de la moitié, et non du tout, l'assuré étant son propre assureur pour le découvert (1). Mais dans la pratique, les choses ne se passent pas ainsi. Le navire est évalué de gré à gré pour toute sa valeur, et l'assuré ne peut soutenir qu'elle est inférieure à ce qu'elle est réellement pour se faire attribuer une partie de ce qui en a été sauvé. Il en est de même de la marchandise. D'où il résulte que le délaissement ne peut être partiel que lorsque l'assurance est elle-même partielle.

389. — Lorsqu'un navire à vapeur est assuré par deux contrats, l'un portant sur la coque, l'autre sur la machine, le délaissement doit être divisé sur chacun de ces objets. La manière de régler est la même lorsque le chargement comprend plusieurs espèces de marchandises, et que chacune d'elles est l'objet d'un contrat distinct. On doit au contraire tout délaisser lorsque l'assurance est une : *unica assecuratio omnium mercium* (2).

Pour savoir si elle est une ou multiple, il faut

---

(1) V. Deluca, Disc. 106, n. 9. — Et en outre, Emérigon, ch. 17, sect. 8 ; Valin sur l'art. 47 ; Pothier, n. 133 ; Dalloz, n. 2139 ; Boulay-Paty, t. 4, p. 285 ; Alauzet, Ass., n. 133 et comm., n. 1531 ; Pardessus, n. 851 ; Dageville, t. 3, p. 347.

(2) Deluca, Disc. 108 ; Casaregis, Disc. 1, n. 110 ; Valin, sur l'art. 47.

consulter la convention et l'interprêter (1). Cependant, on a posé sur ce point quelques règles. On a dit :

1° L'assurance est une, lorsque plusieurs espèces de marchandises sont assurées par un même contrat moyennant un prix unique.

2° Il en est autrement lorsque plusieurs espèces de marchandises, quoique assurées par un même contrat, le sont, chacune, pour une somme qui leur est exclusivement applicable (2).

Nous avons reproduit cette distinction, non certes pour l'adopter, mais pour montrer à quelles erreurs on peut arriver en raisonnant sur des faits et des espèces imaginaires. Caseregis constate que le contrat peut être un, malgré qu'on ait assigné à chaque espèce de marchandise une valeur différente *(distinctio pretii)*. C'est qu'en effet la volonté des parties doit être le seul guide en cette matière, et que c'est uniquement dans le contrat et dans les circonstances y ayant trait qu'il faut chercher l'expression de cette volonté.

390. — Dans la plupart des cas, sauf exception dûment justifiée, l'assurance du navire porte sur toutes ses parties. Aussi, c'est avec juste motif que la cour de Bordeaux a décidé que si un navire nouvellement construit et non encore muni de tous ses agrès et apparaux est détruit par le feu dans le port où il vient d'être lancé, l'assureur, responsable de la perte, a le droit d'exiger que les agrès et apparaux qui sont encore à terre, soient compris dans le délaissement.

On ne devrait pas décider de la même manière, s'il

(1) Pardessus, n. 85.

(2) Pardessus, t. 3 n. 850 et 859 ; Locré, t. 2, p. 452 ; Boulay-Paty, t. 4, p. 284 ; Bédarride, n. 1447 ; Dalloz, n. 2135 ; Hagbe et Cruismanns, n. 209.

s'agissait d'une marchandise couverte par une même assurance, dont une partie déjà chargée aurait été détruite par le feu, tandis que l'autre partie, non encore chargée, aurait échappé à l'incendie. Les risques n'ayant pas encore commencé pour cette partie, il n'y aurait pas lieu de la délaisser. Mais il en serait autrement si elle avait été mise dans une ou plusieurs gabares, car les risques auraient commencé dans ce cas. Cette règle a été très judicieusement appliquée dans l'espèce suivante. — Il s'agissait d'un chargement de bois, en partie embarqué, en partie dirigé sur le navire sous forme de radeau. La partie embarquée ayant été la proie des flammes, on décida que la partie qui était à flot devait être assimilée à une marchandise chargée sur une gabare, et qu'en conséquence c'était le cas de la comprendre dans le délaissement (1).

391. — Lorsque la marchandise assurée a été divisée par séries, on doit examiner si cette division a été faite uniquement en vue du règlement des franchises, ou bien pour toute espèce de perte et pour tout mode de règlement. Dans ce dernier cas seulement, le délaissement peut porter sur chaque série en particulier (2).

392. — Si une partie des marchandises assurées a été déchargée pendant le cours de la navigation, le risque se consolide sur la partie restée à bord, de sorte que si celle-ci vient à périr, le délaissement doit être limité à ce qui en a été sauvé. Cette solution, qui est

(1) 10 mai 1860. — T. Seine (J. Havre. 1860. 1. 2. 145).

(2) V. 15 déc. 1828. — Bordeaux (Dalloz, n. 2136). — 6 juin 1845. — Mars. (J. M. 24. 1. 369). — Alauzet, n. 356; Bedarride, n. 1447; Haghe et Cruismans, n 209.

généralement admise (1), est exacte. Et en effet, étant admis que l'assuré a le droit de faire échelle, de décharger et de recharger, il arrivera de trois choses l'une : — ou que ce qui restera à bord du navire aura une valeur égale à celle qui a été stipulée dans la police, et dans ce cas l'indemnité sera proportionnelle au délaissement, — ou bien une valeur inférieure, et dans ce cas l'indemnité étant réduite, il est juste que le délaissement le soit, — ou bien que ce qui restera aura une valeur supérieure, et dans ce cas, l'indemnité étant réduite à proportion de la valeur portée dans la police, le délaissement devra être réduit selon cette proportion.

393. — Le délaissement doit comprendre tout ce qui est compris dans l'assurance. Ainsi la prime relative aux morues, laquelle n'est acquise que si la marchandise n'a pas subi d'avaries qui la rendent impropre à la navigation, doit, si elle a été assurée, être délaissée en même temps que la marchandise dont elle est l'accessoire (2).

Il en est de même de tout ce qui est considéré comme le fruit civil du navire, et non seulement le fret, mais encore le prix du transport des passagers (3), la prime de sauvetage gagnée par un navire qui a sauvé un autre navire naufragé (4), et ainsi de suite.

394. — Le délaissement doit aussi comprendre toutes

---

(1) Emérigon, ch. 17, sect. 8; Dalloz, n. 2138; Pardessus, n. 851; Boulay-Paty, t. 4, p. 287.

(2) 28 mai 1870. — Rouen (J. M. 48. 2. 160). — 8 janvier 1872. — Cass. (S. V. 72. 1. 24).

(3) 2 août 1852. — Rouen (J. M. 31. 2. 46). — 21 mars 1862. — Havre (J. Havre 1862. 1. 99). — 19 novembre 1862. — Rouen (J. Havre 1862. 2. 399).

(4) 24 avril 1863. — Mars. (J. M. 41. 1. 121).

les actions qui se rattachent directement aux faits qui ont causé la perte. Telles sont celles qui peuvent être exercées contre le capitaine ou l'armateur pour faits de baraterie, ou contre le capitaine ou l'armateur du navire qui, dans un abordage, a causé le sinistre qui donne lieu au délaissement du navire abordé.

Mais si, antérieurement à la perte totale ou présumée telle, une partie de l'objet assuré a été volontairement sacrifiée et qu'il y ait eu un règlement d'avarie commune, l'assureur n'a pas le droit de faire comprendre dans le délaissement les actions de l'assuré contre les contribuables, attendu que s'il a payé la part contributive de l'assuré, c'est-à-dire la perte que lui a causée cette avarie commune, il la déduit de la somme assurée, et que s'il ne l'a pas payée, il ne la doit pas, vu qu'il paie la somme assurée et qu'il n'est pas tenu à plus.

395. — Le délaissement ne peut pas être conditionnel, ce qui veut dire qu'il ne doit pas être subordonné à tel ou tel évènement ; par exemple : au cas de défaut de nouvelles, au retour du navire ; au cas d'échouement avec bris, au fait que le navire ne sera ni renfloué, ni réparé. Si l'assuré pouvait imposer de telles conditions, l'assureur serait mis dans l'impossibilité de réaliser au plus tôt ce qui a été sauvé.

396. — Un délaissement partiel ou conditionnel doit être considéré comme non avenu (1), et ne peut être renouvelé après que les délais pour faire le délaissement sont expirés. Cependant, ce serait outrer ce principe que de tenir compte d'une légère erreur, facilement

(1) Bedarride, n. 1448.

réparable, qui, même loin de prouver que l'assuré a voulu faire un délaissement partiel, démontrerait qu'il l'a voulu total (1). L'assureur qui accepte un délaissement partiel, le sachant tel, couvre l'irrégularité qu'il renferme (2). Mais il faudrait une renonciation formelle pour qu'il fût non recevable à demander ce qui a été omis.

397. — L'assureur qui prend possession de la marchandise et en dispose, est tenu de payer les frais de sauvetage ainsi que le fret. Il en est ainsi, parce que le délaissement se fait sans préjudice des privilèges, et que l'assureur est mis entièrement au lieu et place de l'assuré, *comme si assuré ne fut.* On suit d'autres principes à l'égard du fret en Angleterre (3) et aux États-Unis (4), où on se fonde sur ce que l'obligation de le garantir n'est pas comprise dans l'assurance des facultés pour décider que non-seulement l'assureur n'est pas tenu de son paiement, mais encore que l'assuré qui l'a payé n'a contre lui aucune action en répétition.

398. — Lorsque plusieurs assureurs ont assuré une partie d'un même objet, le délaissement doit leur être fait à proportion de leur participation. Mais il peut arriver qu'un premier assureur ait assuré un objet pour toute sa valeur, et que, malgré cela, l'évaluation convenue avec lui soit inférieure à la valeur réelle. Dans ce cas, l'assuré, qui a en apparence tout assuré, et qui est cependant à découvert pour la différence entre la valeur réelle et la valeur convenue avec

(1) 24 novembre 1829. — Bordeaux (Dalloz, n. 2154).
(2) Dageville, t. 3, p. 449.
(3) Baillie v[s] Modigliani, Parck, 116.
(4) Columbian Ins. Comp. v[s] Calett, 12 Wheaton's Rep. 383.

cet assureur, peut faire assurer la différence (1). Il peut surgir de là une difficulté sérieuse, si on suppose une perte présumée totale, et si l'assuré fait le délaissement au premier assureur. Celui-ci ayant assuré toute la valeur, a droit à un délaissement intégral, et s'il lui est fait, il ne reste rien à délaisser au second assureur, qui pourra justement soutenir qu'à son égard l'action en délaissement est impossible. On ne peut sortir de cette situation qu'en décidant que l'assuré n'aura contre le second assureur que l'action d'avarie.

Il peut y avoir aussi un concours entre un prêteur à la grosse et un assureur. Ce cas est prévu par l'art. 331 du C. de commerce qui est ainsi conçu :

« S'il y a contrat à la grosse et assurance sur le « même navire ou le même chargement, le produit des « effets sauvés est partagé entre le prêteur pour son « capital seulement, et l'assureur pour les sommes « assurées, au marc le franc de leur intérêt respectif, « sans préjudice des privilèges établis en l'art. 191. »

Nous allons expliquer cet article qui ne présente plus du reste qu'un intérêt purement nominal. Nous dirons tout à l'heure pourquoi.

L'ordonnance (art. 15), prévoyant le concours de l'assureur et du donneur sur les effets sauvés, avait donné la préférence au premier. Une discussion s'éleva sur ce point entre Emérigon et Valin, et tandis que Emérigon justifiait l'ordonnance en soutenant que le contrat à la grosse mérite une plus grande faveur que l'assurance, Valin soutenait au contraire que l'emploi du premier contrat conduit souvent à une complète ruine, en quoi il avait raison.

(1) 8 mai 1839. — Cass. (S. V. 39. 1. 358).

Les rédacteurs du C. de commerce se sont rangés à l'avis de Valin; ils ont écarté le droit de préférence, et admis le concours; mais ils l'ont admis sans préjudice des privilèges établis en l'art. 191, aux termes duquel le donneur qui a prêté à la grosse pendant le voyage prime l'assureur (1).

L'art. 331 est donc limité au cas où le prêt est antérieur au voyage; or, pour que son application soit possible dans ce cas, il faut supposer que le premier contrat, qu'il soit un prêt ou une assurance, ne couvre pas toute la valeur de l'objet soumis au risque, et que le second contrat trouve un aliment dans le découvert.

Ainsi réduit, l'art. 331 a cessé d'être applicable aux navires, en vertu de l'art. 27 premier alinéa de la loi de 1874 sur l'hypothèque maritime qui supprime le privilège du prêt à la grosse, lorsque ce prêt est antérieur au voyage.

L'art. 331 n'est donc plus applicable que dans les cas où le prêt à la grosse est antérieur au voyage et affecte le chargement. Or, comme ces sortes de prêts deviennent de plus en plus rares, l'art. 331 n'a pour ainsi dire plus aucune raison d'être.

§ III.

Du délaissement du fret au cas où le navire est délaissé.

399. — Considérations générales sur le délaissement du fret.
400. — L'art. 386 ne s'applique qu'au fret.
401. — Il n'est pas nécessaire que le montant du fret soit fixé.

(1) V. 18 septembre 1857. — Mars. (J. M. 1. 35. 256).

399. — L'ordonnance de 1681 ne disait rien du délaissement du fret, et comme son silence avait soulevé certaines réclamations, le gouvernement consulta les amirautés (1). Leur avis fut que le fret devait être délaissé, par le double motif qu'il est le fruit civil et par suite l'accessoire du navire, qu'il compense son usure dont la valeur n'est pas déduite dans le règlement de l'indemnité.

Ce principe étant admis, on se demanda encore s'il ne fallait pas distinguer entre le fret des marchandises sauvées et celui des marchandises mises à terre avant le sinistre. — Pour soutenir que le délaissement doit porter sur l'un et l'autre fret, on disait qu'ils représentent également l'usure du navire, à quoi on répondait que le recomblement de celui qui est déjà perçu exigerait des comptes de liquidation et par suite des lenteurs qu'il faut éviter.

(1) V. Emérigon, ch. 17, sect. 9.

Ces diverses considérations ont donné naissance à l'art. 6 de la déclaration du 17 août 1779, qui est ainsi conçu :

« Le fret acquis pourra être assuré et ne pourra faire « partie du délaissement du navire, s'il n'est compris « dans la police d'assurance ; mais le fret à faire « appartiendra aux assureurs comme faisant partie « du délaissement, s'il n'y a clause contraire dans « la police d'assurance, sans préjudice toutefois « du loyer des matelots et des contrats à la grosse « aventure à l'égard desquels les dispositions de l'or- « donnance du mois d'août 1681 seront exécutés selon « leur forme et teneur. »

Cet article est devenu, avec des améliorations très sensibles, l'art. 386 du C. de comm. qui est ainsi conçu :

« Le fret des marchandises assurées quand même il « aurait été payé d'avance, fait partie du délaissement « du navire, et appartient également à l'assureur, sans « préjudice des droits des prêteurs à la grosse, de ceux « des matelots pour leur loyer, et des frais et dépenses « pendant le voyage. »

Le principe posé dans cet article est admis dans un grand nombre de législations étrangères (1). Il est suivi en Angleterre (2). Il en est autrement en Allemagne et aux États-Unis, où on distingue entre le fret gagné antérieurement au délaissement et celui qui a été gagné après, pour attribuer le premier à l'assuré et le

(1) Code esp. art. 915 ; portugais, 2135 ; Sarde, 416 ; L. pr. § 2325. — A Hambourg et en Hollande la loi est muette. V. à cet égard Pohls, 4, 666.

(2) Case v' Davidson, 2, Brod et Bringh, 387 ; Barcray v' Stirling, 5 Maule et Sel 6. — V. aussi Arnould, 2, 1151.

second à l'assureur (1). Ainsi, étant donné un navire délaissé pour défaut de nouvelles, retrouvé après le délaissement et qui a gagné son fret, on divise ce fret, *pro rata itineris*, en deux parties, dont l'une correspond à la distance parcourue avant le délaissement ou plutôt avant le sinistre, l'autre à celle qui a été parcourue après, et on attribue la première à l'assuré et la seconde à l'assureur (2). Pour soutenir cette distinction, on dit qu'il ne faut considérer le fret, ni comme l'accessoire du navire, ni comme le compensateur de son usure ; que puisqu'il en est le fruit, et que tout propriétaire fait les fruits siens, l'assuré y a droit avant le délaissement parce qu'il est encore propriétaire, et l'assureur après, parce que par le fait du délaissement, il prend le lieu et place de l'assuré.

Certains auteurs sont plus radicaux. Ils repoussent le délaissement du fret, parce que, disent-ils, on l'a admis en appliquant à tort au contrat d'assurance les principes qui régissent le contrat de vente ; — parce qu'il provient du louage du navire dont l'assureur ne saurait se prévaloir ; — parce que tout au moins il doit être restreint à la partie du fret qui représente l'usure du navire (3).

Cela dit, revenons à l'art. 386. — Cet article contient trois propositions : 1° Il suppose l'existence d'un fret ; — 2° Le délaissement ne doit porter que sur le fret des

---

(1) Kent, 3, 332 ; Philipps, 2, 428. — V. C. Allemand, art 872.

(2) Le délaissement du fret à l'assureur du navire donne lieu en Angleterre et aux États-Unis à de sérieuses difficultés lorsque le fret lui-même est assuré par un contrat distinct. — Cons. sur ce point la trad. franc. de l'ouvrage de Benecke, t. 2, 417 et s.

(3) Pohls, t. 4, p. 635.

marchandises sauvées ; — 3° Le fret payé d'avance et non remboursable doit être délaissé.

Ces trois propositions vont être successivement examinées.

400. — *Première proposition.* — L'art. 386 s'applique au fret et rien qu'au fret. Il ne s'applique pas par suite aux avances faites à l'armateur par un tiers, alors même qu'elles auraient été déclarées non remboursables au cas de perte du navire (1).

401. — Mais il existe un fret, bien que son montant n'ait pas été stipulé dans la police. On doit alors l'évaluer selon le cours, et le soumettre d'après cette évaluation au délaissement. On s'égarerait en l'évaluant autrement. Aussi, il a été justement décidé que s'il est assuré par une police d'honneur, on ne doit pas suivre l'évaluation contenue dans cette police (2).

L'assuré qui est en même temps chargeur et propriétaire du navire ne stipule pas de fret. Ce n'est pas un motif pour l'affranchir du délaissement de ce fret. Il suffit pour l'y soumettre de l'évaluer d'après les cours établis (3). En vain, dirait-il que cela n'est pas possible, vu qu'il n'existe pas, il lui serait répondu qu'il existe, et la preuve c'est que dans une maison de commerce bien ordonnée, on ouvre dans notre cas un compte au navire, compte dans lequel on le débite du fret, après l'avoir évalué, et on le crédite de toutes les dépenses qui correspondent à ce fret.

402. — On a posé l'espèce suivante (4). — Un pro-

---

(1) 26 juin 1861. — Nantes (J. Hav. 1865. 2. 193). — 15 mai 1868. — Mars. (J. M. 46. 1. 229).

(2) 10 juillet 1854. — Bordeaux (J. M. 32. 2. 108).

(3) 27 juillet 1864. — Rennes (J. M. 64. 2. 135).

(4) De Courcy, t. 1, p. 127 et s.

priétaire de navire, qui ne veut ou ne peut le gérer, le loue à un tiers, pendant un temps déterminé, à un prix convenu, et en même temps le fait assurer.

Ce tiers est un entrepreneur de location, qui l'affrète à des chargeurs, de sorte, dit-on, qu'il y a deux frets, l'un afférent à la charte partie, dont le montant n'est autre que le prix convenu entre le propriétaire et l'entrepreneur, l'autre qui est afférent au connaissement, dont le montant a été convenu entre ce dernier et le chargeur.

Dans cette situation, le navire périt et est délaissé. Il s'agit de savoir si le délaissement doit porter ou sur le fret que doit l'entrepreneur et plus exactement le locataire, ou sur celui que doit le chargeur à qui ce locataire a consenti l'affrètement ?

Je réponds sans hésitation que c'est celui que doit le chargeur, car l'art. 386 s'applique au fret des marchandises *sauvées*, et par conséquent *chargées*.

Cependant, on insiste et on établit une distinction entre le fret résultant de la charte partie et celui qui résulte du connaissement, et on donne la préférence au premier, sans voir que le chargeur, lui aussi, peut se faire consentir une charte partie.

D'ailleurs l'entrepreneur de location n'est, étant donnée l'espèce, qu'un cessionnaire de jouissance ; le prix qu'il doit n'est pas à proprement parler un fret. Et, en effet, s'il loue le navire pour dix ans, moyennant une somme de 30,000 fr., le propriétaire devra-t-il délaisser cette somme ?

Cela me rappelle la singulière prétention d'un propriétaire de navire, qui en ayant cédé la jouissance à un créancier jusqu'au paiement intégral de ce qui lui était dû, soutenait, ce navire ayant été délaissé, qu'il ne devait pas le délaissement du fret, attendu qu'il ne le touchait pas. Il le touchait, puisque par lui il éteignait sa créance, comme dans notre espèce le propriétaire le touche, car en donnant à un tiers le droit de le toucher, il se procure la somme que ce tiers lui paie.

403. — Dans le cas où le navire a été déclaré innavigable et délaissé, et où le capitaine en a affrété un autre pour transporter la marchandise qui a été sauvée, moyennant un fret inférieur à celui qui a été primitivement stipulé, le bénéfice résultant de la différence entre les deux frets, qui appartient en principe à l'armateur, sauf les réductions que nous avons proposées (v. *supra*, 2, 219), et qu'il garde lorsqu'il ne fait pas le délaissement, doit, lorsqu'il le fait, être délaissé par lui à son assureur (1).

404. — *Deuxième proposition.* — Il s'agit de déterminer le sens de la partie de l'art. 386, où il est dit que l'assuré doit délaisser *le fret des marchandises sauvées.* — Pour plus de clarté posons deux espèces :

Un navire est assuré et l'assuré a la faculté de faire échelle. Usant de cette faculté, il s'arrête dans trois ports intermédiaires, après un parcours qui représente les trois quarts de la route. Il part du troisième port muni d'un chargement qui doit être transporté au lieu de destination. Pendant le trajet pour y arriver il périt, mais la marchandise est sauvée. L'assuré touche par suite tout le fret. — Ayant fait le délaissement du navire, il s'agit de savoir quelle est la partie du fret

(1) 7 juillet 1866. — Nantes (J. Hâvre 1867. 2. 97).

qu'il doit délaisser ? — Je réponds : le quart, de sorte que les autres trois quarts lui restent.

Autre espèce : — Un navire est assuré pour un voyage d'aller et retour prime liée. Il accomplit heureusement le voyage d'aller, décharge au port de destination de ce voyage la marchandise dont il est porteur, en repart porteur du chargement de retour, et périt dans cette seconde traversée. Mais, la marchandise étant sauvée, l'entier fret correspondant à l'aller et au retour est payé. Le propriétaire de ce navire en fait le délaissement, et il s'agit de savoir quelle est la partie du fret qu'il doit délaisser ? — Je réponds : rien que la partie qui correspond au voyage de retour.

Il en est ainsi parce que les mots *le fret des marchandises sauvées*, que contient l'art. 386, doivent s'entendre du fret des marchandises qui sont à bord du navire au moment où il périt, et non de celles qui ont été déjà débarquées, attendu que le fret dont elles sont grevées est considéré comme acquis.

On a contesté cette interprétation, et on a dit : puisque le fret est délaissé parce qu'il est la représentation de l'usure du navire, et que l'usure l'affecte pendant toute la durée du voyage, le fret doit être délaissé dans une mesure correspondante, et dès lors compris tout entier dans le délaissement. Il ne faut pas s'arrêter aux mots *marchandises sauvées ;* ils signifient que *les marchandises perdues* ne doivent aucun fret (1).

Mais la Cour de Cassation, à qui cette thèse a été soumise a victorieusement répondu — « que par ces « mots *marchandises sauvées*, la loi a évidemment

(1) Fremery, p. 307 et s.

« entendu, en la prenant même dans le sens grammatical, les marchandises qui se sont trouvées « exposées au sinistre qui est devenu la cause du « délaissement et qui ont été sauvées ; que c'est aussi « dans cette même acception limitative que les mots « marchandises sauvées ont été constamment employées dans divers articles du Code, et notamment « dans les art. 259, 303, 327, 331, 418, 423 et 425 (1). »

Cette interprétation littérale, il est vrai, mais parfaitement exacte de l'art. 386, ayant été unanimement acceptée par la doctrine et la jurisprudence, les assureurs ont introduit dans les polices une clause par laquelle l'assuré doit délaisser *tout le fret sauvé du voyage pendant lequel le sinistre a eu lieu,* ou bien, suivant une autre formule, *le fret de toutes marchandises débarquées même avant le sinistre ou aux divers lieux d'escale.*

405. — Nous avons dit que l'armateur qui est en même temps chargeur doit le délaissement d'un fret, sauf à l'estimer, et qu'il le doit parce qu'il se le paie à lui-même, absolument comme il prête à son commerce les sommes qu'il lui verse. D'autres combinaisons peuvent faire naître des cas semblables. Ainsi le fréteur et l'affréteur conviennent dans le cas d'un voyage aller et retour, que le fret ne sera dû que si le

(1) 14 décembre 1825. — Rej. (S. 26. 1. 277. — J. M. 6. 2. 230). — 19 juin 1843. — Trib. Bordeaux (Mém. 43. 1. 169). — 7 juin 1856. — Havre (J. Havre 1856. 1. 128). — 4 mai 1857. — Bordeaux (J. M. 35. 2. 109). — 10 novembre 1858. — Mars. (J. M. 36. 1. 380). — 27 juin 1859. — Bordeaux (J. M. 37. 2. 120). — *Sic* Alauzet, t. 2, n. 336 et Comm., n. 1554 ; Estrangin, p. 57 ; Pardessus, t. 3, n. 852 ; Boulay-Paty, t. 4, p. 397 et s ; Dageville, t. 3, n. 546 ; Dalloz, n. 2143 et s. ; Bedarride, n. 1577 ; Haghe et Cruismans, n. 215.

navire conduit les marchandises chargées à bon port dans les deux parties du voyage (1), ou bien ils conviennent que le transport sera gratuit dans le voyage d'aller et qu'il n'y aura de fret que pour le voyage de retour (2). On a décidé dans ces deux espèces que si le navire périt dans le voyage d'aller et si les marchandises dont il est porteur sont sauvées, l'armateur qui fait le délaissement du navire doit y comprendre un fret, qu'il faut cependant évaluer, attendu qu'il n'en touche aucun.

On se récrie contre cette solution. On déclare que l'armateur ne peut pas délaisser un fret qu'il ne touche pas (3).

Cette objection ne nous arrête pas. Et en effet, l'armateur qui consent à ce que le transport soit gratuit dans le voyage d'aller se refait en stipulant un fret plus élevé pour le voyage de retour. De même celui qui consent à perdre le voyage d'aller lorsque le voyage de retour n'aboutit pas, doit tenir compte de ce risque et par suite augmenter dans une certaine mesure le fret. Il y a donc en réalité un fret d'aller, quoique son montant soit voilé par des combinaisons dont l'assureur n'a pas à tenir compte. Le cas inverse démontre l'exactitude de cette observation. Supposons que le voyage d'aller se soit accompli sans accident, et que le navire ait subi une perte totale dans le voyage de retour, la marchandise étant sauvée, ce qui oblige le chargeur à payer le fret. — Comment ce fret sera-t-il délaissé? —

(1) 24 mars et 29 juillet 1862. — Havre (J. Hav. 1862. 1. 99 et 217). — 19 novembre 1862. — Rouen (J. Havre 1862. 2. 309).

(2) 14 août 1857. — Paris (J. Havre 1857. 2. 201).

(3) V. De Courcy, t. 1, p. 138 et s.

Evidemment, pas tout entier ; ce serait inique. Il faudra en déduire la part qui correspond à la valeur du fret du voyage d'aller.

406. — *Troisième proposition.* — L'art. 386 porte que l'assuré doit délaisser le fret des marchandises sauvées, *quand même il aurait été payé d'avance.*

La loi suppose qu'une partie du fret a été payée d'avance, que ce fret est délaissé, et comme l'affréteur impute sur son montant la somme qu'il a avancée, elle veut que l'assuré fasse compte à son assureur de cette somme (1).

Jusque-là tout est clair ; la difficulté commence lorsqu'il a été stipulé que la partie du fret avancée sera non remboursable à tout évènement. Il peut arriver dans ce cas que la marchandise étant entièrement perdue, le fret le soit aussi, et on se demande si l'assuré doit délaisser l'avance qui lui a été faite.

La négative nous paraît certaine (2). Et en effet, l'art. 386 ne parle pas du *fret sauvé,* mais du *fret des marchandises sauvées ;* or les marchandises sont *perdues* dans notre espèce. Il est vrai que l'assuré sauve la partie du fret qui est représentée par les avances qu'il ne restitue pas, mais comme il la sauve par suite d'une stipulation spéciale, presque toujours consentie à titre onéreux, l'assureur, qui y est étranger, ne peut s'en prévaloir.

Aussi, les assureurs introduisent dans les polices une clause par laquelle l'assuré doit délaisser *tout fret payé d'avance et non restituable à l'affréteur.*

---

(1) V. 11 mars 1874. — Mars. (J. M. 74. 1. 142). — 19 novembre 1874. — Mars. (J. M. 75. 1. 44). — 13 septembre 1876. — Trib. Paris (J. M. 76. 2. 198).

(2) 4 juillet 1865. — Caen (S. V. 66. 2. 8. — J. M. 46. 2. 94).

407. — Aux termes de l'art. 386, l'assureur qui reçoit le fret des marchandises sauvées doit payer : — 1° les loyers des matelots ; — 2° les frais et dépenses du voyage ; — 3° les sommes dues aux prêteurs à la grosse.

Loyers des matelots. — Les matelots sont payés de leur salaire sur les débris sauvés, et subsidiairement sur le fret, lorsqu'ils sont engagés au voyage ou au mois. — Lorsqu'ils sont engagés à une part de fret, ils sont payés seulement sur le fret (v. art. 259 et 260). L'assureur à qui le fret appartient par le délaissement doit donc payer les matelots. Mais l'art. 386 ne lui ayant attribué que le fret des marchandises sauvées, il s'ensuit qu'il doit payer tous les gages des matelots correspondant au dernier voyage, bien qu'il ne touche qu'une partie de l'entier fret (1). On s'est vainement élevé contre cette conséquence (2) ; elle est forcée. Mais si les matelots exercent un privilège pour les gages antérieurs au voyage assuré, l'assureur n'est point tenu de les payer, et il a le droit, lorsqu'il les paie, de se les faire rembourser par l'assuré, ou, ce qui est plus simple, de les imputer sur l'indemnité (3).

Les sommes que paient les passagers pour le voyage étant considérées comme un fret, on doit en déduire la valeur des victuailles qui leur sont destinées (4).

408. — Les frais et les dépenses que doit le fret sont payés par l'assureur à qui il est délaissé ; s'il en

(1) 18 février 1865. — Havre (J. Havre 1865. 1. 92).

(2) V. Lemonnier, t. 2, n 330.

(3) 3 juin 1828. — Cass. (S. 28. 1. 245).

(4) 8 juin 1875. — Mars (J. M. 53. 1. 260). — 2 août 1875. — Aix (J. M. 54 1. 84).

était autrement, l'assuré ne recevrait pas une indemnité complète. Ainsi, l'assureur doit payer les frais de pilotage, de remorquage, les droits de quai, etc. Il doit aussi déduire du fret tout ce qui constitue la mise hors, car il serait contradictoire que payant le loyer des matelots il ne payât pas les victuailles qui ont servi à les nourrir. Cependant l'assuré n'a pas le droit d'imputer la valeur des victuailles sur le fret lorsque la mise hors a été assurée, car s'il en était autrement il la toucherait deux fois (1). Dans ce cas, il arrivera de deux choses l'une, ou que l'assureur du navire sera en même temps l'assureur de la mise hors, ce qui l'obligera à payer la somme assurée correspondante à cette mise hors, et le dispensera par conséquent de payer cette même somme comme créancier du fret ; — ou bien le navire et la mise hors seront assurés par deux assureurs distincts, et le fret devant leur être délaissé proportionnellement à leur intérêt (2), l'assuré ne pourra demander la valeur de la mise hors à l'assureur du navire, car il ne reçoit pas la partie du fret qui est afférente à cette mise hors, — ni à l'assureur de la mise hors, puisqu'en payant l'indemnité, il paie cette valeur, et qu'il ne peut pas être tenu de la payer deux fois.

409. — L'art. 386 dit que le fret sera délaissé *sans préjudice des droits du prêteur à la grosse.*

Il faut rapprocher cette disposition de l'art. 320, aux termes duquel *le fret acquis* est affecté au privilège du

(1) 4 mai 1857. — Bordeaux (J. M. 35. 2. 109). — 1er août 1872. — Trib. Seine (J. M. 52. 2. 180).

(2) Fremery, p. 311 ; Haghe et Cruismans, n. 216.

prêteur, et des articles 191, 323 et 331, aux termes desquels ce prêteur concourt avec l'assureur lorsque le prêt précède le voyage, et le prime lorsqu'il est fait pendant le voyagè, et enfin avec l'art. 27 de la loi de 1874 sur l'hypothèque maritime qui supprime le privilège à l'égard du prêt fait sur le navire avant le voyage. De la combinaison de ces diverses dispositions, il résulte que l'art. 386 n'est applicable, dans l'état actuel de la législation, qu'aux prêts faits pendant le voyage, ou, en d'autres termes, que l'assureur à qui le fret est délaissé, ne peut pretendre qu'à ce qui reste après que ces prêts ont été payés au moyen du fret, lorsqu'ils ne l'ont pas été avec le produit qu'a donné la vente des débris.

410.—L'assureur à qui le fret a été délaissé doit payer, en sa qualité de tiers détenteur, la contribution pour avaries communes due aux chargeurs dont la marchandise a été sacrifiée pour le salut commun ; mais dans ce cas, il a le droit de déduire de l'indemnité la somme qu'il a payée à ce titre, parce que, ainsi que nous l'avons déjà dit, il ne doit pas cette contribution lorsqu'il paie toute la somme assurée.

411. — On s'est posé la question de savoir si les parties peuvent convenir que le fret ne sera pas délaissé?

Cette clause est rarement stipulée, mais enfin elle l'est, et comme les assureurs n'en contestent pas la validité, la jurisprudence ne contient sur ce point, sauf une sentence arbitrale de 1821, aucun précédent. Mais les auteurs discutent, et sont divisés. D'ailleurs un assureur pourrait, par un motif quelconque, en faire l'objet d'une contestation; il y a donc lieu de l'examiner.

Dans le sens de la nullité de la clause, on dit :

L'art. 6 de la déclaration de 1779 ordonne le délaissement du fret *s'il n'y a clause contraire dans la police*. L'art. 386 garde le silence sur ce point. Ce silence est significatif, car lorsque la déclaration de 1779 était en vigueur, Emérigon, qui tenait pour contraire aux principes la faculté laissée aux parties de convenir que le fret ne serait pas compris dans le délaissement, faisait observer que cette convention procure un bénéfice à l'assuré, et qu'elle vaut *in vim sponsionis et non in vim assecurationis* (1). — L'assuré ne peut pas plus, ajoute-t-on, ne pas délaisser le fret lorsqu'il touche l'entière valeur du navire, qu'il ne peut, dans ce même cas, ne pas délaisser ce qui est sauvé (2).

Dans le sens contraire, on répond que le délaissement du fret n'est pas de l'essence du contrat d'assurance, et la preuve c'est que l'ordonnance de 1681 n'en parle pas, et que la déclaration de 1779 permet de le supprimer. Il est vrai que l'art. 386 garde le silence sur ce point, mais l'art. 332, après avoir mentionné les diverses énonciations que doit contenir la police, ajoute : *et généralement toutes les autres conditions dont les parties sont convenues* (3).

On a proposé une solution mixte qui consiste à soutenir que l'assuré ne peut être affranchi que du délaissement du *fret net* (v. sur le fret net, t. I, n. 178), parce que, dit-on, le bénéfice que procure le fret n'entre pas dans l'évaluation du navire (4).

---

(1) Emérigon, ch. 17, sect. 9.

(2) Boulay-Paty, t. 4, p. 417; Estrangin, p. 55 et 482; Alauzet, Ass., t. 2, n 338 et Comm., n. 1556; Bernard, p. 409; Bedarride, n. 1579 et s.; Dubernad sur Benecke, t. 2, p. 477.

(3) 31 janv. 1821. — Sent. arb. (J. M. 2. 2. 52). — Dageville, t. 3, p. 553; Pardessus, n. 852.

(4) Haghe et Cruismans, n. 217.

Enfin il est admis que l'assuré doit payer tous les frais afférents au fret lorsqu'il ne le délaisse pas. Un seul point est controversé à cet égard. D'après les uns, l'assureur n'a point d'action en répétition contre l'assuré lorsque les matelots sont payés de leur loyer au moyen de la vente des débris et cela parce que l'art. 259 veut qu'ils y aient recours avant de prendre sur le fret (1). D'après d'autres enfin, cet article n'a aucun rapport avec l'assurance, d'où ils infèrent que le fret doit être employé avant les débris pour payer les salaires des matelots (2).

Suivant nous la question est mal posée, parce qu'elle ne peut l'être que si l'assurance couvre toute la valeur du navire, auquel cas l'assuré ne peut recevoir dans le règlement de la perte, plus que cette valeur. Or, plaçons-nous dans cette hypothèse, assignons au navire une valeur maximum, admettons que l'assurance qui couvre cette valeur place l'assuré, après la perte, dans la position où il aurait été si le voyage n'avait pas été entrepris, ce qui a lieu par cela que l'assureur paie, au cas de perte totale ou présumée telle, la valeur entière du navire, en même temps qu'il s'empare des débris, perçoit le fret et paie tous les frais que l'assuré aurait payés avec le montant de ce fret. Cela admis, qu'arrivera-t-il? Si le fret est perçu par l'assuré indépendamment et en sus de la valeur du navire au lieu de départ, il arrivera que, contrairement à l'art. 386, l'assuré se procurera un bénéfice au moyen de la perception du fret net. Mais supposez

(1) Bedarride, n. 1584.
(2) Dageville, 3, 558 ; Pardessus, n. 852.

qu'un navire valant en réalité 40,000 fr. et ayant produit 10,000 fr. de fret ait été assuré pour 30,000. Dans ce cas, la stipulation relative au non délaissement du fret sera licite, parce qu'elle exonèrera l'assuré du découvert auquel il est soumis.

Comme on le voit, la question doit être résolue dans un sens ou dans l'autre suivant que les principes fondamentaux du contrat sont ou ne sont pas atteints par la réserve du fret.

§ IV

Délais pour faire le délaissement.

412. — Article 373.
413. — Les délais ne courent que du jour où le sinistre existe.
414. — Et où il est connu de l'assuré.
415. — L'action doit être intentée dans les délais fixés par l'art. 373.

412. — Nous allons maintenant parler du délai dans lequel le délaissement doit être fait, ou, en d'autres termes, commenter l'art. 373 qui est ainsi conçu :

« Art. 373. — Le délaissement doit être fait aux « assureurs dans le terme de six mois, à partir du jour « de la réception de la nouvelle de la perte arrivée « aux ports ou côtes d'Europe, ou sur celles d'Asie et « d'Afrique, dans la Méditerranée, ou bien, en cas de « prise, de la réception de celle de la conduite du « navire dans l'un des ports ou lieux situés aux côtes « ci-dessus mentionnées ;

« Dans le délais d'un an après la réception de la « nouvelle ou de la perte arrivée, ou de la prise « conduite en Afrique en deçà du cap de Bonne-Espé- « rance, ou en Amérique en deçà du cap Horn ;

« Dans le délai de dix-huit mois après la nouvelle « des pertes ou des prises conduites dans les autres « parties du monde ;

« Et, ces délais passés, les assurés ne seront plus « recevables à faire le délaissement (1). »

L'art 373 fixe le délai dans lequel le délaissement doit être fait à peine de déchéance. Il suppose que l'assuré connaît le sinistre, qu'il a eu le temps pendant le délai qui lui a été accordé, de choisir entre l'action d'avarie et l'action en délaissement.

Pour que l'assuré soit déchu du droit de délaisser, il faut trois conditions, savoir :

1° L'existence du sinistre ; — 2° Qu'il soit connu de l'assuré ; — 3° Qu'il n'ait pas intenté l'action dans le délai fixé par l'art. 373.

Existence du sinistre.

413. — L'art. 373, en disposant que le délai qui y est porté court, au cas de prise, non du jour de la prise elle-même, mais du jour où le navire a été conduit

---

(1) En vertu d'une loi du 3 mai 1862, cet article a remplacé l'ancien article 373, qui était ainsi conçu :

« Le délaissement doit être fait aux assureurs dans le terme de six mois, à partir du jour de la réception de la nouvelle de la perte arrivée aux ports ou côtes de l'Europe, ou sur celles d'Asie et d'Afrique, dans la Méditerranée, ou bien, en cas de prise, de la réception de celle de la conduite du navire dans l'un des ports ou lieux situés aux côtes ci-dessus mentionnées ;

« Dans le délai d'un an après la réception de la nouvelle de la perte arrivée, ou de la prise conduite aux colonies des Indes occidentales, aux îles Açores, Canaries, Madère et autres îles et côtes occidentales d'Afrique et orientales d'Amérique ;

« Dans le délai de deux ans après la nouvelle des pertes arrivées ou des prises conduites dans toutes les autres parties du monde.

« Et ces délais passés, les assurés ne seront plus recevables à faire le délaissement. »

dans un port, indique assez qu'il ne doit être appliqué que si le sinistre a définitivement acquis le caractère de sinistre majeur (1).

Ainsi il importe peu que l'assuré sache que le navire a eu une voie d'eau, s'il ignore que par elle il est devenu innavigable ; qu'il s'est échoué, si la connaissance du bris ne lui est pas parvenue.

C'est en s'inspirant de ce principe qu'il a été décidé que ce n'est qu'après l'expertise qui a fixé la perte des trois quarts et la connaissance qu'en a l'assuré, que court le délai de la prescription (2), qu'elle ne court aussi que du jour de la vente si, à raison de la fortune de mer, elle a été ordonnée (3). Et en effet jusqu'au moment où l'expertise est rapportée, l'assuré ignore si le dommage, à supposer qu'il le connaisse, a le caractère de gravité voulu pour constituer un sinistre majeur. Il en est de même au cas de vente ; il ne sait pas si les magistrats l'ordonneront et si elle aura lieu.

L'assuré doit connaître le sinistre.

414. — L'art. 373 porte que le délai pour faire le délaissement court *à partir du jour de la réception de la nouvelle ou de la perte* (4).

---

(1) 18 février 1828. — Aix (S. V. 28. 2. 218). — 24 juin 1853. — Mars. (J. M. 31. 1. 343). — 24 août 1863. — Mars. (J. M. 41. 1. 221). — *Sic* Dalloz, n. 2158.

(2) 1er mars 1841. — Aix (J. M. 20. 1. 153). — 19 déc. 1844. — Nîmes (S. V. 45. 2. 529). — 22 juin 1847. — Cass. (S. V. 47. 1. 599). — 15 décembre 1866. — Havre (J. Havre 1867. 1. 44). — *Contra* Dalloz, n. 2163 ; Bédarride, n. 1463.

(3) 4 juillet 1839. — Mars. (J. M. 18. 1. 295).

(4) L'art. 373 contient une incorrection. On ne peut pas dire que le délai court *après la réception de la nouvelle ou de la perte.* On ne reçoit pas une perte ; on l'apprend.

Il faut que la connaissance de la nouvelle par l'assuré soit certaine (1), et qu'elle lui soit personnelle. Ainsi, elle peut être notoire dans la ville où il habite, alors qu'elle ne lui est point parvenue (2). Tout au plus pourrait-on dans ce cas se montrer envers lui plus sévère (3), en laissant aux juges un pouvoir discrétionnaire (4).

L'action en délaissement doit être intentée dans les délais fixés par l'art. 373.

415. — Toutes les législations maritimes ont imparti à l'assuré un délai, passé lequel l'action en délaissement est prescrite (5). En Angleterre, cette action doit être intentée dans un délai raisonnable (Within a reasonable times) (6).

L'art. 48 de l'ordonnance obligeait l'assuré à faire, dans le délai qui lui était imparti, non seulement le délaissement, *mais encore toutes demandes en exécution de la police* (7). — On a induit de là en se fondant sur ce que la rédaction de l'art. 373 est différente, que l'assuré doit signifier le délaissement dans le délai

(1) 23 décembre 1842. — Aix (S. V. 43. 2. 458). — 4 mars 1845. — Cass. (S. V. 45. 1. 605). — 19 février 1830. — Mars. (J. M. 11. 1. 112). — Boulay-Paty, t. 4, p. 293; Dageville, t. 3, p. 454; Pardessus, t. 3, n. 845; Dalloz, n. 2163.

(2) 6 janvier 1813. — Cass. (S. 13. 1. 99). — *Sic* Friguet, t. 2, n. 802. — *Contra* Bédarride, n. 1460.

(3) V. 19 janvier 1835. — Mars. (J. M. 15. 1. 110).

(4) 19 février 1844. — Cass. (S. V. 44. 1. 193).

(5) V. Code Esp. art. 903 et 904; C. Hollandais, art. 667; C. All. art. 688 et s.

(6) Justice Buller, Term. Rep. 616. — V. Benecke, trad. franç., t. 2, p. 419 et s.

(7) V. Emérigon, ch. 19, sect. 8.

fixé par cet article, mais que, l'ayant signifié, il peut intenter l'action après l'expiration de ce délai, tant que la prescription de cinq ans ne s'est pas accomplie.

Cette opinion est contraire à la loi ; à l'art. 431, qui veut, pour que la prescription soit interrompue, une action ; — à l'art. 379, qui dispose que l'obligation de déclarer les assurances ne proroge pas le délai *pour former l'action en délaissement ;* — à l'art. 385, qui veut que le délaissement *soit accepté ou jugé valable* (1).

La Cour de cassation a décidé que des pourparlers ne suffisent pas pour interrompre la prescription (2). Le contraire a été cependant jugé par le Parlement d'Aix (arrêts des 28 juin 1748, 27 mars 1751 et 26 juin 1760) (3). A notre avis, cette question ne peut être résolue qu'en fait, et s'il résulte des pourparlers l'existence d'une convention par laquelle l'assuré s'est obligé à ne pas intenter l'action jusqu'à l'arrivée de certains documents, l'assureur ne peut lui opposer la prescription.

Emérigon soutient que si l'action est intentée dans le délai fixé par l'art. 373, la prescription est acquise si, après la citation, l'assuré ne donne aucune suite à son action pendant le même délai, qu'il suffit cependant, pour que cette seconde prescription soit évitée, que la cause soit audiencée, ou, comme nous disons aujourd'hui, mise au rôle (4). Un jugement de

---

(1) 29 avril 1835. — Cass. (S. V. 35. 1. 246). — *Sic* Alauzet, n. 1533 ; Dageville, t. 3. p. 453 ; Pardessus, t. 3, n. 848 ; Bedarride, n. 1458.

(2) Arrêt. de Cass. cité. — 19 juillet 1850. — Rouen (J. M. 29. 2. 27). — *Sic* Friguet, t. 2, n. 804 ; Haghe et Cruismans, n. 203.

(3) Emérigon, ch. 19, sect. 10, § 3.

(4) Emérigon, ch. 19, sect. 5.

Marseille a décidé dans ce sens (1). Cette manière de voir est contraire à l'article 397 du C. de procédure qui punit au moyen de la péremption les plaideurs négligents.

(1) 29 juin 1830. — Mars. (J. M. 11. 1. 157). — Dalloz, n. 2172.

CHAPITRE VI.

AVIS DE LA PERTE. — SAUVETAGE. — DÉCLARATION DES ASSURANCES ET DES CONTRATS A LA GROSSE.

Ce chapitre sera divisé en trois paragraphes, savoir :

§ 1er. — Avis de la perte.
§ 2. — Du sauvetage.
§ 3. — Déclaration des assurances et des contrats à la grosse.

§ I.

Avis de la perte.

416. — L'assuré doit donner avis du sinistre. — Cette règle comporte une application générale.
417. — L'avis doit être donné à l'assureur.
418. — L'assuré a, pour le donner, les délais que comporte l'éloignement.
419. — Il ne doit le donner que s'il a une connaissance certaine de la perte.
420. — Ou si l'assureur en répond.
421. — La signification de l'avis n'est soumise à aucune forme spéciale.
422. — Le défaut d'avis n'entraîne pas la nullité de l'assurance.

416. — L'assuré doit faire connaître le sinistre à l'assureur, afin que celui-ci puisse, dans la mesure du possible, en atténuer les effets. Ce principe est admis par toutes les nations maritimes (1). Il figure dans

(1) Guidon de la mer, ch. 2, art. 2, 4, 5, ch. 6, art. 9 ; Ord. d'Anvers, art. 18 ; de Burgos, art. 11. 12 et 13 : de Bilbao, art. 29, 30 ; Cont. d'Amsterdam, art. 28 ; O. d'Amsterdam, 1744, art. 36, 1775, art. 35 ; Edit du R. de Sardaigne, 1770, cap. 5, art. 20 ; Preuss. Seez, 1727, cap. 6, n. 21, 1776, § 168 ; C. holl., art. 654 ; C. esp., art 877 ; O. Hambourg, tit. 14, art. 1 et tit. 15, art. 1 ; C. allemand, art. 846.

l'art. 42 de l'ordonnance, et dans l'art. 374 du C. de commerce qui est ainsi conçu :

« Dans le cas où le délaissement peut être fait, et « dans le cas de tous autres accidents aux risques des « assureurs, l'assuré est tenu de signifier à l'assureur « les avis qu'il a reçus. — La signification doit être « faite dans les trois jours de la réception de l'avis. »

Cet article, quoique placé au titre du délaissement, a un sens général, et doit être appliqué quelle que soit la nature du sinistre.

417. — La signification de l'avis doit être faite à l'assureur lui-même ; celle qui serait faite à un de ses préposés, quoique présent sur les lieux, ne suffirait pas (1), sauf le cas où il serait établi par l'étendue de ses pouvoirs qu'il a qualité pour la recevoir. Sous l'empire de l'ordonnance elle pouvait être faite à la Chambre de commerce du lieu où résidait l'assureur (2) ; cette règle est aujourd'hui abandonnée.

418. — Il n'est pas nécessaire que l'avis parvienne à l'assureur dans un délai prochain ; il faut tenir compte du temps nécessaire pour qu'il le reçoive (3).

419. — L'assuré n'est tenu de transmettre l'avis que du jour où il lui est parvenu. Ainsi, dans une espèce où un navire fut déclaré innavigable, puis vendu, et où la vente ne fut connue qu'après le retour de l'équipage, il fut décidé que l'assuré n'était pas responsable, quoiqu'il n'eût pas donné avis du sinistre qui avait précédé la vente (4).

---

(1) Alauzet, Comm., n. 1535 ; Bedarride, n. 1474.

(2) Emérigon, ch. 17, sect. 5.

(3) Pardessus, t. 3, n. 846 ; Bedarride, n. 1476.

(4) 3 juillet 1839. — Cass. (S. V. 39. 1. 849). — V. Bedarride, n. 1472.

420. — En général, l'assuré ne doit donner avis d'un sinistre à l'assureur que si celui-ci en répond (1). Nous disons en général, parce que si celui dont il ne répond pas a causé celui dont il répond, l'avis doit être donné.

421. — La signification de l'avis n'est soumise à aucune forme spéciale (2). De plus, l'assuré peut en le donnant ou faire le délaissement, ou se réserver de le faire. L'art. 378 qui régit ce point est ainsi conçu :

« L'assuré peut, par la signification mentionnée en « l'art. 374, ou faire le délaissement avec sommation à « l'assureur de payer la somme assurée dans le délai « fixé par le contrat, ou se réserver de faire le délais- « sement dans les délais fixés par la loi. »

422. — Sous l'empire de l'ordonnance, la non signification de l'avis n'entraînait pas la nullité de l'assurance (3). Il y a lieu de décider ainsi sous le Code de commerce, sauf à déclarer l'assuré responsable du préjudice que son abstention cause à l'assureur (4).

§ II.

Du sauvetage.

423. — Le sauvetage est obligatoire, et ne préjudicie pas au délaissement.

424. — L'assuré doit des dommages pour n'y avoir pas procédé.

---

(1) 18 février 1828. — Aix (J. M. 9. 1. 64). — 10 mars 1843. — Mars. (J. M. 23. 1. 70). — 30 août 1855. — Bordeaux (J. M. 34. 2. 17).

(2) V. Bedarride, n. 1475.

(3) Pothier, n. 127 ; Valin sur l'art. 42 ; Emérigon, ch. 17, sect. 5, § 1.

(4) 24 juillet 1846. — Mars. (J. M. 25. 1. 362). — 20 janvier 1847. — Aix (J. M. 26. 1. 33). — 23 janvier 1848. — Mars. (J. M. 27. 1. 65). — 25 février 1856. — Bordeaux (J. M. 34. 2. 77). — 13 août 1858. — Mars. (J. M. 36. 1. 301). — 15 janvier 1859. — Aix (J. M. 37. 1. 349). — Tous les auteurs sont unanimes sur ce point. — V. encore Consultation, J. M. 23. 2. 187.

425. — Le capitaine doit procéder au sauvetage, mais l'assuré n'est pas responsable de son abstention.
426. — L'assureur peut procéder au sauvetage.
427. — L'obligation d'y procéder ne donne pas en règle générale le droit de vendre.
428. — L'assuré peut être consignataire des effets sauvés.
429. — L'assureur doit les frais de sauvetage. — Règles suivies sur ce point.
430. — L'assuré doit rendre compte du produit du sauvetage.

423. — Il ne suffit pas que l'assuré donne avis du sinistre ; il doit de plus faire tout ce qui est en son pouvoir pour amoindrir la perte. Ce principe, admis par toutes les nations maritimes (1), est consacré par l'art. 381 du C. de comm., qui est ainsi conçu :

« Au cas de naufrage ou d'échouement avec bris, « l'assuré doit, sans préjudice du délaissement à faire « en temps et lieu, travailler au recouvrement des effets « naufragés. Sur son affirmation, les frais de recou- « vrement lui sont alloués jusqu'à concurrence de la « valeur des effets recouvrés. »

Cet article comporte trois observations :

1° Bien que d'après sa rédaction, il semble n'être fait que pour les cas de naufrage et d'échouement avec bris, néanmoins il faut l'appliquer dans tous les cas où l'objet assuré souffre un dommage ;

2° L'obligation *de travailler au recouvrement* implique celui de procéder au *sauvetage,* pour parler comme Emérigon, ou bien au *sauvement,* pour parler comme Valin ;

(1) Code esp., art. 921 ; Code holl., art. 656 et 657 ; Code port., art. 1802 ; Prusse, § 2328 ; Hambourg, tit. 14, art. 1 et s. ; L. Suède, 1750, art. 11, § 4-8 ; Code all., art. 845.

3° L'assuré DOIT et non pas PEUT *travailler au recouvrement.*

Voici pourquoi nous faisons cette dernière observation.

L'art. 45 de l'ordonnance porte qu'au cas de naufrage, l'assuré POURRA travailler au recouvrement des effets naufragés sans préjudice du délaissement. Cette rédaction qui en apparence lui permettait de s'en abstenir était loin d'avoir cette portée, car, de l'avis de tous les commentateurs, il était obligé.

Cependant, c'est à dessein que les rédacteurs de l'ordonnance employèrent le mot *peut*. Ils le firent par les motifs suivants :

Ainsi que l'atteste Casaregis (1), les anciens docteurs se posèrent la question de savoir si l'assuré qui recouvre les objets soumis à une perte et qui en prend possession, ne doit pas être considéré comme ayant renoncé au droit de faire le délaissement. Sauf le cas où l'assureur lui a donné mandat, ils opinèrent pour l'affirmative, car, dirent-ils, nul ne peut avoir à la fois la chose et le prix *(cum non possit habere rem et pretium),* ce qui leur parût surtout vrai, au cas de délaissement d'une marchandise, qui, quoique substantiellement sauvée, est présumée perdue *(in casu quando merces et res assecuratæ sunt omnino salvæ, licet non in loco per assecuratores promisso).*

Cette controverse explique la rédaction de l'art. 45 de l'ordonnance. On admit lorsqu'on le rédigea que l'assuré doit travailler au sauvetage et on disposa qu'il *pourra le faire, sans préjudicier au délaissement.*

---

(1) Casaregis, Disc. 3, n. 14 et s.

Aussi Valin déclarait-il, sans tenir compte de la manière dont l'art. 45 est rédigé, que l'assuré *doit travailler en rigueur au sauvetage,* et c'est ce qui explique pourquoi l'art. 381 dispose que l'assuré *doit* travailler au recouvrement, *sans préjudice du délaissement à faire.*

424. — La loi ne s'est pas expliquée sur les conséquences résultant de l'*inobservation de l'art. 381.* Dès lors, l'assuré n'étant pas privé de ses droits par cet article, doit réparer le dommage qu'il cause en ne l'observant pas.

425. — Le commissionnaire est tenu de procéder au sauvetage (1). Il en est de même du capitaine. « Par la force des choses, dit lord Mansfield, le capi-« taine est tenu de tout faire pour amoindrir la perte, « et cela, tant comme représentant de l'assureur que « de l'assuré (2). » — On a induit de là que l'assureur ne peut, à raison des fautes commises par le capitaine qui est considéré comme son représentant, agir contre l'assuré. Cette conclusion est parfaitement juridique ; elle découle du principe en vertu duquel le délaissement a un effet rétroactif qui le fait remonter au jour de la perte (3).

426. — L'assureur peut faire procéder lui-même au sauvetage, et on a jugé qu'en le faisant, il ne se rend pas non recevable à contester le délaissement (4). Cependant nous avons fait observer qu'il devait, pour la préservation de ses droits, signifier des réserves.

---

(1) 6 avril 1830. — Bordeaux (S. V. 30. 2. 211).

(2) Marshall, t. 2, 500 ; Benecke, t. 3, 455.

(3) United Ins. Comp. v[s] Robinson, Johnson's New-York, Rep. 591. — Philipps, 2, 439 ; Kent, 3, 332.

(4) 20 décembre 1854. — Bordeaux (J. M. 34. 1. 61).

427. — En règle générale, l'obligation de procéder au sauvetage ne donne pas à l'assuré le droit d'aliéner les objets sauvés (1). Cependant si la vente en est absolument nécessaire, soit pour les préserver d'une détérioration qui pourrait leur enlever presque toute leur valeur, soit parce qu'elle est une condition de leur sauvetage, la règle doit fléchir.

428. — Rien n'empêche lorsque les objets sauvés ne sont pas vendus, que l'assuré en soit constitué le consignataire (2).

429. — L'assureur qui profite du sauvetage doit en payer les frais. La situation exceptionnelle dans laquelle peut se trouver l'assuré qui y procède a fait admettre que les frais qu'il a exposés lui sont payés *sur son affirmation* (art. 381). Mais s'il présente un compte, l'assureur peut en critiquer certains articles (3). S'il y a plusieurs assureurs, chacun paie les frais au prorata de son intérêt.

L'art. 381 dispose encore que les frais de recouvrement ne sont payés à l'assuré *que jusqu'à concurrence de la valeur des effets recouvrés.* Cette règle, empruntée à l'art. 45 de l'ordonnance, est contraire au droit commun qui ne permet pas au mandant de réduire les dépenses légitimes faites par le mandataire sous prétexte que la recette leur est inférieure (*nec damnum pati debet,* dit la loi 10, D. Mandati). L'exception qu'elle consacre est fondée sur ce que l'assureur n'est tenu qu'au paiement de la somme assurée. D'où nous concluons que l'assuré peut se dis-

---

(1) *Sic* Baldasseroni, t. 2, p. 408 et s.; Piantanida, t. 2, p. 137 et s.

(2-3) 27 mai 1851. — Mars. (J. M. 30. 1. 154).

penser de procéder au sauvetage, lorsqu'il lui est démontré que la dépense doit dépasser la recette (1).

On s'est demandé si la règle, d'après laquelle l'obligation de l'assureur est limitée à la valeur des effets recouvrés, est applicable dans le cas où une clause spéciale de la police oblige l'assuré à procéder au sauvetage. Emérigon soutient que cette clause doit être entendue *pro ut juris est*, et qu'elle ne modifie pas la position de l'assureur. — D'après Valin, au contraire, elle le fait rentrer dans le droit commun (2). — Cette controverse dure encore. Les uns tiennent pour Emérigon (3) ; les autres pour Valin (4) ; d'autres, parmi ces derniers, attribuent à l'assuré un droit de commission (5).

Au fond, tout doit être réduit dans cette controverse à une simple affaire d'interprétation, et il est permis de décider dans un sens ou dans l'autre suivant qu'il apparaît par la teneur de la clause, que les parties ont ou non voulu déroger à l'art. 381.

430. — L'assuré doit rendre compte du produit du sauvetage, et le prix qu'il en a retiré après en avoir vendu le produit se compense avec l'indemnité (6). Il

---

(1) Estrangin, p. 178; Dageville, t. 3, p. 489 ; Haghe et Cruismans, n. 212.

(2) Emérigon, ch. 17, sect. 7, § 5 ; Valin, sur l'art. 45.

(3) Boulay-Paty, t. 4, p. 313.

(4) Pardessus, n. 869; Dalloz, n. 2106; Haghe et Cruismans, *loc. cit.*; Alauzet, Ass. n. 299 et Comm., n. 1541. — *Sic* Pohls, t. 4, p. 609.

(5) Bedarride, n. 1531.

(6) Emérigon, ch. 20, sect. 4. — V. 1er mai 1842. — Aix (J. M. 21. 1. 154). — Dans cette espèce le produit du sauvetage était retenu par un tiers consignataire créancier de l'assuré, et c'est pour cela qu'on admit la compensation entre ce dernier et l'assureur.

n'y a pas de compensation à faire lorsque l'assuré n'a pas touché ce qui a été sauvé (1).

§ III.

Déclaration des assurances et des contrats à la grosse.

431. — Obligation de l'assuré en cette matière.
432. — Il est tenu de faire la déclaration, bien qu'elle soit négative.
433. — La déclaration ne doit porter que sur l'objet assuré.
434. — Conséquences résultant du défaut de déclaration.
435. — L'obligation de la faire ne suspend pas la prescription relative au délaissement.
436. — Déclaration erronée faite avec ou sans fraude.
437. — Peut-on prononcer la nullité de l'assurance sur le fondement d'une déclaration erronée, lorsque le montant des assurances ne dépasse pas la valeur des objets assurés ?
438. — L'assureur doit prouver que la déclaration est fausse.

431. — Nous avons déjà dit qu'il y a lieu de réduire les assurances multiples à la valeur de l'objet assuré. Cette règle pourrait être violée si un assureur, ignorant l'existence d'assurances antérieures, payait l'indemnité comme si elles n'existaient pas. Les art. 379 et 380, qui sont ainsi conçus, ont été édictés pour prévenir cette fraude :

« Art. 379. — L'assuré est tenu, en faisant le délais-
« sement, de déclarer toutes les assurances qu'il a
« faites ou fait faire, même celles qu'il a ordonnées, et
« l'argent qu'il a pris à la grosse, soit sur le navire,

(1) 19 août 1823. — Mars. (J. M. 4. 1. 289). — 19 octobre 1825. — Mars (J. M. 6. 1. 324). — *Sic* Emérigon, ch. 17, sect. 7, § 3 et ch. 18, § 2 ; Dalloz, n. 2109 ; Dageville, t. 3, p. 492 ; Lemonnier, n. 299.

« soit sur les marchandises, faute de quoi le délai du « paiement qui doit commencer à courir à compter du « jour du délaissement, sera suspendu jusqu'au jour « où il aura fait notifier ladite déclaration, sans qu'il « en résulte aucune prorogation du délai établi pour « former l'action en délaissement. »

« Art. 380. — En cas de déclaration frauduleuse, « l'assuré est privé des effets de l'assurance ; il est « tenu de payer les sommes empruntées nonobstant la « perte ou la prise du navire. »

La règle que consacre l'art. 379, empruntée sous certaines modifications aux art. 53 et 54 de l'ordonnance, est contemporaine du contrat d'assurance, ainsi que l'atteste l'art. 6 de l'ordonnance de Barcelone de 1435. — Plusieurs décisions de la Rote de Rome décidèrent que cet article 6 devait être appliqué en Italie. Mais cette jurisprudence ne prévalut pas (1). — Avant l'ordonnance de 1681, le Guidon de la Mer (ch. 3, art. 2) imposait à l'assuré la déclaration des assurances. — Cette règle n'est pas suivie par les peuples maritimes, le Portugal excepté (C. comm. port. art. 1801). Notre Code de commerce, en en limitant l'application au cas de délaissement, l'a singulièrement infirmée, car il est inadmissible, la valeur assurée étant 100, que la déclaration soit utile lorsque la perte se porte à 75, et qu'elle cesse de l'être lorsqu'elle n'arrive qu'à 74.

Quoiqu'il en soit, et puisque la loi existe et doit être appliquée, nous allons la commenter.

L'art. 379 exige que l'assuré fasse connaître, indé-

---

(1) Casaregis, Disc. 4, n. 14 et s.

pendamment des assurances convenues par lui, les ordres qu'il a donnés pour se faire assurer. En cela il a comblé une lacune qui était reprochée à l'art. 53 de l'ordonnance. On remarquera encore que les assurances et les contrats à la grosse doivent être également déclarés. — L'assuré doit déclarer les assurances faites par autrui pour son compte; — le commissionnaire celles qui ont été souscrites par son commettant (1); — le tiers porteur d'une police, celles qui ont été souscrites par le signataire de cette police (2).

Tout est de rigueur dans l'application de l'art. 379. Ainsi, l'assuré ayant mis en tête de sa déclaration: *Déclaration des assurances que j'ai faites ou fait faire*, l'assureur soutint qu'elle était incomplète parce qu'il n'y était point parlé des assurances ordonnées, et obtint gain de cause (3).

432. — Lorsqu'il n'existe que l'assurance sur laquelle l'assuré se fonde pour agir, celui-ci doit-il faire une déclaration négative? — On soutient qu'il n'est pas tenu de la faire (4), mais le Tribunal de Marseille a décidé en sens contraire, en se fondant sur les mots suivants qui nous paraissent irréfutables:

« Attendu que l'art. 379 exige que l'assuré, en faisant « le délaissement, déclare toutes les assurances qu'il a « faites ou fait faire, même celles qu'il a ordonnées; « qu'en exigeant cette déclaration, l'intention évidente

(1) 13 août 1824. — Mars. (J. M. 5. 1. 247). — *Sic* Dalloz, n. 2178; Dageville, t. 3, p. 476; Alauzet, Comm., t. 3, n. 1539.

(2) 11 août 1823. — Mars. (J. M. 4. 1. 232). — *Sic* Dalloz, n. 2179; Dageville, *loc. cit.*

(3) 12 novembre 1824. — Mars. (J. M. 5. 1. 357).

(4) 9 août 1808. — Cass. (Dalloz, n. 2176). — *Sic* Alauzet, *loc. cit.*; Haghe et Cruismans, n. 211.

« du législateur a été de soumettre l'assuré à une dé-« claration quelconque, même négative ; que la preuve « de cette intention résulte de l'art. 380 qui dispose « qu'en cas de déclaration frauduleuse, l'assuré doit « être privé des effets de l'assurance ; qu'en effet, pour « que l'assureur puisse arguer de fraude la déclaration « de l'assuré et puisse, en la prouvant, user du bénéfice « de cet article, il faut que cette déclaration, quelle « qu'elle soit, soit faite (1)..... »

433. — L'obligation de déclarer les assurances n'est relative qu'à l'objet assuré. Ainsi, un négociant qui charge sur un même navire du sucre et du café, et qui les fait assurer distinctement par deux assureurs, n'est pas obligé de déclarer à celui qui a assuré le sucre l'assurance qui s'applique au café, et réciproquement (2). D'où on a induit que l'assureur doit prouver, étant données plusieurs assurances, qu'elles s'appliquent à l'objet qu'il a assuré (3). Lorsqu'il existe deux assurances portant sur une quotité du même objet, comme si, par exemple son propriétaire le fait assurer la moitié par un assureur, la moitié par un autre, toutes deux doivent être déclarées à chaque assureur. Mais s'il existe plusieurs assurances au profit d'un assuré qui a individualisé par séries et par numéros diverses parties de son chargement, comme si une première assurance porte sur cinquante colis, n°s 1 à 50, une seconde sur cinquante, n°s 51 à 100, et ainsi de

(1) 12 novembre 1820. — Mars. (J. M. 2. 1. 51). — 12 novembre 1824. — Mars. (J. M. 5. 1. 303). — 2 mars 1830. — Mars. (J. M. 11. 1. 312). — *Sic* Dageville, t. 3, 473 ; Bedarride, n. 1512.

(2) 30 avril 1852. — Mars. (J. M. 31. 1. 146).

(3) 30 octobre 1822. — Mars. (J. M. 3. 1. 352).

suite, cet assuré n'est pas tenu de déclarer ces diverses assurances, car elles sont distinctes. Il en serait autrement si plusieurs assurances s'appliquant au même objet étaient consenties, les unes au moyen de séries et de numéros, les autres sans cette indication. Cependant le Tribunal de Marseille a jugé en sens contraire dans une espèce que nous allons rapporter.

Le 16 août 1825, une première assurance fut consentie à Gênes pour 4,500 piastres fortes, sur du sucre et du café, sous la condition qu'elle porterait jusqu'à concurrence de la somme assurée sur un certain nombre de colis à partir du n. 1. — Le 15 décembre 1825, une seconde assurance fut consentie à Marseille sur la même marchandise, pour 6,500 piastres fortes. — Après la perte, l'assuré fit le délaissement à l'assureur de Marseille sans lui déclarer l'assurance de Gênes. — Cet assureur se fonda sur ce défaut de déclaration, pour demander la nullité de l'assurance. — L'assuré, soutint que la nullité ne pouvait pas être prononcée, à supposer qu'il dût faire la déclaration, et de plus qu'il n'avait pas à la faire. — Le Tribunal de Marseille jugea que la déclaration n'était pas nécessaire, attendu que les deux assurances étaient distinctes (1). — Je ne crois pas que ce soit bien jugé, parce que d'une part le nombre de colis que couvrait la première assurance n'était pas déterminé, et que de l'autre la seconde assurance couvrait toute la marchandise. Or, si on suppose une indemnité se portant à 6,500 piastres, le second assureur aurait pu, ignorant l'assurance faite à

(1) 11 août 1826. — Mars. (J. M. 8. 1. 1). — *Sic* Dageville, t. 3, p. 477. — V. cependant Bedarride, n. 1504.

Gênes, payer cette somme, tandis qu'il n'en aurait payé que 1,500 si elle lui avait été dénoncée.

Les observations qui précèdent s'appliquent aussi au navire qui est par sa nature indivisible. Mais si un navire a plusieurs quirataires, celui qui a fait assurer sa part n'est pas tenu de déclarer les assurances consenties au profit des autres quirataires.

Nous estimons aussi que celui qui fait assurer le navire par un assureur, la mise hors par un autre, doit déclarer ces deux assurances, parce qu'en les combinant, il pourrait, se procurer un bénéfice illicite.

Mais la décision serait autre si, après avoir fait assurer son navire en France, le même intéressé faisait assurer le fret en Angleterre, parce que d'après nos principes, les dommages soufferts par le navire sont réglés sans tenir compte du fret, qui ne peut être assuré (1).

434. — On soutient que si l'assuré intente l'action en délaissement dans les délais fixés par l'art. 373, et s'il ne fait pas dans ces délais la déclaration, l'action et la citation qui l'a mise en mouvement doivent être considérées comme n'existant pas, que par suite la prescription n'est pas interrompue, et que si les délais passés lesquels l'action en délaissement ne peut plus être intentée se sont écoulés, l'assuré n'a plus que l'action d'avarie. On se fonde, pour soutenir cette thèse, sur le dernier membre de phrase de l'art. 379.

Cette interprétation ne tient pas devant la simple lecture de cet article, qui renferme trois propositions :

1° Obligation de déclarer les assurances et les contrats à la grosse ;

(1) V. en sens contraire Dageville, t. 3, p. 486.

2° Le délai pour payer l'indemnité ne court que du jour où cette obligation a été remplie;

3° Cette obligation ne proroge pas le délai dans lequel l'action en délaissement doit être intentée.

Ainsi, aux termes de l'art. 382, le paiement doit être fait trois mois après la signification du délaissement, mais à condition que la déclaration des assurances sera faite en même temps que cette signification ; si elle est faite un mois après, le délai pour payer sera de quatre mois ; il sera de six, de sept, etc., si la déclaration est faite trois mois ou quatre mois après la signification.

435. — Aux termes de l'art. 373, l'action en délaissement est prescrite au bout de six mois, un an ou deux ans, suivant les distances, et d'après l'art. 379, l'obligation de déclarer les assurances ne suspend pas cette prescription. Ainsi, si on la suppose de six mois, et si l'action est intentée après ce délai, l'assuré ne peut pas prétendre à une prorogation de délai, en excipant de ce qu'il lui a fallu sept, huit mois et plus, afin d'obtenir les renseignements nécessaires pour faire la déclaration, et ne peut soutenir par suite que la prescription doit être suspendue d'autant.

D'après cela, le retard que met l'assuré à déclarer les assurances n'a d'autre effet que de proroger le terme du paiement de l'indemnité.

L'art. 53 de l'ordonnance est loin d'être aussi clair que l'art. 379. Il exigeait de l'assuré la déclaration, *à peine d'être privé des effets de l'assurance,* et Valin et Pothier concluaient de ces derniers mots, non pas que l'assurance dût être déclarée de nul effet, mais que tout au moins l'action en délaissement était nulle, ce qui permettait de la faire déclarer prescrite. Mais Emérigon s'élevait contre cette opinion et soutenait *qu'il était aussi bizarre qu'injuste de déclarer nul le délaissement fait de bonne foi, et d'exposer ainsi l'assuré à la prescription* (1). L'art. 379 a consacré cette dernière opinion (2).

436. — Il ne suffit pas que la déclaration soit faite; il faut qu'elle soit exacte. Elle peut être inexacte sans fraude ou avec fraude.

Si c'est sans fraude, on la considère comme n'étant pas faite, et, il est permis à l'assuré, en la renouvelant, de réparer les erreurs qu'elle contient. Dans ce cas, le terme du paiement ne court que du jour où elle a été renouvelée et suffisamment rectifiée. Si c'est avec fraude, l'art. 380 prononce la nullité relative de l'assurance, en ce sens que l'assuré perd le droit à l'indemnité, tandis que l'assureur conserve celui de se faire payer la prime (3).

La fraude résulte dans notre cas de deux circonstances : 1° la dissimulation ; 2° le dessein de se procurer un bénéfice.

C'est parce que la dissimulation est un des éléments de la fraude qu'une déclaration négative peut tomber sous le coup de l'art. 380.

437. — L'ordonnance n'admet pas que la déclaration puisse être considérée comme frauduleuse lorsque l'ensemble des assurances et des contrats à la grosse

---

(1) Valin, sur l'art. 53 ; Pothier, n. 140 ; Emérigon, ch. 17, sect. 5, § 3.

(2) 24 août 1824. — Rennes (S. 27. 2. 245. — D. P. 27. 2. 91). — 11 août 1826. — Mars. (J. M. 8. 1. 1). — 12 juin 1831. — Mars. (J. M. 18. 1. 13). — Pardessus, t. 3, n. 847 ; Boulay-Paty, t. 4, p. 303 ; Dalloz, n. 2175 ; Dageville, t. 3, p. 480 et s.; Alauzet, n. 1593 ; Bedarride, n. 1515 et s.

(3) Bedarride, n. 1526 ; Dageville, t. 3, p. 488.

ne dépasse pas la valeur de l'objet assuré. — Quoique l'art. 379 soit muet sur ce point, on soutient que cette règle doit être encore suivie (1). Mais cette opinion est combattue (2). — Cependant, peut-on supposer la fraude lorsqu'elle ne peut nuire à autrui, ni profiter à celui qui la pratique? Il est vrai, ainsi qu'on l'a fait observer, que l'assuré peut avoir intérêt à garder le silence afin de ne pas mettre à jour des faits de réticence; mais l'art. 379 n'a pas été fait pour protéger l'assureur contre cette possibilité. — Cela posé, il m'est impossible de voir où est l'utilité de cette controverse. Qu'on exige la déclaration dans notre cas, je le comprends, car l'assuré ne peut pas se constituer juge de la valeur de l'objet assuré et du rapport qu'elle a avec les assurances et les contrats à la grosse; mais qu'on puisse décider qu'il y a fraude, c'est-à-dire la volonté et le fait de nuire, lorsqu'il n'est pas possible de nuire, j'avoue ne pas le comprendre.

438. — C'est à l'assureur à prouver que la déclaration est fausse. Mais une fois ce point admis, la fraude est présumée, et c'est à l'assuré à prouver qu'elle n'existe pas (3).

(1) Locré, t. 2, p. 476.

(2) Dalloz, n. 2184; Dageville, t. 3, p. 486; Bedarride, n. 1522 et s.

(3) Dalloz, n. 2185; Boulay-Paty, t. 4, p. 306; Alauzet, n. 1540; Bedarride, n. 1525; Pardessus, t. 3, n. 847. — V. cependant Dageville, t. 3, p. 486.

CHAPITRE VII.

JUSTIFICATIONS QUE DOIT FAIRE L'ASSURÉ AU CAS DE PERTE.

L'art. 283 est ainsi conçu :

« Les actes justificatifs du chargement et de la « perte sont signifiés à l'assureur avant qu'il puisse « être poursuivi pour le paiement des sommes assu- « rées. »

Nous n'avons pas à nous occuper dans ce chapitre du chargement, vu que ce point a été déjà traité, *supra*, t. 1, liv. II, ch. II.

Cela posé, ce chapitre, destiné à commenter les articles 283 et 284, sera divisé en quatre paragraphes, savoir :

§ 1er Considérations générales.
§ 2 Justifications de la qualité d'assuré et de l'intérêt.
§ 3 Preuve du sinistre.
§ 4 Preuve contraire.

§ Ier

Considérations générales.

439. — Justifications que doit produire l'assuré.
440. — A quel moment doivent-elles être produites.

439. — Le contrat d'assurance ne sort pas tout armé du sein de la convention. Il est plutôt, après sa formation, à l'état d'expectative. Ainsi lorsqu'il s'agit de marchandises assurées il faut qu'elles soient chargées, qu'elles soient de telle nature ou de telle qualité, qu'elles soient transportées suivant les indications de la police, et, pour que l'indemnité soit due, qu'elles aient subies tel genre de perte, ayant telle importance, résultant de tel sinistre, et ainsi de suite. — Observons encore que l'assureur n'est pas tenu de s'enquérir des faits qui sont ou peuvent être connus lorsqu'il s'engage. Il a le droit de les examiner plus tard, au moment opportun, et lorsqu'il use de ce droit le contrat est tenu pour ainsi dire en suspend, si bien qu'il peut rester dans cet état tant que les circonstances, par exemple un sinistre, n'obligent pas l'assuré à le rendre complet. Dans ce cas seulement, il doit faire les justifications que la nature du contrat lui impose. Il est vrai que l'art. 373 ne parle que de la preuve du chargement et de la perte, mais il est admis qu'il n'est qu'énonciatif, et que l'assuré doit faire la preuve de tous les faits sans lesquels le contrat ne peut être ramené à exécution. Le Code de Commerce allemand réduit, dans son article 886, les justifications à quatre, savoir : l'intérêt, le chargement, le sinistre et le dommage. Sans doute, ces justifications ont une importance exceptionnelle, mais il peut y en avoir d'autres, qui sont tout aussi nécessaires ; telles sont celles que l'assuré doit fournir lorsqu'il a promis de justifier de certains faits, par exemple, que l'objet assuré est neutre, ou que la navigation a eu lieu sous convoi (1).

Tout ce qui se rapporte au règlement de la perte a été examiné dans les livres IV et V de ce traité. — Nous

(1) Russel v' Bœhm. in Marshall, 2, 612. — Hug v' Gonkiney in Benecke, 4, 353.

compléterons dans ce chapitre ce qui est relatif à l'intérêt, et nous traiterons aussi de la preuve du sinistre.

440. — Il n'est pas nécessaire que la signification des pièces justificatives du chargement et de la perte soit faite en même temps que le délaissement (1). Elle n'a pas besoin non plus d'être faite par huissier; il suffit que les pièces soient communiquées à l'assureur. Elles peuvent être communiquées à l'audience à ceux qui sont chargés de sa défense (2). L'art. 373 dispose que la signification doit avoir lieu *avant les poursuites*, et on en a conclu qu'elle peut être faite pendant le cours du procès (3). On est même allé bien plus loin; on a soutenu qu'elle peut avoir lieu après le règlement (4), et qu'il suffit qu'elle se place entre le jugement et les actes d'exécution (5).

A notre avis, la signification, qui peut être postérieure à l'exploit introductif d'instance, doit précéder le règlement sur lequel la condamnation est fondée. Et en effet, le législateur n'a pu vouloir que ce règlement fût hypothétique, et il le serait si la production des pièces pouvait le bouleverser dans ses parties essentielles. Tout en poussant jusque-là la rigueur de la règle, nous reconnaissons que le Tribunal devant lequel l'instance est engagée doit accorder à l'assuré tous les délais qui lui sont nécessaires pour faire sa production.

---

(1) 26 mars 1823. — Cass. (S. 24. 1. 55). — 15 mai 1872. — Montpellier, (J. M. 53. 2. 96).

(2) 17 décembre 1855. — Paris (S. V. 56. 2. 163).

(3) 8 décembre 1852. — Cass. (S. V. 53. 1. 420).

(4) 25 janvier 1831. — Mars. (J. M. 12. 1. 130). — 15 juin 1840. — Aix (J. M. 19. 1. 288).

(5) 17 décembre 1827. — Mars. (J. M. 9. 1. 251).

§ II.

Justification de la qualité d'assuré et de l'intérêt.

441. — L'assuré doit justifier de sa qualité et de son intérêt.

442. — Cession de l'assurance.

443. — Est-elle cédée de plein droit à l'acheteur ?

444. — Police à ordre.

445. — Police au porteur.

446. — La police stipulée pour compte de qui il appartient est-elle payable au porteur ?

447. — L'assuré doit justifier de son intérêt. — Qu'est-ce que l'intérêt en matière d'assurance ?

441. — Bien que l'art. 283 ne parle que des actes justificatifs du chargement et de la perte, l'assuré doit prouver sa qualité d'assuré, et de plus qu'il a un intérêt sur la chose assurée conforme à l'assurance.

La qualité d'assuré résulte de la police, qui doit être dressée suivant certaines formes, dont l'inobservation du reste donne rarement lieu à des difficultés.

442. — Mais il peut arriver qu'un tiers prétende exercer les droits qui appartiennent à l'assuré. Ce point mérite une sérieuse attention.

Lorsque ce dernier cède ses droits ou éventuels, ou déjà définitifs par le sinistre, le cas est régi par le droit commun, et il suffit d'y renvoyer.

Dans certains cas la cession de l'assurance est liée à la vente de la chose assurée, en ce sens que le vendeur, en même temps qu'il vend cette chose, cède à son acheteur l'assurance qui s'y applique. Pour qu'une telle cession pût être contestée, il faudrait qu'il fût bien établi que les assureurs lorsqu'ils ont consenti l'assurance avaient en vue, non-seulement l'objet pour lequel ils s'engageaient, mais encore, chose insolite, la personne même de l'assuré. C'est ce que prétendaient les assureurs dans une espèce où un navire assuré à l'année avait été vendu avec cession de l'assurance. Ils disaient qu'il n'est pas indifférent d'assurer un navire qui appartient à un négociant de Nantes ou à un négociant qui réside *dans l'archipel Malais, l'Inde ou Madagascar,* que s'il s'agissait d'un voyage à faire, la cession importerait peu car il ne pourrait être changé, mais l'assurance est faite à l'année ; or dans ce cas, les risques peuvent être singulièrement modifiés par la manière d'opérer du cessionnaire. En première instance, les assureurs obtinrent gain de cause, mais en appel, le jugement qu'ils avaient obtenu fut réformé, et c'était justice (1).

Tout cessionnaire d'une assurance doit en payer la prime. Ce point ne fait aucune difficulté (2).

443. — On s'est posé la question de savoir si la vente du navire ou de la marchandise entraîne de plein droit la cession de l'assurance qui s'y applique. — Luzac sur Wolf rapporte une sentence du Grand Conseil de Hollande qui opine pour la négative (3), ce qui nous paraît fondé. On ne saurait en effet considérer une assurance comme l'accessoire nécessaire de la chose vendue. Il résulte de là que le vendeur, qui n'a pas eu le soin de céder l'assurance à son acheteur, ne peut plus en exciper lorsque la perte est postérieure à la

(1) 27 novembre 1852. — Nantes (J. M. 31. 2. 53) — 2 février 1853. — Rennes (J. M. 31. 2. 85).

(2) V. 15 juin 1851. — Mars. (J. M. 30. 1. 182).

(3) Luzac sur Wolf, t. 4, § 629.

vente, car n'ayant aucun intérêt sur la chose qui a péri, il ne peut se prévaloir d'un dommage dont il n'a pas souffert. Lorsque la vente a lieu avant que les risques n'aient commencé, l'assurance est ristournée, et l'assuré paie le demi pour cent. Il doit la prime entière lorsque avant la vente l'assureur a déjà couru les risques.

444. — Une police d'assurance peut être à ordre ou au porteur. Ce principe est de tradition (1), et ne souffre aucune difficulté dans la pratique. Mais il faut pour cela une stipulation formelle ; lorsqu'elle fait défaut, l'assurance ne peut être cédée que conformément aux règles du droit commun.

Lorsqu'elle est à ordre, il suffit qu'elle porte avec la signature de l'assuré : *Payez à l'ordre de N...* — La mention de la valeur fournie et de la date (v. C. comm. 137), n'est pas nécessaire, attendu que l'endossement n'a d'autre fin que d'indiquer celui qui a le droit de toucher l'indemnité. Entre ce dernier et le tiers porteur, il n'y a d'autre différence que celle qui résulte de la désignation ; en d'autres termes, le bénéficiaire par endossement est désigné, le tiers porteur ne l'est pas.

445. — La police peut aussi être consentie au porteur. Il est quelquefois stipulé, lorsqu'elle est transmissible sous cette forme et que l'assurance porte sur les facultés, que le tiers porteur devra être nanti, non-seulement de la police, mais encore du connaissement, précaution très sage, parce qu'elle met l'assuré à l'abri d'une surprise.

J'ai été consulté dans une espèce où cette condition

---

(1) V. Valin, sur l'art. 3 ; Emérigon, ch. 18, sect. 2.

était discutée. — Il s'agissait d'un vendeur qui avait chargé des marchandises en Espagne pour être livrées à un acheteur français. Ce vendeur avait fait assurer le chargement et avait transmis à son acheteur la police et le connaissement, *sous la condition de payer les traites qu'il fournissait sur lui pour le montant du prix.* — Les parties étant en discord au sujet de l'exécution du contrat, les traites ne furent pas payées. — Cependant, la marchandise étant arrivée avariée, l'acheteur s'adressa à l'assureur pour faire régler l'indemnité. Mais le vendeur fit signifier à ce dernier qu'il ne devait régler qu'avec lui. — Il dit : l'acheteur n'est pas un tiers porteur, car il ne peut l'être qu'à une condition, celle de payer les traites, ce qu'il n'a pas fait. Cette condition faisant défaut, il doit restituer la police et le connaissement. Il ne peut donc les faire valoir. — Ce moyen prévalut.

Le plus souvent, il est stipulé que la remise de la police suffit, et dans ce cas celui qui en est porteur a le droit de toucher l'indemnité. Il en est autrement s'il n'est que le mandataire de l'assuré, et que celui-ci révoque le mandat (1). — L'assureur, ne peut contester les droits du tiers porteur, à moins qu'il ne lui oppose des moyens tirés du fond (2).

L'assuré peut transmettre ses droits par la remise de la police, même après qu'il a fait condamner l'assureur à lui payer l'indemnité (3). La raison en est qu'un jugement de condamnation, qui rend le payement

(1) 30 septembre 1863. — Mars. (J. M. 41. 1. 280).
(2) 11 juillet 1861. — Mars. (J. M. 39. 1. 233).
(3) 17 octobre 1823. — Mars. (J. M. 4. 1. 294).

plus certain, ne peut pas nuire à celui qui a le droit de se faire payer.

Par la remise du titre, le tiers porteur est mis au lieu et place de l'assuré, et de là il suit qu'il a le droit de poursuivre, le règlement de l'indemnité (1), ou de faire le délaissement (2). Ajoutons qu'il a un droit propre et personnel, car, suivant l'expression favorite de Casaregis, il a pris racine dans le contrat, à ce point que l'assureur est censé s'être obligé envers lui. De là il résulte que les créanciers de l'assuré ne peuvent point en pratiquant des saisies-arrêts entre les mains de l'assureur, mettre obstacle au paiement qui doit être fait à celui qui est porteur de la police (3), et qu'on ne peut lui opposer une convention par laquelle l'assureur et l'assuré se sont obligés à tenir l'assurance pour ristournée (4).

Le tiers porteur est tenu de payer la prime ou de souffrir qu'elle soit compensée avec l'indemnité. Mais il a été plusieurs fois jugé que l'assureur, créancier de l'assuré pour toute autre cause, par exemple pour des primes relatives à des assurances antérieures, ne peut en compenser le montant avec l'indemnité due au tiers porteur.

446. — On décide généralement que la police doit être considérée comme faite au porteur lorsqu'elle est stipulée *pour compte de qui il appartient*, en ce sens

(1) 29 juin 1830. — Mars. (J. M. 11. 1. 147).

(2) 1er mars 1831. — Mars. (J. M. 12. 1. 91). — 18 août 1840. — Mars. (J. M. 20 1. 199).

(3) 23 août 1858. — Mars. (J. M. 36. 1. 313).

(4) 11 juin 1866. — Havre (J. M. 45. 1. 46). — 14 août 1867. — Rouen (J. M. 46. 1. 161).

du moins que tout porteur de la police et du connaissement qui y est conforme a le droit de réclamer l'indemnité (1). On a même décidé qu'il suffit que le tiers soit porteur du connaissement, et qu'il peut agir contre l'assureur, bien que la police soit entre les mains de celui qui l'a signée (2). Nous avons démontré (*v. supra*, t. 1, n. 42 et s.) qu'une police stipulée pour compte de qui il appartient ne peut être utilisée que par celui qui a donné l'ordre de faire l'assurance, ou qui, à défaut d'ordre, l'a ratifiée avant le sinistre. Il résulte de là que le détenteur de la police doit produire à l'assureur, étant donnée une telle assurance, non seulement la police et le connaissement, mais encore les attestations susceptibles d'établir l'existence de l'ordre ou de la ratification (V. conforme, C. all. art. 887).

447. — Il ne suffit pas que l'assuré prouve qu'il a cette qualité, il faut encore qu'il justifie de son intérêt. Le C. de comm. allemand veut qu'il fasse cette preuve (art. 886) et la jurisprudence anglaise lui est conforme (3).

L'assuré a un *intérêt*, toutes les fois qu'il est exposé à une perte résultant du dommage souffert par l'objet assuré.

Il en est ainsi, du propriétaire lorsque les avaries que subit sa chose lui causent une perte. Mais si le propriétaire d'un navire l'a acheté avec la condition que le vendeur répondrait des pertes causées par fortune de mer pendant un certain temps, les dommages

(1) 4 décembre 1843. — Bordeaux (J. M. 23. 2. 61). — 17 avril 1850. — Mars. (J. M. 20. 1. 199).

(2) 19 mai 1873. — Sent. arb. Havre (J. M. 52. 2. 114).

(3) Lucena v' Craisfurd, 2 Bos et Pull, 269-370.

soufferts pendant que ce vendeur en est encore responsable, ne peuvent pas, faute d'intérêt, être couverts par une assurance.

L'intérêt doit être corrélatif à l'assurance. Ainsi celui qui n'est propriétaire que d'une partie du navire ne peut l'assurer tout entier (1) ; le consignataire ne peut faire assurer comme propriétaire, ni le propriétaire comme consignataire.

La preuve de l'intérêt se fait par tous les moyens en usage dans le commerce. Celui qui a assuré comme propriétaire doit prouver qu'il a cette qualité, celui qui assure comme consignataire doit prouver qu'il a fait des avances, et qu'elles sont garanties par un privilège.

L'art 688 du C. de comm. allemand permet à l'assuré de justifier de son intérêt par toutes sortes de preuves ; au cas d'assurance du navire par les actes de propriété ordinaires, au cas d'assurance des marchandises par les factures et les connaissements. En Angleterre, on est très rigoureux sur ce point. Ainsi celui qui se prétend propriétaire d'un navire doit prouver qu'il a observé toutes les formalités qu'exigent les lois anglaises (2). Aux États-Unis, on est moins sévère (3).

On s'exposerait à de graves erreurs si on tentait d'implanter en France les principes qui ont prévalu en Angleterre. Il faut, lorsqu'il s'agit d'apprécier le mérite de la preuve qui est relative à l'intérêt, faire plusieurs distinctions.

---

(1) Gardiner v^s Crossdale, 2 Burr. 904 et 1. W. Bl. 198. — V. aussi Marshall, 2, 738, 739.

(2) Camden v^s Anderson, 5 Term. 709 ; Amery v^s Rogers, 1 Esp. 299 ; Pirie v. Anderson, 4 Taunt, Rep. 652.

(3) Barry v^s Louisiana Ins. Comp. 11 Martin R. N. S. 630.

Si on est en présence d'un acte soumis à certaines formalités sans l'observation desquelles il n'existe pas, il faut bien que l'assuré le produise en due forme à l'assureur. Tel est le cas où un donneur fait assurer un contrat à la grosse (1).

Si l'intérêt n'existe qu'à certaines conditions, l'assuré doit prouver qu'elles ont été remplies. Ainsi le consignataire doit justifier de l'existence d'un privilège sur les facultés soumises au risque, le créancier qui a fait assurer une hypothèque maritime doit prouver que le navire lui est hypothéqué.

Lorsque l'assurance est faite par le propriétaire, il faut distinguer entre le navire et la marchandise. A l'égard des navires, les formalités à remplir en douane ne concernent que les tiers, mais point les rapports entre vendeur et acheteur. Il importe donc peu à l'assureur que la vente soit ou ne soit pas transcrite au dos de l'acte de francisation. Par cela que le vendeur cesse d'être responsable des risques, il est indifférent que le transfert se soit ou non opéré, et l'acheteur a un intérêt à faire assurer. Mais comme entre deux acheteurs, dont l'un fait transcrire son acte tandis que l'autre néglige de remplir cette formalité, c'est le premier qui est acquéreur, le second ne peut faire valoir l'assurance lorsque le premier est devenu par le fait de la transcription le véritable propriétaire.

Lorsqu'un navire est vendu moyennant un prix payable à terme, les parties conviennent le plus souvent, pour obvier à la perte du privilège, qui est inévitable et très rapide, que l'acheteur ne deviendra

(1) V. le cas de Glover v. Black, 1 W. B. 396.

propriétaire que lorsqu'il aura entièrement payé le prix, et que jusque-là l'assurance sera faite pour le compte du vendeur. L'acheteur a dans ce cas un certain intérêt à faire assurer, car il peut avoir payé son prix au moment où la perte se produit. Mais si en ce moment il n'a rien payé, et si d'après la convention le navire ne périt pas pour lui, son assurance ne peut sortir à effet.

Dans les assurances sur marchandises, les droits de l'assuré sont le plus souvent établis par les factures et les connaissements. Mais l'assuré qui, par une cause quelconque ne peut produire ces deux documents, a le droit d'y suppléer par toute espèce de preuves. Cette règle est suivie en Angleterre.

§ III.

Preuve du sinistre.

448. — L'assuré doit prouver le sinistre.
449. — En cette matière tous les genres de preuves sont admissibles.
450. — Du rapport de mer comme moyen de preuve et de son importance.
451. — *Quid* s'il est irrégulier ?
452. — Preuves écrites qui peuvent suppléer le rapport.
453. — Preuve testimoniale.
454. — Preuve résultant de la notoriété ou de certains indices.
455. — Objet de la preuve.
456. — Examen de la clause qui soumet l'assureur à s'en tenir, soit à la déclaration du capitaine, soit à celle de l'assuré.

448. — L'assuré doit prouver le sinistre que l'assureur garantit, car celui-ci, à défaut de cette preuve, ne doit pas l'indemnité (1). Lorsque l'assurance est à temps limité, l'assuré doit prouver que le sinistre a eu lieu pendant la durée du risque (2).

449. — En matière d'assurance, et lorsqu'il s'agit d'établir la perte, tous les genres de preuve sont admissibles. Il suffit, dit Emérigon, qu'elle soit faite de manière à convaincre un homme raisonnable (3). Tout est laissé sur ce point à la libre appréciation du juge (4). Il suffit que l'assuré fasse la preuve que les circonstances ont rendue possible (5).

450. — Cependant, dans l'ordre des preuves le rapport de mer a paru préférable à tous les peuples maritimes (6).

Notre code de commerce contient sur le rapport de mer les dispositions suivantes :

Art. 242. — Le capitaine est tenu dans les vingt-

---

(1) Si fondans in obligatione conditionali (prout est obligatio assecuratoris) conditionis eventum ostendere gravatur, alias nulla actio orta dicitur ad petendum quod in obligatione continetur. Casaregis, Disc. 12, n. 12 et 13. — V. aussi Disc. 102, n. 34 et Marquardus, Lib. 2, cap. 13, n. 72.

(2) Quando tempus est de substantia, vel fundamentum intentionis nunc debet precise ac determinate probari. Disc. 2, n. 7 et s.

(3) Emérigon, ch. 14, sect. 3, § 3. — V. aussi dans ce sens, 31 août 1823. — Mars. (J. M. 4. 1. 340). — 17 novembre 1826. — Mars. (J. M. 7. 1. 345). — 16 juillet 1825. — Aix (J. M. 6. 1. 205) — 9 juillet 1833. — Aix (J. M. 14. 1. 86). — 7 décembre 1841. — Aix (J. M. 20. 1. 334). — 1er mai 1842. — Aix (J. M. 21. 1. 145). — V. aussi Boulay, t. 4, p. 356; Pardessus, t. 3, n. 830; Dageville, t. 3, p. 499; Alauzet, t. 3, n. 1549; Dalloz, n. 2061; Lemonnier, t. 2, n. 375; Hagbe et Cruismans, n. 359; Delaborde, n. 136.

(4) Probatio casus fortuiti est arbitraria. — Rote de Gênes, Déc. 36, n. 3.

(5) In materia assecurationis leviores, et quæ possunt haberi admittuntur probationes. Casaregis, Disc. 10, n. 4.

(6) V. Pruss., § 1480 et s.; Hambourg, tit. 14, art. 1; C. allem. art. 488, 494, 888, 889; C. holl., 379 et s.; C. esp., 650 et s.; C. port., art. 1406 et s. — Pour l'Angleterre et les Etats-Unis, v. Arnould, t. 2, p. 1357; Parck, 1, 267; Marshall, 2, C. 15, art. 4.

quatre heures de son arrivée, de faire viser son registre et de faire son rapport.

Le rapport doit énoncer — le lieu et le temps de son départ, — la route qu'il a tenue, — les hasards qu'il a courus, — les désordres arrivés dans le navire et toutes les circonstances remarquables de son voyage.

Art. 243. — Le rapport est fait au greffe, devant le président du Tribunal de commerce. — Dans les lieux où il n'y a pas de tribunal de commerce, le rapport est fait au juge de paix de l'arrondissement. — Le juge de paix qui a reçu le rapport est tenu de l'envoyer, sans délai, au président du Tribunal de commerce le plus voisin. — Dans l'un et l'autre cas, le dépôt en est fait au greffe du tribunal de commerce.

Art. 244. — Si le capitaine aborde dans un port étranger, il est tenu de se présenter au consul de France, de lui faire un rapport, et de prendre un certificat constatant l'époque de son arrivée et de son départ, l'état et la nature de son chargement.

Art. 245. — Si pendant le cours du voyage, le capitaine est obligé de relâcher dans un port français, il est tenu de déclarer au président du Tribunal de commerce du lieu les causes de sa relâche. — Dans les lieux où il n'y a pas de Tribunal de commerce, la déclaration est faite au juge du paix du canton. — Si la relâche forcée a lieu dans un port étranger, la déclaration est faite au consul de France, ou, à son défaut, au magistrat du lieu.

Art. 246. — Le capitaine qui a fait naufrage, et qui s'est sauvé seul avec partie de son équipage, est tenu de se présenter devant le juge du lieu, ou, à défaut de juge devant tout autre autorité civile, d'y faire son rapport, de le faire vérifier par ceux de son équipage qui se seraient sauvés et se trouveraient avec lui, et d'en lever expédition.

Art. 247. — Pour vérifier le rapport du capitaine, le juge reçoit l'interrogatoire des gens de l'équipage, et s'il est possible des passagers sans préjudice des autres preuves. — Les rapports non vérifiés ne sont point admis à la décharge du capitaine et ne font point foi en justice, excepté dans le cas où le capitaine naufragé s'est sauvé seul dans le lieux où il a fait son rapport. La preuve des faits contraires est réservée aux parties.

L'ensemble de ces dispositions complète l'art. 224 qui oblige le capitaine à tenir un livre de bord où il consigne tous les faits susceptibles d'engager sa responsabilité.

L'art. 245 veut que dans les pays étrangers, où il n'y a pas de consul français, le capitaine puisse s'adresser aux magistrats du lieu. Il est même admis qu'un capitaine étranger peut en France faire le rapport devant le consul de son pays (1).

Les déclarations faites devant les Consuls sont considérées comme un document, et non comme un acte émanant d'un magistrat ayant juridiction (2). Telle est aussi la jurisprudence anglaise (3). Bien plus, dans ce dernier pays, les actes émanant d'une autorité étrangère sont considérés comme étant de nulle valeur.

(1) 14 mars 1840. — Aix (J. M. 19. 1. 89).
(2) 27 février 1851. — Cass. (S. V. 51. 1. 284).
(3) Church v[e] Habbart, 2 Cranch. 137.

Cette règle appartient, ainsi que le fait très bien observer Benecke, aux époques de barbarie (1).

Aux termes de l'art. 247 le rapport du capitaine fait foi, mais sauf la preuve contraire. On a soutenu *qu'il fait foi contre l'assuré, sans qu'il puisse alléguer d'autres accidents que ceux qu'a déclarés le capitaine, mais qu'il peut être contesté par l'assureur (2).*

Nous ne saurions nous rallier à cette opinion. Si l'assuré ne peut pas prouver, contre le connaissement, c'est parce que cet acte est son œuvre aussi bien que celle du capitaine. Mais le rapport de mer n'émane que du capitaine, uniquement de lui. L'art. 247 dit que le capitaine le fait *pour sa décharge*, et non pour ou contre l'assuré à qui la preuve contraire a été réservée d'une manière générale. Sous ce rapport l'assureur et l'assuré ont des droits égaux (3).

On suit les mêmes principes en Angleterre (4).

Malgré le défaut de consulat, l'assuré a le droit de prouver le sinistre par toutes sortes de preuves : *etiam sine consulatu probari potest infortunium* (5). — On pensait même autrefois que les preuves prises en dehors du consulat étaient préférables : *Mais si la péréclitation*, dit le guidon de la mer, *naufrage ou avarie se peut faire attester par autres moyens que par la déposition de l'équipage ce sera le plus seur*. (Guidon, ch. 8, art. 1).

Nous n'allons pas jusque-là. Mais il est admis que le

---

(1) Benecke, t. 4, p. 344.

(2) Pardessus, t. 3, n. 830.

(3) 27 juin 1877. — Mars. (J. M. 55. 1. 245).

(4) Christian v[s] Coombe 2, Esp. 489.

(5) Casaregis, Disc. 142, n. 12 et Disc. 2, n. 4.

rapport de mer est une mesure nautique et d'intérêt public, qui a été établie, ainsi que l'indique l'art. 247, pour dégager la responsabilité du capitaine, que l'art. 383 n'a pas adopté tel ou tel genre de preuve, et que c'est à cet article qu'il faut s'en tenir parce qu'il est spécial à la matière (1). Cette règle est généralement suivie par les peuples maritimes (2).

Cependant il reste toujours que le consulat a dans l'ordre des preuves un rang supérieur. Et en effet, lorsque le sinistre est survenu en pleine mer rien ne peut équivaloir au récit de ceux qui en ont été les seuls témoins. Ils attestent un fait qui les a vivement frappés, peu après le moment où il s'est produit; ils l'attestent sous l'œil d'un magistrat ou d'une autorité, et la diversité possible de leurs témoignages aide elle-même à la connaissance de la vérité (3).

Aussi, certains jurisconsultes, dont Casaregis signale l'étroitesse et la médiocrité, *aliqui leguleici*, comme il les appelle, frappés de la supériorité du rapport de mer n'admettaient que lui et repoussaient toute autre preuve.

Si cette doctrine n'est pas vraie, il faut admettre cependant que le défaut de rapport, non justifié, crée une certaine suspicion, si grave que l'assureur est

---

(1) 29 juillet 1825. — Mars. (J. M. 7. 1. 260). — 16 août 1824. — Mars. (J. M. 5. 1. 247). — 16 juillet 1825. — Aix (J. M. 6. 1. 193). — 13 mai 1834. — Aix (J. M. 14. 1. 251).

(2) V. Benecke, t. 4, p. 342; Pohls, t. 7, p. 727; Meyersteck, von See-protest, § 10; Marshall, t. 2, p. 626; Baldasseroni, t. 2, p. 248 et s.; Piantanida, t. 2, p. 113 et s.

(3) Receptum quod probatio naufragii fiat in loco proximiori mediante constitutione, seu dispositione illarum personarum, quæ supervixerint infortunio per viam consulatus qui a consulibus retineri solitis in portibus. — Casaregis Disc. 2, n. 3 et s.

fondé à se demander si le sinistre a réellement existé : *oritur suspicio et præsumtio quod preteritum damnum navis non acciderit* (1). D'où on a conclu que les juges doivent se montrer plus sévères lorsqu'il n'est pas représenté (2). On en a induit encore que l'assureur a le droit de se faire communiquer le rapport de mer lorsqu'il a été dressé, et que l'assuré est non recevable à demander l'indemnité tant qu'il ne le produit pas, à moins qu'il ne prouve que cela lui est impossible (3).

Le manque de rapport étant contraire à l'assuré, à cause de la suspicion qu'il fait naître, il lui incombe, s'il veut changer cette situation, de prouver qu'il a été impossible d'en dresser un (4).

451. — Dans certains cas le rapport existe, mais il est irrégulier, d'où la nécessité d'être fixé sur l'importance de l'irrégularité. Quelques exemples éclaireront mieux ce point que de vagues considérations.

On a considéré comme absolument irrégulier, un rapport fait un an après le sinistre (5), — comme régulier celui qui, fait dans un voyage d'aller et retour, a été dressé au retour, dans le lieu d'arrivée (6), — comme irrégulier celui qui a été fait dans un lieu qui n'est pas le lieu du naufrage (7), — comme tel, mais sans gravité, celui qui, fait dans le lieu de naufrage, a été affirmé par

---

(1) Casaregis, Disc. 142, n. 12.

(2) 9 juillet 1824. — Mars. (J. M. 6. 1. 256). — 16 août 1824. — Mars. (J. M. 5. 1. 227). — 1er septembre 1813. — Cass. (Dalloz, n. 2060).

(3) 17 septembre 1828. — Mars. (J. M. 10. 1. 180).

(4) 9 avril 1839. — Paris (J. M. 18. 1. 67).

(5) 6 janvier 1868. — Mars. (J. M. 46. 1. 74).

(6) 27 août 1825. — Sent. arb. (J. M. 7. 2. 117).

(7) 24 août 1824. — Rennes (S. D. 27. 2. 245).

les gens de l'équipage, mais sans prestation de serment (1), — comme moins irrégulier encore celui qui, affirmé par une partie de l'équipage, ne l'a pas été par ceux qui étaient absents (2).

La diminution de force probante qui pèse sur le rapport de mer, à raison des irrégularités qu'il contient, dépend beaucoup de la nature de ce rapport. Ainsi on ne saurait comparer le cas de relâche, qui, aux termes de l'art. 245 du C. comm., ne comporte qu'une simple déclaration du capitaine, et le cas de naufrage qui lui impose des obligations plus étendues (3).

452. — Dans les cas où il n'existe pas de consulat, l'assuré n'est pas pour cela déchu de ses droits. La preuve du sinistre n'est soumise à aucune forme précise *(non sit præcise de forma)*, et toute preuve équipolente au rapport de mer est admise *(per equipollentem justificationem)*.

Parmi les preuves qui peuvent suppléer au rapport se place le livre de bord, qui certes ne le remplace pas (4), mais qui peut cependant, les circonstances aidant, le suppléer (5). A défaut du livre de bord, il est permis de consulter les lettres écrites par le capitaine (6), sauf à y avoir tel égard de raison lorsqu'il

(1) 9 juillet 1833. — Mars. (J. M. 14. 1. 96). — 13 mai 1834. — Aix (J. M. 14. 1. 251). — V. aussi 1er octobre 1833. — Mars. (J. M. 14. 1. 116).

(2) 24 janvier 1856. — Paris (J. M. 34. 2. 257).

(3) 27 octobre 1825. — Sent. arb. (J. M. 7. 2. 32). — 4 juillet 1839. — Mars. (S. M. 18. 1. 384).

(4) 16 mai 1837. — Aix (J. M. 17. 1. 116). — 3 septembre 1845. — Mars. (J. M. 25. 1. 167).

(5) 29 juillet 1825. — Mars. (J. M. 7. 1. 260).

(6) 29 octobre 1823. — Mars. (J. M. 5. 1. 1). — v. Valin, sur l'art. 57; Pothier, n. 114; Émérigon, ch. 14, sect. 3, § 1.

est propriétaire du navire assuré (1). Ajoutons que les lettres dont il est l'auteur ne peuvent prévaloir sur le rapport qu'il a dressé (2).

Les actes émanant des autorités, ordres, procès-verbaux, certificats, etc., comptent parmi les titres justificatifs de la perte (3). Ainsi, le procès-verbal de sauvetage des débris du navire assuré, dressé par un consul, a paru une preuve suffisante (4). Les procès-verbaux d'expertise ont toujours inspiré aux magistrats une certaine confiance (5). Dans l'appréciation des titres qui ont été rédigés à l'étranger, on doit tenir compte de l'état de civilisation du pays (6), et surtout ne pas oublier qu'il suffit que les actes aient la forme voulue par la loi qui y est en vigueur (7).

453. — A défaut d'actes écrits, les juges ont le droit de recourir à la preuve testimoniale. La L. l. 3, C. *de Naufragiis* voulait que la perte fût certifiée par deux ou trois témoins : *Duorum vel trium nautarum questione habita.* — Casaregis s'éleva contre la doctrine des docteurs de son temps qui soutenaient que cette loi devait être appliquée, et déclara qu'un témoin unique peut suffire (8). Il est inutile d'insister sur ce point qui est

---

(1) 3 août 1850. — Nantes (J. M. 29. 2. 205).

(2) 3 janvier 1877. — Mars. (J. M. 55. 1. 80).

(3) 13 juillet 1837. — Mars. (J. M. 17. 1. 76). — *Sic* Pardessus, t. 3, n. 830.

(4) 18 septembre 1857. — Mars. (J. M. 35. 1. 325).

(5) 1er mai 1842. — Aix (J. M. 21. 1. 145). — 26 novembre 1844. — Mars. (J. M. 24. 1. 86). — 10 décembre 1849. — Cass. (S. V. 50. 1. 109).

(6) 17 novembre 1826. — Mars. (J. M. 7. 1. 345).

(7) 7 juin 1856. — Rouen (J. M. 34. 2. 148). — Non attenditur solennitas juris civilis, sed juris gentium. Roccus, n. 59.

(8) Casaregis, Disc. 1, n. 42 et Stypmanus, p. 470.

l'évidence même. Il est admis que les juges peuvent, au lieu de faire eux-mêmes l'enquête, la confier au pouvoir administratif (1).

454. — La nature même du sinistre (naufrage, défaut de nouvelles) peut rendre la preuve testimoniale impossible. Les juges doivent se montrer dans ce cas très-faciles sur son administration (2). Au besoin ils peuvent s'en tenir à la notoriété publique, *per publicam vocem et famam* (3)..... *probationes naturales publicæ vocis et famæ* (4). Nos tribunaux suivent cette règle (5). Elle doit être cependant appliquée avec un sage discernement. Dans certains cas, l'annonce par les journaux a paru une preuve suffisante (6); dans d'autres, elle n'a pas été déclarée telle (7). Le sauvetage des débris du navire, de la boussole et de l'horloge sur lequel d'habitude le nom de ce navire est écrit, de l'octan sur lequel est écrit le nom du capitaine, d'une partie du chargement dont l'identité est constante, ont été considérés suivant les cas, comme une preuve décisive (8).

Le fait que certains assureurs ont réglé le sinistre

---

(1) 1er avril 1878. — Aix (J. M. 57. 1. 139).

(2) 14 mai 1855. — Havre (J. M. 33. 2. 79).

(3) Casaregis, Disc. 1, n. 36 et Disc. 2, n. 5.

(4) Ansaldus, Disc. 70 n. 46.

(5) 17 novembre 1826. — Mars. (J. M. 7. 1. 345). — 1er octobre 1833. — Mars. (J. M. 14. 1. 116). — 13 juillet 1837. — Mars. (J. M. 17. 1. 56). — 14 mai 1855. — Havre (J. M. 33. 2. 79). — 15 mai 1859. — Bordeaux (J. M. 37. 2. 115). — *Sic* Emérigon, ch. 14, sect. 3, § 3; Dageville, t. 3, p. 499.

(6) 13 juillet 1837. — Mars. (J. M. 17. 1. 56). — 29 octobre 1823. — Mars. (J. M. 5. 1. 1).

(7) 3 août 1850. — Nantes (J. M. 29. 2. 205).

(8) 31 octobre 1823. — Mars. (J. M. 4. 1. 340). — 14 mai 1855. — Havre (J. M. 33. 2. 79).

est considéré par quelques docteurs comme une preuve de la perte. Ils se fondent sur ce que *non solvissent si casum veri naufragii non scivissent* (1). Cette opinion n'est pas juridique et a été écartée par nos tribunaux (2).

455. — Ce n'est pas assez que l'assuré prouve la perte ; il faut encore qu'il prouve qu'elle est due à un cas fortuit (3), et qu'elle rentre dans la classe de celles dont l'assureur répond (4).

La preuve de la perte et du cas fortuit est toujours subordonnée à la nature de sa cause. On ne peut pas prouver une prise comme on prouve un naufrage. Les preuves afférentes à la nature de chaque perte ayant été examinées dans le cours de ce traité, nous n'y reviendrons pas.

456. — On s'est posé la question de savoir si l'assuré peut convenir avec l'assureur que celui-ci sera tenu d'accepter comme preuve du sinistre la simple déclaration du capitaine ?

L'affirmative ne fait pas un doute pour Casaregis (5), et Emérigon fait observer que cette opinion ne peut être admise que si la preuve contraire est réservée à l'assureur (6).

(1) Ansaldus, Disc. 70, n. 22; Casaregis, Disc. 2, n. 12; Emérigon, ch. 14, sect. 3, § 5.

(2) 31 octobre 1833. — Mars. (J. M. 4. 1. 344). — 14 mai 1855. — Havre (J. M. 32. 2. 79).

(3) 7 septembre 1820. — Mars. (J. M. 2. 1. 124). — 10 décembre 1821. — Mars. (J. M. 3. 1. 8).

(4) Consultez, mais avec précaution, Casaregis, Disc. 142.

(5) Ad probationem casus sinistri et risici valet pactum in apocha assecurationis insertum de stando simplici scripturæ navarci et contractus assecurationis, et quod super nulla exceptione audiatur assecurator, nisi præsoluto risico. Casaregis, Disc. 1, n. 46.

(6) Emérigon, chap. 14, sect. 3, § 1.

Il nous semble que l'opinion de Casaregis n'est pas acceptable. Elle donne en effet au capitaine le droit de se soustraire à l'exécution des art. 242 et s. du C. de comm., et par suite de supprimer le rapport, les déclarations faites aux autorités, l'affirmation des gens de l'équipage ; en un mot elle l'exonère de l'accomplissement de formalités qui ont été imposées dans un intérêt d'ordre public, pour assurer la bonne police de la navigation.

Mais, tout au moins, les obligations du capitaine étant maintenues, n'est-il pas permis de stipuler que l'assuré pourra, dans les cas où le rapport de mer ferait défaut, demander la réparation de la perte sans être tenu de produire aucune preuve, la preuve contraire étant réservée à l'assureur ?

Le Code de commerce allemand (art. 890) considère cette stipulation comme licite. Je ne crois pas que sous l'empire de notre législation et à défaut de texte, elle puisse être admise. Notre système de preuves au cas de perte est si large, que l'assuré, en s'arrogeant le droit de garder le mutisme le plus absolu, semblerait indiquer qu'il veut battre monnaie en simulant une perte imaginaire.

§ IV.

Preuve contraire.

457. — Origine de l'art. 384.

458. — Il ne déroge pas, à l'égard des preuves ordinaires, aux principes généraux.

459. — Manière de l'appliquer.

460. — Les juges ont un pouvoir souverain pour en admettre ou en rejeter l'application.

457. — Tout jugement qui ordonne une preuve au profit d'une partie, réserve à l'autre, en conformité des principes généraux, la preuve contraire. L'art. 384, qui se rapporte à cet ordre d'idées est ainsi conçu :

« L'assureur est admis à la preuve des faits contraires « à ceux qui sont consignés dans les attestations.

« L'admission à la preuve ne suspend pas les con- « damnations de l'assureur au paiement provisoire de « la somme assurée, à la charge par l'assuré de don- « ner caution.

« L'engagement de la caution est éteint après quatre « années révolues s'il n'y a pas de poursuite. »

Pour l'intelligence de cet article, il convient de rappeler qu'à l'origine de l'assurance la police portait exécution parée, d'où on concluait que l'assureur devait, le sinistre étant prouvé d'une manière apparente, payer, sauf à contester plus tard les preuves, et si elles étaient reconnues fausses, à faire rembourser l'assuré. Aussi la police d'Ancône porte : *Assecuratores tenentur primum solvere, et postea de causis litigare.*

Plus tard, après qu'on eût admis que la police ne porte pas exécution parée, et qu'il faut pour l'obtenir un jugement, les anciens principes ne furent pas absolument désertés. Il en resta ce qui a été maintenu par l'art. 384.

Cet article distingue entre les moyens ordinaires de preuve et ceux qui sont extraordinaires.

458. — Les assureurs n'ont pas en effet, une situation différente de tout défendeur, et cela parce que, comme le dit très bien Roccus, *ubi oritur actio, oritur exceptio* (1). Aussi, il a été décidé que toutes les fois

(1) Roccus, note 87 et Resp. 34, n. 6.

que l'assureur demande à faire contre l'assuré la preuve contraire dans les délais et suivant les formes suivies devant les tribunaux de commerce, cette preuve étant de droit, aucune condamnation provisoire, semblable à celle dont il fait mention en l'art. 384, ne peut être prononcée. Dans ce cas le juge prononce définitivement après que la cause est instruite (1). — Exemple: Un assuré, qui a convenu que l'assureur serait franc d'échouement, soutient que le bris du navire assuré est dû à un abordage, et demande à le prouver. — A son tour, l'assureur soutient qu'il est dû à un échouement. — L'assuré fait son enquête. — Dans les délais de la loi et conformément aux formes qu'elle prescrit, l'assureur fait une contre-enquête. — Le juge n'a pas le droit, étant donné ce cas, de condamner l'assureur au paiement provisoire de la somme assurée, après que l'enquête principale est rapportée ; il doit attendre que la contre-enquête soit terminée, et statuer ensuite par un jugement définitif.

459. — Mais voilà que l'assureur ne propose pas l'enquête contraire, ou n'oppose pas à une preuve écrite un document quelconque ; il se borne à solliciter un délai indéterminé pendant lequel il croit pouvoir se procurer les documents qui lui manquent. Remarquez qu'il ne demande pas un renvoi de l'affaire à huitaine, à quinzaine, bref un renvoi d'audience; il demande à faire une preuve qu'il produira quand il le pourra. Certes, un défendeur qui tiendrait un tel langage dans une affaire ordinaire n'arrèterait pas le juge qui passerait outre et prononcerait. Lorsqu'il y a lieu d'appliquer l'art. 384, les choses se passent tout autrement.

---

(1) 18 décembre 1861. — Mars. (J. M. 39. 1. 312).

En effet, l'assuré signifie à l'assureur les attestations et demande qu'il soit condamné. Celui-ci soutient que vu la distance, la nature du sinistre, l'obscurité qui environne les faits, il n'a pas les documents voulus pour contredire les preuves que fournit l'assuré, mais qu'il a des indices suffisants pour lui faire supposer qu'elles ne sont pas décisives, et que par ce motif il va se livrer à des recherches. — Le juge dit droit à ses réserves, et les accueille, mais tout en agissant ainsi, il le condamne à payer provisoirement la somme assurée, moyennant que l'assuré fournisse caution. — Cet assureur a quatre ans pour reprendre l'instance, et pendant ce laps de temps, il peut, devant le même juge, demander à l'assuré la restitution de la somme assurée, et l'obtenir s'il prouve que les preuves fournies par ce dernier sont fausses. Dans ces conditions, le tribunal qui condamne l'assureur à payer provisoirement la somme assurée ne procède pas comme le juge qui ordonne l'exécution provisoire de son jugement nonobstant opposition ou appel. Le motif en est que l'assureur doit, lorsqu'il demande la restitution de la somme assurée, reprendre purement et simplement l'instance, car elle continue tant qu'il n'est pas déchu du droit de réclamer.

La caution que fournit l'assuré ne doit pas être discutée suivant les règles ordinaires du code de procédure. Emérigon expose que de son temps le négociant qui servait de fidéjusseur était offert par l'assuré, qu'il était admis ou repoussé sans autre forme par le juge qui rendait la sentence. Cette règle doit encore être suivie.

460. — Est-ce à dire que, sur le fondement de l'art. 384, l'assureur peut toujours être admis à la preuve des faits contraires? — Certainement non, et à cet égard il faut distinguer.

Lorsque la discussion porte sur des points de droit, ou même sur des points de fait pour lesquels aucune attestation n'est nécessaire, il n'y a lieu qu'à l'application des principes ordinaires. Ainsi, ce n'est pas le cas d'appliquer l'art. 384, lorsque le litige porte sur le point de savoir s'il faut, étant donné tel ou tel sinistre, déduire la différence du vieux au neuf.

Mais lorsque l'assuré a produit des attestations relatives aux faits qu'il doit prouver pour pouvoir demander la somme assurée, il est clair que l'assureur a le droit de faire toutes les preuves qui sont contraires à ces faits. Sous ce rapport le tribunal de Marseille a eu raison de dire que les faits dont l'assureur demande la preuve, en conformité de l'art. 384, doivent être de même nature que ceux qui sont invoqués par l'assuré (1).

Le juge a le droit, lorsque l'assureur ne spécifie pas les faits qu'il demande à prouver, ou si, alors qu'il les spécifie, ils ne lui paraissent ni pertinents ni admissibles, ou si, même étant pertinents et admissibles, ils ne sont appuyés sur aucun indice et paraissent avoir été imaginés pour les besoins de la cause, de rejeter l'offre de preuve *in futuro* et de prononcer définitivement (2).

---

(1) 2 juin 1824. — Mars. (J. M. 5. 1. 129).

(2) 24 novembre 1845. — Cass. (S. V. 46. 1. 131). — 4 mai 1825. — Aix (J. M. 6. 1. 142). — 3 août et 15 novembre 1825. — Aix (J. M. 6. 1. 261). — 22 janvier 1844. — Mars. (J. M. 23. 1. 138). — 9 mai 1844. — Aix (J. M. 23. 1. 205). — 26 juillet 1849. — Mars. (J. M. 28. 1. 222). — 22 janvier 1850. — Aix (J. M. 29. 1. 6). — *Sic* Alauzet, 2, 290 ; Dalloz, n. 2097 et s.

C'est ainsi qu'il a été jugé que l'assureur n'a droit à aucun délai pour se procurer la preuve contraire, lorsque celui qui s'est écoulé lui a suffi (1); s'il se borne à alléguer l'arrivée de certains renseignements (2); ou s'il demande à faire cette preuve pour la première fois en appel (3).

A cet égard, les juges ont un pouvoir souverain. Disons, en terminant, que l'art. 384 ne s'applique qu'au cas de délaissement. Comme il s'écarte du droit commun, on ne saurait l'appliquer aux simples avaries.

L'assuré ne peut obtenir le paiement provisoire que s'il fait toutes les justifications qui lui sont imposées (4). Cette proposition est évidente, et l'on est étonné que les tribunaux aient dû la proclamer.

(1) 14 mars 1849. — Mars. (J. M. 18. 1. 207).
(2) 3 décembre 1857. — Rouen (J. M. 36. 2. 88).
(3) 16 juillet 1825. — Aix (Dalloz, n. 2099).
(4) 1er février 1844. — Douai (D. P. 41. 2. 240).

LIVRE SIXIÈME.

CHAPITRE I.

LA POLICE.

Observation générale.

461. — Texte de l'article 332.
462. — La police a deux formes, l'une interne, l'autre externe.
463. — Il n'est question dans le présent chapitre que de la forme externe.
464. — Division du sujet.

461. — La manière dont la police doit être dressée est l'objet de l'art. 332 du C. de comm., qui est ainsi conçu :

« Le contrat d'assurance est rédigé par écrit. — Il « est daté du jour auquel il est souscrit. — Il y est « énoncé si c'est avant ou après midi. — Il peut être « fait sous signature privée. — Il ne peut contenir « aucun blanc.

« Il exprime le nom et le domicile de celui qui fait « assurer, sa qualité de propriétaire ou de commis- « sionnaire, — le nom et la désignation du navire, — « le nom du capitaine, — le lieu où les marchandises « ont été ou doivent être chargées, — le port d'où ce « navire a pu ou doit partir, — les ports ou rades dans « lesquels il doit charger ou décharger, — ceux dans « lesquels il doit entrer, — la nature et la valeur ou « l'estimation des marchandises ou objets que l'on

« fait assurer, — les temps auxquels les risques doi-
« vent commencer et finir, — la somme assurée, —
« la prime ou le coût de l'assurance, — la soumission
« des parties à des arbitres, en cas de contestation, si
« elle a été convenue, — et généralement toutes les
« autres conditions dont les parties sont convenues. »

462. — On distingue dans le contrat d'assurance *la forme externe* qui n'est autre que celle qui se rapporte à la rédaction de l'acte, à la manière dont il doit être établi, et *la forme interne* qui se rapporte aux conventions qu'il contient.

463. — Nous ne parlerons dans le présent chapitre que de la forme externe, parce que tout ce qui est relatif à la forme interne a été déjà dit dans les chapitres où nous avons parlé des parties contractantes, du navire, des marchandises, du lieu de départ et du lieu de destination, de l'évaluation, de l'assurance à temps limité, de la somme assurée, de la prime, et en général des conventions dont le contrat d'assurance est susceptible. C'est à dessein du reste, et dans un but de méthode, que nous avons écarté le commentaire spécial de l'art. 332 pour la partie qui est relative à la forme interne de la police. Nous l'avons fait pour éviter les doubles emplois qui auraient entraîné des redites et nui à la clarté de l'exposition. Quelques exemples suffiront pour expliquer ce point. L'art. 332 veut que le navire et les marchandises, soient mentionnés dans la police, alors que les art. 334 et 335 les considèrent comme la matière du contrat. Le même fait se reproduit pour presque toute la matière des assurances. Ainsi, tandis que l'art. 332 veut qu'il soit fait mention dans la police du voyage, les art.

335, 337, 351, 356, 363, 364 tracent les principales règles qui se rapportent à cette partie de la théorie des assurances. Il est résulté de là que les auteurs qui ont adopté la forme du commentaire, par cela qu'ils ont traité le même sujet sous différents articles ont dû en disséminer l'exposition et ont été forcément amenés à redire les mêmes choses. Nolte lui-même, qui cependant n'a pas suivi la forme de commentaire, par cela qu'il a parlé des mêmes points, qu'il les a considérés tantôt en eux-mêmes, tantôt comme se rattachant aux indications que doit contenir la police, est souvent tombé dans l'inconvénient que nous avons voulu éviter.

464. — Ayant à parler de la forme interne du contrat, et par conséquent de l'instrument à l'aide duquel le lieu de droit se forme, nous avons complété cette partie de notre sujet en exposant les règles qui président à la dissolution du contrat.

Cela posé, le présent chapitre sera divisé en quatre paragraphes, savoir :

§ 1. Forme externe de la police.
§ 2. Règles relatives à l'interprétation du contrat.
§ 3. Modèles de police d'assurance.
§ 4. De la ristourne.

§ Ier.

Forme externe de la police.

465. — Forme de la police à l'origine du contrat.
466. — Le contrat doit être rédigé par écrit.
467. — Faut-il la signature des parties ?
468. — Il n'est pas nécessaire que la police soit faite en double original.
469. — Attribution des notaires et des courtiers en matière d'assurances.
470. — La police ne doit contenir aucun blanc.

465. — On admit à l'origine que les assurances pouvaient être prouvées par simples conventions verbales ; on les appelait *en confiance* (Guidon de la mer, ch. 2, art. 1). — L'ordonnance de Barcelone de 1484, ch. 7 imposa un acte public, ce qui fut pour le commerce une source d'embarras, car en général les notaires se montrèrent incapables de diriger les parties. Bientôt, et peut-être par ce motif, on rédigea sur toutes les places importantes des polices qui devinrent d'un usage géneral. Mentionnons les suivantes :

1° La police d'Ancône, de 1657, commentée par Straccha ;

2° Celle de Gênes, commentée par Scaccia ;

3° Celle de Florence du 28 juin 1523, qu'un statut rendit obligatoire ;

4° Celles qui sont annexées aux ordonnances de Philippe II de 1570, de Séville, de 1556, de Burgos, de 1538, de Bilbao, de 1560 ;

5° Celles qui furent adoptées à Hambourg, en Hollande, à Naples ;

6° Celle qui fut imprimée en Suède, en Suédois et en Allemand ;

7° Celle qui, imprimée en Danemarck, était vendue par les distributeurs de papier timbré (Ord. 1683, ch. 6).

Croirait-on que les polices d'assurances imprimées furent prohibées en France par le Tribunal de l'Amirauté, et que Pothier donna son approbation à cette étrange mesure ?

Dans tous les pays maritimes, le contrat d'assurance doit être écrit (1). Aussi Kuricke le déclare non existant lorsqu'il n'est pas écrit : *requiritur ad existentiam instrumentum assecurationis* (2). Ce principe a été proclamé en Angleterre par un statut de Georges III (Statut 33, ch. 63, § 2). — Il est suivi aux Etats-Unis.

En France, et à l'origine du contrat, les polices d'assurances ne purent être dressées que par les notaires. L'art. 349 de la traduction du Consulat de la mer, imprimée en 1635, porte : *Que tous les assurèz soient faits avec instruments prins et enregistrés par notaire publics*. C'est pour cela qu'un édit de 1657 créa dans chaque siége d'amirauté *un notaire greffier des assurances*. — L'art. 2 de l'ordonnance de 1681 permit de recourir au sous seing-privé, mais il exigea que le contrat *fût rédigé par écrit*. — L'art. 332 dispose, comme l'ordonnance, que le contrat d'assurance *est rédigé par écrit*, et qu'il peut être fait par sous seing-privé.

466. — Cependant on soutient que ce contrat peut être verbal, que par suite, il peut être prouvé par témoins (3), que dans tous les cas ce mode de preuve est admissible lorsque la somme assurée ne dépasse pas

---

(1) Statut de Gênes, ch. 17 ; O. Midlebourg, art. 8 et 9 ; Rotterdam, art. 71 ; Amsterdam, art. 2 ; Prusse, 1727, ch. 6, art. 7 ; Ord. 1765 p. 2 et 3. Dr. co. § 2064 ; Suède, 1750, art. 4, § 1 ; Venise, 1771, art. 1 ; Sicile, 1770, ch. 5, art. 4 ; Hambourg, Ord. art. 1 ; C. holl. art. 255 ; C. esp., art. 840 ; C. port. art. 1682, 1684.

(2) Kuricke, p. 833. (Ed. Hein.)

(3) V. Locré sur l'art. 332 ; Merlin, vº Police d'assurance, § 2 ; Boulay-Paty, t. 3, p. 247 ; Alauzet, Ass., t. 1, n. 182 et 183, comm., t. 3, p. 285 ; Dalloz, n. 1459 ; Pardessus, t. 3, n. 792 ; Favard, vº Assurance, § 4, n. 1 ; Dageville, t. 2, p. 474 et t. 3, p. 15.

cent cinquante francs, ou qu'il existe un commencement de preuve par écrit.

Le texte de l'art. 332 s'élève contre cette opinion. Il porte que *le contrat est rédigé par écrit.* En cela il ne fait qu'exprimer une tradition constante qu'atteste l'obligation imposée aux parties à l'origine de faire dresser la police par un notaire. D'ailleurs, il suffit de lire une police, de considérer l'infinie variété des clauses qui peuvent y entrer, pour être convaincu que le simple témoignage créerait plus de difficultés qu'il n'en pourrait résoudre.

En restreignant la preuve testimoniale au cas où la somme assurée ne dépasse pas cent cinquante francs ou lorsqu'il existe un commencement de preuve par écrit, on est tombé dans une inconséquence flagrante. En effet la preuve testimoniale ne souffre aucune restriction lorsqu'elle est fondée sur les principes qui régissent les contrats commerciaux. Mais comme le contrat d'assurance a des règles qui lui sont propres, qu'en vertu de ces règles il doit être rédigé par écrit, on ne saurait lui appliquer les principes ordinaires (1).

Ce point admis, et la forme de ce contrat n'étant pas solennelle, toute preuve écrite, correspondance, livres, etc. peut être invoquée (2).

467. — La police doit-elle être signée par les parties? L'affirmative ne fait aucun doute à l'égard de l'assureur (3). — Mais il est admis, en vertu de l'usage, que le courtier peut signer pour l'assuré (4).

(1) Massé, t. 6, n. 203 ; Estrangin, p. 367 ; Lemonnier, n. 31 et s.; Haghe et Cruismans, n. 35.

(2) 15 décembre 1832. — Rouen (Dalloz, n. 1460).

(3) Pardessus, t. 3, n. 796 ; Dalloz, n. 1462.

(4) 2 décembre 1874. — Mars. (J. M. 53. 1. 69).

Il a été jugé qu'un billet de prime, signé par l'assuré suffit (1), et cela encore que la signature ait été donnée après le sinistre (2).

468. — On s'est demandé si la police d'assurance doit être faite en double original, ou, en d'autres termes, si l'art. 1325 du C. civ. lui est applicable ?

Les uns tiennent pour l'affirmative, tout en reconnaissant que si l'assuré signe un billet de prime, il n'y a pas lieu d'appliquer cet article (3). — Les autres tiennent pour la négative (4).

Il faut, pour résoudre cette question, revenir encore à la tradition. Le principe posé par l'art. 1325, d'origine récente, n'a jamais été appliqué à la matière des assurances. A l'origine, la prime devait être payée comptant. Actuellement, il est d'usage de faire souscrire à l'assuré un billet de prime. L'obligation de se conformer à l'art. 1325 n'existait pas autrefois et ne peut guère exister de nos jours. — Dans tous les cas, et si la question se présentait, il n'y aurait pas lieu d'appliquer l'art. 1325, attendu que l'art. 332 du C. de comm., qui est spécial à la matière, n'en parle pas.

469. — Le contrat d'assurance peut, avons-nous dit, être rédigé, ou sous la forme authentique, ou par un sous seing-privé.

Les notaires et les courtiers sont chargés de la rédaction des polices qui ne sont pas sous seing-privé. Leur

---

(1) 26 mai 1840. — Rouen (D. P. 40. 2. 248).

(2) 27 janvier 1854. — Mars. (J. M. 32. 1. 42).

(3) 23 novembre 1813. — Aix (S. V. 14. 2. 209). — 19 décembre 1816. — Cass. (S. 17. 1. 255). — *Sic* Locré, sur l'art. 332 ; Merlin, v° Police, § 5 ; Alauzet, t 1, n. 405 et Comm., t. 3, n. 1364 ; Bonnier, n. 566.

(4) Pardessus, t. 3, n. 793 ; Dageville, t. 3, p. 4 et 31 ; Lemonnier, t. 1, n. 36 et s. ; Toullier, t. 8, n. 345.

droit est ancien. Celui des courtiers fut maintenu dans l'ancien droit, nonobstant l'édit de 1657 dont nous avons déjà parlé. L'ordonnance ne changea pas cet état de choses. Par son article 69, elle enjoignit aux notaires et aux courtiers... *d'avoir un registre paraphé sur chaque feuillet, et d'y enregistrer toutes les polices qu'ils dresseront.*

Le Code de commerce contient sur ce point deux dispositions, savoir l'art. 79 et l'art. 84 qui sont ainsi conçus :

Art. 79. — Les courtiers d'assurance rédigent les contrats ou polices d'assurances concurremment avec les notaires ; ils en attestent la vérité par leur signature, certifient le taux des primes pour tous les voyages de mer ou de rivière.

Art. 84. — Les..... courtiers sont tenus d'avoir un livre revêtu des formes prescrites en l'art. 11. — Ils sont tenus de consigner dans ce livre, jour par jour, sans ratures, interlignes ni transpositions, et sans abréviations ni chiffres, toutes les conditions..... des assurances.....

Malgré la disposition de l'art. 79, les courtiers soutinrent qu'ils avaient seuls le droit de s'entremettre entre les contractants, et par là ils voulurent réduire les notaires à n'être que de simples rédacteurs de police. — Les notaires répondirent qu'étant chargés de rédiger l'acte, ils avaient le droit de le préparer et de le faire aboutir.

Les courtiers battus sur ce point, soutinrent que les notaires étaient tenus de se conformer dans la rédaction des polices à la loi du 25 vent. an XI. — L'attaque était grave ; le commerce a besoin d'aller vite et redoute les entraves et les retards. — Les notaires répondirent qu'ils descendaient de ceux qui, avant l'ordonnance de 1681 et sous son empire, avaient été chargés, sans autre formalité que celle qui est prescrite par l'art. 69 de cette ordonnance, de rédiger les polices, qu'ainsi la loi de l'an XI ne leur était pas applicable. Ils étaient fondés, et ils obtinrent gain de cause (1). Les notaires étant assimilés aux courtiers dans les affaires d'assurances sont justiciables des tribunaux de commerce pour le contentieux qui s'y rattache (2).

De cette solution en découle une autre, savoir, que l'art. 69 de l'ordonnance est toujours en vigueur, ce qui oblige les notaires comme les courtiers à transcrire sur un registre *ad hoc* les polices d'assurances.

On s'est posé la question de savoir si les polices rédigées par les courtiers ou les notaires doivent être assimilées aux actes authentiques. — Les uns les considèrent comme un acte sous seing-privé (3). — D'autres leur attribuent l'authenticité (4). — Les termes de l'art. 79 conduisent à cette dernière solution. — Mais on a eu raison de soutenir qu'une police dressée par un courtier ou un notaire ne comporte pas l'exécution parée (5). Outre que telle est la tradition, il ne servirait de rien d'attribuer la force exécutoire à un acte qui ne peut être exécuté qu'en vertu d'un règlement que fait toujours le juge, lorsque les parties ne s'accordent pas.

---

(1) 25 janvier 1832. — Aix (S. V. 32. 2. 207). — 7 février 1833. — Cass. (S. V. 33. 1. 202).

(2) 31 août 1877. — Mars. (J. M. 55. 1. 321).

(3) V. Toullier, t. 8, n. 307.

(4) Pardessus, t. 1, n. 135.

(5) Lemonnier, t. 1, n. 40 et s. ; Massé, t. 6, n. 28.

470. — L'art. 332 dit que la police ne doit contenir aucun blanc. — Mais, il ne dit pas quelle sera la sanction dans le cas où cette prescription n'aura pas été observée. Il faut à cet égard distinguer. Le blanc s'applique-t-il à une mention essentielle, sans laquelle le contrat n'existerait pas, par exemple le nom des parties, l'objet assuré, l'assurance doit être déclarée nulle (1) ; s'applique-t-il à une mention que les parties auraient pu omettre, soit l'évaluation (2), ou le nom du capitaine (3), il n'y a pas lieu de prononcer la nullité.

471. — L'art. 332 impose aux contractants l'obligation de mentionner la date dans la police ; il veut, non-seulement que le jour y soit mentionné, mais de plus qu'il y soit indiqué si la souscription a eu lieu avant ou après midi. Cette mention a une importance incontestable, puisqu'elle sert à déterminer si au moment de la souscription, l'assuré connaissait, ou la perte, ou tel fait qu'il aurait dû déclarer.

Cependant, ce point de vue n'est pas celui qui domine. La date sert surtout à déterminer, dans le concours de plusieurs assurances, celles qui, étant les premières ou les dernières, doivent être maintenues ou ristournées ; c'est pour cela qu'en Angleterre, où tous les assureurs concourent, on considère la mention de la date comme indifférente (4).

Le défaut de date de la police ou une date irrégulière parce qu'elle ne mentionne pas si la souscription, a eu

---

(1) Alauzet, t. 1, n. 187 et t. 3, n. 1566 ; Dageville, t. 3, p. 34 ; Boulay-Paty, t. 3, p. 266 ; Lemonnier, t. 1, n. 6.

(2) 20 avril 1823. — Aix (J. M. 4. 1. 161).

(3) 27 juillet 1838. — Mars. (J. M. 17. 1. 212).

(4) V. Nolte, t. 1, p. 411.

lieu avant ou après midi n'entraîne pas la nullité du contrat. La loi ne l'a pas prononcée, et on ne saurait aller au-delà de ce qu'elle prescrit (1).

Ce principe posé, certaines difficultés surgissent. Nous allons les parcourir.

Prenons d'abord une espèce simple, supposons qu'un navire assuré à l'année ait éprouvé une perte le 4 janvier 1880. L'assureur soutient que la police a été souscrite le 1er janvier l'assuré qu'elle a été souscrite le 5. — Il faut nécessairement dégager la date, c'est-à-dire un inconnu.

Avec la jurisprudence de la Cour de cassation, dont nous allons parler, il est permis de faire la preuve de la date au moyen de circonstances de fait.

A qui incombe cette preuve? Pohls se pose cette question, et la résout très sagement : Puisque, dit-il, les deux parties sont en faute pour n'avoir pas mentionné la date, la preuve incombe à celui qui demande (2).

Ainsi, lorsque l'assureur allègue des faits de réticence ; si, par exemple, il soutient que tel fait connu de l'assuré le trois janvier ne lui a pas été déclaré, bien que la police non datée ait été souscrite le cinq, si l'assuré soutient qu'elle a été souscrite le deux, l'assureur doit prouver que la souscription remonte au cinq.

Cela dit, arrivons au cas beaucoup plus pratique où plusieurs assureurs sont en présence.

Exemple. — Un individu, sachant que le navire qui doit transporter sa marchandise est en partance, donne l'ordre à ses courtiers de Paris et de Marseille de faire assurer cette marchandise, pour toute sa valeur. Il agit

---

(1) Pardessus, t. 3, n. 794 ; Lemonnier, t. 1, n. 58.

(2) Pohls, t. 4, p. 535.

ainsi pour être plus certain qu'elle sera assurée, sauf à souffrir la ristourne de l'une des deux assurances. Les deux courtiers obtiennent l'un et l'autre une souscription complète. Pour l'obtenir, ils se sont adressés à plusieurs assureurs qui se sont engagés pour une partie quelconque de la somme assurée. Les souscriptions ont été consenties le même jour avant midi ; mais l'un des courtiers, celui de Marseille, est rentré tard dans ses bureaux et a clôturé la police dans l'après-midi, ce qu'il y a mentionné.

Les assureurs de Marseille, se fondant sur cette mention, ont soutenu que la date de la clôture détermine la date de la souscription, qu'en conséquence les assureurs de Paris qui avaient consenti la souscription avant midi répondaient avant eux de la perte. Mais ceux-ci leur objectèrent, avec juste raison, que la clôture n'est pas exigée, qu'elle n'est qu'une mesure d'ordre, que l'art. 332 ne parle que de la date de la souscription, et que c'est à cette date qu'il faut se tenir (1).

Ainsi, nous n'avons à nous occuper que de la date de la souscription.

Lorsqu'il y a plusieurs assureurs, et que les dates sont complètes et par suite régulières, il faut distinguer suivant qu'elles sont ou non identiques.

Lorsqu'elles sont identiques, si par exemple toutes portent la date du 5 janvier, avant midi, et si le montant des assurances dépasse la valeur de l'objet assuré, tous les assureurs concourent à proportion.

Si elles ne sont pas identiques, si par exemple les

(1) 13 novembre 1871. — Mars. (J. M. 71. 1. 20). — 18 mai 1872. — Aix (J. M. 72. 1. 39). — 24 décembre 1873. — Cass. (S. V. 74. 1. 161).

unes sont faites tel jour avant midi, les autres ce même jour après midi; celles qui portent la mention *avant midi* passent avant les autres.

Lorsqu'elles sont toutes irrégulières, mais identiques, si, par exemple, l'une porte tel jour, l'autre ce même jour, sans autre mention, elles concourent. — Si, dans ce même cas, elles ont une date différente, les dernières en date sont ristournées s'il y a lieu.

Lorsqu'une police est datée et que l'autre ne l'est pas, celle qui est datée doit être considérée comme antérieure. La raison en est qu'on ne sait pas à quel moment l'autre a été souscrite.

Si elles ont été souscrites à des jours différents, si l'une porte la date du cinq janvier et l'autre celle du sept janvier, cette dernière est ristournée jusqu'à concurrence de l'excès.

La difficulté n'est vraiment sérieuse que lorsque, y ayant plusieurs assurances portant qu'elles ont été souscrites le même jour, les unes mentionnent que la souscription a eu lieu avant ou après midi, tandis que les autres ne portent pas cette mention.

En général, les auteurs tiennent pour certain que la police régulièrement datée est présumée antérieure à celle qui ne l'est pas, et comme on objecte que si la première est faite après midi, l'autre peut avoir été souscrite dans cette partie du jour, on écarte cette objection en soutenant que celui qui a observé la loi doit être préféré à celui qui l'a violée (1), à quoi on répond que l'art. 332 ne consacre pas cette solution, et que par suite elle doit être écartée (2).

---

(1) Locré, t. 4, p. 8; Alauzet, t. 3, p. 287.

(2) Dageville, t. 3, p. 28.

Ceux qui accordent l'antériorité à l'assureur signataire de la police régulière n'ont pas vu qu'il voudra être le premier, au cas d'heureuse arrivée, pour prendre la prime, mais qu'il voudra être le dernier, au cas de sinistre, pour ne pas payer l'indemnité; que dès lors il faut, pour le rendre vraiment préférable, admettre suivant le cas, une solution absolument contradictoire.

Le motif de décider n'est donc pas là où on le place. Voyons où il est.

D'après les principes généraux, les actes qui font acquérir des droits ou qui les conservent n'ont d'autre date que le jour; les heures ne comptent pas. C'est ainsi que l'art. 2147 du C. civ. dispose que les créanciers inscrits le même jour concourent *sans distinction entre l'inscription du matin et celle du soir*. Le motif qui a inspiré au législateur cette disposition est facile à déterminer. Il savait que le jour est certain, mais qu'on peut facilement disputer sur les heures, et il n'a pas voulu obliger ceux qui font inscrire et surtout ceux qui inscrivent à avoir sans cesse la montre à la main.

L'application de ces principes peut faire naître de sérieuses difficultés. — Exemple. — Un individu consent une hypothèque sur un immeuble et après cela fait une donation de ce même immeuble. — Le créancier et le donataire font, l'un inscrire, l'autre transcrire le même jour. — A qui donner la préférence? — Point de solution possible. Cependant, il faut prononcer (C. civ. art. 4). — Le cas s'est présenté dans une affaire où je plaidais pour le créancier à qui la décision pouvait coûter plus de 200,000 fr. de perte. — Les juges décidèrent en fait

En matière d'assurances, on a dédoublé le jour, pour plus d'exactitude. Mais qu'importe. Les difficultés sont ce qu'elles seraient si le jour n'était que de douze heures.

A un autre point de vue l'assureur qui n'a mentionné que le jour est censé avoir souscrit l'assurance à toutes les heures de ce jour, et doit par suite concourir avec celui qui ayant souscrit l'assurance le même jour a mentionné la partie de ce jour qui fixe la date de sa souscription.

Cependant il est possible qu'entre deux assureurs l'un ait souscrit sa police avant midi ou après midi, sans en faire mention dans la police où il n'a indiqué que le jour, tandis que l'autre a souscrit la sienne à une partie du jour, semblable ou différente, avec mention expresse de cette partie. De là, à l'égard du premier un inconnu qu'il peut être important de dégager.

Et, en effet, si celui qui a mentionné la partie du jour où il a fait sa souscription a indiqué l'après-midi, celui qui n'a indiqué que le jour dira qu'il a souscrit sa police avant midi s'il s'agit de toucher la prime, tandis qu'il choisira l'après-midi s'il s'agit de payer l'indemnité, car au moyen de cette déclaration, il s'assurera, pour en faire le paiement, le bénéfice du concours. Si le premier a indiqué l'avant midi, le second le choisira lorsqu'il s'agira de toucher une partie de la prime, la ristourne étant dans ce cas proportionnelle, et s'il s'agit de payer une perte, il choisira l'après-midi pour ne pas participer au paiement de l'indemnité.

Il est impossible qu'il puisse, par cela qu'il a violé la loi, se procurer de telles facilités, et dès lors il faut, de toute nécessité, donner à l'assureur qui l'a observée, le droit de prouver à quel moment du jour celui qui l'a violée a souscrit la police. C'est ce que la Cour de Cassation a décidé avec très juste raison par son arrêt précité du 24 décembre 1873.

472. — Tous les assureurs font usage de polices imprimées, qui ont la même valeur qu'une police écrite.

Mais, comme les conventions qui y sont contenues ne répondent pas à tous les cas qui peuvent se présenter, on les modifie, suivant l'occurence, par des conventions écrites, qui le plus souvent prennent place au bas de la police, après la partie imprimée.

Le mélange de formules fixes et invariables et de conventions complémentaires ou dérogatoires crée des difficultés d'interprétation si diverses, qu'il y aurait témérité, non seulement à les prévoir, mais à les soumettre à un ensemble de règles.

On estime cependant, et avec juste raison, que les clauses écrites doivent l'emporter sur la partie imprimée de la police (1), ce qui est abstraitement juste, mais ne donne pas de bien vives lumières.

Les premiers assureurs qui se bornent à signer la police imprimée ne sont pas liés par les modifications écrites que consentent les assureurs qui viennent après eux ; mais il est de règle que ceux qui signent après ces derniers sont censés les avoir acceptées, à moins de déclaration contraire (2).

Dans certains cas les assureurs dressent des instructions où ils expliquent et commentent leur police im-

(1) Pardessus, t. 3, n. 792.

(2) 28 octobre 1824. — Mars. (J. M. 5. 1. 285). — 23 avril 1825. — Aix (J. M. 6. 1. 224)

primée. Cet usage est habituel en Allemagne, où l'on décide néanmoins que les assurés ne sont pas liés par ces instructions et que les juges ne sont pas tenus d'y conformer leur décision, sauf le cas où le contraire a été convenu (1). Cette jurisprudence nous paraît exacte, car il est de principe que la police doit se suffire à elle-même. Mais ce serait aller trop loin que de défendre au juge de consulter dans les cas douteux, un document qui, antérieur à la signature de la police, est l'œuvre de l'une des parties et contient l'expression de sa volonté.

Les polices imprimées sont en général connues du commerce. En Angleterre, on les assimile presque à une loi, et on considère la publicité qu'elles ont reçues comme une sorte de promulgation. C'est à cause de cela que les jurisconsultes se sont posé la question de savoir ce qu'il faut décider lorsqu'une police, déjà ancienne, est inopinément changée sur des points essentiels. Benecke estime que s'il est prouvé que l'assuré croyait traiter conformément aux conventions contenues dans l'ancienne police, il y a lieu d'annuler l'assurance (2), et je crois que cela est juste, car les modifications portent en général sur le risque qui est à vrai dire tout le contrat.

Mais, comme l'assuré est censé connaître la police qu'il a signée, on ne doit admettre l'erreur que si elle est démontrée. Ce point a été exactement apprécié dans l'espèce suivante.

La police imprimée du cercle d'assurance de Marseille stipulait une franchise sur les blés de 10 %. —

---

(1) V. Pohls, t. 4, p. 521.
(2) Benecke, t. 3, p. 84.

Par une police subséquente; cette franchise fut portée à 15. – Les assurés, se fondant sur cette différence et sur ce que l'augmentation introduite dans la nouvelle police n'avait reçu aucune publicité, demandèrent la nullité de l'assurance.

Le Tribunal de Marseille, saisi de leur demande, la repoussa en ces termes :

« Attendu que les clauses imprimées d'une police « ont autant de force que si elles étaient écrites ; — « que rien dans la loi n'exige la publicité des formules « imprimées ; que l'on peut donc y faire des change- « ments, sans être obligé de leur donner aucune publi- « cité ; — que c'est aux parties de s'assurer avant la « signature du contrat, si les conditions de la police « sont telles qu'elles les entendent ; que néanmoins..... « la bonne foi se refuserait à admettre qu'un change- « ment dans les clauses d'une police pût être fait d'une « manière subreptice, qui pût induire l'assuré en er- « reur ; attendu que le changement a été effectué « depuis plus de deux ans ; que les assurés pouvaient « en prendre connaissance (1)..... »

473. — Une police d'assurance ne peut être changée que du consentement des deux parties (2). Ce principe, admis par nos auteurs, a été également proclamé en Allemagne (3), en Angleterre et aux États-Unis (4). La jurisprudence de ces pays offre sur ce

---

(1) 14 janvier 1839. — Mars. (J. M. 17. 1. 127).

(2) Pardessus, t. 3, n. 796; Dalloz, n. 1547.

(3) Plan général d'Hambourg de 1847, tit. 5, p. 1, § 76 ; Ord. 1731, tit. 4, art. 2.

(4) Arnould, t. 1, p. 54 ; Philipps, t. 1, p. 14-29. — V. aussi les paroles du juge Pomberton, devant la Cour d'Equité (Court of equity), rapportées par Marshall, p. 322, et proférées dans l'affaire Kaimes v[s] Knighty, Skimer, 54.

point de nombreux exemples, parmi lesquels nous nous bornerons à citer les suivants. Une assurance avait été souscrite sur un navire pour un voyage d'un port de Virginie à *Rotterdam*. L'assuré ayant biffé ce dernier nom, pour lui substituer celui de *Hull*, il fut décidé qu'on ne tiendrait aucun compte de ce changement (1). Même décision dans une espèce où il avait été *stipulé* que le navire partirait tel jour et où l'assuré changea ce jour (2) ; dans une autre espèce où l'assuré, libre de relâcher dans un port de la route avait ajouté à la police l'indication d'un port de la Jamaïque qui n'était pas sur cette route (3).

Mais les changements que reçoit la police sont licites lorsque les deux parties les consentent, et on donne le nom d'*avenant* à l'écrit qui établit ces sortes de conventions. Ce nom vient de ce qu'on était autrefois dans l'usage de mettre en tête de cet écrit : ADVENANT, *tel jour, les parties conviennent*, etc.

Lorsqu'une police est signée par plusieurs assureurs l'avenant ne lie que ceux qui l'ont consenti (4).

Il ne faut pas, comme on le fait souvent, donner le nom d'avenant aux déclarations qui complètent la police. Ainsi lorsque les parties conviennent que la marchandise, non spécifiée dans la police, sera déclarée le lendemain du jour où les connaissements auront été signés, la déclaration que fait l'assuré, n'est pas un avenant.

---

(1) Laird v[s] Robertson, 4 Brown Parl. Cases 488.

(2) Fairlie v[s] Christie, 7 Taunt. Rep. 416.

(3) Forshaw v[s] Chabert, 3 Brod et Bing. 158.

(4) 29 octobre 1823. — Mars. (J. M. 5. 1. 12). — V. aussi dans ce sens, Nolte, t. 2, p. 407.

L'avenant suppose le maintien des parties essentielles du contrat et la modification des parties qui ne le sont pas.

A ce point de vue, il suffit que l'objet assuré et l'évaluation ne soient pas changés. Et encore faut-il observer que ces deux éléments se confondent, parce qu'un objet qui n'est pas assuré pour toute sa valeur ne l'est qu'en partie.

Ainsi, en dehors de l'objet assuré et de sa valeur, les deux n'en faisant qu'un, on donne le nom d'avenant aux modifications que reçoit la police. C'est qu'en effet, tous les pactes, quels qu'ils soient, se rapportent exclusivement à l'objet qui est la matière du contrat. Ainsi, la prime, le voyage, les risques, sont stipulés uniquement en vue de cet objet, si bien que s'il change tout change (1).

Cette distinction n'a aucune importance, lorsque l'assureur, signataire du prétendu avenant n'est pas en concours avec un second assureur, car lorsqu'il répond seul des risques, il importe peu qu'il en réponde en vertu d'un avenant ou d'une seconde assurance. En effet, aux termes de l'art. 333 du C. de comm., la même police peut contenir plusieurs assurances, soit à raison des marchandises, soit à raison du taux de la prime, soit à raison de différents assureurs. Mais il peut y avoir plusieurs assureurs, et dans ce cas l'intérêt pratique que présente la distinction posée existe.

Exemple. — Un commerçant charge une certaine quantité de café qu'il fait assurer pour toute sa valeur, soit 20,000 fr. — Après cette assurance, il complète le

(1) 17 janvier 1871. — Mars. (J. M. 50. 1. 59).

chargement par une certaine quantité de balles de cacao, valant 10,000 fr., et fait assurer le café et le cacao, pour toute leur valeur, soit 30,000 fr., par un second assureur. — Cette seconde assurance faite, il s'adresse au premier assureur, et par un avenant qui, d'après lui, complète la première police, il fait assurer le cacao pour 10,000 fr.

Telle étant l'espèce, et la situation des deux assureurs devant être réglée, on doit décider. — 1° que le premier assureur répond du café; — 2° que le second répond du cacao; — 3° que le prétendu avenant n'en est pas un, mais bien une nouvelle assurance.

Second exemple. — Un chargement de café, valant 20,000, est d'abord assuré par un premier assureur pour 15,000, par un second pour 5,000, et ensuite par le premier, au moyen d'un avenant, pour 5,000. Tel étant le fait, le risque pèse sur le premier pour 15,000, sur le second pour 5,000, attendu que le prétendu avenant, quoique consenti par le premier, n'est, au fond, qu'une seconde assurance, distincte de la première.

§ II.

Règles relatives à l'interprétation du contrat.

474. — Le contrat doit être interprêté dans le sens qui convient le plus à sa nature.

475. — La commune intention des parties doit être consultée.

476. — En principe il faut se tenir à la lettre du contrat.

477. — La police qui ne produit aucun effet ne doit pas en général être modifiée par le juge dans le but de lui en faire produire un.

478. — Les clauses d'une police doivent être interprêtées les unes par les autres.

474. — Le contrat d'assurance doit être interprêté, comme tous les contrats, dans le sens qui convient le plus à sa nature (C. civ., art. 1158). Il ne faut donc pas perdre de vue dans l'interprétation qui en est faite, qu'il est un contrat d'indemnité s'appliquant à des risques précis, déterminés, en dehors desquels l'assureur n'est pas obligé.

475. — On doit rechercher pour ce contrat, ainsi que le veut l'art. 1156 C. civ., quelle a été la commune intention des parties (1), mais sans s'écarter du sens littéral, à moins qu'à raison de son obscurité il soit nécessaire de le dégager (2). Il est encore de règle que l'interprétation doit être puisée dans la police et non dans des documents qui n'en font pas partie, par exemple une annotation qui figure sur la cote de la police, ou une note émanant du courtier que les contractants ont employé (3).

476. — Bien que l'interprétation doive être prise dans un sens littéral, il ne fait pas cependant abuser de ce principe. La Cour d'Aix nous paraît avoir posé à cet égard la règle qui doit être suivie.

« Attendu, dit-elle, que si l'assurance est un contrat « de droit étroit, sous ce rapport que les paroles de la « police, lorsqu'elles sont claires, doivent être enten-

(1) 18 février 1828. — Aix (J. M. 9. 1. 64).

(2) 2 février 1848. — Douai (S. V. 48. 2. 324). — V. dans ce sens, Baldasseroni, t. 2, p. 6, tit. 11, § 3; Nolte, t. 1, p. 412. — Cette règle est aussi suivie en Angleterre. Weston vs Eames, 1 Taunt Rep. 115.

(3) 6 novembre 1820. — Mars. (J. M. 2. 1. 21).

« dues littéralement et dans leur sens habituel comme « étant la loi de laquelle il n'est pas permis de s'écar-« ter, et s'il en résulte que ce contrat ne peut être « étendu d'un corps à un autre corps réellement dis-« tinct, cela n'interdit point au juge, quand les paroles « ne sont pas susceptibles de deux sens, d'en recher-« cher le véritable sens à l'aide des règles ordinaires « de l'interprétation, parce que le contrat d'assurance « est avant tout un contrat de bonne foi (1). »

477. — En matière d'assurance, l'art. 1157 du C. civ. doit être employé et appliqué avec beaucoup de précaution. Peu importe que dans certains cas le sens que donne la lettre de la police ne produise aucun effet. Il est possible que les parties, faute d'avoir compris la portée de la convention qu'elles ont faites, l'aient voulue, bien qu'elle ne fût susceptible d'aucun effet. En cette matière, le juge, au lieu de prendre la place des parties, doit s'en tenir à ce qui est certain, car comme le dit Casaregis, *in contractu assecurationis inspici debet id tantum quod certum est inter contrahentes.*

Ainsi, dans une espèce où les parties avaient convenu que l'une d'elles ferait un canal à ciel ouvert, j'ai vu décider, à la suite d'un rapport d'expert qui déclara qu'un tel canal serait fréquemment bouleversé par l'irruption d'une rivière voisine, qu'il y avait lieu de le remplacer dans la partie que cette rivière pouvait atteindre par une conduite souteraine. Le juge se dit : les parties ont voulu un canal d'arrosage ; voilà ce qui est prédominant et essentiel dans la convention. La prise se fera au moyen d'une canalisation fermée qui sera

(1) 24 juillet 1857. — Aix (J. M. 35. 1. 206).

prolongée jusqu'au point où ce canal ne sera plus exposé ; la dépense, il est vrai, se portera à un millier de francs de plus, mais les parties gagneront dix fois cette somme par la suppression des frais de réfection et d'entretien, et par la continuité du fonctionnement ; si elles avaient été mieux éclairées, elles auraient voulu ce changement ; je le veux pour elles.

C'était bien raisonné.

Prenons pour une assurance une espèce analogue.

Assurance au voyage. — Un port de destination qui est déterminé dans la police. — Ce port est rapproché d'un autre port. — Après l'accomplissement du voyage, le navire arrive près du port désigné, où il ne peut pénétrer parce que son entrée est obstruée par un banc de sable. Voyant cela, le capitaine se dirige vers le port voisin, qui est à dix lieues de distance. Dans cette traversée de dix lieues, le navire périt.

L'assureur est-il responsable de la perte ? — Non. — Et pourquoi ? — Parce que l'obstruction du musoir du port par les sables ne le regarde pas, et que tout changement de voyage est interdit. Dès lors, le juge ne pourrait pas dire : les parties ont voulu un port de destination ; l'un manquant, elles ont voulu l'autre.

478. — Il faut surtout en matière d'assurance, suivre le conseil que donne l'art. 1161 C. civ., interpréter les clauses les unes par les autres, en donnant à chacune le sens qui résulte de l'acte entier.

C'est qu'en effet, il suffit de jeter les yeux sur une police d'assurance pour voir à quel point toutes les clauses qu'elle renferme réagissent les unes sur les autres. Tantôt on y lit que l'assureur prend à sa charge tous les risques, et dans une clause subséquente qu'il est affranchi de ceux qui y sont spécifiés ; — tantôt qu'il garantit le paiement intégral de la somme assurée, mais que cependant, elle sera diminuée, ou par les franchises ou par la stipulation qui affranchit l'assureur de certaines dépenses ; — dans d'autres polices où le voyage est exactement précisé, on voit figurer des exceptions multiples qui en changent l'unité. — Pour combiner ces clauses en apparence contraires, pour donner leur véritable sens à la clause générale et à la clause spéciale, il faut un certain tact judiciaire, ce que donne l'étude, l'expérience, le jugement, c'est-à-dire une réunion de qualités qu'il est indispensable de conquérir.

479. — On dit, sur la foi d'un arrêt d'Aix, qu'en principe les clauses stipulées par l'assureur doivent, en cas de doute, être interprétées contre lui (1). Si ce principe est vrai, il faut dire aussi qu'il faut interpréter contre l'assuré les clauses qu'il a à son tour stipulées.

Le principe posé par la Cour d'Aix a quelque chose d'analogue avec celui qu'exprime l'art. 1602 du C. civ., aux termes duquel tout pacte obscur s'interprète contre le vendeur. Les lois romaines avaient posé cette dernière règle, et Loisel l'exprime par ces mots : *Qui vend le pot, dit le mot,* ce qui suppose que le vendeur prend toujours la parole, et que l'acheteur se borne à adhérer. Comme les choses se passent autrement, que toute vente suppose un dialogue, dans lequel l'acheteur ne se fait pas toujours la plus faible part, l'art. 1602, souvent invoqué, est rarement appliqué, et jamais complètement. Ainsi en est-il ainsi du principe posé par la Cour d'Aix. Les juges interprètent la police comme ils croient devoir le faire, sans trop se préoccuper si leur interprétation profite à l'assureur ou à l'assuré.

480. — Les art. 1159 et 1160, d'après lesquels les conventions doivent être interprétées par l'usage, reçoivent une application fréquente dans la matière des assurances. Les anciens docteurs conseillent de suivre la règle que posent ces deux articles (1), et elle est souvent invoquée de nos jours, car, ainsi que le déclare lord Mansfield, les assureurs sont censés connaître les usages admis en matière d'assurances et avoir voulu s'y conformer (2). Ainsi un navire étant arrivé dans le port de Livourne, chargé de marchandises qui furent placées dans un lazaret, on décida que les pertes pendant leur transport du lazaret à terre était aux risques de l'assuré, parce que tel était l'usage (3). Rappelons encore que, d'après l'usage, les risques, pendant le séjour au lazaret, sont à la charge de l'assureur (v. *supra,* t. 2, n. 64).

On ne peut invoquer l'usage que s'il est constant, et si sa longue durée lui a donné une notoriété suffisante (4).

C'est par lui qu'on détermine la route que le navire doit parcourir, les points où il doit arriver, la manière de faire le débarquement. Nous avons donné quelques exemples se rapportant à ce point *supra,* p. 72. La jurisprudence anglaise en fournit aussi un grand nombre. En consultant l'usage on a décidé en Angleterre

---

(1) Et videndum quomodo verba illa pro subjecta materia, legibus nauticis, sive consuetudine maris, communi hominum sensu, atque ipso etiam jure capienda sint, an amplienda, an restringenda, an in propria significatione, an quodammodo impropriaanda. Gibellinus, lib. 4, cap 11, art. 2, n. 5.

(2) Pelly vs Roy. Exch. Comp. in Burr. 311.

(3) Gracie vs Maryland Ins. Comp. 8 Cranch's sup. court. Rep. 75.

(4) Frott vs Woodt, 1 Gallissons Rep. 144. — V. aussi Philipps, 1, 54.

que le port de Revel fait partie de la Baltique (3).

Les marchandises, qu'elles soient l'objet de l'assurance ou d'une stipulation de franchises, sont le plus souvent indiquées d'une manière générale dans les polices. Ainsi, lorsqu'on assure un chargement de *blé*, de *légumes*, de *peaux*, et qu'il est nécessaire de rechercher si tel objet particulier est compris dans la désignation générale, on doit consulter l'usage. C'est ainsi que la Cour d'Aix a décidé que le mot blés, au pluriel a un sens plus étendu que le mot *blé*, au singulier (v. *supra*, t. 1, n. 211). Dans cet ordre d'idées, nous avons donné de nombreux exemples se rapportant aux stipulations de franchises (v. *supra*, t. 2, n. 257). On a eu recours à l'usage pour fixer, en Angleterre, le sens du mot *chargement* (4), du mot *blé* (5), pour décider que le mot *sel* ne comprend pas le *salpêtre* (6), et aux Etats-Unis pour fixer le sens du mot *peau*, et déclarer qu'il comprend les *fourrures* (7).

Ajoutons qu'il faut se référer à l'usage qui est en vigueur dans le lieu où la police est souscrite (8), et que les juges ont sur ce point un pouvoir souverain d'appréciation (9).

---

(3) Uhde v[s] Walters 3 Camp. 16. — V. aussi Robertson v[s] Clarke, 1 Bingh, 445.

(4) Honghton v[s] Gilbart. Carr et P. 701.

(5) V. Park, p. 245. — Scott v[s] Bourdillon. 2 Bos et Pull. N. R. 213.

(6) Journu v[s] Bourdieu, in Park, *ubi supra*.

(7) Astor v[s] Union Ins. Co 7 Cowens. Rep. 202.

(8) 4 janvier et 24 avril 1854. — Cass. (S. V. 56. 1. 339).

(9) 21 décembre 1869. — Cass. (J. M. 48. 2. 167).

§ III.

MODÈLES DE POLICES D'ASSURANCE.

Nous donnons ici comme modèle les deux polices françaises, sur corps de navire et sur marchandises.

Police française d'assurance maritime sur corps de navire.

ARTICLE 1er.

Sont aux risques des assureurs les dommages et pertes qui arrivent au navire assuré par tempête, naufrage, échouement, abordage, changement forcé de route ou de voyage, jet, feu, pillage, piraterie et baraterie, et généralement tous accidents et fortunes de mer (1).

(1) V. t. 2, livre 4, ch. 1-8.

ART. 2.

Les risques de guerre ne sont à la charge des assureurs qu'autant qu'il y a convention expresse. Dans ce cas, les assureurs répondent des dommages et pertes provenant de guerre, hostilités, représailles, arrêts, captures et molestations de gouvernements quelconques, amis ou ennemis, reconnus ou non reconnus, et généralement de tous accidents et fortunes de guerre (1).

(1) V. t. 2, livre 4, ch. 9-13.

ART. 3.

Les assureurs sont exempts par exception et dérogation en tant que de bosoin à ce qui a été dit à l'art. 1er quant à la garantie de la baraterie :

1° Des faits de dol et de fraude du capitaine ; — de tous évènements quelconques résultant de violation de blocus, de contrebande ou de commerce prohibé et clandestin ; — le tout à moins que le capitaine n'ait été changé sans l'agrément de l'armateur ou de son représentant et remplacé par un autre que par le second (1) ;

2° Des dommages et pertes provenant du vice propre (2) ;

3° De la piqûre des vers sur les parties du navire non protégées par un doublage métallique (3) ;

4° De tous frais d'hivernage, de quarantaine et de jours de planche (4) ;

5° De toutes les conséquences qu'entraînent pour le navire les faits quelconques du capitaine ou de l'équipage à terre ;

6° De tous recours de tiers, chargeurs ou autres, notamment pour vices d'arrimage, chargement sur le pont, excès de charge, infraction de chartes-parties ou pour dommages ou empêchements causés dans les ports, rivières ou bassins, sauf ce qui va être dit à l'art. 4 quant à l'abordage.

(1) V. t. 1, liv. 2, ch. 8.

(2) V. liv. 2, chap. 7.

(3) V. t. 1, n. 434.

(4) V. t. 1, n. 314 et t. 2, n. 95.

ART. 4.

Les risques de recours de tiers contre le navire assuré pour fait d'abordage avec un autre navire ou corps flottant sont à la charge des assureurs, pour les neuf dixièmes des dommages alloués, et jusqu'au maximum des neuf dixièmes de la somme assurée, sous déduction d'une franchise de 1 °/₀ de la somme assurée.

L'assuré supporte le dixième des dommages et la franchise, laquelle toutefois ne sera pas prélevée si le dommage alloué atteint la somme assurée. Les assureurs sont exempts de tout recours exercés pour faits de mort ou de blessures. Le capitaine, de l'avis conforme du consul de sa nation ou de l'agent des assureurs, est autorisé à traiter et à transiger au mieux des intérêts communs sur toutes réclamations exercées contre lui pour faits d'abordage (1).

(1) V. t. 1, n. 454, 471 et t. 2, n. 111 et s.

ART. 5.

La valeur agréée du navire comprend indivisement tous ses accessoires, notamment les victuailles, avances à l'équipage, armement et toutes mises dehors, à moins qu'il ne puisse être justifié que certaines de ces dépenses concernent un intérêt distinct de celui de la propriété du navire.

A défaut de cette justification, les assureurs du navire seront en droit, en cas de délaissement, de réduire sa valeur agréée du montant de toutes assurances faites séparément sur armement, victuailles ou mises dehors, avant ou après l'assurance du navire.

Néanmoins dans les risques de pêche, la valeur de l'armement spécial de la pêche, et, pour les navires à vapeur, la valeur de la machine peuvent toujours être assurées séparément (1).

(1) V. t. 1, n. 149 et s., 163 et s.

ART. 6.

Les risques de l'assurance au voyage courent du moment où le navire a commencé à embarquer des marchandises, ou, à défaut, de celui où il a démarré ou levé l'ancre, et cessent quinze jours après qu'il a été ancré ou amarré au lieu de sa destination, à moins qu'il n'ait reçu à bord des marchandises pour un autre voyage avant l'expiration des quinze jours, auquel cas les risques cesseront aussitôt (1).

(1) V. t. 2, liv. 3, ch. 5.

ART. 7.

La quarantaine est considérée comme faisant partie du voyage qui y donne lieu ; néanmoins, si le navire assuré au voyage va faire quarantaine ailleurs qu'au point de destination, les assureurs ont droit à une augmentation de prime de trois quarts pour cent par mois, depuis le jour du départ pour la quarantaine jusqu'à celui de retour.

Les mêmes augmentations de prime sont applicables au cas où un navire, trouvant son port de destination bloqué, séjourne dans ce port, ou relève pour d'autres. Dans ce cas les assureurs continuent de courir les risques pendant tous séjours et relèvements, sans cependant que cette prolongation puisse être de plus de six mois, à dater de l'arrivée devant le port bloqué ; mais ils ne répondent d'aucuns frais ni augmentations de dépenses résultant de ces relèvements et séjours.

L'assuré peut toujours faire cesser les risques à son gré avant les six mois.

En cas d'assurance à prime liée, il est accordé, sans augmentation de prime, quatre mois de séjour à partir du premier moment où le navire aura abordé au premier port où il doit commencer ses opérations. Si le séjour dure plus de quatre mois, il sera dû aux assureurs une augmentation de deux tiers pour cent par chaque mois supplémentaire.

Art. 8.

Le délaissement pour défaut de nouvelles peut être fait : après six mois, pour tous voyages de cabotage ; — après huit mois, pour tous voyages de long cours en deçà des caps Horn et de Bonne-Espérance ; — après douze mois, pour tous voyages au-delà desdits caps.

Ces délais doivent se compter au lieu de destination du dernier voyage entrepris, et de la date des dernières nouvelles connues.

Ils se réduisent du quart pour les vapeurs.

L'assuré est tenu de justifier de la non-arrivée et de la date du départ (1).

(1) V. t. 2, liv. 4, ch. 3.

Art. 9.

Par dérogation expresse au Code de commerce, le délaissement ne peut être fait que pour les seuls cas :

1° de disparition ou de destruction totale du navire ; 2° d'innavigabilité produite par fortune de mer.

Art. 10.

Si le montant total des dépenses à faire à un navire pour réparation d'avaries (prime de grosse et autres frais accessoires non compris, et déduction faite de la valeur des vieux doublages et autres débris) dépasse les trois quarts de la valeur agréée, et si, par suite, la condamnation du navire est prononcée, il est réputé innavigable à l'égard des assureurs, et peut leur être délaissé.

Si le navire effectivement réparé, est parvenu à sa destination, le délaissement n'est point recevable quoique le coût des réparations ait dépassé les trois quarts. Dans ce cas, l'action d'avarie est seule ouverte à l'assuré sous les retenues et franchises prévues par les articles 19 et 20, et la même action est ouverte à l'assuré franc d'avaries (1).

(1) V. t. 2, liv. 4, ch. 4, § 2, n. 144 et s.

Art. 11.

Est pareillement réputé innavigable, et peut être délaissé aux assureurs, le navire condamné faute de moyens matériels de réparation, s'il est établi qu'il ne pouvait pas relever avec sécurité, même après allégement ou avec l'aide d'un remorqueur, pour un autre port où il eût trouvé les ressources nécessaires.

Enfin, est pareillement réputé innavigable, et peut être délaissé aux assureurs, le navire condamné faute de fonds ou de crédit, mais seulement dans un port de relâche.

La condamnation prononcée par ce motif, dans un port d'expédition ou de destination, ne donne pas lieu au délaissement. L'action d'avaries est seule alors ouverte aux assurés, comme si les réparations avaient eu lieu, d'après les constatations des experts, sous les retenues et franchises prévues par les articles 19 et 20 (1).

(1) V. t. 2, liv. 4, ch. 7, § 1, n. 179 et s.

Art. 12.

Il est expressement convenu que les assureurs sont et demeurent étrangers :

1° Aux primes des emprunts à la grosse, contractées dans un port d'expédition ou de destination ;

2° A la saisie et vente du navire, dans un port d'expédition ou de destination, sur la poursuite des prêteurs ou de tous autres créanciers ;

3° Aux effets de toutes déterminations des armateurs à l'égard des créanciers, prises en vertu de l'art. 216 du C. de commerce (1).

(1) V. t. 2, liv. 4, ch. 8.

Art. 13.

Le port d'expédition est réputé port de relâche si le navire, après l'avoir quitté en bon état, y rentre pour réparations d'avaries éprouvées depuis sa sortie.

Art. 14.

Si dans un cas donnant action au délaissement, l'assuré opte pour l'action d'avaries, ou l'exerce après que la première est prescrite, l'indemnité due par les assureurs est limitée, au maximum, à 75 °/₀ de la somme assurée (1).

(1) V. t. 2, liv. 6, ch. 3.

Art. 15.

En cas de délaissement, l'armateur reste personnellement débiteur des gages d'équipage antérieur au voyage pendant lequel le sinistre a eu lieu, et doit les compenser avec l'assureur dans le règlement de l'indemnité, s'ils ont été prélevés sur le produit du sauvetage.

Le fret délaissé avec le navire est seulement celui du dernier voyage, mais il comprend le fret de toutes marchandises débarquées même avant le sinistre ou aux divers lieux d'escale, ainsi que tout fret payé d'avance et non restituable à l'affréteur.

Les frets des voyages antérieurs, comme les gages des voyages antérieurs, sont choses personnelles aux assurés et étrangères aux assureurs (1).

(1) V. t. 2, l. 5, ch. 5, § 3, n. 399, 404, 407.

Art. 16.

Dans les assurances à terme ou à prime liée, chaque voyage est l'objet d'un règlement distinct et séparé. Chaque règlement est établi comme s'il y avait autant de polices distinctes que de voyages. La somme assurée est, pour chaque voyage, la limite des engagements des assureurs (1).

(1) V. t. 2, liv. 3, ch. 6.

Art. 17.

Il y a voyage distinct, en ce qui touche l'application des art. 15 et 16 de la présente police, dans la traversée que fait un navire sur lest pour aller prendre chargement.

S'il prend charge dans ou pour un ou plusieurs ports, il y a un seul voyage, depuis le commencement du chargement jusqu'à la fin du débarquement.

Il en est ainsi alors même que le navire a embarqué des marchandises pour un voyage ultérieur. Ce nouveau voyage n'est réputé commencé qu'au moment où a été achevé le déchargement des autres marchandises.

Art. 18.

Lorsque le navire a éprouvé des avaries à la charge des assureurs, et qu'il se trouve dans un port où les réparations seraient impossibles ou trop dispendieuses, les assureurs autorisent le capitaine, en ce qui le concerne, à s'y borner aux réparations jugées indispensables et à aller, au besoin avec l'aide d'un remorqueur, les compléter au port le plus convenable où elles pourraient s'effectuer avec économie, lui donnant à cet égard les pouvoirs les plus étendus, et continuant de courir les risques sans augmentation de prime.

Le capitaine est notamment autorisé à ne point faire doubler son navire au port de relâche, et à ajourner cette dépense, dans l'intérêt commun, à un moment plus opportun.

Pendant les trajets faits spécialement en dehors des opérations commerciales du navire, pour aller au port de réparation et en revenir, la prime mensuelle ne court pas dans les assurances à terme ; les vivres et gages d'équipage et les frais de remorquage sont à la charge des assureurs (1).

(1) V. t. 2, liv. 5, ch. 2.

Art. 19.

Les avaries ne sont payées par les assureurs que sous la retenue d'une franchise de :

3 p. cent de la somme assurée pour les avaries particulières ;

1 p. cent de ladite somme pour les avaries communes ;

1 p. cent de ladite somme pour le recours des tiers.

En cas de concours de plusieurs sortes d'avaries, la franchise retenue ne peut être supérieure au maximum de 3 °/o.

En cas d'échouement suivi de remise à flot tous les frais à la charge du navire, faits pour le renflouement, sont remboursés sans retenue, au prorata des sommes assurées, même dans les risques souscrits franc d'avaries. Il est toutefois bien entendu que, lorsque des objets du navire ont été sacrifiés, leur remplacement subit les réductions prévues par l'art. 20 ci-après (1).

(1) V. t. 2, liv. 5, ch. 4.

Art. 20.

Il n'est admis dans les règlements d'avaries que les objets remplaçant ceux perdus ou endommagés par fortune de mer pendant la durée des risques (1).

Pendant la première année de la construction, il n'est pas opéré de réduction pour la différence du vieux au neuf.

Pendant la seconde année, il est opéré une réduction d'un cinquième, et si le navire a plus de deux ans, une réduction du tiers sur toutes dépenses autres que celles qui sont spéciales à la carène et au doublage. Toutefois sur les ancres et les chaînes-cables, la réduction n'est jamais supérieure à 15 °/₀.

Si le navire est construit en fer, il n'y a pas de réduction pendant les deux premières années. La réduction est de 10 °/₀ pendant la troisième année, de 15 °/₀ pendant la quatrième, de 20 °/₀ de quatre à dix ans et de 25 °/₀ au-delà de dix ans (2).

Quant aux dépenses spéciales à la carène et au doublage, la réduction est d'un quarante-huitième par mois écoulé depuis que la dernière carène a été faite ou que le dernier doublage a été appliqué.

La première ou la seconde année de construction compte depuis le jour de la première sortie du navire jusqu'à celui de son entrée au port où il effectue ses réparations.

Le calcul des quarante-huitièmes sur les dépenses de carène et de doublage se fait pareillement depuis le jour de la sortie du navire, après l'achèvement de la carène ou l'application du doublage neuf jusqu'à celui de son entrée au port où il renouvelle l'une ou l'autre, le dernier mois n'étant compté que s'il est entamé de plus de quinze jours (3).

Les mêmes réductions s'appliquent au règlement des indemnités dues par les assureurs pour avaries communes.

Dans tous les cas où il y a lieu à la réduction, en sont seuls exceptés les frais de pilotage, de port, d'expertises, frais judiciaires ou consulaires, et le remplacement des vivres perdus. La réduction n'a pas lieu non plus sur les dépenses de réparations provisoires qui n'auraient pas profité au navire, lorsqu'il a relevé pour compléter ses réparations. La réduction est opérée sur toutes autres dépenses, même celles de location d'apparaux, pontons, grils, chantiers ou bassins, totalisées comme si la réparation avait été adjugée à forfait et à l'entreprise, mais sous la déduction du produit net des vieux doublages et autres débris (4).

Les primes des emprunts à la grosse contractés dans un port de relâche, commissions d'avances de fonds, intérêts ou autres frais proportionnels, sont ventilés, et ne sont supportés par les assureurs, que proportionnellement à l'indemnité nette à leur charge, établie d'après les bases ci-dessus.

Si l'emprunt à la grosse a été contracté pour un terme plus éloigné que celui du voyage en cours, la prime est réduite à ce qu'elle eût été pour le terme dudit voyage en cours, suivant appréciation à faire par amis communs (5).

La contribution du fret à l'avarie grosse n'est à la charge de l'assureur sur corps que si les assurés ont pris l'engagement de ne pas faire assurer le fret (6).

Les vivres et gages d'équipage pendant les réparations soit en avaries particulières, soit en avaries communes, ne sont à la charge des assureurs que pour moitié, sauf ce qui est dit au dernier paragraphe de l'art. 18 (7).

Les gages seront justifiés par le rôle d'équipage. Quant aux vivres, sauf ledit cas de l'art. 18, ils seront réputés à forfait, quel que soit leur coût effectif, coûter 5 francs par jour pour les officiers et 1 fr. 50 cent. pour les autres hommes de l'équipage.

(1) V. liv. 5, ch. 2, § 3, n. 229 et s.

(2) V. t. 2, n. 331.

(3) V. t. 2, n. 330.

(4) V. t. 2, n. 329.

(5) V. t. 2, n. 326.

(6) V. t. 2, n. 342.

(7) V. t. 2, n. 327.

Art. 21.

Dans les risques de pêche, les assureurs sont exempts de toutes pertes et avaries sur les embarcations, ustensiles de pêche, ancres, chaînes, câbles et dépendances, pendant la pêche et pendant le mouillage. Ils sont pareillement exempts des pertes, d'ancres, de chaînes câbles et dépendances dans les divers mouillages de l'île de la Réunion (1).

(1) V. t. 1, n. 155.

Art. 22.

Les assurés s'interdisent expressement : 1° les assurances sur bonne arrivée du navire ; 2° les assurances sur fret excédant soixante pour cent du fret à justifier.

Cette justification pourra se faire par la charte-partie, par les connaissements, et, si le navire périt en cours de chargement et n'a pas de charte-partie, par les prix courants. L'assurance sur fret pourra stipuler le remboursement des soixante pour cent du fret total, ainsi justifié que devait faire le navire quel que soit le nombre de tonneaux embarqués au moment du sinistre, pourvu qu'il y ait un commencement de chargement.

Toute assurance faite par les propriétaires de navires par leur ordre, ou pour leur compte, contrairement aux prescriptions du présent article, réduit d'autant, au cas de délaissement, la somme assurée sur le navire.

Art. 23.

La prime stipulée dans la police est indépendante des augmentations qui pourraient être dues pour des navigations spécialement dangereuses ou des saisons d'hivernage.

Ces augmentations sont fixées par le tarif de la place. Elles ne sont pas dues dans le cas de relâche forcée.

Dans tous les cas où le calcul de la prime se fait par période mensuelle ou autres, toute période commencée est comptée comme finie (1).

(1) V. t. 1, n. 133 et s.

Art. 24.

En cas de perte du navire, si le capitaine en est propriétaire ou copropriétaire, il est sursis au règlement de sa part dans l'assurance, jusqu'à production du certificat constatant le résultat de l'enquête administrative à laquelle sa conduite doit être soumise.

S'il est établi par cette enquête, que la perte est imputable à des fautes du capitaine, et si par suite son brevet lui est retiré, quoique sans imputation de dol ni de fraude, les assureurs sont valablement libérés de la part assurée du capitaine, en lui payant, par composition, 50 0/0 de l'indemnité si son brevet lui a été retiré définitivement, 75 0/0 s'il ne lui a été retiré que pour un temps.

Art. 25.

Toutes pertes et avaries à la charge des assureurs sont payées comptant, trente jours après la remise complète des pièces justificatives, au porteur de ces pièces et de la présente police, sans qu'il soit besoin de procuration.

Art. 26.

Lors du remboursement d'une perte ou d'une avarie, toutes primes échues ou non échues, dues par l'assuré, sont, en cas de faillite ou de suspension de paiement, compensées, et les billets acquittés donnés et reçus pour comptant.

S'il n'y a pas faillite ni suspension de paiement, les assureurs n'ont droit de compenser que la prime même non échue de la police objet de la réclamation et toutes autres primes échues (1).

(1) V. t. I, n. 138.

Art. 27.

En cas de faillite ou de suspension de paiements de l'assuré, ou en cas de non-paiement de la prime échue, les assureurs, après sommation restée infructueuse faite au domicile de l'assuré d'avoir à payer ou fournir caution valable dans les vingt-quatre heures, peuvent annuler, à partir des dernières nouvelles, par une simple notification, toute assurance en cours désignée dans l'exploit, en déclarant renoncer à la prime proportionnellement à la durée des risques restant à courir, les assureurs demeurant créanciers du surplus, plus des frais d'enregistrement et de signification (1).

(1) V. *ut supra.*

Art. 28.

La vente publique du navire fait cesser de plein droit l'assurance au jour de la vente.

L'assurance continue de plein droit, en cas de vente privée s'appliquant à moins de moitié de l'intérêt assuré.

En cas de vente privée s'appliquant à moitié au moins de l'intérêt, et mentionné sur l'acte de francisation, l'assurance de l'intérêt vendu ne continue que si l'acquéreur l'a demandé aux assureurs et a été agréé par eux (1).

(1) V. t. 2, ch. 8.

Art. 29.

Par application de l'art. 365 du Code de commerce, les assurés et les assureurs sont toujours présumés avoir reçu connaissance immédiate des nouvelles concernant le navire assuré qui sont parvenues au lieu où ils se trouvent respectivement, même à des tiers inconnus d'eux, par un journal, une lettre, une dépêche, un exprès, ou de toute autre manière.

En conséquence, l'assurance est nulle, s'il est justifié que la nouvelle de l'arrivée du navire, ou d'un sinistre le concernant, était connue, soit au lieu où se trouvait l'assuré, avant l'ordre d'assurance donné, soit sur la place du domicile de l'assureur, avant la signature de la police, sans qu'il soit besoin d'administrer aucune preuve directe de connaissance acquise de la nouvelle par l'assuré ni l'assureur.

Quiconque après avoir donné de bonne foi un ordre d'assurance, apprend un sinistre concernant le navire avant d'être avisé de l'exécution, est tenu de donner aussitôt contre-ordre, même par le télégraphe, à peine de nullité de la police, laquelle sera maintenue si le contre-ordre ainsi donné n'arrive qu'après l'exécution.

Il est entièrement dérogé aux articles 366 et 367 du Code de commerce (1).

(1) V. t. 1, liv. 2, ch. 3.

Art. 30.

Tous droits réciproquement réservés, l'assuré doit et l'assureur peut dans les cas de sinistre veiller ou procéder au sauvetage et au renflouement du navire, prendre ou requérir toutes mesures à cet effet, sans qu'on puisse opposer à l'assureur d'avoir fait acte de propriété. L'assureur peut notamment faire remorquer à ses frais le navire assuré.

L'assuré est responsable de sa négligence à prévenir les assureurs ou leurs agents, ou à prendre lui-même les mesures de conservation, ainsi que des obtacles qu'il apporterait à l'action des assureurs (1).

(1) V. t. 2, ch. 6, § 1 et 2.

ART. 31.

Les frais du contrat sont à la charge de l'assuré.

Police française d'assurance maritime sur marchandises.

ART. 1.

Sont aux risques des assureurs tous dommages et pertes qui arrivent aux choses assurées par tempête, naufrage, échouement, abordage, relâches forcées, changements forcés de route, de voyage, et de navire, jet, feu, pillage, piraterie et baraterie, et généralement par tous accidents, et fortunes de mer (1).

(1) V. t. 2, liv. 4, ch. 1-8.

ART. 2.

Les risques de guerre civile ou étrangère ne sont à la charge des assureurs qu'autant qu'il y a convention expresse. Dans ce cas il est entendu qu'ils répondent de tous dommages et pertes qui arrivent aux choses assurées par guerre, hostilités, représailles, arrêts, captures et molestations de gouvernements quelconques, amis et ennemis, reconnus et non reconnus, et généralement de tous accidents et fortunes de mer (1).

(1) V. t. 2, liv. 4, ch. 9-13.

Art. 3.

Les assureurs sont exempts de tous dommages et pertes provenant du vice propre de la chose (1) ; de captures, confiscations et événements quelconques provenant de contrebande ou de commerce prohibé et clandestin (2), enfin de tous frais de quarantaine, d'hivernage et jours de planche (3).

(1) V. t. 1, liv. 2, ch. 7.

(2) V. t. 2, liv. 4, ch. 10.

(3) V. t. 1, n. 314, et t. 2, n. 95.

Art. 4.

Les risques courent du moment où la marchandise quitte la terre pour être embarquée, et finissent au moment de sa mise à terre, au point de destination, tous risques d'allèges pour transport immédiat de bord à terre, et de terre à bord, étant à la charge des assureurs (1).

Les risques de douanes ne sont pas à la charge des assureurs, sauf convention spéciale.

(1) V. t. 2, liv. 3, ch. 4.

Art. 5.

Les risques de quarantaine sont à la charge des assureurs. Si le navire va faire quarantaine ailleurs qu'au point de destination, il sera payé une augmentation de prime de demi pour cent par mois depuis le jour du départ jusqu'à celui de retour.

ART. 6.

Dans tous les cas où le calcul de la prime se fait par périodes mensuelles, ou autres, toute période commencée est comptée comme finie.

ART. 7.

Si l'assurance se fait sur navire ou navires indéterminés, l'assuré est tenu de faire connaître aux assureurs le nom du ou des navires, et de leur déclarer la somme en risque, dès la réception des avis qu'il aura reçus lui-même ou plus tard dans les trois jours de cette réception.

Après quatre mois écoulés à partir de la date de la police, la police ne peut plus produire aucun effet au profit de l'assuré, pour tout ce qui n'aura pas été déclaré dans ce délai.

ART. 8.

Le délaissement pour défaut de nouvelles peut être fait : après huit mois par les voyages en deçà des caps Horn et de Bonne-Espérance ; après douze mois pour tous les voyages au-delà de l'un et l'autre des dits caps.

Ces délais doivent se compter au lieu de destination du dernier voyage entrepris, et de la date des dernières nouvelles connues. Il se réduisent du quart pour les vapeurs. L'assuré est tenu de justifier de la non-arrivée et de la date du départ (1).

Le délaissement peut être fait aussi : — 1° dans le cas prévu par l'art. 394 du Code de commerce ; 2° dans le cas de vente ordonnée ailleurs qu'au point de départ et de destination pour cause d'avarie matérielle à la marchandise provenant de naufrage, d'échouement, d'abordage ou d'incendie (2) ; 3° dans tous les cas d'innavigabilité du navire par naufrage ou autrement, si après les délais ci-après la marchandise n'a pu être remise à la disposition des destinataires ou des assurés, ou au moins si le rechargement à bord d'un autre navire prêt à la recevoir n'en a pas été commencé dans les mêmes délais (3).

Les délais sont :

De deux mois si l'événement a eu lieu sur les côtes ou îles de l'Europe ou sur le littoral d'Asie et d'Afrique bordant la Méditerranée ou la mer Noire ;

De quatre mois si l'événement a eu lieu sur les côtes ou îles de l'Océan atlantique hors d'Europe ;

De six mois si l'événement a eu lieu sur les autres côtes ou îles.

Les délais courent du jour de la notification de l'innavigabilité faite par les assurés aux assureurs.

Si l'événement a eu lieu dans la Baltique ou autres mers susceptible d'être fermées par la glace, le délai est prolongé du temps pendant lequel l'accès du lieu de l'événement aura été notoirement empêché.

4° Dans les cas où, indépendamment de tous frais quelconques, la perte ou la détérioration matérielle absorbe les trois quarts de la valeur (4).

Aucun autre cas ne donne droit au délaissement des facultés.

Il est expressement dérogé aux dispositions du Code de commerce (et notamment des articles 369 et 375) contraires à celles des paragraphes qui précèdent.

(1) V. t. 2, liv. 4, ch. 3.
(2) V. t. 2, liv. 4, ch. 8.
(3) V. t. 2, liv. 4, ch. 7 § 3.
(4) V. t. 2, liv. 4, ch. 4, § 3.

Art. 9.

Les avaries communes et les avaries particulières en frais se règlent cumulativement entre elles, indépendamment des avaries matérielles. Elles sont remboursées intégralement.

Néanmoins si les contributions proportionnelles ont été payées sur une somme supérieure à la somme assurée, les assureurs ne doivent que la proportion de la somme assurée (1).

(1) V. t. 2, liv. 5, ch. 3.

Art. 10.

Sur les marchandises désignées au tableau ci-après, les assureurs ne garantissent pas la détérioration matérielle non plus que le coulage, même dépassant les trois quarts, si ce n'est quand le navire a été abordé, coulé ou incendié.

Dans les dits cas, les avaries de détérioration matérielle ou de coulage sont remboursées sous déduction d'une franchise de dix pour cent, à moins qu'il ne soit établi qu'elles ne proviennent pas de l'évènement. Les pertes en quantité causées par des fortunes de mer sont toujours remboursées sous la dite franchise de dix pour cent laquelle est réduite à trois pour cent sur les minerais et sur les minéraux autres que ceux désignés à l'art. 11 ci-après.

Toutefois la perte en poids ou en quantité de marchandises qui auraient fondu, telles que sel, sucre raffiné, ne sera remboursé que dans le cas où la détérioration matérielle serait à la charge des assureurs.

Tableau des marchandises assurées franc de détérioration matérielle dans les conditions de l'art. 10.

Animaux. — Allumettes. — Bougies. — Charbon de terre. — Chaussures. — Chaux. — Sels de chaux. — Chiffons. — Ciment. — Couvertures. — Cuirs vernis et cirés. — Fourrages. — Draps du midi. — Fromages. —Fleurs artificielles. — Fruits verts et secs. — Graines de vers à soie. — Huile de coco. — Joncs et rotins. — Légumes verts. — Liquides en futaille (eaux-de-vie exceptées). — Liquides en bouteille ou en cruchons. — Laines au suint d'Espagne. — Manganèse. — Marchandises sujettes à la casse, à l'oxydation. — Marchandises manufacturées étrangères en balles ou caisses en claire-voie. — Marchandises quelconques chargées sur le pont. — Marchandises servant de fardage et tapisserie. — Minerais. — Paille et tresses de paille. — Pétrole. — Papiers. — Papiers peints. — Parfumeries en pots ou flacons. — Plantes, arbres et arbustes. — Pommes de terre. — Poudre à tirer. — Sacs vides. — Sels. — Sucres raffinés (1).

(1) V. t. 2, liv. 5, ch. 4.

Art. 11.

Les avaries particulières matérielles consistant en perte de quantités sont remboursées intégralement et sans aucune franchise sur les espèces, métaux précieux, diamants et pierres précieuses non montées, étains, cuivres, plombs et zincs bruts en lingots.

En cas d'avaries particulières matérielles sur d'autres marchandises, les assureurs ne paient que l'excédant de :

Trois pour cent sur : Beurre. — Bijouterie fine. — Bois bruts. — Brais. — Châles. — Cachou. — Caoutchouc. — Cire. — Cochenille. — Cordages goudronnés. — Cafés en futailles. — Coton brut. — Epices non désignées en futailles. — Gomme laque. — Goudron. — Gutta-Percha. — Indigo. — Ivoire. — Lack-Dye. — Mercure. — Métaux bruts. — Orfèvrerie. — Savon. — Soies, Soieries. — Soufre. — Suif. — Vanille. — Verdets en fûts.

Cinq pour cent sur : Alun. — Bijouterie fausse. — Cacaos en futailles. — Cafés en sacs. — Cannelle. — Cassia lignea. — Clous de girofle. — Cordages non goudronnés. — Cornes ou ramures de Cornes. — Colle. — Coton filé. — Draps autres que ceux du Midi. — Epices non désignés en sacs. — Fanons. — Gambier. — Garance ou Garancine en sacs. — Gingembre. — Gomme en fûts. — Guanos et engrais naturels. — Laines lavées. — Laines en suint (retour de la Plata). — Mercerie. — Meubles. — Passementerie. — Piments en sacs. — Poivre en sacs. — Quercitron. — Rubans. — Riz en futailles. — Rocou. — Sellerie. — Sucres bruts en futailles ou caisses. — Tabacs en boucauts. — Toileries et autres tissus de lin, de chanvre et de coton.

Dix pour cent sur : Alizari. — Amidon. — Anis. — Arachides. — Biscuits en futailles. — Brosserie. — Cacaos en sacs. — Cafés en vrac. — Carrosserie. — Chanvre. — Chapellerie. — Couleurs préparées. — Crins et Poils. — Cuirs et peaux préparés ou à l'état brut. — Drogueries non désignées. — Eaux-de-vie. — Ecorces de chêne. — Eponges. — Farines en sacs. — Fleur de soufre. — Froment en sacs. — Gommes en sac ou vrac. — Jute. — Jalap. — Laine cachemire. — Librairie en caisses. — Liège. — Lin. — Noix de galle en fûts. — Pelleteries. — Perlasse. — Piment en vrac. — Pistaches. — Plumes et duvets. — Poivres en vrac. — Potasse. — Quinquina. — Réglisse. — Saindoux. — Salsepareille. — Sels de soude. Soude. — Sucres bruts en sacs. — Tabacs en sacs ou balles. — Teintures. — Thé. — Toiles à voile et d'emballage. — Verdet en balles.

Quinze pour cent sur : Biscuits en vrac. — Cacaos en vrac. — Carnasse. — Cendres gravelées. — Chapeaux et tissus de paille. — Chardons. — Cigares. — Cirage. — Cocons de vers à soie. — Crin végétal. — Conserves. — Dividivi. — Engrais artificiels. — Epices non désignées en vrac. — Froment en vrac. — Gants de peaux. — Grains et graines en sac ou vrac. — Houblon. — Laines en suint (non désignées). — Légumes secs en balle ou en vrac. — Librairie en balles. — Lithographies. — Photographies. — Nitrates. — Noir animal. — Noix de galle en sacs. — Ouglous. — Orseilles. — Os. — Osiers. — Paniers. — Parfumerie (non désignée art. 10). — Pâtes d'Italie. — Poissons secs ou salés. — Riz en sac. — Sparterie. — Sumac. — Toiles bleues dites guinées. — Tourteaux. — Vachettes.

La quotité de franchise sur des objets non désignés dans le tableau qui précède est fixée à cinq pour cent.

La franchise de dix pour cent, prévue par l'art. 10 pour les liquides en futailles, et par l'art. 11 pour les eaux-de-vie, est indépendante de la franchise de coulage ordinaire, laquelle est fixée à dix pour cent.

La franchise est toujours calculée sur la somme assurée, divisée s'il y a lieu en séries (1).

(1) V. t. 2, liv. 5, ch. 4.

Art. 12.

Le réglement des avaries particulières matérielles sur les marchandises chargées autrement qu'en vrac a lieu par séries établies conformément au cours de la place en vigueur au jour de la signature de la police (1).

Pour toutes marchandises donnant lieu à réclamation pour cause d'avaries particulières, l'assureur peut exiger la vente aux enchères publiques de la partie avariée pour en déterminer la valeur (2).

La quotité des avaries particulières est déterminée par la comparaison des valeurs à l'entrepôt, si la vente des marchandises avariées a eu lieu à l'entrepôt, et par la comparaison des valeurs à l'acquitté si la vente a eu lieu à l'acquitté (3).

(1) V. t. 2, liv. 5, ch. 4, § 4.

(2) V. t. 2, n. 313 et s.

(3) V. t. 2, n. 301 et 306.

Art. 13.

La somme souscrite par chaque assureur est la limite de ses engagements ; il ne peut être tenu de payer au-delà (1).

(1) V. t. 1, liv. 2, ch. 6.

Art. 14.

Les primes sont payées par l'assuré et les pertes et avaries réglées par l'assureur au porteur de la police et des pièces justificatives sans qu'il soit besoin de procuration, conformément aux usages de chaque place (1).

(1) V. t. 2, n. 444 et s.

Art. 15.

Nonobstant toutes valeurs agréées, les assureurs peuvent, lors d'une réclamation de pertes ou d'avaries, demander la justification des valeurs réelles et réduire, en cas d'exagération, la somme assurée au prix coûtant, augmenté de dix pour cent, à moins qu'ils n'aient expressement agréé une surélévation supérieure d'une quotité déterminée.

Le prix coûtant sera établi par les factures d'achat et, à défaut, par les prix courants aux temps et aux lieux du chargement, le tout augmenté de tous les frais jusqu'à bord, des avances de fret non restituables, et de la prime d'assurance, mais sans intérêt (1).

(1) V. t. 1, liv. 2, ch. 5.

Art. 16.

Si la prime du risque donnant lieu à réclamation n'est pas payée, elle sera compensée avec l'indemnité due, même dans le cas où la police aurait été transmise à un tiers porteur, et cela sans préjudice de tous les autres usages de la place (1).

(1) V. t. 1, n. 138.

Art. 17.

En cas de faillite ou de suspension notoire de paiements de l'assuré, lorsque le risque n'est pas encore fini ni la prime payée, l'assureur peut demander caution, et à défaut de caution, la résiliation du contrat.

L'assuré a les mêmes droits en cas de faillite ou de suspension notoire de paiements de l'assureur (1).

(1) V. t. 2, n. 482.

Art. 18.

Les assurés et les assureurs sont présumés avoir reçu connaissance immédiate des nouvelles concernant les choses assurées, qui sont parvenues au lieu où ils se trouvent respectivement. En conséquence toute assurance faite après la perte ou l'arrivée des choses assurées est nulle s'il est établi que la nouvelle de la perte ou de l'arrivée était parvenue, soit au lieu où se trouvait l'assuré avant l'ordre d'assurance donné, soit sur la place du domicile de l'assureur, avant la signature de la police. Cette présomption est substituée à celle de la lieue et demie par heure, et il est dérogé à l'art. 366 du Code de commerce.

Toutefois, il peut être stipulé dans le contrat que l'assurance est faite sur bonnes ou mauvaises nouvelles. Dans ce cas, et conformément à l'article 367 dudit Code, le contrat n'est annulé que sur la preuve que l'assuré savait la perte ou l'assureur l'arrivée (1).

(1) V. t. 1, liv. 2, ch. 3.

Art. 19.

Tous droits réciproquement réservés, l'assuré doit et l'assureur peut, dans les cas de sinistres, veiller ou procéder au sauvetage des objets assurés, prendre ou requérir toutes mesures conservatoires sans qu'on puisse lui opposer d'avoir fait acte de propriété.

L'assureur peut, notamment, en cas de perte ou d'innavigabilité du navire, pourvoir lui-même à la réexpédition des marchandises à leur destination. L'assuré doit lui fournir, s'il en est requis, tous documents utiles en son pouvoir pour aider à l'exécution des mesures conservatoires.

L'assuré est responsable de sa négligence à prévenir les assureurs ou leurs agents, ou à prendre lui-même les mesures de conservation ainsi que des obstacles qu'il apporterait à l'action des assureurs (1).

(1) V. t. 2, ch. 6, §§ 1 et 2.

Art. 20.

Les frais du présent contrat sont à la charge de l'assuré.

§ 4.

De la ristourne.

480. — La ristourne, mot qui vient de l'italien *(storno ristorno)*, s'entend, suivant la définition d'Emérigon, de toute dissolution de l'assurance pour quelque cause que ce soit.

La dissolution de l'assurance peut avoir lieu, ou par application des principes du droit commun, ou en vertu des principes spéciaux à ce contrat. En vertu du droit commun, ce contrat ne peut être dissous que du consentement des parties qui l'ont formé (1), ou lorsque l'une d'elles ne remplit pas ses engagements. (V. t. 1, n. 142). Il ne s'agit dans ce paragraphe que de la ristourne fondée sur les principes particuliers au contrat d'assurance.

Pohls fait justement observer que la théorie de la ristourne touche à toute la matière des assurances, qu'elle se lie, par exemple, à la théorie de la réticence, à celle de la double assurance, et ainsi de suite (2). Il en est résulté que les auteurs qui, comme Nolte, ont exposé d'une manière complète la théorie de la ristourne,

---

(1) 12 octobre 1814. — Mars. (J. M. 3. 1. 177). — 3 février 1823. — Mars. (J. M. 4. 1. 86).

(2) Pohls, t. 4, p. 177.

ont reproduit ce qu'ils avaient déjà suffisamment expliqué dans le cours de leur traité.

481. — La ristourne n'a pas toujours les mêmes caractères. Tantôt elle est absolue, ainsi que cela a lieu lorsque l'assurance porte sur des objets qui ne peuvent être assurés ; tantôt elle est relative, ainsi que cela a lieu lorsque l'assuré use de réticence ; tantôt elle résulte de la simple volonté de l'assuré, par exemple au cas où il ne charge pas la marchandise assurée ; tantôt elle est absolue ou relative suivant que l'assuré a usé ou non de fraude ; enfin, dans certain cas, elle est accompagnée d'une pénalité, par exemple lorsque l'assurance est faite après la perte.

La ristourne peut être partielle. Elle est telle lorsque la valeur de l'objet assuré a été exagérée sans fraude, ou lorsque dans le concours de plusieurs assurances la dernière est réduite partiellement.

Lorsque la nullité est relative, l'assureur perçoit la prime et est affranchi du paiement de l'indemnité. Il en est autrement lorsqu'elle est absolue ; dans ce cas, ni la prime, ni l'indemnité ne sont dues. D'où il résulte que l'assureur, à qui la prime a été payée, doit la restituer. En Angleterre, cette solution n'a pas toujours prévalu. Ainsi, on a décidé que la prime doit être restituée lorsque l'assurance ne constitue qu'une simple gageure (1), et dans une espèce semblable qu'elle ne doit pas l'être (2). On a aussi admis qu'il n'y avait pas lieu à restitution de la prime dans une espèce où l'assurance portait sur une opération que l'assuré avait

(1) Weathon, v[s] de la Rive ; Lacaussade v[s] Rives.

(2) Laway v[s] Bourdieu ; Slowson v[s] Hanckok.

faite avec un sujet d'un pays ennemi (1); on a admis la même solution dans un cas où l'opération à laquelle s'appliquait l'assurance était contraire à l'acte de navigation (2). Ces différences prouvent la fausseté du point de départ. Il est certain, d'une part, qu'un acte nul, d'une nullité absolue ne peut produire aucun effet, et de l'autre que l'indû doit être restitué. Dès lors, la restitution de la prime, lorsqu'une telle nullité existe, n'est que l'application stricte et directe de ces deux principes.

Dans le cas où l'assuré n'a aucun intérêt sur l'objet assuré, on a distingué en Angleterre suivant qu'il sait ou qu'il ignore cette circonstance. S'il le sait, la prime n'est pas restituée. Il en est autrement s'il l'ignore, si par exemple il se croit propriétaire lorsqu'il ne l'est pas (3). Cette solution est juridique parce que, suivant les principes de la loi anglaise, l'assureur retient la prime à titre de peine dans la première hypothèse; elle ne saurait prévaloir dans notre droit où ce point n'est réglé par aucune disposition.

Il est de règle en Angleterre et aux États-Unis que la prime doit être restituée lorsque l'assurance porte sur un péril purement imaginaire; si, par exemple, elle est faite à raison des risques résultant d'un blocus qui n'existe pas (4). Cette solution est parfaitement juste.

La nullité est absolue lorsque les deux parties sont en faute, par exemple lorsque l'assureur et l'assuré

---

(1) Waudych v^s Hewett.

(2) Andree v^s Fletcher.

(3) Roulte v^s Tompson, 17 East 428; Culoch v$_s$ Roy. Exch. Ass. Campbell, 8, 406.

(4) Nolte, t. 1, p. 347. — *Sic* Pohls, t. 4, p. 481.

ont usé l'un et l'autre de réticence, ou bien lorsqu'ils se sont engagés, sachant l'un et l'autre que l'objet assuré était déjà perdu (1). Dans ce cas l'assureur n'a aucun droit à la prime en même temps que l'assuré n'a aucun droit à l'indemnité. Pohls pense qu'en pareil cas le plus sage serait de confisquer la prime (2). Qui ne voit les dangers que présenterait cette règle, pour peu surtout qu'elle fût généralisée !

482. — L'ordonnance de 1681 gardait le silence le plus absolu sur le cas où soit l'assureur, soit l'assuré sont tombés en faillite. Mais l'usage avait suppléé à cette lacune. On estimait que dans ce cas l'assurance devait être résiliée, à moins que le failli ne fournît bonne et valable caution. Cette règle a été érigée en loi par l'art. 346 du C. de commerce, qui est ainsi conçu:

« Si l'assureur tombe en faillite lorsque le risque n'est « pas encore fini, l'assuré peut demander caution ou « la résiliation du contrat.

« L'assureur a le même droit au cas de faillite de « l'assuré. »

Il n'est pas nécessaire pour l'application de cet article que la faillite soit déclarée; il suffit que la cessation de paiement soit constante. Il en serait autrement si une société d'assurance, qui d'ailleurs continuerait à remplir tous ses engagements, se constituait à l'état de liquidation (3).

La caution doit être donnée sans délai (4); sans

(1) Pardessus, t. 3, n. 875.

(2) Pohls, t. 4, p. 498.

(3) 7 février 1848. — Rennes (S. V. 48. 2. 120).

(4) 21 novembre 1861. — Mars. (J. M. 40. 1. 113).

aucune formalité de procédure. Il en est ainsi parce que, les événements qui mettent en jeu le contrat d'assurance peuvent se précipiter.

L'art. 346 limite son application *au cas où le risque n'est pas encore fini*. C'est qu'en effet, toutes les obligations sont fixées lorsque le risque a pris fin. Ainsi, supposant la perte d'un navire assuré, et après sa perte la mise en faillite de l'assuré ; l'assureur, débiteur de l'indemnité, n'est pas recevable à demander la résolution du contrat, ou une caution. La lui donner serait inutile, puisque la prime se compense avec l'indemnité.

L'assuré qui a payé la prime avant sa mise en faillite n'est pas tenu de donner caution, à moins que le syndic ne soit recevable à demander le rapport à la masse de cette prime. On pourrait soutenir, même dans le cas où il n'y aurait pas lieu à rapport, que le bail de caution est toujours nécessaire, vu que l'assuré peut être condamné, le cas échéant, à payer une double prime ; mais je ne crois pas que l'art. 346 ait été fait pour ce cas.

On a soutenu que la perte, quoique antérieure au jugement qui a prononcé la résolution, est censée ne pas exister lorsqu'elle est inconnue au moment où ce jugement est rendu (1), et qu'il y a lieu d'appliquer dans ce cas l'art. 366 (2).

Il nous semble que les principes posés par cet article ne peuvent recevoir leur application lorsque la faillite de l'assuré a été déclarée. On admet, il est vrai, par

(1) 5 mars 1861. — Bordeaux (D. P. 62. 2. 54).
(2) 8 décembre 1814. — Cass.

une déviation des principes ordinaires, qu'un objet déjà perdu peut être assuré lorsque sa perte est ignorée, et cela par le motif que l'assuré porte cet objet à son actif; mais comme ce principe est de droit étroit, et qu'au cas de faillite, lorsqu'il s'agirait d'appliquer l'art. 346 l'assurance est déjà conclue, il faut s'en tenir à ce qui est réel, c'est-à-dire considérer si, en fait l'objet est perdu ou ne l'est pas. Le texte même de l'art. 346 conduit à cette solution. Il y est dit : *si l'assureur tombe en faillite lorsque le risque n'est pas encore fini, l'assuré peut....*, ce qui démontre que le bail de caution ne doit pas avoir lieu lorsque le risque est fini. Aussi croyons-nous que tout jugement qui prononce la résolution est censé rendu pour le cas où le risque dure encore. D'ailleurs le risque ayant pris fin, il arrivera de deux choses l'une : ou bien l'objet sera perdu, et alors la résiliation sera onéreuse pour l'assuré, puisqu'elle lui enlèvera son droit au dividende; ou bien il sera sauvé, et alors la résiliation sera inutile.

CHAPITRE II.

ACTION. — PRESCRIPTION. — FIN DE NON-RECEVOIR. — PAIEMENT DE L'INDEMNITÉ.

§ 1er. Action. — Option entre l'action d'avarie et l'action en délaissement.
§ 2. Prescription.
§ 3. Fin de non-recevoir.
§ 4. Paiement de l'indemnité,

§ Ier.

Action. — Option entre l'action d'avarie et l'action en délaissement.

483. — Ce paragraphe est limité à l'explication de l'art. 409.
484. — L'action en délaissement et l'action d'avaries ne peuvent être cumulées, mais il est permis de passer de la première à la seconde par des conclusions prise à l'audience.
485. — Peu importe que l'assureur déclare s'en tenir en délaissement et en demande acte.
486. — L'option peut être faite après un désistement.
487. — Le désistement est nécessaire lorsque l'action en délaissement remplace l'action d'avarie.
488. — Peut-on écarter par la chose jugée l'action d'avarie lorsque l'action en délaissement a été déjà rejetée?

483. — L'action des assureurs contre les assurés ou des assurés contre les assureurs est essentiellement personnelle et doit être portée devant le Tribunal du domicile du défendeur. A la vérité, l'art. 420 C. pr. est applicable au contrat d'assurance. Mais cet article est rarement appliqué, parce que la convention est toujours faite au domicile de l'assureur, et que c'est là aussi que, soit la prime, soit l'indemnité, doivent être payées. Du reste, tout ce qui est compétence et procédure se rattache aux principes généraux du droit dont l'exposition ne saurait trouver place dans un traité uniquement relatif à la matière des assurances. Aussi, nous bornerons-nous, en traitant de l'action, au commentaire de l'art. 409 du C. de commerce, qui est ainsi conçu :

« La clause *franc d'avaries* affranchit les assureurs « de toutes avaries, soit communes, soit particulières, « excepté dans les cas qui donnent ouverture au « délaissement ; *et dans ces cas, les assurés ont* « *l'option entre le délaissement et l'exercice d'action* « *d'avarie.* »

Sous l'empire de l'ordonnance, il était de règle que l'assuré pouvait choisir entre l'action en délaissement et l'action d'avarie (1). L'art. 409 reproduit ce principe.

Son application ne présente aucune difficulté lorsque l'assuré qui a opté pour l'action d'avarie s'y tient, ou s'il se tient à l'action en délaissement, lorsqu'il l'a d'abord choisie. Les difficultés naissent lorsque, ayant opté pour l'action en délaissement, il s'en désiste pour suivre l'action d'avarie, ou réciproquement; lorsqu'ayant fait juger l'action en délaissement, sur laquelle il a succombé, il intente une action d'avarie.

484. — Dans tous les cas, il est certain que l'action en délaissement et l'action d'avarie ne peuvent être cumulées. Mais on s'est demandé si l'assuré qui a

(1) Emérigon, ch. 17, sect. 2, § 5 ; Valin sur l'art. 46.

intenté la première de ces deux actions ne peut pas, sur l'audience et par des conclusions subsidiaires, former une demande tendant à un règlement d'avarie?

L'affirmative est généralement admise (1), et avec juste raison. En effet, dans l'une et l'autre action l'assuré se fonde sur le sinistre pour demander l'indemnité. Au cas de délaissement, il demande la somme assurée, et abandonne à l'assureur ce qui a été sauvé; lorsqu'il procède par l'action d'avarie, il fait la même chose, sauf qu'il ne délaisse pas, ce qui modifie le mode de règlement. Il suit de là que les fins de l'instance ne sont pas changées par la substitution d'une action à l'autre, et que cette substitution peut être présentée pour la première fois en appel.

485. — Mais, dit-on, il doit en être autrement lorsque l'assureur demande aux juges qu'il lui soit donné acte *comme quoi il entend s'en tenir à la demande en délaissement*; dans ce cas, ajoute-t-on, il se forme, après que le juge a accédé à cette demande, un contrat judiciaire qui fixe l'action et la rend invariable. Cette opinion nous paraît inadmissible, parce que si l'assuré a le droit de substituer une action à l'autre, l'assureur ne peut pas le lui ravir par une simple déclaration faite en justice et retenue par le juge.

486. — Du moins, dit-on encore, l'assuré qui a suivi la voie du délaissement, et qui s'en désiste, n'est pas recevable, par application de la maxime *electa*

(1) 22 juin 1847. — Cass. (S. V. 47. 1. 599). — Dans ce sens 19 décembre 1844. — Nîmes (S. V. 45. 2. 520). — 12 juillet 1850. — Rouen (J. M. 29. 2. 121). — 23 août 1853. — Aix (J. M. 31. 1. 230). — V. aussi Pardessus, t. 3, n. 857; Alauzet, t. 2, n. 341; Lemonnier, t. 2, n. 256; Boulay-Paty, t. 4, p. 274; Bedarride, t. 5, n. 1627.

una via non datur regressus ad alteram, à intenter une action en règlement d'avarie. A quoi on répond que le sens de ce brocard n'est pas absolument déterminé, qu'en général on ne l'applique qu'au cas où une partie, qui a suivi la voie civile, veut lui substituer la voie criminelle, qu'il n'y a point d'exemple qu'on l'ait jamais appliqué aux matières maritimes, qu'enfin son application est inadmissible dans le cas discuté, où les deux demandes tendent à la même fin et se confondent, ce qui exclut l'option.

487. — Il n'est pas nécessaire que celui qui a formé une demande en délaissement et qui veut lui substituer un règlement d'avarie se désiste de la première demande; il suffit, le moins étant contenu dans le plus, qu'il restreigne ses conclusions, ce qui est licite. Il n'en est pas ainsi dans le cas inverse, lorsque la demande qui tend au règlement d'avarie n'est pas aussi étendue que celle qui est relative au délaissement, car, comme le moins ne contient pas le plus, un désistement est alors nécessaire; mais ce désistement ne fait pas que la nouvelle action ne soit pas de même nature que celle qu'elle remplace, ce qui la rend recevable.

488. — La question est plus sérieuse lorsque l'action en délaissement ayant été jugée et repoussée, l'assuré recourt à l'action d'avarie.

La Cour de Cassation a décidé en 1823 que le jugement qui repousse le délaissement doit faire repousser l'action d'avarie par une exception fondée sur la chose jugée (1). L'espèce dans laquelle cette décision a été rendue favorisait singulièrement cette solution. Il

(1) 26 mars 1823. — Cass. (J. M. 5. 2. 35).

s'agissait d'un chargement de sel qui avait été entièrement fondu par suite d'une fortune de mer, et l'on disait : puisqu'il ne reste plus rien de l'objet assuré, l'action en délaissement et l'action d'avarie ne peuvent que tendre à la même fin, et se confondent ; dès lors le rejet de l'une entraîne le rejet de l'autre.

Cette manière de voir est trop absolue. M. Bedarride lui-même, qui lui donne son approbation, reconnaît que si la décision est fondée sur ce qu'il n'y a pas lieu à délaissement, par exemple parce que la perte ne constitue pas un sinistre majeur, la chose jugée n'existe pas à l'égard de l'action d'avarie (1).

Cette concession, qui d'ailleurs s'impose, étant faite, on a dû aller plus loin, et distinguer d'une manière générale entre deux cas, celui où l'action en délaissement a été rejetée par des motifs qui auraient fait rejeter l'action d'avarie, et celui où elle l'a été par des motifs particuliers au délaissement.

Ainsi, lorsque la décision relative au délaissement est fondée sur ce que l'assurance est nulle pour cause de réticence, ou parce que l'évaluation est frauduleuse, ou parce que le risque est déjà couvert, si en un mot le fond du droit est entrepris, il est indubitable que la chose jugée existe, car la solution eût été la même dans le cas où l'assuré aurait recouru à l'action d'avarie. Mais si, par exemple, il est décidé que l'action en délaissement est prescrite par application de l'art. 373, comme n'ayant pas été intentée dans les délais fixés par cet article, auquel cas cette prescription n'atteint pas l'action d'avarie, il est clair que la chose jugée n'existe

(1) Bedarride, t. 5, n. 1627 et s.

et ne peut exister qu'à l'égard de l'action en délaissement, qu'il n'a rien été jugé à l'égard de l'action d'avarie, et que dès lors, bien que la première ait été écartée, la seconde peut être mise en mouvement (1).

§ II.

Prescription.

489. — Art. 431 et 432. — Leur origine.

490. — La prescription court du jour du contrat. — Elle ne repose pas sur une présomption de paiement, et dès lors le serment ne peut être déféré à l'assureur.

491. — La prescription limite à cinq ans la durée de l'assurance.

492. — Elle court du jour du contrat, et non de celui où les risques ont commencé.

493. — Critique du principe qui fixe le point de départ de la prescription au jour du contrat.

494. — La prescription court contre toutes personnes, mineurs, commissionnaires, etc.

495. — Elle s'applique aux assurances mutuelles comme aux réassurances.

496. — Actes interruptifs.

489. — Il faut une prescription aux contrats commerciaux, car les opérations auxquelles ils s'appliquent sont rapides, se succèdent, ne laissent presque pas de trace, et surtout parce que l'incertitude trouble la vie commerciale, et que, en déclarant une créance pres-

---

(1) 10 mars 1826. — Rouen (J. M. 7. 2. 113). — 27 novembre 1835. — Mars. (J. M. 15. 1. 329). — 29 décembre 1844. — Nimes (S. V. 45. 2. 520). — 15 mai 1854. — Cass. (S. V. 55. 1. 525). — 18 mai 1855. — Paris (S. V. 55. 2. 91). — 25 mai 1841. — Aix (J. M. 25. 1. 267). — 15 juin 1859. — Mars. (J. M. 37. 1. 202). — 2 janvier 1860. — Mars. (J. M. 38. 1. 17). — 3 mars 1877. — Bordeaux (J. M. 56. 2. 123).

crite, on oblige l'intéressé à la passer par profits et pertes.

Conformément à cette donnée, le contrat d'assurance est soumis à une prescription que l'art. 432 a ainsi réglée :

« Toute action dérivant d'un contrat à la grosse, ou « d'une police d'assurance est prescrite après cinq ans, « à compter de la date du contrat. »

L'article 373 établit une prescription différente à l'égard de l'action en délaissement (v. *supra*, n. 412 et s.), et c'est sans doute pour qu'on ne pût pas supposer qu'elle a été modifiée par l'art. 432, qu'il est dit dans l'art. 431 :

« L'action en délaissement est prescrite dans les « délais exprimés par l'article 373. »

Le contrat d'assurance a été toujours soumis à une prescription (1). — Sous l'empire de l'ordonnance, la

(1) La prescription est d'un an et un jour (Guidon de la Mer, ch. 7, art. 12; Edit du Roi de Sardaigne, 1770, art. 17, cap. 5; Droit Pr. 1727, ch. 6, art. 33). — D'un an (Ord. de Bilbao, art. 47). — D'un an et demi (Ord. de Burgos, 1537, art. 21). — De trois ans (Amsterdam, 1744; art. 30; Rotterdam, art. 69). — De quatre ans (Ord. d'Anvers, art. 17).

Certaines législations modernes admettent, comme nous, le délai de cinq ans (Code espagnol, 997, 998; C. Sarde, 461, 463).

Ailleurs le délai est de trois ans (C. hollandais, art. 743). — En Suède (ord. 1750, ch. 17), l'assurance est prescrite au bout de six mois, un an ou trois ans, suivant les distances. — En Prusse, § 2347, elle l'est au bout de six mois, un an ou deux ans, suivant les distances. — D'après l'ancienne ordonnance de Hambourg (tit. 17, art. 1 et 2) l'assuré doit faire régler les avaries après un an ou deux ans et se faire payer au bout de dix ans. — Dans le nouveau code de commerce allemand, la prescription, qui est de cinq ans, commence à compter de l'expiration du dernier jour de l'année après la terminaison du voyage; dans l'assurance à temps limité, à compter du jour où elle a pris fin; s'il y a défaut de nouvelles, à compter du jour où le navire est présumé perdu.

En Angleterre, il n'existe aucune prescription particulière, et l'on applique le statut 9 de Georges IV, ch. 17, qui la porte à six ans.

prescription était de trois, quatre mois, un an ou deux ans, suivant les distances, en matière d'avarie comme en matière de délaissement.

490. — En faisant courir la prescription de l'assurance du jour où la police a été souscrite, c'est-à-dire à partir d'un moment où il est certain que l'assureur ne doit encore rien, la loi a suffisamment indiqué que cette prescription ne repose point sur une présomption de paiement. De là on a déduit que le serment touchant la libération ne peut pas être déféré à l'assureur lorsqu'il invoque la prescription, parce que, qu'il se soit ou ne se soit pas libéré, il peut toujours l'invoquer (1).

491. — Par cela qu'elle n'est pas un moyen de se libérer, elle ne peut avoir été instituée que dans le seul but de limiter la durée des engagements pris par les contractants. Et comme c'est ainsi que la loi doit être considérée, il s'ensuit qu'une assurance ne peut pas être souscrite pour une durée qui excède cinq ans, bien qu'elle puisse l'être pour une durée moindre (2).

492. — On a essayé de faire juger que la prescription ne court qu'à partir du jour où les risques ont commencé, mais on n'a pu y réussir, le texte de la loi étant sur ce point trop formel (3).

493. — Pourquoi a-t-on fixé au jour du contrat le point de départ de la prescription ? — En le fixant ainsi, on n'a tenu aucun compte des principes généraux, et on s'est même écarté des règles suivies par la

(1) Dageville, t. 4, p. 213.

(2) 16 janvier 1865. — Cass. (S. V. 65. 1. 80).

(3) 12 juillet 1850. — Rouen (J. M. 29. 2. 127).

grande majorité des peuples maritimes ; de plus, on a créé par là, pour un même contrat et un même sinistre, deux prescriptions, l'une, celle de l'art. 373, qui ne court que du jour où la nouvelle du sinistre est arrivée, c'est-à-dire du jour où la créance est née, l'autre, relative aux avaries particulières ou communes, qui court à partir du moment où la créance n'existe pas encore.

L'existence de ces deux prescriptions est certaine, bien qu'on est essayé de les fondre l'une dans l'autre (1).

Par cela qu'il existe deux prescriptions, que l'une peut s'être accomplie alors que l'autre ne l'est pas, la créance qui naît du sinistre est éteinte ou ne l'est pas suivant que l'assuré intente l'action en délaissement ou l'action d'avarie, alors cependant qu'il est de règle que ces deux actions ne se distinguent que par le nom qu'on leur donne, qu'en réalité elles se confondent, et que dans la même instance on peut passer de l'une à l'autre sans changer pour cela la nature de la demande.

Le plus souvent l'action en délaissement est prescrite la première parce qu'elle est la plus courte. Mais cela n'arrive pas toujours. En effet, étant donnée une assurance souscrite depuis près de cinq ans, un sinistre survenant au moment de la prescription va s'accomplir, et l'impossibilité où est l'assuré, vu la distance, de l'interrompre, l'action en délaissement qui part du jour où la nouvelle du sinistre est arrivée ne sera pas prescrite, alors que l'action d'avarie le sera. Il est clair que

(1) 11 janvier 1846. — Mars. (J. M. 15. 1. 335).

dans ce cas l'assuré sera intéressé à ce que la perte partielle dégénère en sinistre majeur.

Ce n'est pas tout. Supposez une avarie commune. L'assureur ne doit que la part contributive de l'assuré telle qu'elle sera fixée par la justice, ce qui oblige ce dernier à attendre que celle-ci ait prononcé. Or, supposez qu'elle ne prononce qu'après cinq ou six ans de longs débats, ainsi que cela est arrivé et que je l'ai moi-même vu dans une affaire concernant un navire dénommé l'*Ange Gardien,* que fera l'assuré? Faudra-t-il qu'il laisse la prescription s'accomplir? Pourra-t-il invoquer la règle *contra non valentem,* dont l'application au contrat d'assurance est fort douteuse? Par quels moyens pourra-t-il interrompre la prescription, alors que l'action n'est pas ouverte, puisque rien ne prouve que l'assureur ait quelque chose à payer? Intentera-t-il préventivement une action contre lui pour lui demander ce qu'il pourra devoir après le règlement de l'avarie commune? Le mettra-t-il en cause dans l'instance relative à ce règlement, alors que son intervention ne peut être que volontaire?

Est-ce assez de difficultés, et n'en faut-il pas conclure que le législateur a été mal inspiré lorsqu'il n'a tenu aucun compte des principes que proclame l'art. 2257 du C. civ.?

On dit, pour justifier l'art. 432, qu'il a été fait pour forcer l'assuré à faire commencer les risques au plus tôt, comme si les assureurs n'avaient pas pris leurs précautions sur ce point, ainsi que l'atteste le corps de doctrine que fournit la jurisprudence anglaise. Non, cet article ne peut être ni justifié ni expliqué, et ce que l'on peut de dire de mieux en sa faveur, c'est que la probité des assureurs l'a en quelque sorte supprimé. Malgré cela, il embarrasse ou peut embarrasser le commerce, ainsi que le démontre l'exemple suivant :

Un négociant soumissionna au profit de l'administration de la Marine une fourniture de vins pour une de nos colonies, où il devait les faire parvenir à ses risques et périls. Le traité était fait pour trois ans. Ce négociant fit assurer la marchandise soumissionnée par une police qui embrassait toute la durée de sa soumission. Puis, prévoyant qu'il pourrait devenir de nouveau adjudicataire pour trois ans de plus, il convint avec le même assureur que si ce cas se réalisait, l'assurance s'appliquerait de plein droit à la nouvelle soumission, sauf le droit de dénoncer au bout des trois ans cette assurance pour la faire finir. Le cas prévu se réalisa, l'assuré devint de nouveau soumissionnaire pour trois ans de plus, et aucune dénonciation ne fut faite. Consulté par l'assuré, je lui dis qu'au bout de cinq ans l'assurance n'aurait aucune valeur ; qu'il ne fallait pas s'attacher à ce fait qu'à l'égard de la seconde soumission la convention était conditionnelle, puisque la condition avait été stipulée dans la police, dont la date fixait le point de départ de la prescription. Eclairé par cette observation il traita à nouveau avec l'assureur, qui se révoltait à l'idée qu'on pût soutenir qu'il n'était pas engagé.

494. — La prescription de cinq ans court contre les mineurs, car la loi est générale (1) ; elle court aussi contre les commissionnaires (2), et s'applique à l'assureur comme à l'assuré. Il est vrai qu'à l'égard de ce dernier

(1) 12 juillet 1850. — Rouen (J. M. 29. 2. 127).

(2) 5 août 1840. — Bordeaux (S. V. 41. 2. 524).

la prime est presque toujours réglée par un billet, ce qui rend la prescription inapplicable.

495. — Cette prescription s'applique à toute espèce d'assurances, par exemple aux assurances mutuelles (1), ou à celles par lesquelles un membre d'une telle assurance se fait garantir par un assureur les cotisations qu'il est tenu de payer (2). Elle s'applique aussi au contrat de réassurance (3). Quelle que soit la nature de l'assurance, cette prescription court du jour du contrat. On soutenait dans un cas où il s'agissait d'une réassurance, qu'elle ne devait courir que du jour où l'assureur réassuré était attaqué par l'assuré, car, disait-on, le réassureur n'est qu'un garant conditionnel, et il faut appliquer à ce cas l'art. 2257 du C. civ. Mais cette thèse ne fut pas admise : le texte de l'art. 432 ne le permettait pas.

496. — La prescription d'une assurance peut être interrompue. En effet, l'art. 434 porte qu'elle ne peut avoir lieu *s'il y a cédule, obligation, arrêté de compte ou interpellation judiciaire*. On s'est demandé si des pourparlers pouvaient l'interrompre. Cette question ne peut être résolue qu'en fait. La prescription est interrompue lorsque l'assureur a obtenu de l'assuré qu'il n'agit pas en justice, ou s'il s'est déclaré prêt à payer sur la production de certaines pièces, et ainsi de suite (4).

---

(1) 11 août 1860. — Paris (S. V. 60. 2. 247). — 22 janvier 1861. — Rouen (S. V. 61. 2. 342). — 30 avril 1862. — Cass. (S. V. 63. 1. 96).

(2) 3 décembre 1860. — Cass. (S. V. 61. 1. 456). — 11 novembre 1862. — (S. V. 63. 1. 32).

(3) 25 décembre 1843. — Tr. Bordeaux (J. M. 27. 2. 99). — 16 janvier 1865. — Cass. (S. V. 65. 1. 80).

(4) V. 30 janvier 1869. — Havre (J. Havre. 1869. 1. 49).

§ III.

Fin de non-recevoir.

497. — Toute action de l'assuré contre l'assureur, pour dommage arrivé à la marchandise, est subordonné à ces trois conditions : 1° que cette marchandise n'ait pas été reçue sans protestation ; 2° que les protestations et réclamations aient été faites et signifiées dans les vingt-quatre heures ; 3° qu'elles aient été suivies dans le mois de leur dated'une demande en justice.

Ces trois conditions, qui avaient été imposées par les art. 5 et 6 du titre 12 de l'ordonnance, le sont en ces termes par les articles 435 et 436 du C. de commerce :

« Art. 435. — Sont non recevables : — Toutes ac-
« tions contre le capitaine et les assureurs pour dom-
« mage arrivé à la marchandise, si elle a été reçue

« sans protestation ; — toutes actions contre l'affré-
« teur, pour avaries, si le capitaiue a livré les mar-
« chandises et reçu son fret sans avoir protesté ; —
« toutes actions en indemnité pour dommages causés
« par l'abordage dans un lieu où le capitaine a pu
« agir, s'il n'a point fait de réclamation. »

« Art. 436. — Ces protestations et réclamations
« sont nulles si elles ne sont faites et signifiées dans les
« vingt-quatre heures, et si, dans le mois de leur date,
« elles ne sont suivies d'une demande en justice. »

Divers motifs ont inspiré les règles posées par ces deux articles. D'une part, le silence gardé par celui qui a souffert la perte a paru suspect ; d'autre part, on a voulu que l'existence de la perte fût immédiatement fixée ; on a craint que, quoique postérieure au moment où l'assurance a pris fin, on ne lui donnât une fausse date pour la faire coïncider avec le moment où ce contrat est encore en pleine vigueur.

Les art. 435 et 436 s'appliquent à un certain nombre de cas. Quoique nous n'ayons à parler de la fin de non-recevoir qu'ils créent qu'au point de vue de l'assurance, nous n'en utiliserons pas moins dans notre examen les précédents, fondés sur des motifs qui, par leur généralité, s'appliquent à tous les cas prévus par ces articles.

Nous examinerons, pour expliquer les art. 435 et 436, ce que c'est que la protestation, la signification qui doit en être faite, et l'action qui la suit, et au cas d'inobservation des règles posées par ces deux articles, la nature de la fin de non-recevoir.

498. — Dans la langue du droit maritime le mot

protestation est pris dans le sens du mot *protest* dont se servent les langues du Nord. Il signifie qu'un intéressé dresse un acte par lequel il constate un fait et réclame à raison de ce fait. Ainsi lorsque la marchandise assurée a souffert des avaries, l'assuré doit constater le fait et le signifier, s'il n'avait point à le signifier, l'acte de protestation ne serait autre qu'un procès-verbal de constat.

La protestation est nécessaire dans certains cas, dans d'autres non. Il importe donc d'être fixé sur les uns et sur les autres.

499. – L'art. 435 porte : *sont non recevables toutes actions..... pour dommage arrivé à la marchandise.* — Or, l'article 350 porte : *sont à la charge des assureurs toutes pertes et dommages.....* Dès lors, ce dernier mot a un sens général qui s'applique à tous les cas où l'assureur est tenu de réparer une perte matérielle.

Cependant, on a soutenu que les articles 435 et 436 ne s'appliquent pas à la perte qui résulte d'un déficit, et cela par le motif, a-t-on dit, qu'ils ne sont faits que pour le cas où la marchandise est substantiellement avariée (1). Cette raison a souvent touché le tribunal de Marseille dont la jurisprudence sur la question a singulièrement varié. A notre avis, la distinction entre le déficit et l'avarie n'est pas admissible, non seulement parce que tout déficit dont l'assureur répond

(1) Dans ce sens, 12 novembre 1867. — Mars. (J. M. 47. 1. 14). — 28 février 1873. — Mars. (J. M. 52. 1. 123). — Mais *contra*, 10 novembre 1822. — Mars. (J. M. 3. 1. 200). — 10 novembre 1824. — Mars. (J. M. 6. 1. 225). — 7 juin 1830. — Mars. (J. M. 11. 1. 241). — 23 mai 1836. — Mars. (J. M. 18. 1. 33). — 26 juin 1846. — Mars. (J. M. 25. 1. 387). — 6 mai 1862. — Havre (J. Havre 1862. 1. 142). — 6 juin 1865. — Mars. (J. M. 44. 1. 9).

est un dommage, mais surtout parce que la nature de ce dommage exige une constatation immédiate. Et en effet lorsque la marchandise a subi une certaine altération, il est souvent possible de déterminer si cette altération a une date ancienne ou actuelle, tandis que cela est impossible au cas de déficit. Ainsi, lorsque l'assuré a reçu 100 sacs, et en a retiré 25, il est impossible de déterminer par l'inspection de ce qui reste à quel moment le déficit s'est produit.

500. — On a encore admis que les art. 435 et 436 ne sont pas applicables lorsque les marchandises sont retirées dans le port de charge (1). Cette opinion, ainsi énoncée, est excessive. En effet, supposons un débarquement de charbon effectué dans le port de charge, parce que à certains signes il est constaté qu'une combustion spontanée est possible ; on ne dira point dans ce cas qu'une protestation est nécessaire, car il n'y a ni livraison, ni réception, mais un débarquement forcé, imposé. Supposons au contraire que le chargeur obtienne du capitaine le retrait de la marchandise, nous aurons alors une livraison et une réception, et si par l'agitation des eaux dans le port la marchandise a été mouillée et détériorée, depuis qu'elle a été chargée, la protestation sera nécessaire, car l'art. 435 ne dit point qu'elle n'aura lieu qu'au port de destination.

501. — On a encore admis que cet article ne s'applique point aux risques de terre dont l'assureur répond (2), et nous croyons que cela est fondé parce

(1) 4 août 1868. — Havre (J. Havre 1868. 1. 169). — 8 mai 1869. — Rouen (J. Havre 1869. 2. 156).

(2) 6 août 1858. — Paris (J. Havre 1858. 2. 249).

que dans ce cas le dommage est postérieur à la livraison.

502. — On s'est encore demandé si l'article 435 s'applique aux avaries communes ?

Nous croyons qu'il faut distinguer.

Lorsque la marchandise n'a souffert aucun dommage, mais qu'elle contribue au sacrifice fait dans un intérêt commun, il n'y a pas lieu à protestation, car elle n'est exigée par l'art. 435 que pour *le dommage arrivé à la marchandise* (1).

La question ne peut, d'après cela, être posée qu'à l'égard de la marchandise, qui, pour le salut commun, a souffert le dommage. Le Tribunal de Marseille a écarté l'application de l'art. 435 dans ce cas par les motifs suivants : — « Considérant que les dispositions « des art. 435 et 436 du C. de comm. ne peuvent rece- « voir d'application que dans les cas d'avaries parti- « culières, dans lesquels cas les dommages éprouvés, « soit par la marchandise, soit par le navire, doivent « être nécessairement constatés d'une manière légale « pour pouvoir être réclamés, puisque le plus souvent « le Consulat du capitaine ne fait pas même mention « de ces dommages, surtout lorsqu'il s'agit d'avaries « particulières aux marchandises ; qu'il n'en est pas « de même dans le cas d'avaries générales, puisque « tous les objets sacrifiés pour le salut commun doi- « vent être sur le consulat du capitaine, et que dès « lors ce consulat devient une véritable protestation « de sa part pour le dommage souffert par son navire,

(1) 21 avril 1824. — Mars. (J. M. 5. 1. 80). — 15 novembre 1838. — Mars. (J. M. 18. 1. 66). — 25 mai 1841. — Aix (J. M. 20. 1. 270).

« et que, quant au consignataire de la cargaison, ce « même consulat est une dispense de toute protesta- « tion pour le dommage éprouvé par la marchandise, « puisque le capitaine, contre qui seul il aurait à pro- « tester reconnaît dans le consulat l'existence du « dommage (1)..... »

Cette opinion, appliquée à l'assurance, a été combattue par le motif que l'art. 435 s'applique généralement à tout dommage (2).

Malgré cela, nous croyons que le Tribunal de Marseille a bien jugé parce que la réparation de l'avarie commune par l'assureur a pour principe, non le dommage, mais le règlement de contribution, ce qui rend une protestation inutile.

503. — Lorsque la perte se résout dans le paiement de certains frais, il n'y a point de protestation à faire, vu que ces frais font le plus souvent disparaître toute trace du dommage, et qu'il s'agit uniquement de connaître la dépense faite pour bonifier la marchandise (3).

504. — L'art. 435 ne parle que de la marchandise, et ne saurait dès lors s'appliquer au navire. Cet article parle de plus d'une marchandise livrée et reçue ; or un navire, reste après l'avarie dans les mains de celui qui le détient ou qui le commande (4).

---

(1) 28 août 1828. — Mars. (J. M. 10. 1. 56).

(2) 21 novembre 1830. — Mars. (J. M. 10. 1. 307). — 29 janvier 1843. — Mars. (J. M. 22. 1. 67). — Bédarride, n. 2010. — V. cependant Alauzet, n. 1630.

(3) 10 janvier 1846. — Mars. (J. M. 25. 1. 318).

(4) 18 novembre 1839. — Bordeaux (S. V. 40. 2. 172). — 14 septembre 1840. — Mars. (J. M. 20. 1. 59). — *Sic* Bédarride, n. 2109 ; Friguet, t. 2, n. 794 ; Alauzet, Ass., n. 383 et Comm., n. 1031.

505. — Un jugement du Tribunal de Marseille dispose que les art. 435 et 436 ne s'appliquent pas au cas de délaissement, et cela par le motif que l'art. 374 oblige l'assuré à signifier les avis touchant la perte dans les trois jours de la nouvelle qu'il en a reçue, et que cette formalité remplace la protestation et la rend inutile (1).

On a décidé le contraire, en se fondant sur ce que l'art. 435 doit être appliqué toutes les fois qu'il existe un dommage (2).

Il y a du vrai dans cette dernière observation. Le motif contraire pris de ce que, en matière de délaissement l'art. 374 prend la place de l'art. 435, n'est pas exact. Et en effet, le défaut d'avis n'entraîne aucune déchéance, tandis que le défaut de protestation rend l'action non recevable, de sorte que, en n'appliquant que le premier de ces deux articles, on arrive à ce résultat que plus le dommage est considérable, plus on diminue les garanties qui doivent cependant être données à l'assureur.

Cette observation, quoique juste, ne justifie pas pour cela l'opinion de ceux qui pensent que l'art. 435 doit être appliqué au cas de délaissement.

Et en effet, à quoi bon une protestation au cas de prise ou d'arrêt ? Peut-elle être mise en balance avec l'évidence irrésistible du fait et des preuves qui l'accompagnent ? L'art. 435 suppose un dommage direct

---

(1) 7 décembre 1841. — Mars (J. M. 20. 1. 372).

(2) 12 janvier 1825. — Cass. (S. 25. 1. 75). — 27 janvier 1829. — Bordeaux (J. M. 10. 2. 48). — 19 novembre 1835. — Mars. (J. M. 15. 1. 350). — Bedarride, n. 1999 ; Friguet, n. 793 ; Alauzet, Ass., n. 383 et Comm., n. 1631.

et matériel ; or, la marchandise capturée n'en a peut-être souffert aucun. En outre, une protestation est-elle possible lorsque la prise a lieu en pleine mer ?

La protestation est inutile, contraire aux principes, dans l'innavigablité, puisque dans ce cas on ne considère que l'état du navire, que tout se borne à établir s'il peut ou non transporter la marchandise au lieu de destination, et qu'on ne tient aucun compte des avaries que cette marchandise a souffertes. Même observation au cas d'échouement avec bris, puisque dans ce cas le dommage souffert par le navire est seul pris en considération, et que la marchandise, même non avariée, peut être délaissée.

Peut-on exiger une protestation au cas de naufrage? — Le peut-on lorsque la marchandise a coulé bas avec le navire? — Le peut-on aussi lorsque l'équipage, pour se soustraire à un péril inévitable, a abandonné le navire, et partant la marchandise qu'il contient ? — Le peut-on encore au cas de perte totale, lorsqu'il n'y a rien à voir, aucune avarie à constater?

La protestation est évidemment inutile au cas de défaut de nouvelles. Bien plus, comme la perte remonte au jour du départ dans ce genre de sinistre, la signification devrait être faite à ce jour, dans toutes les assurances, ce qui serait absurde.

Reste la perte des trois-quarts.

Pour celle-là, l'état du navire n'est pas à considérer. La constation du dommage est bornée à la marchandise. De plus, il faut déterminer l'importance de ce dommage et de la perte que subit l'assuré, savoir ce qu'elle est par rapport au tout et calculer sa quotité. Lorsque cette quotité va aux trois quarts le sinistre est majeur, si elle lui est inférieure il ne constitue qu'une avarie simple. Or, au cas d'avarie simple, la protestation doit être faite ; dès lors il y aurait contradiction à l'imposer lorsque la perte est plus faible et à ne pas l'exiger lorsqu'elle est plus forte. D'ailleurs, l'assuré ne sait pas le plus souvent lorsqu'il reçoit une marchandise avariée quelle sera la quotité de la perte ; il doit donc, dans tous les cas, assurer la conservation de ses droits en protestant.

506. — L'art. 435 est applicable au cas où l'assuré qui a le droit de faire échelle fait opérer le déchargement dans un port intermédiaire. Mais lorsqu'il l'opère par suite d'un fait de force majeure, à cause des avaries qu'une fortune de mer a causées à la marchandise, aucune protestation n'est nécessaire, vu que cette marchandise n'est, ni livrée, ni reçue volontairement, et qu'on est en présence d'un acte de sauvetage qui est fait aussi bien dans l'intérêt de l'assureur que dans celui de l'assuré (1).

507. — On s'est posé la question de savoir si une protestation est nécessaire lorsque l'assurance ayant été souscrite en France, le lieu de destination est un pays étranger où les règles posées par les art. 435 et 436 ne sont pas suivies ?

Les uns tiennent pour l'obligation de se conformer à ces articles (2) ; les autres, au contraire, n'admettent pas que l'assuré soit tenu de les observer (3).

---

(1) 12 janvier 1870. — Cass. (S. V. 70. 1. 269). — 18 mars 1878. — Cass. (S. V. 78. 1. 257). — 17 février 1876. — Bordeaux (J. M. 56. 2. 50).

(2) 1er avril 1863. — Havre. — 18 juillet 1863. — Rouen (J. Havre 1863. 2. 215).

(3) 11 avril 1873. — Mars. (J. M. 50. 1. 137).

Il nous semble que la question ne peut être résolue que par une distinction. En effet, l'art. 435 contient d'abord un principe général qui impose à l'assuré l'obligation de constater, au moment où il reçoit la marchandise, le dommage qu'elle a subi ; puis il met en action ce principe, et à cette fin il crée un mode de constatation, précis, rigoureux, dont l'inobservation entraîne la perte du droit. Que le principe, pris en lui-même et indépendamment de sa forme, doive être observé toujours, partout, même en pays étranger, je n'en fais aucun doute (1), mais je ne crois pas qu'il soit nécessaire de signifier dans les vingt-quatre heures la protestation lorsque la législation du pays ne le comporte pas. Il s'agit d'un acte, et dès lors cette législation seule le régit. Un exemple suffira pour démontrer à quel point cela est juste. Supposez que d'après la loi du pays, le protêt doive être dressé par un magistrat qui n'est pas tenu d'agir dans les vingt-quatre heures, faudra-t-il que l'assuré soit déchu de son action, parce que ce magistrat, usant de son droit, n'aura constaté l'avarie qu'au bout de trois jours? (2)

508. — Aux termes de l'art. 435, la marchandise avariée ne doit pas être reçue sans protestation. — D'où la question de savoir ce qu'est cet acte.

La réponse serait facile, si la loi avait ordonné qu'un acte fût dressé et ensuite signifié, ainsi que cela a lieu lorsqu'une lettre de change est protestée. Mais il n'en est rien, et dès lors la protestation et la signification ne sont à vrai dire qu'un même acte.

---

(1) V. 24 novembre 1873 (J. Havre. 1874. 1. 33.

(2) V. 17 juin 1858. — Mars.

Dans le principe l'art. 435 ne fut pas ainsi compris, et on décida que l'assuré ou l'affréteur qui reçoit la marchandise sans protester au moment de la réception est déchu de son action, eût-il signifié sa protestation dont les vingt-quatre heures (1). Cette solution est insoutenable parce que l'assuré a vingt-quatre heures après la réception pour vérifier la marchandise, protester et signifier la protestation, et qu'on le prive du bénéfice de ce délai lorsqu'on le force à protester au moment de la réception.

Ce moyen paraissant incertain, on recourut à un autre; on dit: L'acheteur qui reçoit la marchandise et l'enferme dans son magasin est non-recevable à la laisser pour compte, parce qu'il peut la changer, tout au moins la dénaturer, et que le vendeur ne peut pas être à sa discrétion. Cela étant, on doit, par parité de motifs, appliquer la même règle à l'assuré, et dès lors il existe deux fins de non recevoir, l'une résultant du fait seul de la réception, l'autre du défaut de protestation.

Ce système est insoutenable, et la cour de Rouen l'a repoussé en ces termes :

« Attendu qu'aux termes de l'art. 436, le dépositaire « d'une marchandise a vingt-quatre heures pour pro- « tester, à partir de la délivrance à lui faite de la « marchandise ; que le seul fait de la réception ne peut « constituer une fin de non-recevoir contre toute récla- « mation ultérieure, puisque dans le plus grand « nombre de cas, il est impossible de vérifier la mar-

(1) 10 décembre 1822. — Mars. (J. M. 3. 1. 200). — 12 septembre 1844. — Mars (J. M. 23. 1. 334).

« chandise sur le navire au moment où elle est « déchargée ; que la loi n'indique pas que la vérifi- « cation de la marchandise doive être nécessairement « opérée dans quelque lieu neutre, où elle devrait être « préalablement entreposée ; que dès lors le seul fait « de l'introduction des marchandises dans le magasin « du destinataire ne saurait être considérée comme « une réception définitive, et qu'il suffit, pour conserver « ses droits, qu'il proteste dans vingt-quatre heures, « s'il vient à reconnaître des avaries (1). »

Ainsi le mot protestation qu'emploie l'art. 435 représente une abstraction juridique. L'assuré qui vérifie la marchandise et qui constate qu'elle est avariée, n'a rien de plus à faire qu'à se dire, qu'il protestera ; ce n'est que par la signification qu'il donne un corps, une forme précise à cet acte de volonté. C'est ainsi du reste que l'art. 435 est compris dans la pratique.

509. — Pour qu'il y ait lieu à l'application de l'art. 435 deux conditions sont nécessaires. D'une part, la marchandise doit être livrée par le capitaine, de l'autre elle doit être reçue par le destinataire.

Elle est livrée à l'égard du capitaine lorsqu'il l'a mise à quai (2). De plus, à partir de ce moment l'assureur cesse de courir les risques (v. t. 2, n. 61). Dans certains cas cependant, la livraison a lieu par le transbordement d'un navire dans un autre. Lorsqu'il en est ainsi, il faut distinguer. Si le transbordement se fait au port

(1) 29 novembre 1844. — Rouen (S. V. 45. 2. 326. — J. M. 24. 2. 36). — *Sic* Bédarride, t. 5, n. 1993 ; Alauzet, t. 3, n. 1627.

(2) 11 octobre 1815. — Mars. (J. M. 1. 1. 222).

de destination dans un navire qui fait fonction de magasin, il y a livraison. Lorsqu'il se fait en cours de voyage, les art. 435 et 436 sont inapplicables. Et en effet, de deux choses l'une, ou le transbordement est permis, et alors on est en présence d'un acte se rapportant uniquement au voyage (1) ; ou il ne l'est pas, et alors le voyage étant rompu et l'assurance ristournée, aucune formalité n'est nécessaire.

510. — Les mots *marchandise reçue* doivent être interprétés *secundum subjectam materiam ;* aussi on la tient pour reçue lorsque l'assuré est mis en position de la vérifier, de constater son état, et de signifier la protestation, s'il y a lieu.

Dès lors il n'y a point de réception de sa part lorsqu'il n'est pas présent, ni un tiers pour lui.

Il n'est pas représenté par un tiers s'il ne lui a pas donné mandat, et c'est avec juste raison qu'il a été décidé que sa femme ne le représente pas lorsqu'elle n'est pas munie de sa procuration (2).

Un consignataire nommé par l'assuré est son représentant, mais il en est autrement lorsqu'il a été nommé par une autorité quelconque (3), ou que la marchandise a été confiée à un sequestre judiciaire (4). Dans ces cas l'art. 435 n'est pas applicable, parce que l'assuré n'est pas mis en position de vérifier la marchandise afin de pouvoir protester s'il y a lieu, et que le sequestre n'a ni pouvoir ni mandat pour le faire.

511. — La mise en magasin de la marchandise par

---

(1) 23 mars 1865. — Mars (J. M. 44. 1. 95).

(2) 14 juin 1842. — Cass. (Dalloz, n. 2282).

(3) 11 mai 1868. — Bordeaux (J. M. 49. 1. 95).

(4) 13 février 1873. — Trib. St-Nazaire (J. M. 49. 1. 95).

l'assuré a toujours été considérée comme un acte de réception. Mais il faut qu'elle émane de lui, non d'un tiers qui n'a aucun pouvoir.

Il a été jugé avec juste raison que lorsque le capitaine, agissant pour son compte et dans son intérêt, a déposé la marchandise dans un magasin appartenant à un tiers, par exemple dans un Dock, afin que ce tiers la délivre au destinataire, celui-ci ne peut être considéré comme l'ayant reçue (1). Il ne la reçoit que lorsqu'elle lui est délivrée par ce tiers.

512. — On s'est posé la question de savoir si le dépôt de la marchandise dans les magasins de la Douane constitue un acte de réception.

La question est délicate. Il est certain qu'un entrepositaire peut, avec la permission de la Douane, déballer, diviser ou réunir les colis (exception pour la réunion des colis dans l'entrepôt du prohibé), réparer, améliorer, transvaser ou mélanger les marchandises. D'où la possibilité d'avaries, que l'assuré pourrait moins facilement mettre au compte de l'assureur s'il était tenu de protester.

Cependant, ce n'est pas un motif pour lui imposer la protestation à peine de déchéance lorsqu'il lui est impossible de la faire, et c'est sans doute pour cela qu'il est généralement admis que le dépôt dans les magasins de la Douane dispense l'assuré de signifier une protestation dans les vingt-quatre heures (2).

---

(1) 7 février 1863. — Mars. — 6 mai 1863. — Aix (J. M. 42. 1. 62. et 223). — 22 novembre 1877. — Mars. (J. M. 55. 1. 188).

(2) 24 avril et 4 septembre 1866. — Havre (J. Havre 1866. 1. 80. et 256). — 29 novembre 1867. — Alger (S. V. 68. 2. 230). — *Contra* 30 septembre 1862. — Mars. (J. M. 41. 1. 270).

Il nous semble que cette solution est trop absolue, qu'il faut distinguer entre le cas où la mise à l'entrepôt est forcée et le cas où elle est volontaire, et que l'assuré ne doit être affranchi de la déchéance que dans le premier. Ainsi à la Nouvelle-Orléans où certaines marchandises doivent être placées dans les magasins de la Douane, on ne pourrait exiger du consignataire, qui n'est pas même averti, qu'il fasse une protestation. Il en doit être de même lorsque la marchandise, à raison de sa nature, doit être mise sous les clés de la Douane à l'entrepôt du prohibé (1). Dans tous ces cas la protestation est différée ; elle doit être faite dès que l'assuré a pu prendre connaissance de l'état de la marchandise (2). Il doit aussi protester lorsqu'il l'a vue, avant la remise que lui en a faite la douane (3).

513. — L'assuré n'est pas tenu de protester à chaque livraison partielle, car l'art. 435 n'exige pas plusieurs actes de protestation ; une seule suffit, et le délai pour la faire part de l'heure de la dernière livraison (4).

514. — On a soutenu que la réception n'est censée faite que par l'inspection de la marchandise, de sorte que ce n'est pas du moment où elle a été délivrée et reçue que court le délai de vingt-quatre heures, mais du moment où l'examen qu'en a fait l'assuré a été terminé (5). — Cette opinion est évidemment contraire

---

(1) 12 avril 1859. — Mars. (J. M. 37. 1. 164).

(2) 20 mai 1874. — Trib. Paris (J. Havre 1875. 2. 128).

(3) 14 juillet 1865. — Mars.

(4) 20 mai 1845. — Mars. (J. M. 24. 1. 305). — 21 août 1845. — Aix (J. M. 24. 1. 345). — 7 mars 1861. — Mars. (J. M. 40. 1. 129). — 12 février 1862. — Bordeaux (4. 2. 80). — *Contra* 14 avril 1830. — Trib. C. Rouen (J. M. 11. 2. 81).

(5) 30 janv. 1843. — Rouen (S. V. 43. 2. 326). — 28 août 1844. — Mars. (J. M. 23. 1. 329). — Bédarride, n. 1990.

à la loi (1). Mais si l'examen est impossible, si, par exemple, la Douane, pendant qu'elle pèse et jauge la marchandise, empêche l'assuré, soit de l'enlever du quai, soit de la visiter, ce qu'elle a le droit de faire, il nous semble que les délais passés lesquels la déchéance a lieu doivent être suspendus.

515. — Certains actes ou certains faits peuvent équivaloir à une protestation et dispenser l'assuré de toute signification.

Ainsi, lorsque l'assureur et l'assuré sont entrés en pourparlers au sujet de l'existence de l'avarie, de son étendue, d'un règlement à faire, et ainsi de suite, il est permis de voir dans l'ensemble de ces faits un pacte par lequel l'assuré a été dispensé de signifier les protestations (2). Il doit en être autrement si les pourparlers sont entamés lorsque la fin de non-recevoir est déjà acquise (3), à moins qu'il ne soit établi que l'assureur a renoncé à la fin de non recevoir.

On doit aussi voir une dispense de protestation dans l'acceptation faite par l'assureur des réserves formulées par l'assuré (4). Il en est de même au cas où un compromis a été consenti par les deux parties (5) au sujet du règlement de l'avarie (6). L'eût-on laissé expirer, la protestation ne serait pas davantage nécessaire.

(1) Friguet, n. 796; Alauzet, n. 1626.

(2) 23 juin 1843. — Mars. (J. M. 22. 2. 78). — 17 déc. 1873. — Havre (J. Havre 1874. 1. 21).

(3) 10 août 1859. — Bordeaux (J. M. 37. 2. 138).

(4) 26 août 1873. — Havre (J. Havre 1874. 1. 167). — 17 novembre 1868. — Havre (J. Havre 1868. 1. 232).

(5) 4 août 1868. — Havre (J. Havre 1868. 1. 109).

(6) 30 décembre 1867. — Havre (J. Havre 1868. 1. 26). — 23 août 1873. — Havre (J. Havre 1874. 1. 167).

La dispense pourrait encore résulter de ce fait qu'après constatation de l'état de la marchandise l'assureur a consenti à ce qu'elle fût vendue (1), et cela encore que l'assuré en eût postérieurement touché le prix (2).

516. — On s'est demandé si une requête tendant à une expertise vaut protestation. — La réponse a été affirmative (3), et elle ne pouvait être autre. En effet, l'assuré qui signifie un acte de protestation, peut se borner à déclarer que la marchandise est avariée, rien de plus. Or, si la voyant telle, il présente une requête pour faire nommer des experts chargés de constater l'avarie, et s'il dénonce ce fait à l'assureur, il fait une protestation plus complète que celle qu'il est tenu de faire, et par cela même d'autant plus conforme à la loi. Cela étant, les principes ont été violés, lorsqu'on a décidé, qu'une requête présentée à un consul étranger ne vaut pas protestation (4) ; qu'il en est de même d'une expertise confiée à un simple particulier (5), bien plus, que l'expertise doit être terminée dans le délai de vingt-quatre heures (6). Ils l'ont été, parce que la déclaration de l'existence d'une avarie est suffisante, que l'expertise peut ne pas être dénoncée, et que par suite tout ce qui s'y rapporte ne touche pas à la fin de non-recevoir.

---

(1) 2 février 1871. — Mars. (J. M. 49. 1. 88).

(2) 4 août 1868. — Havre (J. Havre 1868. 1. 165).

(3) 22 janvier 1858. — Havre (J. Havre 1858. 2. 68). — 4 sept. 1866. — Havre (J. Havre 1866. 1. 256). — 5 juin 1872. — Havre (J. Havre 1872. 1. 134). — 15 juillet 1872. — Cass. (S. V. 74. 1. 317). — 18 mars 1878. — Cass. (S. V. 78. 1. 257).

(4) 21 janvier 1856. — Havre (J. Havre 1856. 1. 25).

(5) *Ibid.*

(6) 7 juin 1858. — Havre (J. Havre 58. 1. 129).

Mais il est clair que la nomination d'experts ne dispense pas l'assuré de la signification, car sans cela, il se soustrairait à l'exécution de la loi au moyen d'un acte n'émanant que de lui. Dans ce cas, et par le même motif, le délai de vingt-quatre heures court du moment de la réception, et non de celui marquant la terminaison de l'expertise (1), laquelle n'a pas besoin d'être signifiée (2).

La protestation doit être considérée comme signifiée, lorsque la nomination des experts a été contradictoire ou amiablement convenue (3). Mais il en serait autrement si le capitaine seul avait été mis en cause, ou si l'expertise avait été amiablement convenue avec lui (4).

517. — L'assuré qui refuse de recevoir la marchandise est-il dispensé de signifier la protestation ?

La négative est généralement admise (5), et avec juste raison, car le refus prouve à lui seul que la marchandise a été vérifiée ou a pu l'être. De plus, s'il suffisait de refuser pour proroger les délais que la loi impose à l'assuré, celui-ci refuserait toujours, et par ce moyen ne serait jamais soumis à la fin de non-recevoir.

518. — L'art. 436 porte : *Les protestations et réclamations sont nulles si elles ne sont faites et signifiées dans les vingt-quatre heures.*

Cette disposition étant ainsi formulée, voyons quelle est la position faite par elle à l'assuré.

---

(1) 18 mars 1878. — Cass. (S. V. 78. 1. 257).
(2) V. Bédarride, n. 2008.
(3) 29 août 1854. — Bordeaux (J. Havre 1855. 2. 47).
(4) V. Bédarride, n. 2013.
(5) 13 avril 1870. — Cass. (S. V. 70. 1. 32).

Lorsque le capitaine ne lui dénonce pas l'existence d'une avarie, il lui est difficile de savoir au moment de la livraison quel est l'état de la marchandise; il ne peut le savoir pendant sa mise à quai, car, ainsi que le démontre l'expérience, toute son attention est entièrement absorbée par la nécessité de compter les colis et de s'assurer de leur identité. Lorsque le dernier de ces colis est déposé à quai, la livraison est faite, et, si l'assuré est présent, la marchandise est par cela même reçue. C'est alors que le capitaine demande à son affréteur, c'est-à-dire à cet assuré ou à son représentant un récipissé, que celui-ci doit délivrer. Jusque-là tout est bien, mais on prétend que ce récipissé doit contenir des réserves, et que ces réserves constituent la protestation ; on l'a même soutenu avec succès devant le Tribunal de Marseille. Cette exigence ne nous paraît pas juridique, parce que ces réserves deviendraient de style et partant seraient sans utilité; parce que leur non acceptation par le capitaine deviendrait une source de difficultés; parce que les art. 435 et 436 contiennent des dispositions trop rigoureuses pour qu'il soit permis d'ajouter à ce qu'ils prescrivent.

Après la réception, et non plus après la délivrance du récipissé, ce qui prouve que notre opinion est vraie, l'assuré doit dans les vingt-quatre heures, vérifier et signifier le résultat de sa vérification, qui ne peut être dans la plupart des cas que très approximative.

La vérification étant faite, l'assuré n'a pas besoin de faire dresser par une personne ayant un caractère public ou commis par la justice un procès-verbal de constat. L'original dressé par l'huissier ou le livre de correspondance, suivant que la signification est faite par exploit ou par lettre, en tient lieu.

Le délai pour faire cette signification court d'heure à heure, et non par jour. Dès lors le point de départ de ce délai, soit l'heure de la réception, doit être fixé, ce qui présente quelquefois dans l'application de sérieuses difficultés.

Ce moment étant fixé, si par exemple on le porte au 12 janvier à onze heures du matin, l'assuré doit signifier le 13, avant onze heures. Après cette heure sonnée, la déchéance est encourue.

Il suffit que la signification énonce l'existence d'une avarie, et d'une manière générale sa nature : déficit, mouille, casse, coulage, etc., *le tout afin que l'assureur ne l'ignore.*

519. — La signification exigée par les art. 435 et 436 ne comporte aucune augmentation à raison du délai des distances. La raison en est que l'art. 1033 du C. proc. fixe cette augmentation par jour, et ne saurait dès lors s'appliquer à un délai qui est compté par heure (1).

520. — Ce délai doit être augmenté d'autres vingt-quatre heures lorsqu'il tombe un jour férié. Ainsi, la réception ayant lieu un samedi à onze heures du matin, le délai n'expire que le lundi, à la même heure. Cette solution, généralement admise, n'est que l'application d'une règle de bon sens. Les déchéances ne sauraient être inévitables, et on ne peut pas reprocher à celui qui n'a pu agir de n'avoir pas agi (2).

(1) 4 juillet 1874. — Nantes (J. M. 53. 2. 66). — 27 novembre 1876. — Rouen (J. M. 56. 2. 126). — Bédarride, n. 2017.

(2) 22 janvier 1858. — Rouen (J. Havre 1858. 2. 68). — 17 novembre 1858. — Cass. (S. V. 59. 1. 728). — Boulay-Paty, 4 609. — V. cependant 12 juillet 1871. — Aix (J. M. 50. 1. 68).

521. — Le délai de vingt-quatre heures est trop court pour que la protestation puisse être signifiée à l'assureur lorsqu'il n'est pas présent. Aussi la jurisprudence a admis que ce dernier ne peut pas se prévaloir de ce que la signification ne lui a pas été faite, lorsqu'il a été impossible de la lui faire (1). On a admis aussi que la signification peut être faite à un agent de l'assureur, lorsque cet agent est sur les lieux (2).

Il nous semble qu'en cette matière on doit être très large. Le législateur n'a pu vouloir de déchéance fatale, que rien ne peut prévenir. Il faut donc admettre des équivalents, et dès lors que l'assuré pourra faire la signification au consul en pays étranger, au maire en France (C. pr., art. 68), au président ou au greffe du Tribunal de commerce (C. pr., art. 422) (3). Quelle que soit la personne à laquelle la copie aura été signifiée, la loi sera exécutée en ce sens que la protestation aura été faite dans le délai de la loi. Cette observation est d'autant plus juste, qu'en général les assureurs, je parle des assureurs sérieux, ne se prévalent jamais de l'inobservation de l'art. 435, lorsqu'ils ne soupçonnent aucune fraude.

522. — La signification peut être faite par un huissier, et dans ce cas, il faut, lorsqu'elle est remise le lendemain du jour de la réception, indiquer l'heure dans l'exploit. Elle peut aussi être faite par correspondance, car la loi ne lui a assigné aucune forme particulière (4).

---

(1) 28 mai 1857. — Mars. (J. Havre 1857. 2. 346).

(2) 15 juillet 1872. — Mars. (J. M. 50. 1. 115).

(3) 14 janvier 1863. — Poitiers (S. V. 63. 2. 111).

(4) 15 juillet 1872. — Mars. (J. M. 50. 1. 215). — 28 août 1874. — Mars. (J. M. 52. 1. 171).

Cependant, il est toujours sage de ne recourir à ce moyen qu'en chargeant la lettre. J'ai même vu décider qu'il fallait, pour que ce mode de signification fût valable, que la lettre fût remise au destinataire dans les vingt-quatre heures, ce qui est excessif. La signification peut être verbale, mais à la condition d'être reconnue par l'assureur. Dans aucun cas, elle ne peut être établie par la preuve testimoniale (1).

523. — L'art. 436 veut que la signification soit suivie dans le mois d'une demande en justice.

On entend par demande dans le sens de l'art. 436 une action intentée par un ajournement et tendant à ce que l'assureur soit condamné à la réparation du dommage (2). Et en effet, tout acte d'instruction, quel qu'il soit, un constat, une expertise, peut bien conduire à une demande, mais n'en est pas une. A l'origine on se montra moins sévère sur ce point ; mais depuis, le véritable sens de l'art. 436 a été irrévocablement fixé.

524. — Le délai d'un mois doit être augmenté à raison des distances, et cela par le motif qu'il compte par jour ce qui entraîne l'application de l'art. 1033 du C. de proc. civ. (3).

525. — On a jugé aussi que lorsque les parties ont correspondu à l'effet de régler le dommage, et qu'elles n'ont pu aboutir, le délai d'un mois court du jour de

---

(1) 28 juin 1820. — Mars. (J. M. 2. 1. 150). — 29 août 1854. — Bordeaux (J. M. 32. 2. 136).

(2) 4 juin 1862. — Bordeaux (S. V. 62. 2. 503). — 16 janvier 1856. — Mars. (J. M. 34. 1. 41). — 22 décembre 1856. — Mars. (J. M. 34. 1. 336). — 30 décembre 1862. — Mars. (J. M. 41. 1. 270). — 2 octobre 1867. — Mars. (J. M. 47. 1. 16).

(3) 22 août 1864. — Cass. (S. V. 64. 1. 408).

la dernière lettre qui constate la rupture des négociations (1).

526. — Il n'est pas nécessaire de former la demande lorsque les parties sont tombées d'accord sur le dommage. C'est ainsi qu'il a été décidé que lorsque le délaissement a été signifié et accepté, l'assuré est dispensé d'agir dans le mois (2).

527. — L'inobservation des art. 435 crée une *fin de non-recevoir* (3), qui anéantit l'action. Par suite, cette fin de non-recevoir peut être proposée aussi bien lorsque la demande est principale que lorsqu'elle est formulée à titre d'exception (4) ; par suite encore, elle peut être opposée pour la première fois en appel (5), et même en Cassation (6).

Mais comme elle n'est pas fondée sur un motif d'ordre public, qu'elle a été imaginée dans l'intérêt exclusif de l'assureur, celui-ci peut, par une convention spéciale, antérieure ou postérieure à l'avarie, dispenser l'assuré de l'observation des articles 435 et 436 (7).

(1) 27 avril 1871 — Rouen (J. M. 49. 2. 187).

(2) 4 janvier 1858. — Havre (J. Havre 1858. 1. 7).

(3) Les arrêtistes spéciaux, par exemple les rédacteurs des recueils de Marseille et du Havre rangent les principales décisions qui se rapportent aux art. 435 et 436, sous le mot *Fin de non-recevoir*.

(4) 5 mars 1879. — Mars. (J. M. 57. 1. 135).

(5) 25 novembre 1864. — Aix (J. M. 41. 1. 100).

(6) 23 novembre 1873. — Cass. (S. V. 74. 1. 23).

(7) 26 août 1873. — Havre (J. Havre 1874. 1. 167).

§ IV

Paiement de l'indemnité.

528. — L'indemnité doit être payé, aux termes de l'art. 382, dans le délai de trois mois après la signification du délaissement.

529. — L'art. 382 est modifié par les art. 379 et 373. Explication sur ce point.

530. — Les avaries particulières sont immédiatement exigibles, et payables même avant que l'assurance n'ait pris fin.

531. — L'usage ou les polices règlent en général le délai dans lequel le paiement doit être fait.

532. — Mode suivant lequel l'assureur s'oblige à payer après le règlement de la perte.

533. — La prime, le fret et le sauvetage qui ont été encaissés, doivent être déduits de l'indemnité.

534. — A partir de quel moment l'indemnité produit-elle des intérêts ?

535. — Précautions que doit prendre l'assureur pour avoir en main la preuve de sa libération.

536. — La répétition de l'indû est régie en matière d'assurance par les principes de droit commun.

528. — L'art. 382 contient au sujet du payement de l'indemnité au cas de délaissement la disposition suivante.

« Si l'époque du paiement n'est point fixée par le « contrat, l'assureur est tenu de payer l'assurance trois « mois après la signification du délaissement. »

Le terme de trois mois fixé par cet article court du jour où ce délaissement a été signifié, et non de celui où il a été accepté. Et cela est juste, car si l'assureur est fondé à ne pas accepter et par suite à ne pas payer, l'art. 382 ne doit pas être appliqué, et s'il n'est pas fondé dans son refus, il est injuste d'ajouter au délai de trois mois celui qui s'écoule entre la signification du délaissement et le jugement qui la déclare fondée.

529. — L'art. 382 est modifié par l'art. 379, qui ne fait courir le délai de trois mois que du jour où toutes les assurances et les contrats à la grosse ont été déclarés à l'assureur, de sorte que le payement n'a lieu dans ce délai que si cette déclaration est faite dans l'acte par lequel le délaissement est signifié. Si elle est faite après, il faut ajouter au délai de trois mois celui qui s'est écoulé entre la signification et la déclaration. (V. Supra, n. 434).

L'art. 373 a une autre portée que l'art. 379. Voici pourquoi. L'assuré qui n'a pas fait la signification des pièces justificatives, peut bien intenter son action contre l'assureur, mais il ne peut pas le faire condamner (V. *Supra,* n. 440). De là un retard possible, qui ne doit pas cependant être assimilé à une prorogation de terme (1).

Une prorogation, non de droit mais de fait, peut, il est vrai, exister lorsque la signification est assez tardive pour que la condamnation ne puisse être prononcée qu'après l'expiration du terme de trois mois, mais si elle est prononcée avant ce terme expiré, la créance devient immédiatement exigible.

530. — La loi n'a fixé aucun terme pour le paiement de l'indemnité résultant d'avaries particulières. Il s'ensuit que dès que le règlement est terminé, la somme due par l'assureur devient immédiatement exigible. On a cependant soutenu que lorsque des avaries particuliè-

(1) V. cependant *contra.*, 3 août 1850. — Nantes (J. M. 29. 2. 101).

res ont eu lieu pendant le cours du voyage, et ont été suivies d'un règlement, le paiement ne devient obligatoire que lorsque l'assurance a pris fin. La loi n'a pas fait cette distinction avec juste raison, car la perte résultant de l'avarie étant actuelle, l'assureur doit payer sans délai l'assuré (1).

531. — A l'égard des avaries communes, il faut distinguer. Lorsque l'objet assuré n'a souffert aucun dommage, et que la perte se résout dans l'obligation où est l'assuré de payer sa part contributive, l'assureur ne peut être tenu de payer qu'après le règlement qui a fixé cette part. Mais autre est le cas où l'objet assuré a été sacrifié pour le salut commun, parce qu'on peut soutenir que si l'assuré a perdu, par suite du sacrifice qui lui a été imposé, le quart, la moitié de l'objet assuré, l'assureur doit lui payer immédiatement le quart ou la moitié de la somme assurée, sauf son recours contre les contribuables pour leur faire régler l'avarie.

Cette manière de voir a prévalu devant la Cour de Bordeaux (2). Elle n'a pas été admise par la Cour d'Aix (3), qui, à notre sens, a bien jugé. Et en effet, l'opinion qu'elle a embrassée est plus conforme non-seulement à l'usage (v. *Supra* t. 2, n. 345), mais encore aux principes. Dans la matière des assurances les pertes se distinguent par leur nature et leur caractère, ce qui entraîne une certaine différence dans la manière de les règler. L'avarie commune a un caractère propre résultant de ce que la perte que subit l'assuré provient, non du jet, puisqu'il reçoit au moyen de la contribution

---

(1) V. Frignet, t. 2. n. 818.

(2) Dalloz, v° Droit maritime, n. 2188 et 2136.

(3) 4 février 1858. — Aix (J. Havre. 1858. 2. 184).

la valeur de l'objet sacrifié, sauf la différence entre l'évaluation admise dans le règlement et la somme assurée, mais de l'obligation où il est de participer dans le règlement à la contribution. Dès lors l'assureur est tenu de lui payer : 1° La différence entre l'évaluation portée dans le règlement et la somme assurée ; 2° la part qu'il doit payer comme contribuable. De là il résulte que l'avarie commune doit être préalablement réglée afin que la somme due par l'assureur soit connue de lui. Cette manière de voir est si bien dans la nature des choses, qu'il faut aussi un règlement lorsque l'assureur doit payer une indemnité, à raison d'une avarie particulière (1).

532. — La plupart des législations ont accordé un délai à l'assureur lorsqu'il est tenu de payer l'indemnité (2). Là où aucune loi n'existe, l'usage en a fixé un. Ainsi en Angleterre, l'assureur a en général un mois ; aux Etats-Unis, suivant les cas, de dix jours à trois mois. En Allemagne, où la législation positive est muette sur ce point (V. C. all., art. 897), les conditions d'Hambourg et de Brême, ont porté le délai à deux ou trois mois. D'après l'usage adopté par les assureurs de

(1) Ainsi que l'observe Pohls, t. 4, p. 737.

(2) Ord. Bilbao, art. 45, trente jours. — Preuss. Seer. 1727, cap. 6, art. 22, 23, 25, six semaines. — Rotterdam, art. 68, 30 jours. — Preuss. A. O., 1766, § 187, deux mois. — Ord. d'Anvers, art. 18 et Ord. de Barcelone, 1458, art. 17, 1484, art. 23, deux ou trois mois d'après la distance. — Ord. de Suède, art. 6, § 1 et 3, un mois; — Ord. de Danemarck, cap. 6, art. 9, Ord. d'Hambourg, ch. 6, art. 1, deux et trois mois suivant la distance. — Coutumier d'Amsterdam, art. 25, ord. Midlebourg, art. 26 ; ord. d'Amsterdam, 1704, art. 26, trois mois. — C'était aussi le délai de l'ordonnance. — C. Esp., art. 882, dix jours. — C. holl. art. 721, six semaines pour les avaries, trois mois pour le délaissement. — C. Russe, art. 913, trois, neuf et douze mois.

Paris, le paiement se fait dans le mois, sans escompte.

533. — Le règlement étant fait, les assureurs n'attendent pas l'expiration du terme pour s'obliger à payer. Ils s'obligent, ou par une déclaration à ce relative, ou par une mention au dos de la police, ou en souscrivant des billets pour le montant de l'indemnité. Lorsque ces billets sont souscrits par un agent de l'assureur, la question de savoir si ce dernier est tenu de les acquitter, dépend de l'étendue des pouvoirs qu'il a donnés à cet agent (1). L'assuré est présumé n'avoir accepté les billets que sous condition d'encaissement, ainsi que cela a lieu dans les comptes-courants, d'où il résulte que l'acceptation des effets n'opère pas la novation de sa créance.

534. — Lorsque l'indemnité est réglée, l'assureur a le droit de lui faire subir certaines déductions. Il peut en déduire : — 1° la prime ; 2° le fret lorsqu'il a été encaissé par l'assuré (2) ; 3° le produit du sauvetage lorsqu'il l'a touché.

Cependant comme le produit du fret et du sauvetage doivent servir à éteindre certaines créances, par exemple les salaires des gens de l'équipage, l'assureur ne peut déduire que le net. Il ne peut donc l'imputer sur l'indemnité que lorsqu'il est connu, ce qui suppose une liquidation définitive. L'assureur n'a pas le droit de retarder le paiement de l'indemnité sous prétexte que cette liquidation n'est pas rapportée (3). Mais il est loisible aux tribunaux de lui attribuer avec son con-

---

(1) 22 août 1841. — Aix (J. M. 20. 1. 179).

(2) 8 juin 1875. — Mars. (J. M. 53. 1. 260). — 2 août 1875. — Aix (J. M. 54. 1. 84).

(3) 19 octobre 1835. — Mars. (J. M. 6. 1. 320).

sentement, le produit brut, sous la condition de payer les sommes, qui, d'après la loi, doivent être prélevées sur ce produit.

534. — La question de savoir à quel moment l'assureur est tenu du paiement des intérêts comporte quelques observations.

Il est généralement admis en matière d'assurance et conformément aux principes généraux, que les intérêts ne courent pas de plein droit (1), que par suite ils ne sont dus que du jour de la demande (2). La demande elle-même ne les fait pas courir lorsqu'elle n'a pas été précédée de la signification des pièces justificatives. En effet ils ne courent que du jour où cette signification a été faite (3). Ce point est de tradition, et il est fondé sur ce que l'assuré, en empêchant l'assureur de se libérer, lui cause un dommage qu'il doit réparer, et qu'il répare par la privation des intérêts.

Dans aucun cas, et alors même que la demande aurait été formée, les intérêts ne doivent pas courir tant que le délai de trois mois fixé par l'art. 382 n'est pas expiré. La solution doit être la même lorsque ce délai a été abrégé, si, par exemple, il a été porté par une convention à un mois.

535. — La libération de l'assureur peut être prouvée par une quittance régulière. Cependant, il n'est pas absolument garanti par un tel titre, lorsque la police est conçue payable, soit à un tiers-porteur, soit à un cessionnaire par voie d'endossement, puisque l'un ou

---

(1) 10 août 1858. — Bordeaux (J. M. 37. 2. 22).

(2) 12 mai 1863. — Paris (J. Havre 1863. 2. 163).

(3) 3 août 1830. — Aix (J. M. 11. 1. 160). — 8 mars 1842. — Mars. (J. M. 21. 1. 171). — V. cependant 27 août 1840. — Mars. (J. M. 20. 1. 187).

l'autre peuvent demander le paiement après qu'il a été déjà fait à l'assuré dénommé dans la police. On a décidé, en vue de cet inconvénient, que le débiteur d'un billet de grosse a le droit d'exiger que ce billet lui soit remis lorsqu'il se libère (1). Le motif de décider est le même lorsqu'il s'agit d'une assurance.

Cependant cette solution offre une difficulté évidente dans le cas où la police est souscrite par plusieurs assureurs, car il est impossible de la remettre à un seul.

Cette difficulté ne peut être tournée que par la remise de la police à un tiers qui est désigné, ou d'accord, ou par la justice.

La remise de la police par l'assuré à l'assureur ne constitue qu'une présomption de paiement réglée par les art. 1282 et s. du C. civ., et constitue par suite une manière de prouver la libération qui n'est pas, si on s'en tient aux principes de droit commun, exempte de difficultés.

La radiation de la signature de la police, ne produit pas, comme la remise du titre, une présomption de paiement (2). Mais malgré cela, il est admis que l'assureur peut l'exiger (3). C'est en effet une manière de constituer soit le tiers-porteur soit le bénéficiaire par endossement à l'état de mauvaise foi.

536. — Tout ce qui concerne la répétition de l'indû est soumis en matière d'assurance aux principes du droit commun. Les Tribunaux de commerce en font

---

(1) 22 janvier 1850. — Aix (J. M. 29. 1. 1).

(2) 24 novembre 1829. — Bordeaux (J. M. 10. 2. 220).

(3) 1er juillet 1861. — Mars. (J. M. 39. 1. 233).

quelquefois l'application (1). Il a été notamment décidé que l'assureur qui a avancé une partie des frais de renflouement a le droit de les répéter de l'assuré lorsqu'il est prouvé que l'échouement du navire est dû à son vice propre (2).

FIN DU DEUXIÈME ET DERNIER VOLUME.

(1) 29 juin 1815. — Mars. (J. M. 7. 1. 18). — 30 août 1822. — Aix (J. M. 3. 1. 368).

(2) 25 mars 1873. — Mars. (J. M. 51. 1. 105).

TABLE DES MATIÈRES

DU SECOND VOLUME

LIVRE III.

LIVRE IV.

LIVRE V.

LIVRE VI.

FIN DE LA TABLE DU SECOND VOLUME.

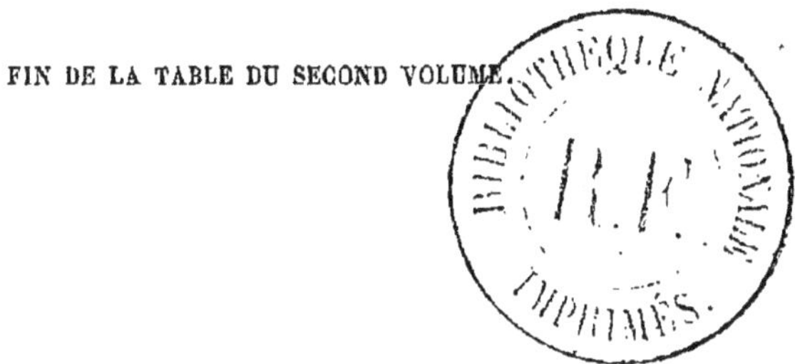

TABLE ANALYTIQUE ET ALPHABÉTIQUE

DES MATIÈRES

Contenues dans les deux volumes.

Nota. — Tous les chiffres indiqués se rapportent aux numéros. — Lorsque l'un des deux volumes est indiqué, les numéros qui suivent s'appliquent à celui-là jusqu'à ce que l'autre le soit.

A

B

C

D

E

F

J

L

M

N

O

P

S

T

V

FIN DE LA TABLE ANALYTIQUE.

www.ingramcontent.com/pod-product-compliance
Lightning Source LLC
Chambersburg PA
CBHW031445210326
41599CB00016B/2115

* 9 7 8 2 0 1 9 5 5 6 8 0 8 *